.

王 力 全 集

中国语法理论

王 力 著

中華書局

图书在版编目(CIP)数据

中国语法理论/王力著. —2版. —北京:中华书局,2023.6
(2023.12 重印)
(王力全集)
ISBN 978-7-101-14485-7

Ⅰ.中… Ⅱ.王… Ⅲ.汉语-语法-研究 Ⅳ.H146

中国版本图书馆 CIP 数据核字(2020)第 058661 号

书　　名	中国语法理论
著　　者	王　力
丛 书 名	王力全集
责任印制	陈丽娜
出版发行	中华书局
	(北京市丰台区太平桥西里 38 号　100073)
	http://www.zhbc.com.cn
	E-mail:zhbc@zhbc.com.cn
印　　刷	大厂回族自治县彩虹印刷有限公司
版　　次	2015 年 3 月第 1 版
	2023 年 6 月第 2 版
	2023 年 12 月第 4 次印刷
规　　格	开本/880×1230 毫米　1/32
	印张 15½　插页 2　字数 311 千字
印　　数	5801-6700 册
国际书号	ISBN 978-7-101-14485-7
定　　价	68.00 元

《王力全集》出版说明

王力(1900—1986),字了一,广西壮族自治区博白县人,我国著名语言学家、教育家、翻译家、散文家和诗人。

王力先生毕生致力于语言学的教学、研究工作,为发展中国语言学、培养语言学专门人才作出了重要贡献。王力先生的著作涉及汉语研究的多个领域,在汉语发展史、汉语语法学、汉语音韵学、汉语词汇学、古代汉语教学、文字改革、汉语规范化、推广现代汉语普通话和汉语诗律学等领域取得了杰出的成就;在诗歌、散文创作和翻译领域也卓有建树。

要了解中国语言学的发展脉络、发展趋势,必须研究王力先生的学术思想,体会其作品的精华之处,从而给我们带来新的领悟、新的收获,因而,系统整理王力先生的著作,对总结和弘扬王力先生的学术成就,推动我国的语言学及其他相关学科的发展,具有重要的意义。

《王力全集》完整收录王力先生的各类著作三十余种、论文二百余篇、译著二十余种及其他诗文等各类文字。全集按内容分卷,各卷所收文稿在保持著作历史面貌的基础上,参考不同时期的版本精心编校,核订引文。学术论著后附"主要术语、人名、论著索引",以便读者使用。

　　《王力全集》的编辑出版工作,得到了王力先生家属、学生及社会各界人士的帮助和支持,在此谨致以诚挚的谢意。

中华书局编辑部

2012 年 3 月

本卷出版说明

本卷收入王力先生的专著《中国语法理论》。

《中国语法理论》和《中国现代语法》是由一部书发展而来的，原来是1940年王力先生在西南联合大学所编的一部讲义，那时就叫做《中国现代语法》。后来根据闻一多先生的建议，把它分为两部书：一部专讲规律，即《中国现代语法》；一部专谈理论，即《中国语法理论》，并于1944—1945年由商务印书馆分上下册印行。1954年中华书局重印时（后称"中华本"），王力先生写了一篇新版自序。

1984年，山东教育出版社出版的《王力文集》第一卷收入《中国语法理论》（后称"文集本"），该卷由郭锡良先生负责编校，校对订正了引文，增补了引文的篇名，删改了个别引例或词句，最后经王力先生审定；并编制了名词术语索引；但原书后面的三个附录没有收入。

此次收入《王力全集》，我们以文集本为底本，同时参以中华本进行整理和编辑，保留了三个附录。为方便读者阅读，将王先生的《关于〈中国语法理论〉》一文收入。

中华书局编辑部

2013年9月

目　　录

新版自序

　　《中国语法理论》和《中国现代语法》这两部书本来是由一部书发展而来的。原来是1940年度我在昆明西南联合大学所编的一部讲义,那时就叫做《中国现代语法》。那讲义的体系和后来这两部书的体系差不多,但也不完全相同,例如关于句子的分类,我本来是采用西洋的两分法,即分为名句和动句(《中国文法中的系词》,《清华学报》十二卷一期),直到1940年,还是这个两分法,只不过把名句改称为表句(其谓语称为表语),动句改称为述句(其谓语称为述语),再把表句分为两种:(一)形容句;(二)判断句(西南联大讲义上册,14—15页)。后来我觉得这仍旧是呆板地抄袭西洋,没有能结合汉语的具体情况。就汉语来说,倒反是形容句和述句的性质接近些。因此,我就改为三分法,名称也略有改变,即(一)叙述句;(二)描写句;(三)判断句。像这种地方改动得虽然不很多,但增加的东西却不少,例如"欧化的语法"这一章就是原来的讲义里没有的。至于"理论",则十分之九是原讲义里所没有讲到的。

　　《中国现代语法》上册出版于1943年11月,下册出版于1944年8月;《中国语法理论》上册出版于1944年9月,下册出版于1945年10月,都是由商务印书馆印行的。到1950年9月,《中国现代语法》印到了第三版;1951年9月,《中国语法理论》也印到了第三版。斯大林的《马克思主义与语言学问题》发表后,我们发觉这两部书里面有些不正确的观点,特别是唯心主义的三品说,所以就停止了发行。

这两年来，许多语文工作者从各方面来信希望买到这两部书。我打算修订一番，然后重印。但是，现在的教学工作是那样忙，两部书的篇幅又是那样大，如果等待修订好了才出版，那就遥遥无期了。最近中华书局和我商量重印，我也和一些同志讨论过，觉得保留原来的样子也有好处，可以使读者看出：在斯大林语言学的光辉未照耀到中国以前，我们是怎样遭受资产阶级语言学者唯心主义的影响；同时也可以看出：一切科学都是积累起来的，语法学也不能例外，因此，当年积累起来的一些知识，直到现在还有可以利用的地方。但是，错误的唯心观点是不能不批判的，这就是我写这一篇"新版自序"的主要原因。

＊　　＊　　＊

我采用了叶斯泊生的三品说，在当时虽然有人赞成，但也有人不以为然。例如杨联陞教授在1947年就批评我说[①]：

> 著者在这部书里彻头彻尾地采用着三品的理论和术语——首品、次品、末品；关于这三品的涵义，就连它们底创始者叶斯泊生也还从来没有给它们下过什么清楚的定义哩。王教授给它们所下的界说则为："词在句中，居于首要的地位者，叫做首品；地位次于首品者，叫做次品；地位不及次品者，叫做末品。"……在这一点上，笔者总觉得王教授对于他所私淑的权威，仿佛多少是有点毫无批判地依从了。假如叶氏所谓词底三品的说法仅限于说明处在绝对地位的词儿和它们的修饰词以及这些修饰词的修饰词，那么这种解释在大多数的情形下倒是可能很容易地被接受的。至少在 extremely hot weather 这样的结构里，那是再清楚不过的。可是何以"狗叫"之"叫"

[①] 《哈佛学报》十卷一期64—65页。王鋆先生有译文，登在《中山大学文史集刊》第一册(1948年1月)141页。

应该是次品,那就很难看得出来了。……在他的另一部著作里,王教授也曾说过,谓语往往是汉语句子里最主要的成分。这种说法,就笔者看来,似乎更加正确;因此,"狗叫"之"叫"与其说它是"次品",毋宁说它是首品。假如我们这一点没有说错,那末,王教授底结论似乎就有许多地方可以修正的。

我在1948年1月《中山大学文史集刊》上发表了一篇关于《中国语法理论》的文章,曾经承认三品说有缺点[①]:

> 杨先生说我毫无批判地接受了叶斯泊生的三品学说,这是最值得重视的一点。我接受了三品学说之后,有人说好,有人说不好。……这两年来,我常常反复考虑,觉得并非尽善尽美。第一,首品、次品和末品的定义很难下,因为正如杨先生所指摘,在"狗叫"一语里,"叫"字与其说是次品,不如说是首品。第二,三品的名称应用起来,有时候并不比"名词用如形容词"一类的说法更为可喜,例如杨先生所指摘,"首品用如末品"一类的话也是很讨厌的。又如拙著《中国语法纲要》第53页说:"在'摘了葡萄架下的一枝月季花'里,'摘'是次品,'葡萄架下的一枝月季花'是名词性仂语,有末品的性质。"这是词品说的必然推论,但是读者恐怕要很费精神去辨别它了。假使我重写一部语法,我将取消了三品的名称,而保存三品学说的优点。我将把概念的范畴和功能的种类分别清楚。关于概念的范畴,名、动、形、副等名称仍将被保存着。关于功能的范畴,就是以词在句中的地位而论,我将把原来所谓首品词取消,径称为主词和宾词;原来所谓次品词取消,径称为加词(adjunct)和描写词或叙述词;原来所谓末品词取消,改称为附词(subjunct)。如果不止一词,就称为主语、宾语、加语、描写语、叙述语、附语等等。我们还可以有名物主词(如"人骑马"的

---

① 《中山大学文史集刊》第一册134—135页。王鸴先生在他的《书"汉语研究中三品说的运用"后》里也引了这一段话,见《国文月刊》六十六期(1948年4月)10页。

"人")、形容主词(如"大欺小"的"大")、动作主词(如"生不如死"的"生")、名物加词(如"海水"的"海")、形容加词(如"清水"的"清")、动作加词(如"流水"的"流")、名物附词(如"风行"的"风")、形容附词(如"慢走"的"慢")、动作附词(如"飞奔"的"飞"),等等的术语。本来,叶氏所谓次品,有加词和叙述词的分别,而二者的性质又大不相同,如分开来处理,倒反显得妥当些。

现在看来,三品说不但不是"尽善尽美"的,而且是错误的、唯心的学说。

1951年11月,胡乔木同志和我谈起我的语法著作。我说:"时代不同了;《红楼梦》的例子不适用了。"胡乔木同志说:"倒不是《红楼梦》的问题,而是三品说的问题。就一般说,从心理出发去研究问题,总是难免陷于错误的。"这是我第一次听见别人根据马列主义的观点来批评我所采用的三品说。当时我表示衷心接受这一个宝贵的意见。

《苏联科学院通报(文学与语言部分)》1952年第三期登载了穆德洛夫同志的《斯大林关于语言学著作发表以来的中国语言学》,其中有一段说①:

> 从1919年至1950年,中国出版了大量关于汉语的著作。对于这些作品我们不拟在这里加以评述。我们仅仅指出一点,就是很多中国语言学家在他们的作品中,根据了西方流行的唯心主义的普通语言学理论,根据了资产阶级语言学家,特别是高本汉、马伯乐等人的研究材料。……王力……发表过很多重要的著作,他借用了叶斯泊生关于词类分成三"品"的整个理论。……

我觉得胡乔木同志和穆德洛夫同志的意见都是对的,因此,我

---

① 　译文见于《新建设》1952年9月号47页。

在最近两年以来，即 1952 年秋季以后，在中山大学讲"语法理论"的时候，就对三品说加以批判。但是，困难不在于承认错误，而在于指出错误的根源。两年以来，我觉得我的自我批评还是不够彻底的。现在趁着两书重印的机会，仔细想了一想，试做一次公开的、初步的自我检讨。

我一向认为：把概念的范畴和功能的种类分别清楚，这是三品说的"优点"。从概念的范畴来分，那是词类；从功能（职务）的种类来分，那是词品。我说："我们以为词类是可以在字典中标明的，是就词的本身可以辨认，不必等它进了句子里才能决定的。根据词在句中的职务而分的，我们叫做词品，不叫词类。"①由此看来，三品说的"优点"，就是让人们可以单凭概念的范畴来分类，所以我说："至于中国的词呢，它们完全没有词类标记，正好让咱们纯然从概念的范畴上分类，不受形式的拘束。"②

其实这一个所谓优点恰恰就是缺点。这是离开具体语言而去研究语法，这就是形而上学。经过了学习，我才知道我这一个"概念范畴"的说法和墨山宁诺夫院士——马尔学说的继承者——的"概念范畴"的说法不谋而合，而这一个说法正是表现着反马克思主义的观点的，和斯大林语言学说相背驰的。

坡斯贝洛夫同志在他的《斯大林关于语法构造的学说》中，有下面的一段批评墨山宁诺夫院士的"概念范畴说"的话③：

马尔最亲近的门徒墨山宁诺夫院士不懂得语法范畴的真正本质及其形成的方式，以致有"概念范畴"的唯心学说，因而使他不能正确地解决关于句子成分和词类之间的关系的问题。这个问题对于语法构造是具有头等重要的意义的。墨山宁诺夫院士在解决这一个问题的时候，他是从下面这一个先

① 本书 14 页。
② 本书 21 页。
③ 《斯大林著作光辉下的语言学问题》（论文集）116—117 页。

验的原则出发的:"每一个句子成分和每一个词类在各种不同的语言中,具有共同的、一致的特性。"①因此,依照墨山宁诺夫院士的说法,"任何主词和谓词,每一个名词和动词……对于一切语言来说都有共同的某些特性,它们就是靠这些特性互相区别出来的"②,"譬如说,逻辑上的主语由句中的个别成分表示,也就是说,在一切语言中都是由主词来表示;由谓词形成的关于行为或状况的特征,也是由句中的个别成分来表示的"③。但是,人家要问:由句中个别成分表示着的主语,在一切语言中,为什么一定要由主词来表示呢? 在 мне не верится("我不相信")这一个句子里,难道补语 мне 不正是表示着逻辑上的主语吗? 俄语里的谓词可以由完全语尾的形容词来表示(如 работа очень ценная〔"工作很有价值"〕),难道不正是那被认为主语的标志的词被表现在谓词里吗? 墨山宁诺夫院士在词类中看见那些抽象的"概念范畴"具体地表现出来。依他的意见:"名词,特别是实物名词④,由语法概念来表示着,而这个语法概念也表现着事物性的概念范畴。为了使这个概念范畴变为名词的语法范畴,必须使后者获得形式上的分别,这种形式上的分别形成了确定的系统,就在语法范畴上显出名词的特征来。"⑤实际上,事物的性质正是由某些名词的词汇意义和语法意义来决定的;如果说有一种不依赖语言表达的概念范畴,那就是形而上学的虚构了。依照墨山宁诺夫院士的说法,句子成分和词类都是由一切语言所共同的"概念的"本质来表示的,而这一种语言

---

① ②　墨山宁诺夫《句子成分和词类》(1945)190 页。

③　同上,190—191 页。

④　俄语语法中,所谓名词,包括形容词和数词而言。实物名词(имя существительное)才等于我们所谓"名词"。

⑤　墨山宁诺夫《句子成分和词类》(1945)197 页。

或那一种语言的语法范畴,只不过是作为概念范畴的一种"跟随而来的指标"罢了。

我的错误和墨山宁诺夫院士的错误,基本上是相同的,因为我的三品说在事实上也等于承认"每一个句子成分和每一个词类在各种不同的语言中,具有共同的、一致的特性"。这样就是不讲时间,不讲地点,不讲条件,这不是形而上学是什么? 在我自己的书中,我不知不觉地也暴露了这一个形而上学的观点,我说①:

> 但是,咱们也不能把词的分类看得太重要了。在屈折语里,词的分类确有相当的重要性,因为不知道词类,则屈折形式无从谈起。至于像中国语这样的孤立语,既然没有屈折形式,一个外国人尽可以完全不懂中国的词类就学会了它。恰因中国词类可以从概念的观点上去区分,越发失了它在语法上的重要性。咱们研究词类,唯一的兴趣乃在于看它和词品发生些什么关系,换句话说,是要看逻辑上的范畴在语句的组织里发生些什么关系。假使在中国语法上,仍像西洋传统的语法书,专以区分词类为能事,就是舍本逐末,离开语法学太远了。

"一个外国人尽可以完全不懂中国的词类就学会了中国语言",假使真有这样的事,那么就表现了"词类"和具体语言的脱节;反过来,也可以说,一个人尽可以完全不懂中国话就学会了它的词类,假定汉语的词类真正是建立在概念范畴上面的话。脱离具体语言而去研究语法,这个观点自然是唯心主义的了。语法范畴和概念范畴的关系的问题,是语言和思维的关系的问题,这不是不可以研究的。苏联也正在研究这一类的问题②。但是,知道了二者之间的关系还同时应该知道二者之间的分别,决不能把语法范畴和

① 本书 21 页。
② 参看吕叔湘《苏联语言学家的工作和成就》,《科学通报》1953 年 9 月号 48 页。

逻辑范畴混同起来。

我把词品和词类分割开来，一方面让词类去代表概念的范畴，那固然是不对的；另一方面把句中的词分成三品，那也是唯心的观点。词分品级，假使可以分的话，那也是形而上学，因为品级的分法几乎可以适用于现代和古代的全世界的语言，那就可以不论时间，不论地点，不论条件。必须知道，凡表面上像是古今中外都可以适用的语法概念，那一定是唯心的。三品说似乎有一个"优点"，就是不管是什么语言，它是到处都用得上。正是由于它不要求结合具体语言的具体情况，所以它是反马克思主义的。

三品说本身也有很大的缺点，譬如说，一般所谓动词所处的地位，叶斯泊生叫做次品，我也跟着叫做次品。其实谓词的地位是非常重要的，至少它是和主词的地位一样重要，为什么也叫做次品呢？反过来说，目的语的地位一般是没有谓词的地位那样重要，为什么它倒反是首品呢？由此看来，对于三品说，我连"自圆其说"都做不到了。

＊　　＊　　＊

关于汉语词类的区分，正当的途径应该是：（1）看词和词结合或词和附着成分（affixes）结合的情况；（2）看词本身的意义。

我在我的书里，当我区分汉语词类的时候，并没有依照我自己的话去做，换句话说，就是我并没有"纯然从概念的范畴上分类，不受形式的约束"。相反地，我在某些地方是从词和词的结合来区别词类的，例如我把数词和形容词分立，理由是①：

> 依中国语看来，数目字也确是和指示代词有相同之点。第一，它们二者都不能单独用为谓词（"人这、人三"都不成话）；第二，它们二者都可以带着单位名词（"这个人、三个

---

① 本书 16—17 页。

人")。然而我们仍不能认数目字为代词之一种,因为它们能表示抽象观念,到底比代词实些。同时,我们也不肯认为形容词之一种,因为形容词能单独用为谓词,而数目字不能("桃花红"成话,"桃花三"不成话);数目字能带单位名词,而形容词不能("三朵桃花"成话,"红朵桃花"不成话)。依我们的意见,数目字在概念的范畴上既不和代词相同,在语法的用途上又和形容词有异,索性把它们认为独立的一类,至少对于中国语是可以说得通的。

"在语法的用途上和形容词有异",这是数词和形容词分立的标准,而这一个标准却正是由词和词的结合来确定的。我又说①:

> 另有些词,它们能表示程度、范围、时间、可能性、否定作用等,然而它们并不能单独地指称一种实物、一种实情或一件实事。它们必须附于形容词或动词,方能表示一种理解。这样,可说是比形容词或动词更次一等,所以我们把它们叫做副词。

从正面说,汉语的副词必须和形容词或动词相结合(咱们说"很好、不好、再去、不去"等);从反面说,它们不能和名词相结合(咱们不说"很人、不人、再人"等)。这就是辨别副词的标准。有时候,要辨别个别的词是否属于某一词类,我也是拿词和词的结合做标准的,例如在分辨"无"字和"不"字的词性的时候,我说②:

> "无"字是动词,"不"字是副词。"无"字常用于次品,"不"字常用于末品。"无"字常用为叙述词,"不"字常用为叙述词或描写词的修饰品。"无"和"不"的分别是很大的。

"'无'字常用为叙述词",实际上等于说"无"字常常和名词相结合,而不和动词或形容词相结合(咱们说"无人",不说"无去、无好"等);"'不'字常用为叙述词或描写词的修饰品",实际上等于

---

① 王力《中国现代语法》12 页,《王力全集》第七卷。
② 同上,136 页。

说"不"字常常和动词或形容词相结合，而不和名词相结合（咱们说"不去、不好"，不说"不人"等）。

词和附着成分的结合也看得出词类来。我已经承认"儿、子"是名词的记号①，"所"字是动词的记号②，但是当时我还不肯承认"了"和"着"是动词的记号。我把"红了脸"和"吃了饭"对立起来，"大着胆"和"做着工"对立起来，想由此证明"了"和"着"并不是动词的标记。其实"红了脸"和"大着胆"只是特殊的情形，"红"和"大"在这种地方有了动词的性质。我们正可以由这些例子看出"了"和"着"这两个附着成分在构词上的动词性，而不应该否认它们作为动词的记号。

词类区分的标准，除了要看词和词的结合或词和附着成分的结合之外，还要看词本身的意义。我们这里所论的词本身的意义，和上文所说的"概念范畴"是不同的。主张概念范畴的人走到了极端，就会像墨山宁诺夫院士那样，把语言以外的"存在于某一社会环境中的概念"跟语言的"概念范畴"区别开来，那就承认了"赤裸裸的思想"的存在③，那就是唯心主义了。这里所谓词本身的意义，是先肯定了语言的自然物质的基础，然后寻求词义和词类之间的关系，那是完全可能和必要的。

这里我们想要大略地介绍俄国 18 世纪伟大语法学家罗蒙诺索夫的关于词类的学说，因为直到今天为止，我们还承认他的语法包含有符合于唯物主义原理的、关于语言本质和它在人类社会生活中的意义的一般观点④。

罗蒙诺索夫从这样的一个观点出发：他认为在客观现实中存在

①　王力《中国现代语法》161—164 页，《王力全集》第七卷。
②　同上，155—158 页。
③　参看穆德洛夫《汉语是有词类分别的》，《中国语文》1954 年 6 月号 32 页。
④　《语法·语言的语法构造》（《苏联大百科全书》选译）26 页，人民出版社译本（高名凯、彭楚南译）。

着真实的人物和这些人物的真实行为。人物在口头表现为名词；行为在口头表现为动词。名词和动词都是实词（знаменательные части слова）①。为什么叫做"实词"呢？因为它们"永远表征着人物和行为"，因为它们把客观现实的现象在词中巩固起来。罗蒙诺索夫指出，句子的形成，正是靠着这些直接反映真正的现实的实词。罗蒙诺索夫认为，当人们想象人物的时候，同时想象到它们的性质。人物不一定和性质联系，而性质离开了人物便不能存在。因此，指称人物本身的名词叫做实物名词（существительные），指称性质的名词叫做依附名词（прилагатвльные）。现在一般人沿用着从前所用的术语，把实物名词译称为名词，把依附名词译称为形容词，这样确是容易令人了解，但是，罗蒙诺索夫把二者合称为名词的原意却被埋没了。

　　除了名词和动词之外，还有前置词（介词）和连词。罗蒙诺索夫认为，前置词是用来附着于名词或动词来指称人物或行为的情况的，连词是用来表示关系的。总之，前置词和连词都是用来表示实词——名词和动词——之间的关系的。

　　罗蒙诺索夫对于代名词、副词、感叹词的见解是卓绝的。他认为语言中之所以有代名词、副词和感叹词，是为了语言的经济，用简短的词语可以表达很多的意思。有了它们就可以"压缩语言"，譬如说"我、你、他、这、那"都简单地替代了名词；"今天、明天、这里、那里"（在俄语里都是副词）都简单地替代了某年某月某日某地等；感叹词可以不言而喻地表示赞同或拒绝等。但是，依罗蒙诺索夫的见解，它们在压缩的功能中隐寓着概括的作用，例如人人自称为"我"，可见"我"非指具体的人。因此，罗蒙诺索夫把代名词和副词看做比名词更抽象的词，而把感叹词看做感觉和精神活动的

---

①　знаменательные части слова 原义是"具有独立意义的词"，故又称"独立词"（самостоятельные）。现在一般译为"实词"，与"虚词"（служебные）对称。这种沿用旧名的办法是对的。

概括。

　　但是,罗蒙诺索夫并不认为每一个词类是孤立的;相反地,他认为它们是互相联系着的,而且词性是可以变化的。特别是名词和动词的关系。罗蒙诺索夫说:"人物以行为的形式出现,行为以人物的形式出现。"前者可以叫做"名动词"(глагол отыменный),后者可以叫做"动名词"(имя отглагольное)。前者如由 золото(黄金)转成的 золотить(把……镀金),后者如由 терпеть(忍耐,动词)转成的 терпение(忍耐,名词)。

　　其次,罗蒙诺索夫谈到了形动词(причастие),当时他又叫做"动名词"(глагольныеимена)。他说,形动词是缩减性的词,它本身包含有名词和动词的力量(例如形动词 приведенный)。在这里,罗蒙诺索夫的思想是很深入的。咱们须知,如果说形动词的紧缩作用在于概括的作用,那么,这就是说,名词的意义和动词的意义都被概括在形动词里了。

　　罗蒙诺索夫认为,名词和动词是必须用来表示咱们的主要概念的;代名词、形动词、副词、前置词、连词和感叹词是表示人物行为的关系和缩减作用的。因此,名词(包括形容词)和动词应叫做主要词(главные),其他应该叫做辅助词(служебные)。而辅助词实际上就相当于我们所谓虚词,所以一般人索性译为"虚词"。

　　罗蒙诺索夫把俄语的词分为八类:

　　1.名词(包括形容词),是人物的名称;

　　2.代名词,是名词的减缩;

　　3.动词,是行为的名称;

　　4.形动词(即"动名词"),是名词和动词合一的减缩的语言形式;

　　5.副词,是情况的简短的表达;

　　6.前置词,是指示某种情况隶属于某一人物或某一行为的;

7.连词，是指示咱们的概念之间的相互关系的；

8.感叹词，是简短地表示精神活动的。[①]

罗蒙诺索夫是俄语语法的奠基者，他的语法理论是值得咱们重视的。固然，在研究汉语的时候，咱们不能不照顾汉语的特性，但是，罗蒙诺索夫关于语法的一般原则，我想是可以基本上接受的。因此，我们提出下面的几点：

第一，罗蒙诺索夫把词分为实词和虚词两种，和我国旧说正相符合。直到现在，俄语语法书中仍然沿用词分虚实这一种说法[②]，咱们应该毫不犹豫地把实词和虚词分开。

第二，罗蒙诺索夫把代名词归入虚词，也和中国旧说相符合。在我的书中，我坚持了这一点。我把代词叫做半虚词。

第三，罗蒙诺索夫把副词归入虚词，也和中国旧说颇相符合。在我的书中，我把副词叫做半实词。我把代词和副词都归入"语法成分"，而我所谓"语法成分"正是只具有语法意义的词。

第四，罗蒙诺索夫没有把形容词从名词分出来，但是现代俄语语法书已经把名词和形容词分立了。就汉语的特点来说，形容词和动词的性质也颇相近。因此，形容词和名词分立是比较合适的。

第五，罗蒙诺索夫没有把数词独立为一类，但是，在现代俄语语法书中，数词是独立的。在我的书中数词也是独立的，但这并不是有意识地抄袭俄语的语法（也不是抄袭德语的语法），而是依照

---

① 这里所叙述的罗蒙诺索夫的语法理论是参考坡斯贝洛夫的《罗蒙诺索夫"俄语语法"关于词类的学说》，见莫斯科大学公报，《社会科学集刊》1954年第一期。

② 参看苏联科学院语言研究所的《俄语语法》卷一（1953）20页；又谢尔巴院士主编的《俄语语法》第一册（1952）50—51页（时代出版社译本104—105页）。后者把名词、形容词、数词、代名词、动词和副词叫做实词，前置词、连接词和小品词叫做虚词，和罗蒙诺索夫所分的不很相同。科学院的《俄语语法》只说实词是表示人物、行为、德性或特征的现实性的，虚词是表示现实性的诸现象之间的关系的。它没有明白地把各种词种分别归入虚实两类。照它所举的例子看来，大概和谢尔巴院士所主编的《俄语语法》的分类差不多。

汉语的特点来说,数词有和形容词分别开来的必要。理由在上文已经说过了。

第六,罗蒙诺索夫把前置词(介词)和连词分立,这是一般的分法。在我的书中,这两类的词合为一类,叫做联结词。依目前汉语发展的情况来看,前置词和连词分立有好处。我最近的意见在这点上有了一些改变①。但是,我的意见还不很成熟,想要把这一个问题保留一下。

第七,罗蒙诺索夫把感叹词认为八类词中之一类,而我没有把它归入词类。谢尔巴院士主编的《俄语语法》认为感叹词处于特殊的地位,不把它归入虚词,但仍承认它是词类。这个办法很好。我在两年前发表的文章中,已经把感叹词归入词类了②。

由此看来,我在《中国现代语法》和《中国语法理论》二书中所分的词类,在今天看来,基本上还是合适的。因为我当年在分别词类的时候,也是基本上按照上文所说的两个标准来分的。

＊　　　＊　　　＊

三品说取消了之后,对于原来谈三品的地方,怎样处理呢?

我在1948年所提出的办法是一种"双轨制"的办法,就是词独立时称为名词、形容词、动词、副词等;词在句中不再称为名词、形容词、动词、副词,而改称为主词、宾词、描写词、叙述词、附词等。有一个时期我还想建立一个更完全的"双轨制",譬如说,词独立时称为体词、德词、动词、状词等,词在句中则称为名词、形容词、述词、副词等。最近黎锦熙先生主张汉语词类按照观念本身的性质独立地分为三大系,又按照句法成分的作用,灵活地分为五类九品(黎先生声明这品不是品级的品)③。这也是一种"双轨制"。不论当年我想那样做,或现在黎先生想这样做,都是概念范畴的老一

---

①② 王力《汉语的词类》319页,《王力全集》第九卷。
③ 黎锦熙《中国语法中的词法研讨》,《中国语文》1953年9月号12页。

套。因为那个"观念本身"（黎先生大约是指"概念本身"）是脱离具体语言的。

必须坚决放弃"双轨制"，而由上文所述的两个标准来建立语类。词义是一个标准，但它不是唯一的标准，甚至有时候它不是主要的标准，例如"吹、打"等字，从词义上看，自然已经可以断定它们是动词（罗蒙诺索夫认为动词表示行为，这是正确的；现代俄语语法书中也常常说动词表示行为，咱们不能硬说"吹、打"等词从词义上无法断定它们是动词）；但是，在另一些情况下，单从词义是看不出词类来的，例如"思"和"想"都是动词，但"思想"在现代汉语里并不是动词，而是名词。为什么知道"思想"是名词呢？那是因为它常常被用于主位或目的位，那就是由词和词的结合上来看它的词类，不是从词义上来看它的词类。

就汉语来说，咱们可以这样规定：凡经常被用于主位、目的位、关系位者，叫做名词；凡经常被用为叙述句的谓词（叙述词）者，叫做动词；凡经常被用为名词的加语者，叫做形容词；凡经常被用为动词或形容词的加语者，叫做副词。根据这一个原则，"思想"应该是名词，因为现在已经很少人用它作为叙述词（如"思想起来"）了。"智"和"慧"本来都是形容词，但"智慧"却应该是名词，因为咱们现在只说"群众的智慧"，不说"智慧的群众"。至于"批评"之类，既可以用为叙述词（"他批评我"），又可以用于目的位（"接受批评、抗拒批评"），而且两种情形都是常见的，就不妨在词典中把它注作动词和名词两类。

如果两种情形都有，而只有一种情形是常见的，那就不能算它兼属两个词类，例如"大"和"小"应该认为形容词，因为它们经常被用为名词的加语（"大房子、小东西"）；至于像"大吃一顿"的"大"和"小看他"的"小"就只能认为"形容词作副词用"，不能在词典中把"大、小"也注为副词。又如"密切政府和人民的联系"，其中的"密切"也可以认为"形容词作动词用"，不必在词典中注为动词。这样有两个好处:一方面,词典好编些,不至于没法子照顾全面;另一方面,有了这一种灵活运用的方法,更能有助于语言的发展。

有一种普遍的误解,就是以为凡处在主位或目的位的词必须是名词。固然,主位和目的位是名词经常所处的地位,但是,这并不等于说,形容词和动词绝对不能用于主位和目的位。谢尔巴院士主编的《俄语语法》说:"其他词类如果代替名词或当作名词使用时,也可用来表示主语,这些词类是:形容词、形动词、数词和不定形式的动词。"①拿汉语来说,例如"大欺小"或"大不可以欺小",其中的"大"是形容词用作主语,"小"是形容词用作目的语。它们是临时处于主语和目的语的地位,但它们本身并不是名词。

"山脚、河口、酒壶、书价"之类,上一字该不该认为名词呢?我们以为应该认为名词。就这种情况来说,我想建议把它们的地位叫做"偏位"。这"偏位"是仿照马建忠的"偏次"来定名的。我们之所以不叫做"领位",是因为它有时候并不表示领有关系。叫做"偏位"有一个好处,就是仍把这一类的词认为名词,不必认为"名词用作形容词"。

"积极地、慢慢地、大规模地"等,应该认为副词。

照上面的原则,三品说取消以后,处理的办法也就有了。凡名词用为首品者,只称为名词;形容词用为次品者,只称为形容词;动词用为谓词而被称为次品者,只称为动词;副词用为末品者,只称为副词。名词用为次品者,称为偏位;名词用为末品者(如"蛇行、虎踞"),认为名词作副词用。形容词用为首品者,认为形容词处在主位或目的位,或认为形容词作名词用;形容词用为末品者(如"大笑、慢走"),认为形容词作副词用。动词用为首品者,认为动词作主位或目的位,或认为动词作名词用;动词用为修饰次品者(如"飞

---

①　谢尔巴院士主编《俄语语法》第二册 10 页(时代出版社译本 15 页)。

鸟、流水"),认为动词作形容词用;动词用为末品者(如"飞奔、坐享其成"),认为动词作副词用。这样,就解决了问题。

首品谓语形式、次品谓语形式、末品谓语形式应该改称为名词性谓语形式、形容词性谓语形式、副词性谓语形式。首品句子形式等也应该同样处理。

次品补语应该改称为形容词性补语,末品补语应该改称为副词性补语;语气末品应该改称为语气副词,关系末品应该改称为关系副词。

我所计划的修订,大致也不过是这么个修订法。

*　　*　　*

我采用叶斯泊生的三品说,和我重视汉语的特点,这两件事是很不调和的,甚至可以说是矛盾。现在我一方面批判了三品说,另一方面也应该肯定:研究汉语的语法,必须重视汉语的特点。

坡斯贝洛夫同志在他的《斯大林关于语法构造的学说》里说①:

　　各种不同的语言的语法构造,在语法范畴中,表现着本质的特性。譬如说,在俄语中,名词、形容词是和动词平行的;而在汉语中,动词的地位占有更广泛的语法范畴,有变化的标志,这些范畴不但和动词相适应,而且和形容词相适应,在造句法中,它们是用于谓词的职务的。性的范畴,在俄语中表现着词汇的和语法的范畴,至于在英语和土耳其等语言中,就完全没有性的语法范畴,在法语中,也缺乏中性的范畴。情貌(体)的范畴在斯拉夫诸语言中是作为特征的,而在德语和法兰西等语言中,却没有明确的语法表现。在英语中,gerund(动名词)和俄语的 причастие(形动词)是有分别的,它是特殊的动词范畴,是俄语、德语等语言中所没有的,而它和法语中的 gérondif 也不相当。……这样,各语言之间的本质差别是从句

① 见《斯大林著作光辉下的语言学问题》(论文集)116—117 页。着重点是我加的。

子的类型及其结合方式中建立起来的。当咱们从形态结构和句法结构中建立这一类的差别的时候,咱们应该从语言事实的具体分析出发,而不应该从世界主义的理论出发,也就是不应该从单一的语源过程和马尔门生们所复活的普遍语法的观念出发。

由此可见,"从语言事实的具体分析出发"才是研究语法的正确的道路。我过去重视汉语的特点是对的。假使我这两部书有优点的话,重视汉语特点就是它们的优点。我的缺点是某些地方对于语言事实的分析还不够细致,不够科学,因此,我们只是嫌汉语特点发现得不够,而不是嫌汉语特点发现得太多了。

有人说:汉语语法应该尽可能和外国语(例如俄语、英语)相一致,以免学外国语的时候另学一套语法。这个看法是错误的。重视汉语特点并不会妨碍外国语的学习,相反地,两种不同语系的语言的特点的对比,对于外国语的学习将有很大的帮助,特别是能避免用汉语的结构方式去说或写外国语。

又有人为了某种便利(例如为了汉字拼音化的词儿连写)而主张不必处处照顾汉语的特性。那是错误的。为了某种便利自然可以有具体处理的办法,但是不该使它影响到汉语语法的特点。

这是科学研究的态度问题,同时也是思想方法论的问题。语法是一种法则。法则是从自然和历史中找寻出来的,要以合乎自然和历史为依归。咱们不能从"一般"的概念出发;咱们必须搜集丰富的材料,把握事实的总和。马克思说:"若把事物的表现形式和事物的本质混为一谈,一切科学都成为无用的了。"[1]科学的研究必须探讨事物的本质,也就是每一事物的特点,如果对于事物的本质和特点不加以研究,也就不能成为科学的研究。

---

[1]　马克思《资本论》第一卷700页,郭、王译本。

斯大林教导我们："把词的变化和联词成句的基本共同之点综合起来,并用这些共同之点组成语法规则、语法定律。"①他并没有叫我们先定下一些语法规律,然后把一些语言现象安排进去②。我们以为必须特别重视"综合起来"这一个步骤;若不先"综合",只知道一味"分析",那就会变了罗列现象,没有什么意义了。

以上所说,一方面是对于三品说的错误加以批判,以待修正;另一方面是说明这两部书在发现汉语特点这一件事上还有可采的地方,来解释此次重印的理由。当然,除了三品说之外还有很多缺点,这里不能详细讨论。这是重印,不是改写。希望将来能有时间改写一部语法书,并且好好地学习马列主义,将来能把马列主义灌输到汉语语法中去。

1954 年 7 月 17 日,王力序于广州

---

① 斯大林《马克思主义与语言学问题》22 页,人民出版社译本(李立三译)。"联词成句"原译为"用词造句"引起了许多误会,以为"用词"和"造句"是两件事。其实原文 сочетание слов в предложения 只是"联词成句"的意思。
② 中山大学语言学系语法教研组《汉语语法学的主要任务》,《中国语文》1953 年 10 月号 12—13 页。

导　言

一、词汇不是语法

词未入句时，是属于词汇的；词入句后，就有了语法的存在。但是，有些词却是必须入句才有存在的意义的，这就是所谓虚词。因此，虚词的本身就是一种语法成分：如果解释虚词的意义，就等于解释语法成分的意义，所以普通人总认为《经传释词》一类的书是语法书。

然而《经传释词》一类的书决不是语法书，因为它们完全放弃了语法的根据地——句子。至多，咱们只能承认它们是一种虚词词典（lexicon of particles）。好的虚词词典，固然可以给咱们研究语法的许多帮助，例如能使咱们知道某一虚词的词性和用途等，但这种东西，只能算是语法大厦所需要的一些散材，并不能就称为语法。

二、翻译不是语法

自马眉叔以后，大家不再走《经传释词》的路了。即使事实上是走《经传释词》的路，也总加上西洋语法的面架子。我们曾在别的地方攻击模仿西洋语法，不遗余力，这里似乎不必再费唇舌。况且中国语法学家也没有一位肯承认完全模仿西洋语法的，即以马眉叔而论，他也有创作的地方。反过来说，除非不做中国语法，否则无论是谁，总也不免有几分模仿，因为中西语法总不免有几分相似之点。

　　但是，我们这里所要指摘的，是有意识地或无意识地，把西洋某词"译"成中国话，再把这中国话认为和西洋那一个词同一性质，例如把英语的 to ride 译成"骑"字，于是把"骑"字认为不及物动词（或内动词）；把英语的 to widen 译成"放宽"，于是把"放宽"认为单词。这样，就完全为西洋语言所蔽，中国语法的特征就完全看不出来了。

　　咱们须知，语言之表达思想，并不限于一种方式；外物之反映于观念，更没有一种定型。先说，在同一的族语里就有种种不同的表现法[①]：英语 resemble、fear 是动词，而 like、afraid 却是形容词；postpone 是单词，而 put off 却是仂语。若非同一族语，不同的地方就更多了。及物和不及物是没有逻辑上的根据的：中国的"待"字，译成英语是 to wait for，是不及物动词；译成法语是 attendre，是及物动词。甲族语里的单词，译成乙族语里可以是仂语：法语的 bise 译成英语是 dry and cold north wind[②]。甚至甲族语里是一种描写句（英语 I am hungry），译成乙族语是一种简单的叙述句（法语 j'ai faim），译成丙族语却是一种包孕句（中国语：我肚子饿了）[③]。由此看来，凡欲从族语比较上看出词的性质或用途，都是劳而无功的尝试。

　　咱们非但不该凭中西的对译，而且还不该凭古今的对译来判定某词的性质。"孟子宿于昼"虽可译成"孟子在昼住"，但"于"和"在"的词性并不相同；"杀人以刃"虽可译为"拿刀杀人"，但"以"和"拿"的词性并不相同。连方言的对译也是无凭的："粥"是单词，"稀饭"却是仂语；"恰好"是仂语，"啱"却是单词[④]。所以语法只该就一时一地的语言作个别的观察，一切的对译都是不能帮助词性

------

①　我们把每一个民族的语言，叫做族语，即法语所谓 langue。

②　根据 Cassell's French Dictionary。

③　关于描写句，参看第一章第八节；关于叙述句，参看第一章第七节；关于包孕句，参看第一章第六节。"肚子饿"是一个句子形式，"我肚子饿"是句子里包孕着句子形式，故称为包孕句。

④　"啱"是粤语，念作 ngam，阴平声。

或用途的确定的。

三、分类不是语法

这二三十年来,中国语法学家所争论的全是词的分类问题和术语的问题,例如中国的词该分为几类,"所"字该不该归入代词,"出、入、居、住"等字该不该称为"关系内动词","有、在"等字该不该认为"同动词"等等。这样,所争论的只是语法的皮毛,不是语法的主要部分。自然,我们并不否认:分类的比较地妥善,可以使语法更有条理;术语的比较地谨严,可以使读者的观念更加清晰。但是,这只是一种著书的艺术,立论的老到工夫,而对于族语结构上的特征,仍然是隔靴搔痒。须知所谓语法,就是族语的法则,主要的部分乃在于其结构的方式,并不在于人们对语言成分的称谓如何。例如英语的than,尽管咱们认为连词或介词,或依照 Jespersen 的理论,称为虚词(particle),都是不关重要的问题。主要的却在于告诉人家,在什么情形之下,than 的后面须跟着主格,又在什么情形之下须跟着目的格,或两格均可。当咱们能使一个别国人运用 than 没有错误的时候,咱们的责任已完,称谓之争,都是鸡虫得失罢了①。

四、可争论者不是语法的本身

研究某一族语的语法,如果把最大的努力用于可争论的地方,实在可惜。小至一个名称,也可以引起百年的辩论,甚至于永远不会有定论的,例如"名、动、形容"等名称,没有一个能经得起指摘。给它们一个定义,固然好些,但是定义的本身也不会达到完善的地步。然而我们可以断言:可争论者并不是语法的本身。上文说过,语法是族语的结构方式,这种方式是没有争论余地的。英语第三人

---

① 坊间有些"小学文法",专教小学生分别词类,不及其他。这简直是教他们买椟还珠!小学里,如果要教语法的话,应该努力避免分类和术语,只从举例上设法灌输些族语的结构方式,如"呢"和"吗"的分别等。

称单数领有代名词，不随其所领有之物的性和数而异其形式，只随领有者的性而异其形式（his、her、its）；法语恰恰相反，不随领有者的性而异，只随被领有者的性和数而异（son、sa、ses）。这是习惯的结晶，没有争论余地的。现代中国语里，也有它的不容争论的地方，例如：

（1）描写句里不用系词（第一章第八节）；

（2）复合句和递系式常用意合法（第一章第九节，第二章第五、六节）；

（3）及物动词和不及物动词或形容词结合，可以成为使成式（第二章第二节）；

（4）"把"字后面的动词必须带一种处置的结果（第二章第三节）；

（5）被动式专指不如意或不企望的事，并非可由一切的及物动词转成（第二章第四节）；

（6）时间的表示着重在情貌（第三章第五节）；

（7）是否问语和称代问语各有其语气词（第三章第六节）；

（8）代词第一人称复数有包括式和排除式的分别（第四章）；

（9）联绵字的运用特别多（第五章）。

诸如此类，才是语法的本身。然而二三十年来，它们或被完全忽略，或屈处于附注里，这真是所谓舍本逐末，轻重倒置了。

五、难懂的地方不一定是语法，易懂的地方不一定非语法

本来，把本国现代的语法教本国现代的人，目的并不在要他们学话或做文章①。一切语法上的规律，对于本国人，至多只是"习而不察"的，并不是尚待学习的。但是，我们并不因它们容易就略而不谈。我们的书虽不是为外国人而著，却不妨像教外国人似的，详谈本国语法的规律。譬如有某一点，本国人觉得平平无奇的，而外

---

① 但若方言不同，国语的语法也可以帮助非国语区域的人学习国语。参看《中国现代语法》导言，《王力全集》第七卷。

国人读了,觉得是很特别的,那么,正是极值得叙述的地方。甲族
语所有而乙族语所无的语法事实,正是族语的大特征。咱们虽不
知道世界各族语的结构方式共有多少种,但从两个以上的族语比
较以后,往往发现某一种思想可以有两种以上的表现法,那么,这
两种以上的表现法在各该族语里都是值得叙述的。中国学生学了
十年英语,往往还不会说 yes 和 no,就因为普通的英语语法书里不
曾说明关于问答的种种方式;而英语语法书里之所以不说明这点
者,又因为英美人没有一个不会作这种简单的答复。然而这到底
是英语语法书的一个缺点,因为像 Are you not going tomorrow? —
No, I am not going 这一类的答语方式和一般东方民族的答语方式
是相反的,正是英语语法的大特征(或可说是西洋语法的大特
征)①。若就中国语而论,词序(word-order)也是中国每一个人所不
会弄错的,然而词序的固定却是中国语的大特征,不能略而不提②。
总之,族语结构上的特征就是语法的主要部分:如果乙族语区域的
人熟读了甲族语的一部语法书,而于甲族语的结构方式还不免误
会的时候,这一部语法书一定是不完善的。如果他读了一部语法
书,只得一些词类区分法及术语,而这些词类区分法及术语又和自
己的族语里的差不多,那么,他的一片热诚竟是白费的了③。

---

① 据我们所知,只有林语堂的《开明英文文法》(69 页)叙述到这一点。
② Edkins 到底是外国人,他就明白这一点。参看他所著的 A Grammar of Colloquial Chinese as Exhibited in the Shanghai Dialect, Part Ⅲ。
③ 说到这里,恐怕有人担心:像这样的一部中国语法书,分类法及术语都和西洋语法书相差颇远,如果先学中国的,则将来再学西洋语言,有些地方竟须另起炉灶。如果同时并学,也有混杂的危险。这是关于实用上的困难问题。本来,做学问就只顾真理,不顾其他。中国语法如果需要这种分类法和术语,咱们决不因为它们和西洋语法不同而有所迁就。何况专就实用而论,我们也只看见利多而害少。中国学生说起西洋语言来,往往是"中国式"的,这就因为他们太注意词汇上的不同,而忽略语法上的不同。如果咱们借分类法和术语的不同,令他们明白中西语法的差异实在很大,将来他们说西洋语言(或写文章)的时候,就会知道完全换上一套语言习惯了。这样,不是利多而害少吗?

六、中国语法学的途径

西洋古代所谓语法,本包含三部分:音韵学(phonology);形态学(morphology);造句法(syntax)①。后来音韵学的部分渐渐扩大,现在已经独立成为一种科学,于是现代普通所谓语法,就只剩有形态学和造句法两部分。所谓形态的部分,是叙述各词的屈折形式,例如英语"饮"字,因人称和时间的不同而有 drink、drinks、drank、drunk、drinking 的分别。所谓造句的部分,是叙述各词的任务和句子的结构方式,如词在句中的次序、事物关系的表现等。汉语没有屈折作用,于是形态的部分也可取消。由此看来,中国语法所论,就只有造句的部分了。

恰巧造句的部分是向来被西洋语法学家所轻视的。多数的梵语语法、希腊语法、拉丁语法,都只包括音韵和形态②。这种习惯深入人心,以致西洋竟有人说中国没有语法!有时候,虽也有些西洋人编著中国语法,然而除了音韵部分之外,就只把西洋形态学所有的范畴,硬搭配在没有形态部分的汉语上③。这样,对于西洋人学中国语,也许有多少便利,然而对于中国语法学,就相隔千万里了。马伯乐(H.Maspéro)说得好:

> 中国语法只有些位置上的规律,换句话说就是只有造句法,这是大家久已知道了的。然而语法学家们因为念念不忘西洋语言的原故,尽管自己承认了这一点,仍是常常忽略了。嘉贝兰(Gabelentz)的语法,素称为科学的中国语法的模范,仍旧保存一切旧的术语;他实在太离不开西方的种种概念,

---

① 严格地说,syntax 该译为"结合法",因为词和词的结合已经是 syntax,不一定要造成一个句子。

② 例如 V. Henry, Eléments de Sanscrit Classique; O. Riemann et H. Goelzer, La Première Grammaire Grecque; L. Havet, Abrégé de Grammaire Latine。

③ 例如 Gaspermant, Etude de Chinois 就是最呆板的翻译。第 98 页有所谓 conjugaison,完全依照法语的范畴。

所以他不能随着词的位置去寻求它们的价值。他认为中国语也像德语或拉丁语那样有所谓"格"；他以为共有五个"格"，他的书中有一章的标题就叫做"格论"（Casuslehre）；此外，还有所谓及物动词、中性动词、被动词、使成动词等等①，这一切在中国语法里都是没有意义的。（马伯乐对于 M.Courant 的《中国语法》的书评，见 B.E.F.E.O.Tome XIV, No.9, pp.76—77）

所谓"久已知道"的中国语法学，却只是西洋的汉学家久已知道，西洋留华的教士们并不曾知，中国一般语法学家更不曾知！现在本书和《中国现代语法》想在这一方面做一些草创的工作。第一、二两章专论造句法；第五章论特殊形式，也就是造句法的特殊形式；第六章论欧化的语法，大致也就是新兴的造句法。只有第三章论语法成分，第四章论替代法和称数法，稍稍溢出造句法的范围，然而这也是中国语法的主要部分，并非模仿西洋语法而成的。这是很艰难的一种工作，比之依傍西洋语法者，多费百倍的踌躇②。其中一切词类区分法和术语，都有待于学术界的评定③；著者不过是在正当的途径上，做一个负弩先驱的人而已。

---

① 本书也有所谓被动式和使成式，但其中所论的是造句的形式，和所谓被动词及使成动词不同。至于及物动词和不及物动词，本书虽偶然提及，已经声明它们的分别是不重要的了。
② 越是依傍西洋语法，越是用不着踌躇，只是把中国的词汇花一些排比搭配的工夫就是了。
③ 中国语法上的分类法和术语确定了之后，同系的各族语大致都可适用。

第一章　造句法（上）

第一节　字和词

在中国语法里，咱们有字和词的分别。词就等于英文的 word，字则大致可译为 a syllable represented by a character。

咱们知道，中国每一个字是代表一个音段（syllable）的①，所以书本上每一个 character 叫做一个字，口语里每一个 syllable 也叫做一个字。如"他低声说了两个字"，这字只是口语里的，不是书本上的。

中国古代没有字和词的分别，这也难怪。古代除了极少数的双音词（dissyllabic words，如"仓庚、蝴蝶"）之外，每一个字就代表一个词。"揄扬、提拔"之类，乃是意义相同或相近的两个词，合起来表示一个意义：它们并非纯粹的双音词②。这是中国语被称为单音语（monosyllabic language）的原因。

除了"仓庚、蝴蝶"一类的双音词之外，还有由意义兼并而造成的双音词。这种词，要算"国家"为最早。古代诸侯所治称"国"，大夫所治称"家"，不能混用。到了后代，"家"的意义渐渐被"国"的

---

① 只有后附号"儿"字是例外。但"儿"字当初也该是独立的一个音段，现在官话区域还有读成独立音段的。只有北京把它粘附于名词，不把它另念一个音段罢了。

② 这种双音词，在某一些情形之下，也可认为两个单音词。试比较法语的 sain et sauf 和中国语的"平安"，便可明白这个道理。

意义兼并了，于是"国家"的意义只等于单音词"国"字。现代北京语里，"妻子"指"妻"，"兄弟"指"弟"，"窗户"指"窗"，"干净"指"净"，都是这一类的例子。此外，如"姑娘、热闹、打发"等，其成因也许和"国家"之类不同；又如"裁缝"，指裁而且缝的工人，这是以工作代表其人，其成因也和"国家"之类不同。但是它们都有一个共同之点，就是表面上似乎指示着平行的两种事物，实际上只指一种事物而言。

有些双音词，似乎包含着两个词，而且此词修饰彼词，其实只能表示一个概念，如"先生"不是先出世，而是男子之尊称。像这一类的词有"天下、老妈、花厅、元宵、高兴"等。

另有一些双音词，似乎是有意识的演变。为了使听话人易于了解起见，社会上便产生了不少的双音词。产生的方式有三种：其一是把音段重复，如"妹妹、叔叔、婆婆"等；其二是把一个意义相关的字粘附于原字，如以"意"粘附于"故"成为"故意"，以"来"粘附于"近"成为"近来"等[1]；其三是在词的后面粘附一个大类名，如"芥菜、苹果"等。

然而中国语的大进化，乃是词类的记号（marker）的大量增加。前附号有"第、老、阿"等，如"第一、老王、阿三"；后附号有"儿、子、头、么、们"等，如"花儿、桌子、石头、这么、爷们"。这些记号本是语法演进的产品，中国语里因此有了概念范畴的表号；但同时也使双音词大大的增加了。

中国古代的词是以单音为原则的。近代虽倾向于复音，但也是以双音为限。"干儿子"虽似乎是一个三音词（trisyllabic word），但"干"字仍有它的独立性，例如说："他这儿子是干的，不是亲生的。"所以"干、儿子"也可认为两个词。现代产生了许多西洋名词的译名，才有了三四个音段的词，如"图书馆、帝国主义"等。但是，

[1] 有时候，所添的字毫无意义，至少是其意义不可解，例如以"简"粘附于"直"，成为"简直"。

若就中国语言的本身而论,"图书馆"至少可认为"图书"和"馆"两个词的复合;"帝国主义"至少可认为"帝国"和"主义"两个词的复合。因此,我们该把它们认为复合词(compound word),与普通的复音词是不同的。

若要辨认两个以上的相连接的字是否一个单词,有一个最简单的法子,就是试用另一个字把它们隔开,看它是否失掉或不符原来的意义,例如"老妈"被"的"字隔开,说成"老的妈",就失了"老妈"的原义;"妻子"被"和"字隔开,说成"妻和子",就不符"妻子"的原义;"干净"被"又"字隔开,说成"又干又净",就不符"干净"的原义,于是咱们可以断定"老妈、妻子、干净",都是一个单词①。

在《吠陀文》、古希腊语及英语里,咱们可以凭轻重音去辨别词的界限②,然而这种办法却不能适用于中国语。固然,北京语里有些字是念轻音的,而且在双音词中,凡念轻音的字都是第二个字,例如"石头"的"头"、"衣裳"的"裳"、"葡萄"的"萄"、"骆驼"的"驼"、"这么"的"么"、"他们"的"们"。这样,很可以帮助咱们辨别词的界限:凡轻音的字所在之处,必是一个词的终止点。但是,咱们不能反过来说没有轻音的地方就不是一个词的终止点,如"随便"的"便",它虽居于一词之末,却并不念轻音;反过来说,"吗、呢、的、罢"一类的字,它们虽念轻音,却仍是一个独立的单词。

在英法德诸国语言里,我们又可以凭字典上的拼法(orthography)去辨别词的界限。在语言学上说,这是颇不可靠的方法③,然而在中国语里,我们就连这种颇不可靠的凭借都没有。例如英法文的 monotone,显然是 mono(单)和 tone(调)两个字凑成的,但

---

①　　参看第四节末数段。

②　　参看房氏《语言论》105 页;又叶氏《语法哲学》94 页。

③　　叶氏《语法哲学》92 页上说:"拼法也难为定论,因为拼法往往是完全武断的,大约系一种习尚;在某一些国度里,竟用部令颁布,而这命令又不是经过很好的审查的。例如 at any rate,现在也偶然写作 at anyrate,难道因此就改变了它的性质吗?"

字典里既把它写成一个词，自然大家公认它是一个词了。中国呢，"单调"显然是两个字，若要把它认为一个词，就只能凭英法文的对译去判断。但若遇着纯粹的中国词，如"干妈"之类，又费踌躇了。

语言学家对于词的定义，本来就有许多不同的意见；而我们对于中国的词，更感觉得确当的定义实在不容易想出。中国语既没有屈折作用（inflection），轻重音又为华北（北京）所独有，而且不足为凭，我们只好从意义上着想了。我们可以暂时把词认为：语言中的最小意义单位。

虽然诺伦（Noreen）反对以概念单位为词的定义，以为 triangle 和 three sided rectilinear figure 的意义完全相同①，但是咱们不妨说 triangle 只有一个意义，而 three sided rectilinear figure 却有四个意义。Triangle 是一个综合的概念，three sided rectilinear figure 是四个分析的概念；它们虽然同指一物，而我们用此两种说法时，思维的方法显然不同。因此，我们以"语言的最小意义单位"为词的定义，虽不敢说是完全的，至少，对中国语而论，它该是较好的。

但是，"意义"（meaning）本身就缺乏一种公认的定义。有些语言学家以为只有理解成分（sémantème）是有意义的，语法成分（morphème）是没有意义的，所以语法成分如代名词、否定词、连词、介词之类，不能认为独立的词②。另有些语言学家却以为凡自由形式（free form）都可认为词；名词、形容词、动词之类固然是词，代名词、否定词、连词、介词之类也该认为词。只有那些粘附形式（bound form），如英语 kindness 中的-ness、ducbess 中的-ess、playing 中的-ing，虽也有其意义，却不能算为词③。我们虽比较地赞成后一派的说法，但我们对于他们的词的定义还不能完全同意。因为他

---

① 参看叶氏《语法哲学》93 页。

② 参看房氏《语言论》103—105 页。

③ 参看柏氏《语言论》157、177、178 页。又 Palmer, An Introduction to Modern Linguistics, pp.78—79。

们以为词是可以单独成句的,所谓自由形式,就是可以自由地表达一个意思的形式。这种说法,对于西洋语言,已经有几分勉强(说the字可以单独成句,很难得多数人的了解和赞同);对于中国语言,就更不妥当了。例如"吗"字,它既能表示疑问,自然可说是有意义的。这种意义,我们可称它为语法上的意义。因此,我们该把它认为一个词。然而它是不能单独成句的,它不是自由形式。假使咱们以"最小的自由形式"为词的定义,势必否认"吗、呢"之类有词的资格。这是我们所不能赞同的。

那么,"桌子"的"子"和"花儿"的"儿",它们都有语法上的意义,为什么我们又把它认为记号,不认为单独的词呢?在这里,咱们应该把概念范畴的表号和语言结构的工具分辨清楚。"子"和"儿"是概念范畴的表号(表示它们所粘附的词是名词,或与名词有同等价值者),所以只能认为一种记号;"之、于"一类的字,它们是语言结构的工具(表示词和词的关系的),才应该认为词。"吗、呢"一类的字,它们是表示全句的语气的,不是表示一个简单概念的范畴的,所以也该认为词。依照这样的解释,咱们对于词的辨别,可以没有很多的困难了。

第二节　词　类

在未分别汉语的词类以前,咱们应先自问:咱们凭什么去分别它们?

咱们知道,西洋的语法学家,有许多是凭屈折的形式去分别词类的,例如 Varro[①],他把词分为四类,第一类是有格的变化的(名词),第二类是有时的变化的(动词),第三类是格的变化和时的变化都有的(分词),第四类是格的变化和时的变化都没有的(虚

---

① Marcus Terentius Varro(116—27 B.C.),罗马人,学于雅典,以博学闻于时,著有《拉丁语学》等书,凡七十四种。

词）①。若单就拉丁语而论，这不失为一种巧妙的分法。可惜近代欧洲语言如英、法语等，都没有格的变化了；而且大家知道，世上有些族语是连时的变化都没有的，Varro 的分法显然是不适用于今日的了。然而咱们须知，现代虽没有再拿时的变化去做动词的定义，但英、法、德诸族语里的动词都还保存着时的变化，总难免有人以为时的变化确是动词的一种特征。德语里的动词叫做 Zeitwort，直译就是"时词"的意思。不过，别种的词既不能再凭屈折形式去分类，所以近代的语法学家总算是放弃这一条路了。

现代西洋对于词类的分别，就学校所传授者而言，其标准是相当杂乱的，例如名词的定义，是以它所代表的概念为根据的，所以说："凡词之用以为生物或无生之物的名称者，叫做名词。"②而动词的定义，却是以它在句中的职务为根据的，所以说："凡词，能为谓语，或助谓语，或发出一个问题，或表示一个命令者，叫做动词。"③形容词和副词的定义，却又是以词和词的关系做根据的，所以说："凡词之修饰一个名词或代名词者，叫做形容词。"④又说："凡词之修饰一个动词，或形容词，或另一副词者，叫做副词。"⑤这样毫无系统的根据，显出屈折形式大部分丧失后的彷徨。

老实说，依现代英语词类的普通区分法，倒不如索性拿词在句中的职务（function）为根据还来得妥当些。例如说："凡实词，能在句中居主格、领格或目的格者，叫做名词；凡虚词，能代替名词而居主格、领格或目的格者，叫做代名词；凡词能在句中为谓词者，叫做动词；凡词能修饰主格、领格或目的格者，叫做形容词；凡词能修饰

---

① 叶氏《语法哲学》58 页所引。当时 substantive 和 adjective 合称为 noun。

② Curme，Parts of Speech and Accidence，p.1。

③ 同书 63 页。旧译 verb 为"云谓字"，于字源及定义皆有根据。

④ 同书 42 页。

⑤ 同书 71 页。力按：副词定义之中竟有"副词"字样，这定义显然是有毛病的，而世人用惯了，也就不觉得它有毛病了。

谓词，或间接修饰主格（领格）或目的格者，叫做副词。"等等。但是，这种分类法仍不是我们所愿意采用的，因为我们以为词类是可以在字典中标明的，是就词的本身可以辨认，不必等它进了句子里才能决定的。根据词在句中的职务而分的，我们叫做词品，不叫词类（详见下节）。

　　叶氏对于英语词类的区分，似乎也感到相当的困难。他是不愿意从词的职务上分别词类的；他只在各词的本身上观察。但是他感觉到准确而完备的定义是不可能的，只能多举例子使学者自悟①。

　　我们很能了解叶氏所遭遇的困难，但当我们研究中国语法的时候，这一类的困难就没有了，例如英文 honest 和 honesty 显然是同一的概念；不过在某一些判断里，这一种概念是附着于具体的事物的（he is an honest man）；在另一些判断里，这一种概念是纯然抽象的（his honesty affected me）。因此，英语名词和形容词之分，竟寄托于整个判断之上：单凭词的本身，怎能断定它是哪一类的词呢？也许有人说，咱们可以凭词的形式去断定它的词类，例如 honesty 和 honest 的形式不同，因而断定它们的词类不同。其实 honesty 和 honest 本身并不能说是带有名词或形容词的标记：若说字尾-ty 是名词的标记，则 dirty、nasty 之类何以不一定是名词？中国语对于 honest 和 honesty，只有一个概念，就是"忠厚"②。若不问其在句中的职务，单就"忠厚"本身而论，它只能属于一类的词，不能分隶于两类。这样，恰能使中国词类的界限比英语词类的界限更为明显。英语里词类的定义差不多是不可能的，而中国语里词类的定义却是可以成立的。

　　依我们的意思，词可分为两大类：凡本身能表示一种概念者，叫做实词；凡本身不能表示一种概念，但为语言结构的工具者，叫

---

① 叶氏《英语语法纲要》66 页。
② "忠厚"的意义是否和 honest 的意义完全相等，在这里不成问题。

做虚词。实词的分类，当以概念的种类为根据；虚词的分类，当以其在句中的职务为根据。这是很自然的标准。实词既然对于实物有所指，自然可以拿概念为分类的标准；这种分类，简直可说是逻辑学上或心理学上的分类，完全不以词的形式为凭。正因中国的词不带词类的标记，所以不顾词的形式才是词类区分的正当办法。虚词既然对于实物无所指，则拿概念为分类的标准是不可能的；它们既是语法成分，离了句子它们是不能独立存在的，所以我们只好以其在句中的职务为根据，去分别它们的种类了。

依中国语言的结构，词可分为九类：(一)名词；(二)数词；(三)形容词；(四)动词(这四类是纯粹的实词)；(五)副词(和实词相近)；(六)代词；(七)系词(和虚词相近)；(八)联结词；(九)语气词。现在把名词、数词、形容词、动词、副词，分论如下；其余各词则在第三、四两章里再谈。

（一）名　词

凡实物的名称，或哲学科学所创的名称，叫做名词(noun)。本来，叫做"体词"(substantive)比较妥当些，因为印欧语里所谓"名"是包括体词及形容词而言的。但是，现在大家既然用惯了"名词"这名称，也就不必更改了。我们所谓名词，和英语所谓 noun，范围广狭稍有不同。我们的名词，就普通说，除了哲学上的名词之外，只能指称具体的东西，而且可以说是五官所能感触的。英文里从形容词形成的抽象名词，如 kindness、wisdom、humility、youth，从动词形成的抽象名词，如 invitation、movement、choice、assistance、arrival、discovery 等，中国字典里可以说是没有一个词和它们相当的①。在中国词的形式上，咱们辨别不出抽象名词的特征；它们是和形容词或动词完全同形的。我们在上文声明过，我们不赞成从职务上分别词类，因此我们就不能从"我喜欢他的聪明"一类的句子里去证

---

① 叶氏把从形容词形成的抽象名词叫做 predicate nexus-word，又把从动词形成的抽象名词叫做 verbal nexus-word(《语法哲学》136 页)，可见他也不承认为纯粹的名词。

明"聪明"是一个抽象名词,也不能从"他费了长时间的选择"一类的句子里,去证明"选择"是一个抽象名词。我们如果从概念上去辨别,中国语里的"聪明"断然是一个形容词,因为它表示一种德性;"选择"断然是一个动词,因为它表示一种行为。这样,我们在分类上省却许多葛藤;上文所说,中国语里词类的界限比英语里词类的界限更为明显,就是这个缘故。

"政府、议会、团体、政治、经济"一类的名词,它们所指称的东西是五官所不能感触的,然而大家都该承认,它们所指称的东西并不因此减少其具体性。它们实际上包含着许多极端具体的东西,咱们不能否认它们也是名词。

剩下来,只有哲学上的名词如"道、德、品、性"等,才是真正抽象的。如果说中国有抽象名词的话,就只有这极少数的几个了。但它们毕竟和"黑、白、高、低"等词不同,因为它们是从来不当形容词用的①。

(二)数　词

凡词之表示实物的数目者,叫做数词(numerals)。在现代英、法等语的语法书里,普通是把数目字认为形容词的。但是,在拉丁语法里,却往往把数目字认为和代词同类②。叶氏在《语法哲学》里(85页)说:"数目字往往被认为独立的一个词类,我想把它们认为代词中的一小类也许妥当些,因为它们和代词确有共同之点。"依中国语看来,数目字也确是和指示代词有相同之点。第一,它们二者都不能单独用为谓词("人这、人三"都不成话);第二,它们二者都可以带着单位名词("这个人、三个人")。然而我们仍不能认数目字为代词之一种,因为它们能表示抽象观念,到底比代词实些。同时,我们也不肯认为形容词之一种,因为形容词能单独用为谓词,而数目字不能("桃花红"成话,"桃花三"不成话);数目字能带

---

① 尚有单位名词,待第四章再谈。

② L. Havet 的 Abrégé de Grammaire Latine 把数目字认为 pronominaux,见该书 41 页。

单位名词,而形容词不能("三朵桃花"成话,"红朵桃花"不成话)。依我们的意见,数目字在概念的范畴上既不和代词相同,在语法的用途上又和形容词有异①,索性把它们认为独立的一类,至少对于中国语是可以说得通的。

(三)形容词

凡词之表示实物的德性者,叫做形容词(adjectives)。依我们的定义看来,本该叫做"德词"(qualitatives),但"形容词"这个名称沿用已久,我们也用不着改名,只把它的定义改变了就是了。adjective 从拉丁文 adjectivus 变来,本是附加者的意思。那是就它的职务而言:凡词之附加于体词(substantives)以表示修饰者,叫做 adjective。现在我们对于中国语的形容词所下的定义,却是就概念的种类而言,其定义和范围都和西洋的 adjectives 不同:第一,我们把一切表示德性的词都认为形容词,无所谓由形容词形成的抽象名词(见上文);第二,我们把一切不表示德性的词都排除于形容词的范围之外,省得把"这人"的"这"之类认为什么"指示形容词"("这"在任何情形之下都是代词,见第四章)。这样,词类的界限更为清楚了。

叶氏不肯承认形容词是表示德性的,只因西洋语言里形容词和抽象名词同是表示德性的缘故②,中国语里既没有抽象名词,则实物和德性恰是名词和形容词所代表的两方面,畛域分明,所以我们毫不迟疑地以实物德性的分别为名词、形容词的分别了。

(四)动　词

凡词之指称行为或事件者,叫做动词。这里所谓动词,其范围大致和英语 verb 的范围相当,然而其定义则与英语 verb 的定义大不相同。按 verb 由拉丁的 verbum 变来,原是话的意思:凡说话,就不能不

---

① 其实在概念的范畴上也可说是有异,因为量(quantity)和质(quality)毕竟是有分别的。

② 《语法哲学》74—75 页。

用 verb，故 verb 的作用实在和 predicate 的作用差不多。中国语就不然了，咱们说话常常可以不用动词，因为形容词和名词都可以用为predicate①，由此看来，我们所谓动词，严格地说，只能译为 action-word，不能译为 verb。不过，为免令人感觉不惯，也不妨用 verb 字对译，只是心知其意，不至于误会咱们的"动词"完全等于 verb 就好了。

　　咱们首先要知道，西洋的 verb 有屈折作用，中国的动词没有屈折作用，所以在形式上咱们不能辨认中国的动词。中国语里，虽也有"了、着"二字表示某一些时间上的范畴，但它们并不是专为动词而设的。我们可以说"吃了饭"，但也可以说"红了脸"；我们可以说"做着工"，但也可说"大着胆"。"吃"和"做"虽是动词，"红"和"大"本身却不是动词。所以"了"和"着"并不是动词的标记②。中国的动词既不能从形式上辨认，就只好从概念上辨认了。

　　我们以词之指称行为或事件者为动词，因为有些动词所指称者只是行为，不是事件，例如"爱"只是一种精神行为，不是一个事件；有些动词却正相反，所指称者只是事件，不是行为，例如"死"只是一个事件，不是一种行为③。"爱"和"死"在字典里永远只能称为动词，因为它们永远是表示行为或事件的。在中国字典里④，咱们没有一个词和法文的 amour 或英文里 death 相当。西洋所谓 action-noun，多数是和动词的形式不同的（amour：aimer、die：death），尤其是在罗马语系里。中国则从词的形式上看，无所谓 action-noun⑤。

---

① 参看第一章第五节、第七节和第八节。

② 但它们却是叙述词的标记，见第三章。

③ 不过，在普通人看来，死可说是一种不由自主的行为。因此，"动词"译为 action-word 还可以说得通。

④ 字典里收容欧化词汇者是例外。

⑤ 参看下节。为了要证明这个道理，咱们不妨试逐字直译下面的一句英语：The doctor's extremely quick arrival and uncommonly careful examination of the patient brought about her very speedy recovery.这虽不是绝对不可能，至少是不自然的。

除了普通动词之外,我们以为中国语里还有一种助动词。"把"字,在"我把这只鸡卖掉"一个句子里,系帮助"卖"字,表示这卖的行为是"我"对于这鸡的处置。"被"字,在"我被他骂了一顿"里,系帮助"骂"字,表示这骂的行为不是"我"所施行的,乃是"我"所遭受的。"把"和"被",在这种用途上,虽不能表示行为,却能表示行为的性质。它们本是由动词变来的,试比较"把盏"的"把"和"把酒喝干"的"把","被祸"的"被"和"被人陷害"的"被",就知道助动词"把"字确由把握的意义演变而来①,助动词"被"字确由遭受的意义演变而来。因此,它们现在虽不是纯粹的实词,我们也把它们附属于动词一类,比之归入其他词类,较为妥当些。

我们这里所谓助动词,和英语里的助动词(auxiliary verb)是同名异义的。中国助动词的定义该是:"词之帮助动词,以表示行为的性质者。"英语助动词的定义却是:"词之帮助动词,以形成其态、式、时的变化者。"像英语中的助动词,咱们中国语里根本就没有:中国语的动词没有态(voices)、式(mood)、时(tense)的变化,自然用不着什么词来帮助它的变化了。"能、可"二字,在现代都是副词;在古代"能"字有时可作动词(《论语》"非曰能之"),"可"字有时可作形容词(《论语》"可也简"),"欲、想、要"都是动词,"必、须"都是副词。所以中国助动词和英语的助动词相差很远,不能混为一谈的。

(五)副 词

凡词,仅能表示程度、范围、时间、可能性、否定作用等,不能单独地指称实物、实情或实事者,叫做副词(adverb)。这一个定义,只能适用于中国语言,不能适用于西洋语言。英语里大部分

---

① Bloomfield 把中国语"你没把买煤的钱给我"句中的"把"字译为 take(《语言论》200页),颇为合理。南方官话(一部分)及吴语以"拿"代"把",更令人悟得这个道理。

的副词都是从形容词变来的：我们既承认 clear、quick、slow、easy、certain 是指称实情的，就不能不承认 clearly、quickly、slowly、easily、certainly 一样地能指称实情。在中国语里，单就词的本身而论，咱们只有些形容词，如"明、快、慢、难、易、确"等，和英语那些形容词相当；咱们不能把这些词变为一种副词的形式（如英语于形容词之后加字尾-ly），所以咱们并没有另一些词和英语那些副词相当①。这样一来，咱们中国语里副词比英语里的副词少了几倍，同时，我们的定义也可以成立了。

副词表示程度者：很、甚、最、更、极、太、忒、颇、稍、略，等等；

副词表示范围者：都、只、才、另，等等；

副词表示时间者：已、曾、尝、未、方、才、忽、渐、复、再，等等；

副词表示可能性、必然性、或然性、必要性者：能、可、配、会、必、果、或、也许、当、该、须、应，等等。

＊　　　＊　　　＊

咱们应该承认，词的分类，没有绝对的标准；某一个词类和另一个词类之间，也没有极明显的界限。但是，咱们同时也该承认，中国语的词类比西洋现代语的词类，实在容易分些。就普通说，西洋词类，与其在句中的职务有极密切的关系：某种职务的词有其一定的字尾（ending）及屈折形式（désinence）。因此，如果不谈职务，则定义无从建立，字尾和屈折形式亦无从说明。西洋一般语法教科书之从职务上分别词类，自有其不可攻击之处。可惜字尾及屈折形式并非处处都能为辨别词类的标准②；此种现象，到了今日更加显明。在法语里，Je suis fort 的 fort 和 Je suis roi 的 roi，非但形式上没有带词类的标

---

①　只有到了句子里，"明、快"等字用为末品时，才和英语的末品相当（"末品"见下节）。

②　在拉丁希腊语里，没有什么可以表示 bonus、aghathós 是形容词，而 equus、hippos 是名词；它们的屈折形式是一样的。见房氏《语言论》138 页。

记,而且它们的地位完全相同①。这种情形之下,就只能凭概念去分词类了。由此看来,不凭概念,则有些词并不具备它的词类标记;若凭概念分类,则大多数的词仍因职务之同,而有字尾及屈折形式,以致概念的界限和词类的界限不能相当。至于中国的词呢,它们完全没有词类标记,正好让咱们纯然从概念的范畴上分类,不受形式的拘束。所以我们说,中国的词类比西洋的词类容易区分些,就是这个道理。

但是,咱们也不能把词的分类看得太重要了。在屈折语（inflecting languages）里,词的分类确有相当的重要性,因为不知道词类,则屈折形式无从谈起。至于像中国语这样的孤立语（isolating language）,既然没有屈折形式,一个外国人尽可以完全不懂中国的词类就学会了它。恰因中国的词类可以从概念的观点上去区分,越发失了它在语法上的重要性。咱们研究词类,唯一的兴趣乃在于看它和词品发生些什么关系,换句话说,是要看逻辑上的范畴在语句的组织里发生些什么关系。假使在中国语法上,仍像西洋传统的语法书,专以区分词类为能事,就是舍本逐末,离开语法学太远了。

第三节　词　　品

关于词品,我们是采用叶氏的说法②。叶氏以为词类只是指词的本身而言。譬如一个名词永远是一个名词;无论在什么环境里,它决不会变了它的名词性。这是在字典里可以注明的。词品则是指词和词的关系而言。在任何词的联结里,只要它是指称一人或一物的,咱们都可以指出其中一个词是最重要的,其余的词都是附属品。这一个首要的词是被另一个词限制或修饰的,而这主持限制的一个词仍可受第三词的限制。因此,咱们可以从词的相互关系里,依照它们受限或主限的不

---

① 参看房氏《语言论》139 页。

② 参看 Essentials of English Grammar, p.78f,又 The Phil.p.96f;叶氏在 Syntax 一书里又有所谓四品,今不采。

同,定出若干"品级"(ranks)来,例如在 extremely hot weather 里,weather 显然是一个首要的观念,可以称为首品(primary);hot 是限制 weather 的,可以称为次品(secondary); extremely 是限制 hot 的,可以称为末品(tertiary)①。

　　如果咱们把 this furiously barking dog 和 this dog barks furiously 这两种说法相比较,咱们很可以看出,在二者之中,dog 都是首品,this 都是次品,furiously 都是末品。至于动词 bark 却有 barking 和 barks 两种形式,但这两种形式都该说是附属于 dog 的,而且是比 furiously 高一级的:这样,barking 和 barks 在这里都是次品。

　　以上是叶氏的说法。根据这种说法,咱们很容易了解中国语里"白马"的"马"是首品,"飞鸟"的"鸟"是首品,而这里的"白"和"飞"都是次品。"纯白之马"的"纯"是末品,"高飞之鸟"的"高"也是末品②。如果咱们倒过来说"马白、鸟飞"或"马纯白、鸟高飞",语法上的意义是不同了(见下文第四、第五两节),然而各词的品级并不因此而有所变更。只有一点和英语的情形不同,就是动词"飞"字无论在什么职务上,它的形式都是不变的,不像上文所说,英语动词因职务之不同,而有不同的形式(barking、flying:barks、flies)。这一个不同之点,非但不能叫我们不采用词品的说法,而且恰恰相反,它使我们感觉到,词品的说法对于中国语法更为适宜;因为这样更足以证明,词品是可以完全不受形式的束缚,单靠词和词的相互关系就可说明的。

　　叶氏没有正式给三品下定义。实际上,三品虽是很容易懂的,它们的定义却不是容易下的。我们在《中国现代语法》里,对于三品曾下这样的定义:"词在句中,居于首要的地位者,叫做首品;地位次于首品者,叫做次品;地位不及次品者,叫做末品。"这些定义

―――――――――

① tertiary 直译该是"三品",然而中文里"末品"似乎比"三品"适当些,因为和"首品、次品"配起来好看些。叶氏在《语法哲学》里既不立四品、五品等名称,则三品自然也是末品了。

② "之"字在这里是次品和首品之间的联结工具,它是没有品的。

虽不是最妥善的，却很浅显，便于初学。

词类和词品是有关系的，名词、代词以用于首品为常，数词以用于组合式的次品为常①，形容词以用于次品为常，但有些形容词则亦常用于末品；动词以用于次品为常，而且多用于连系式里②。副词则仅能用于末品。仔细研究这种关系，是很有趣的。

＊　　　＊　　　＊

以下我们将要详细地讨论词品说的价值，并说明它在中国语法里的重要性。

（1）词品说在印欧语里，在现代罗马语系里，都不是必要的。

上节说过，西洋的词类，与其在句中的职务有密切的关系：某种职务的词有其一定的字尾及屈折形式。因此，由词的形式可以推知它的职务，同时也可以推知其所属的词类。在印欧语里③，名词有它的格的屈折形式，形容词有其与名词的符合作用（concord），动词有其人称和时的变化，一望而知它们是名词、形容词或动词，用不着看它们所处的地位的。——更进一步说，在印欧语里，该说不能以词的地位为标准，因为形容词可以在名词之前，也可以在名词之后；动词可以在主语之后，也可以在主语之前。

自从名词的格的屈折形式普遍地消失了，形容词的符合作用消失了（如英语）或简单化了（如法语），动词的变化也简单化了之后，词在句中的地位因此渐趋固定，咱们有时候不能靠屈折形式去断定词类，就只好靠地位去辨认了。但是，有一部分的词，从别的词类变来，仍有它们的字尾，以表示它们的词类。下面是英语里的一些例子：

a.名词字尾-ty、-ry、-ce、-ness 表示由形容词变成，如：rapidity、

---

① 　关于组合式，参看第四节。
② 　关于连系式，参看第五节。
③ 　语言学上称拉丁语、希腊语、梵语等族语为印欧语系。

bravery、patience、kindness。

　　b.名词字尾-tion、-ment、-or、-er 表示由动词变成,如:invitation、government、governor、smoker。

　　c.形容词字尾-al、-ic、-ful、-ish、-ous 表示由名词变成,如:festal、dramatic、powerful、foolish、dangerous。

　　d. 形 容 词 字 尾-ive、-able、-ible 表 示 由 动 词 变 成,如:investigative、invasive、desirable、permissible。

　　e.动词字尾-ze 表示由名词直接或间接变成,如:patronize、nationalize、europeanize。

　　f.动词字尾-en 表示由形容词直接或间接变成,如:weaken、soften、quicken、lengthen。

　　g.副词字尾-ly 表示由形容词变成,如:totally、greatly、extremely、quickly。

　　此外,另有一些名词,它们并非由别的词类变来,而是大致保存拉丁或希腊的原有形式,如-ture、-graph、-gram、-logy、-logue 之类。这些字尾,可认为词类的记号(marker)。我们看见了这些记号,在多数情形之下,可以辨认某词属于某类。固然,有时候单凭字尾,还不能决定词类,例如英语带-ly 的词,有些是纯粹的副词(generously),有些却可以是形容词(daily、manly),又如法语带-ment 尾的词,有些是副词(doucement),有些却是名词(jugement)。但是,咱们还可以兼看字根,例如英语从形容词加-ly 而成的副词没有可以当形容词用的,只有从名词加-ly 而成的形容词可以兼用为副词。又如法语从形容词加-ment 的必定是副词,从动词加-ment 的必定是名词。由此看来,记号虽没有绝对的标准,然而就普通说,总算可以帮助咱们辨认词在句中的职务了。

　　假定每一类的词都有一定的记号,而某一定记号的词都有一定的职务,则词类和词品可以不分。又假定某一词类虽没有一定的记号,而每一个词都是有一定职务的,则词类和词品仍旧可以不

分,例如拉丁语的名词主格、受格、呼格就是首品,领格就是次品,
副格、离格就是末品,形容词就是组合式中的次品,动词就是连系
式中的次品,副词就是末品。即就法语而论,仍没有分词类和词品
的必要。因为在法语里,除了形容词可借为名词之外,某一个词是
有一定的职务的①,如 achat 这一个词,咱们虽然看不出它带有什么
名词的记号,但是它永远用于首品,可见它有一定的职务。在这情
形之下,名词就是首品,咱们实在不必多立名称。咱们可以说,叶
氏的三品,非但对于印欧语是多余的,而且对于现代罗马语系(如
法语)也是多余的。

(2)词品说在现代英语里是必要的。

三品之说,出于精通英语的叶氏,并非偶然。西洋诸族语的语
法里都可以不讲词品,唯有英语的语法里不能不讲词品,英语的词
并没有一定的职务。打开英文字典一看,除了他词变来的词(如上
文所举),其职务比较固定之外,其余名、形、动三词当中,差不多每
一个词都有两种以上的职务。编字典的人,依照传统的语法,只好
在每一个词的底下都注上两种以上的词类。这是法文字典里所罕
见的情形。现在试就名、动两类,把英语和法语比较如下,以见
一斑:

名动同形(英语)	名动不同形(法语)
love, to love	amour, aimer
stone, to stone	pierre, lapider
ground, to ground	terre, fonder
eye, to eye	oeil, regarder(lorgner, toiser)
back, to back	dos, soutenir(ou appuyer)
face, to face	face(ou figure), affronter
elbow, to elbow	coude, coudoyer

① 　在 un peuple ami、une nation amie、une maîtresse femme 一类的组合里(见叶氏《语法哲
　　学》73 页),非但词类分不清,连词品也分不清。这是仅有的例外。

hand，to hand	main，passer（ou donner）
lock，to lock	serrure，fermer（à clef）
demand，to demand	demande，demander
augment，to augment	accroissement，augmenter
appeal，to appeal	appel，appeler
show，to show	spectacle（ou exposition），montrer

　　此外，英语的名词，虽然字典里不注明它们有形容词的用途，实际上大多数可以用如形容词。这也是罗马语系所罕见的。若以英、法语相比较，则见法语多用介词以联结两个名词。兹举例如下：

英语	法语
sea water	eau de mer
kitchen maid	fill de cuisine
flower show	exposition de fleurs
gas pipe	tuyau de gaz
home sickness	mal du pays

有时候，英语两个名词的组合，只等于法语一个名词，例如：

英语	法语
sky line	horizon
price list	tarif
ring finger	annulaire
paper mill	papeterie
stone work	maçonnerie

　　由此看来，西洋古代语言如希腊、拉丁等语，可说是词有定品，因为它们的屈折形式很繁细，不能容许名词为次品①，或形容词为末品等等。西洋现代语如罗马语系诸族语，也还勉强可说是词有

---

① 领格除外。

定品,因为屈折形式虽然简单化了,而词入句中,是有一定职务的,除形容词可以偶然用于首品之外,其余则兼职的很少很少。至于现代英语就不然了,它的词类的范围和词品的范围并不能相当,可以说词无定品:名词可以用于次品(a silk dress and a cotton one),或末品(the sea went mountains high);形容词可以用于首品(to separate the known from the unknown),或末品(a long delayed punishment)[1]。于是许多语法书里都有"带名词性的(substantival)、带形容词性的(adjectival)、带副词性的(adverbial)"等名称;或"用如形容词(used as adjective)、用 如 副 词 (used as adverb, used adverbially)"等说法。叶氏以为这些术语是容易混淆的,是自相矛盾的,例如 the London poor 里,名词 London 反说是等于形容词(an adjective-equivalent),形容词 poor 反说是等于名词(a noun-equivalent),这种界限太不分明了[2]。

　　语法本该是客观地描写族语的法则的:现代英语的语法和西洋古代的语法相差太远了,传统的语法也不能不变更了。词品之说,并不自叶氏始。斯维特(Henry Sweet, 1845—1912)在他的《语言史》里,名词之外还提到"首词"(head-word),形容词之外还提到"属性词"(attribute-word),而且他注意到,名词在领有格时,或为复合词的第一成分时,实在是一个纯粹的属性词[3]。他说名词是不能纯然从语法的职务上去下定义的,已经像是觉悟到词类和词品的不同了,可惜他在下文又说名词之有属性词的功用者系有形容词的职务,则是纯然从语法的职务上去辨认形容词,仍不能摆脱传统语法的束缚。到了叶氏才把词类和词品的界限划分清楚,这实在

---

① 参看 Phil.p.98f。

② Phil.pp.106—107。

③ Sweet, The History of Language, pp.48—49。我们所谓首品,虽是翻译叶氏的 primary,也可说是翻译斯氏的 head-word。再者,斯氏书中也有 secondary 的字样(p.55),可见"次品"也不是叶氏首创的名称。

是语法学上的一大贡献。

（3）词品说在中国语里尤其是必要的。

就词无定品这一点而论，英语和中国语颇相近似，但是，中国语比英语更进一步；因为中国语里的词，非但没有任何屈折形式，连词类的记号（如英语里的-al、-ic、-ze、-ness、-ly、-tion、-ment、-ive、-able等）也是不一定有的。老实说，若依西洋传统语法所下词类的定义，中国干脆就没有词类可言。同是一个"人"字，"人其人"的第二个"人"叫做名词，第一个"人"叫做动词，"豕人立而啼"的"人"叫做副词；同是一个"君"字，"君不君"的第一个"君"叫做名词，第二个"君"叫做动词，"陛下君临天下"的"君"叫做副词；同是一个"云"字，"江东日暮云"的"云"叫做名词，"香雾云鬟湿"的"云"叫做形容词，"天下云集响应"的"云"叫做副词。这样，字典里竟没有注明词类的可能，或虽注亦等于不注，因为差不多凡遇实词都得同时注出名、形、动三种字样，何必多此一举①？

因为拿传统的词类说来看中国语法，有些语言学家觉得中国的词类实在难分。斯氏以为中国语既无屈折作用，虚词（他叫做grammatical form-word）又少，专靠词的次序来表达意思，它的词类就比英语的词类更难辨认了②。又有些语言学家以为中国词类的难分只是表面的，实际上用在句中的词，它们的词类并不难分。这一派可以房氏为代表③。两种说法都不能令我们满意。斯氏是把词类和词品缠在一起，房氏是把词品的易分去证明词类的易分。

总之，叶氏词品说的发明，对于英语语法的贡献很大，对于中国语法的贡献更大。二三十年来，中国的"文法"专从词品上去辨

---

① 从前我在《中国文法学初探》（《王力全集》第十九卷第一册186—236页）里，以为词有本性，有变性，例如这里的"人、君、云"的本性是名词，变性则可以为动词、形容词、副词等。现在我接受叶氏的词品说，则"人、君、云"在字典里属于名词，在句中则可用于三品。

② History of Language，p.49。

③ 《语言论》141页。

别词类,使中国的词类毫无界限可寻。从前我在《中国文法学初探》里曾提出抗议,以为词有本性,有变性。本性者本有此性,变性者须受他词的影响,方有此性,例如中国语里虽有"人其人,火其书,庐其居"的说法,但字典中决不能把"人、火、庐"注为动词,因为这不过是"人、火、庐"的一种变性而已。我从前所谓本性就是叶氏所谓词类;变性就是叶氏所谓名词用为次品或末品等等。我现在承认本性变性之说还不如词类词品之说来得明显,于是我欣然接受了叶氏的学说。中国语里,词类和词品的界限最为清楚:我们把它们分开了,中国非但有了词品,而且词类比西洋的词类更易区分,实在是一件快事。中国对于词类,本来没有传统的说法,咱们乐得接受最新的学说,又何必为一般西洋语法书所束缚呢?

第四节　仿　语

　　柏氏把语言的结构分为向心的(endocentric)和背心的(exocentric)两种①。他以为向心结构所形成的 resultant phrase 与其结构成分之一(或更多)是属于同一 form-class 的,例如 poor John 是一个 proper-noun expression,而其中的 John 也是一个 proper-noun expression。因此,John 和 poor John 的职务是相同的。

　　向心结构又可分为两种:(一)等立的;(二)主从的。在等立的向心结构里,有两个以上的结构成分和 resultant phrase 同属于一个 form-class 的,例如 boys and girls 的 form-class 是和它的结构成分 boys 或 girls 的 form-class 相同的。在主从的向心结构里,只有结构成分之一是和 resultant phrase 同属于一个 form-class,而这成分可称为 head②,例如 poor John 是和 John 同属于一个 form-class 的,所以 John 是 head,poor 是 attribute,又如 very fresh milk,其中的 milk 是 head,very fresh 是 attribute;但是,在 very fresh 这一个 phrase 里,又

①　《语言论》194—195 页。
②　柏氏只用了 Sweet 的一个 head 字,并未采用叶氏三品的名目。

轮着 fresh 是 head，very 是 attribute。

　　柏氏以为中国语里有两种主要的向心结构（主从的）：第一种如"好人、慢去、顶好的人、我的父亲、坐着的人、我写字的笔、买的书"：这是 head 在后，attribute 在前的。第二种如"关门、在中国"：这是 head 在前，attribute 在后的①。

　　我们所谓仿语（phrase）就是柏氏所谓向心结构（endocentric construction）。"向心结构"这术语是新创的，用于语言学专书里自然可以，若用于普通的语法书里就嫌面生，所以我们改用"仿语"这一个旧名词②。

　　在各种语法书和语言学书里，phrase 的定义最不一律。普通英语语法书所谓 phrase 大致可解释为：没有主语和谓语的一个关系密切的词群。但是，这种仿语定义，对于中国语是不适用的，因为中国语里没有 finite verb 的形式，无法辨认某一个词群里是否包含着谓语。再者，普通语法书里虽也提及 infinitive phrases、participial phrases、gerund phrases、noun phrases、verb phrases 等，然而最常说到的却是 prepositional phrases。不巧得很，中国语里，prepositional phrases 恰是很少；尤其是在中国现代语里，我们找不出一个真正的 preposition 来。因此，普通英语语法书里的仿语定义，是无法采用的了。

　　叶氏所谓 phrase，比普通所谓 phrase 的范围小得多了。叶氏以为：有些词群，虽不一定紧接在一起，然而它们共同构成一个意义单位，这种词群可称为 phrase。叶氏跟着就举 put off 为例：它们的共同意义是展缓（postpone），这一个意义并不是从 put 或 off 里推论得出来的；不过，它们却是可以被隔开的，如 he puts it off。

　　柏氏所谓 phrase，却又比普通所谓 phrase 的范围大得多了。他所下的定义是：凡自由形式，包含着两个或更多的较小的自由形式

① 《语言论》199 页。按："拿起来、弄坏"，也可归入此类。
② 我们不喜欢把它叫做"短语"，因为"仿语"也有很长的，甚至比某一些句子更长。

者,叫做 phrase①。咱们知道,柏氏所谓自由形式即是可以单独说出的语言形式,如 John ran,或 John,或 run,或 running,都是自由形式②。在 John ran 里,既包含着两个较小的自由形式,它就是一个 phrase,在 poor John 里,也包含着两个较小的自由形式,它也是一个 phrase。由此看来,他所谓 phrase,其范围比句子的范围还大些;一切句子都可称为 phrase,但有些 phrase 却不能称为句子。

我们所谓仂语,比叶氏所定的范围宽些,比柏氏所定的范围狭些。从形式说,它就是柏氏所谓向心结构;从作用说,凡词群没有句子的作用者,都是仂语。本来,phrase 在西洋既没有一致的定义(法语的 phrase 简直就等于英语的 sentence),我们自然不妨就中国语法的需要上,给予它一种新的定义了。

*　　　*　　　*

次品和首品联结,成为首品仂语者,叶氏叫做组合(junction)。他说:“次品之联结于首品,可以有两种不同的方式:我们把第一种叫做组合,第二种叫做连系(nexus)。”③又说:“如果现在我们比较 the dog barks 和 the barking dog 这两种联结方式,我们将见 barks 和 barking 虽显然有密切的关系,并且可以认为同一词的两种形式,但是,只有前一种联结方式能成为传达意思的完整语,至于 barking dog 就缺乏这种完整的意味,令我们追问:‘那狗怎么样?’句子的构造力是寄托在定式动词(finite verb)之上的,至于像 barking 或 eaten 一类的分词(participles),和 to bark 或 to eat 一类的不定式(infinitives),都没有这种力量。”④由此看来,叶氏是从意思完整不完整、有没有定式动词两方面去看连系和组合的分别的。

中国语里的动词既然没有定式、不定式和分词的分别,咱们自

---

① 《语言论》178 页。
② 同书 160 页。
③ 叶氏《英语语法纲要》91 页。
④ 叶氏《语法哲学》87 页。

然不能从这一方面去辨别连系和组合。但是,我们以为意思完整不完整,就尽够显示这两种联结方式的不同了。"鸟飞"和"飞鸟"比较,虽然"飞"的形式没有变化,而它们在语法上的作用显然殊异。这种殊异就完全寄托在词序(word-order)之上。于是咱们可以说,在中国语里,组合式是次品放在首品的前面的,连系式是次品放在首品的后面的。但我们不要以为次品放在首品的前面是全世界各族语的组合式所同具的情形:虽则中、英语都如此,然而许多族语却不如此,例如西方的法语、东方的安南语,乃是以次品附于首品之后,以构成组合式的。Henri Weil 把前者叫做上升的结构(construction ascendante),后者叫做下降的结构(construction descendante)①。

依原则说,一切连系都可以转为组合,如"鸟飞"可转为"飞鸟","国大"可转为"大国";一切组合也都可以转为连系,如"飞鸟"可转为"鸟飞","大国"可转为"国大"。这种情形,在叙述句和描写句(见本章第七、第八两节)分立的族语里,尤为显明。叶氏举动词为例,是因为英语在原则上不容许以形容词为谓词。若就中国语而论,举描写句为例,更能令人彻底了解。"花红柳绿"可以转为"红花绿柳","父慈子孝"可以转为"慈父孝子","山灵水秀"可以转为"灵山秀水","窗明几净"可以转为"明窗净几",这是由连系转为组合的;由组合转为连系,可以类推而知。

中国语里,叙述句的连系转为组合,却不如描写句之自由。这是因为中国语里没有分词的缘故。分词可说是由动词转成的形容词②,词性既变,自可粘附无碍。至于动词本身,实在不甚适宜于加语(adjunct)的用途。中国语既没有分词,所以除一小部分的不及物动词(intransitive verbs)可转为加语(如鸟飞:飞鸟;水流:流水;人死:死人)之外,大多数的动词都不能自由地转为组合,例如

---

① Henri Weil,De L'ordre des Mots,p.50ff。
② 说见《语法哲学》89 页。

"狗叫"不能转为"叫狗"，"小孩哭"不能转为"哭小孩"等。这因为
动词次品置于首品的前面，就容易和行为——目的的结构相混了。
在这种情形之下，就能用修饰品的记号"的"字，把这些动词形成一
种加语，如"叫的狗、哭的小孩"等。

　　末品和次品的关系，只有组合，没有连系，这一层，叶氏并没有
明白说出。他在《语法哲学》97 页里，只把组合中的末品叫做 sub-
junct，却没有替连系中的末品定下一个名称。在脚注里，他虽说连
系里的末品可称为 subnex，而他跟着又说这种繁重的名称实在是
多余的。实际上，末品除了修饰全句之外，只能和次品发生直接关
系，而它和次品的联结永远是组合式。即使它跟次品到了连系式
里，它既不和首品发生直接关系，仍该说是在组合式里的。为避免
各种误会起见，我们在《中国现代语法》里，仅把次品和首品所构成
的上升结构认为组合式；至于末品和次品的联结，就只称为仿语，
不称为组合了。

　　名词和名词组合时，上一个名词居于次品的地位。在这一点
上，中国语和英语大致相同①。不过它比英语更显得自由罢了。因
此，sea water 恰等于"海水"，stone wall 恰等于"石壁"，spring flower
恰等于"春花"，lamp light 恰等于"灯光"。有时候，中国语用联结
词"之"字，把次品联结于首品，如"海之水、石之壁、春之花、灯之
光"等。普通喜欢拿这种"之"字和英语的 of 相比，这是一种误解。
先说，of 是联结首品于另一首品的：在 the water of the sea 里，water
和 sea 都是首品，可见它和"之"字的职务不同。再说，名词次品和
名词首品既有直接组合的自由，则联结词"之"字可有可无；至于 of
之联结首品于另一首品，却是必需的，咱们不能取消了它，而单说
the water the sea②。

————————

① 　参看本章第三节。
② 　关于这一类的问题，第三章第八节里再谈。

＊　　　＊　　　＊

叶氏说,加语和首品组合后,共同构成一个称呼:一个复合的名称恰等于一个单纯的名称。事实上,英语往往以 puppy 替代 new-born dog,以 fool 替代 silly person①。在中国语里"牸"是"牝牛","羝"是"牡羊",也是可以相替代的。这种事实,最足以令咱们了解什么是组合。组合比连系更密切。在原则上,每一个组合式都可以拿一个单词替代。每一个仿语也都可以拿一个单词替代。咱们无论拿古今语相比较,或各族语相比较,都可以证明这一个原则②。至于连系,无论在什么情形之下,它绝对不能等于一个单词。

因为仿语在原则上等于一个单词的用途,所以仿语和词的界限是颇难划分的。关于这一层,我们在第一节里已略提及。在某一些情形之下,咱们简直没有法子辨别某一个语言形式是一个仿语还是一个复音词(或复合词)。咱们须知,连西洋字典有时候也是武断的,尤其是英文字典,其中某一些词的拼法(spelling),只可说是传统的,没有其他的理由可言。咱们没法子从逻辑上解释:为什么 lamp light 是两个词,而 sunlight 是一个词?又为什么 sea route 是两个词,而 seashore 是一个词?咱们中国素来是以每一音段为一个字的,既没有传统的拼法,仿语和词的界限就更难辨认了。在没办法之中想办法,咱们可以定出两个标准来:第一,复音词是不能被隔开的,仿语则可以被隔开,例如"老婆"是复音词,因为咱们不能说"老的婆"而意义不变;"老人"是仿语,不是复音词,因为咱们还可以说成"老的人"而意义不变。第二,仿语是可以转为连系式的,复音词则不能,例如"老人"可以转成"这人是老的","老婆"不可以转成"这婆是老的"。有时候,两个标准应该同时并用,例如

---

① 《语法哲学》116 页。
② 例如法语的 bise 等于英语的 dry and cold north wind。《中国现代语法》(《王力全集》第七卷)同节中举例甚多,可以参看。

"黄河"虽可以转成"这河是黄的",但咱们不能把黄河称为"黄的河",所以"黄河"只是复音词,不是仿语。这种试验是容许加字的,如"马车"可以说成"用马拉的车",又可以转成"这车是用马拉的",所以"马车"是仿语,不是复音词。

次品仿语虽不能适用第二个标准,然而第一个标准仍是适用的,例如"说话"是仿语,不是复音词,因为它是可以被隔开的,如"说大话、说废话、说没道理的话"等。"取笑"是复音词,不是仿语,因为它是不能被隔开的。

仿语和词的界限虽然有时候分不清,在语法上是不关重要的。等立仿语的职务,与其结构成分之一的职务完全相同;主从仿语的职务,与其中心词的职务完全相同,所以纵使偶然误认仿语为单词,在语法的说明上不会发生什么大影响。不过,在两可的情形之下,咱们宁可认两词的联结为仿语,因为中国语到底是以单音词为主的。

第五节　句　子

"句子"(sentence)是每一部语法书都用得着的一个名称,但是,许多语法书所下的句子的定义却是不妥的。最普通的定义是:凡词和词结合,使成完整的意义(sense)者,叫做句子[①]。这一个定义的缺点在于 sense 本身就没有确指的范围。我们普通也认词是有意义的;单词所有的意义,如果它对于实物、实事、实情确有所指,咱们似乎也该承认它是完整的。由此看来,意义的完整,并不有待于词和词的结合。

《韦氏学院字典》(Webster's Academic Dictionary)对于句子所下的定义是:"凡词和词联结,能完整地表达一个思想,又在文字里,结尾处有句号为记者,叫做句子。"这一个定义比前面一个定义好些,因为人类的思想是以句子为单位的;若不成句,就不成为思

---

①　Nesfield, English Grammar Series, Book Ⅲ, p.5, 参看法国 Larousse 字典 phrase 一条。

想。以一个思想代表一个句子,比较以一个意义代表一个句子,好得多了。可惜定义的后半截却加上一个无谓的尾巴:咱们是因为它成为句子,才在它的结尾处用句号为记;并不是因为结尾处用句号为记,它才能成为句子啊!

柏氏以"语言之在绝对地位(absolute position)者"为句子。他所谓绝对地位,意思是说这语言形式不被包含在较大的语言形式里,例如 John! 单说时,是一个句子;但在 Poor John! 里,这 John 就处于被包含的地位(included position),不复成为句子。又在 Poor John ran away 里,这 Poor John 被包含着,也不复成为句子①。柏氏这种说法是很圆通的,可惜虚灵了些。

叶氏对于句子所下的定义是:"一个(相对的)完整而独立的 human utterance,叫做句子。"叶氏所谓 utterance,意义很广,包括人类的 communication,甚至包括自言自语。叶氏所谓"独立",和柏氏所谓"绝对地位"大致相同,例如 She is ill 是一个句子,因为它是独立的;但在 He thinks(that)she is ill 里,这 she is ill 并非独立,就不成为句子了②。

实际上,连系式就是一种句子形式。叶氏也说过,连系式如 the dog barks 和 the rose is red 之类,它们是完整的句子③。咱们可以说,无论怎样长的句子形式,其中只能包含一个大首品(主语)和一个大次品(谓语)。叶氏不拿"连系"作句子的定义,是因为句子虽必由连系构成,而一次连系却不一定就能成为一个句子④。但是,当一次连系不能成为句子的时候(如 she is ill 在 he thinks she is ill 里),至少它是具备了句子的形式的。

句子有一个大特征:它必须是有所谓的。在大多数情形之下,

---

① 《语言论》170 页。
② 《语法哲学》307 页。
③ 同书 114 页。
④ 同书 306 页。

它是把意思传达给别人的；即使在询问或命令里，它也是要求对话人告诉说话人一件事情，或要求对话人依说话人的意思去做一件事情，仍是有所谓的。当我们说话的时候，至少须说一句话，才能有所谓。除非为了特别原因，把话打断，否则咱们决不会只说半句话的。所以句子是语言的单位。如果一次的连系未能成为一个句子，乃是说话人的环境所需求的语言单位未能由一次的连系构成，于是句子形式复转成句子的一个成分。由此看来，咱们不妨把句子的定义定为："凡完整而独立的语言单位，叫做句子。"

依照传统的逻辑，句子是该分为三部分的：第一部分是主语（subject）；第二部分是系词（copula）；第三部分是谓语（predicate）。古代逻辑家把一切句子都归入这一个定型里，即使遇着没有系词的句子，也必须变出一个系词来，于是 the man walks 必须认为 the man is walking 的变相。这种说法显然是很勉强的，因为 the man walks 的意义，和 the man is walking 的意义并不相同。但是，逻辑学的势力是那样的大，竟使语法学不得不迁就它①。于是语法学家想了种种法子来自圆其说，例如法国传统的语法里有所谓 verbe attributif ②，就是指包含系词和谓语的动词而言，例如动词 aimer，必须认为 être aimant 的合体。但是，现代的语言学家，几乎没有一个不反对这一种说法的。房氏说："语言学非但不依靠这种经院式的结构，而且根本把它推翻。依照大多数族语的证明，动句和系词毫无关系；即使在名句里，系词也是后起的。"③

一般人对于句子，还有一个错误的观念，和前面的逻辑三分法一样地误人不浅，就是以为每一个句子里必须有一个动词，没有动词便不成为句子。这一种说法，对于英、法、德语等，勉强可以说是适用的，因为在这些族语里，差不多可以说每句都是行为者—行为

① 严格地说，当时的逻辑学和语法学尚未分家。
② 句子的第三部分英语称为 predicate，法语称为 attribut。
③ 房氏《语言论》144 页。参看叶氏《语法哲学》131 页以下。

的结构(actor-action construction)。普通说一句话,总当做叙述一种
行为,所以无论实际上是否有行为可以叙述,每句中总不免用一个
动词。有些语法家竟索性以定式动词(finite verb)为句子成立的条
件①。这一种定理,单就英、法、德语而言,已经不能范围一切的句
子。叶氏曾举出 Waiter, another bottle! 及 Glorious! 诸例,以为反
驳②。但是,如果我们把眼光放远些,则见印欧语系如梵语、希腊、
拉丁,欧洲现代语如俄语、立陶宛语,句子里就更不必包含动词。
印欧语中有所谓动句(verbal sentence)和名句(nominal sentence)的
分别;动句是包含动词的,名句是不包含动词的③。名句之构成,多
数是以名词或形容词直接粘附于主语的后面(间有用副词的)。古
代把体词(substantive)和形容词都叫做名词,所以这一类的句子就
称为名句④,例如梵语 sá me petã(此吾父)、tváam várunas(汝华路那
斯),古希腊语 kreisson ghár basibleús(盖王更强),拉丁语 cuniculus
albus(兔白)。有时候,一个副词(处所的或方式的),或一个介词
(preposition),也可以直接粘附于主语之后,不用动词,即可成句,
例如梵语 kva sṹryah(英语 where〔is〕the sun)?,古希腊语 pár'
émoighe kai állos(法语 d'autres〔sont〕auprès de moi)。俄语里有所
谓叙述语(narrative predication)和相等语(equational predication)的
分别⑤。叙述语略等于动句,相等语略等于名句,当英语用动词 to
be 的现在时的地方,俄语里照例是不用动词的。于是 I am ill 在俄
语里是 ja bolen,he is a soldier 在俄语里是 on soldat,the soldier is
brave 在俄语里是 soldat chrabr,the house is new 在俄语里是 dom
nov。立陶宛语也有类似的结构,所以 I am a man 在立陶宛语里

---

① 例如 Sonnenschein,见叶氏《语法哲学》301 页所引。
② 《语法哲学》301 页。
③ 参看房氏《语言论》143—145 页。又叶氏《语法哲学》120 页以下。
④ 参看 K.Brugmann, Abrégé de Grammaire Comparée des Langues Indo-Européennes(法译
本)663 页。
⑤ 参看柏氏《语言论》173 页。

是 sz zmogus，God is clement 在立陶宛语里是 devas malonus。咱们可以说现在俄、立两族语仍保存着印欧语的名句。因此看来，动词并不是句子所必需。普通中国语法书因受了英国语法的影响，硬说中国语里"石头冷"是"石头是冷"的省略，这是所谓削足适履，非矫正不可的。在本章第八节里，我们还有机会再谈这一个问题。

在句子三分法之后的，有句子两分法，就是把句子分为两部分：（一）主语；（二）谓语。两分法自然比三分法好得多了；但是，咱们不要误会，以为句子是非有两部分不可的。语言学渐渐承认，一部分也可以成为一个句子。叶氏举出 Come! Splendid! What! Come along! A capital idea! Poor little Ann! What fun! 诸例[1]。在中国语里，这种例子更多，因为主语并非中国语法所需求，故凡主语显然可知的时候，以不用为常。所谓显然可知，大约有三种情形：（一）此句的主语和上句的主语相同，不必重说；（二）主语是"我"或"你"，在语言环境最能暗示的时候，不必说出（古人书札中，此种情形最多）；（三）主语是一件事，而这事是说话人及对话人双方所能意会者，不必说出（如"不要紧"）。叶氏说过这样的话："在语言的活动里，有三件事必须辨别：（1）表达（expression），（2）隐去（supression），（3）印入（impression）。表达者，即说话人所给予者；隐去者，即说话人虽能给予而不给予者；印入者，即听话人所接受者。咱们极须注意，非但表达者能印入，即隐去者亦往往能印入。世上只有讨厌的人事事说出；但是，即使是讨厌的人，也会感觉事事说出之不可能。"[2]我们愿意借叶氏这一段话来解释中国的句子为什么往往不用主语。只要说话人所隐去者亦能印入，何妨省去"表达"的工夫呢？然而咱们不可把隐去和省略（ellipsis，omission）混为一谈。隐去者，是在语法的范围以内的，甚至为语法

---

[1]　《语法哲学》306 页。
[2]　《语法哲学》309 页。

所需求,所以是常例;省略者,是在语法的范围以外的,它和语法的通则(rules)是相违反的,所以是例外。西洋的语法通则是需求每一个句子有一个主语的,没有主语就是例外,是省略①。中国的语法通则是,凡主语显然可知时,以不用为常,故没有主语却是常例,是隐去,不是省略。就句子的结构而论,西洋语言是法治的,中国语言是人治的。法治的不管主语用得着用不着,总要呆板地求句子形式的一律;人治的用得着就用,用不着就不用,只要能使对话人听得懂说话人的意思,就算了。

　　除了主语隐去的句子之外,还有一些无主句。在无主句里,主语非但不是显然可知的,而且恰恰相反,它是不可知的②。这可以有五种情形:(一)关于天时的事件,如"下雨了、刮风了"等。在这情形之下,西洋语言往往用非人称代名词(impersonal pronoun)为主语,如英语 it rains,法语 il pleut。(二)关于有无的肯定,如"有一只狗在园子里"等。在这情形之下,西洋各族语的说法又有不同,如法语仍用非人称代名词为主语(Il y a un chien dans le jardin),英语则用 prepatory there,而认"狗"为主语(There is a dog in the garden)③。(三)关于是非的肯定,如"是我杀了他"等。法语里有这种说法,但是必须用指示代词 Ce 为"是"的主语(C'est moi qui l'ai tué)。(四)关于真理的陈说,如"不怕慢,只怕站""不登高山,不显平地"等。在这情形之下,西洋语言往往用无定代词(indefinite pronoun)为主语,最常用的要算法语的 on。(五)主事者无从根究,或无根究之必要,如"后面又画着几缕飞云,一湾逝水"(《红楼梦》第五回)。在这情形之下,西洋语言往往用被动态(passive voice),以受事者转为主语,如英语 the murderer was caught yesterday(昨天捉到了凶手)④。由这些事实看

---

①　试看叶氏所举都是感叹语气或命令语气的句子,不是常例。

②　印欧语里也有无主句,参看 Brugmann, Abrégé de Grammaire Comparée, p.661、665。

③　叶氏在他的 Syntax 里,又认 there 为主语。

④　参看叶氏《语法哲学》167 页。

来,可见句子两分法在西洋现代是怎样深入人心,除了命令式(impe-rative mood)或感叹语(exclamation)之外,纵使主事者不可知,也必设法使句子有主语。同时,又可见在同一情形之下,中国语不受任何的束缚,让谓语单独地构成一个句子。这也是中西语法大不相同的一点。

但是,主语虽可不用,而句子并不因此失了连系的性质。在一切不用主语的句子里,咱们都可说主语是潜在的(virtual)。"下雨"的"下"和"鸡下蛋"的"下",其性质完全相同。不过,在"下雨"这一个句子里,咱们没有用主语的必要,就不用罢了。像"天下雨"一类的说法,并不是绝对不通的。由此类推,当"有"字没有主语时,可以解释作"天下有"或"世上有";当"是"字没有主语时,可以解释作"这是"或"那是";当真理句没有主语时,可以认"人"为潜在的主语。动词既是表示动作的,即使在句子里没有把主事者说出,在说话人的心里,总觉得默默中有个动作的主持者。系词既是连系主语和谓语两项的,即使"是"字的主语缺去,在说话人的心里,总觉得"是"字是有所系的。总之,在中国语里,凡主语可以隐去的时候,就让它隐去;但是句子仍可以说是由现实的连系(actual nexus)或潜在的连系(virtual nexus)构成的。

第六节　句子形式和谓语形式

一个连系式可以是一个句子,如"张先生教书";但它又可以是句子的一部分,如"张先生教书的学校在重庆"。这两种连系式在地位上显然不同。若依柏氏的说法,前者是处于绝对的地位的,后者是处于被包含的地位的[①]。然而咱们可以给它们一个总名称,叫做句子形式(sentence-form)。

处于被包含的地位的句子形式,大致说来,就是英语所谓

---

① 《语言论》170页。

clause,法语叫做 proposition。我们觉得在中国语里,只叫它做句子形式就够了,不必像普通的说法,把它叫做"子句"或"分句"之类。因为"子句"是和"母句"并称的,只能用于包孕句里①;若在等立复句里,又得改称为"分句"②;在主从复句里,又得改称"主句"和"从句"③,就太繁了。况且我们有了"末品"的名称,"从句"可称为末品句子形式,自然不必多立名目了。

再说,中国语里的句子形式,处于被包含的地位时,究竟和西文的 clause 不尽相同:第一,在西文里,每一个 clause 必须包含着一个 finite verb,所以咱们可以凭 finite verb 的数目去断定句中所含 clause 的数目,中国语却没有这种表现,于是我们就很难断定某一个语言形式是不是一个 clause 了,例如"昨天早上来的客人今天又要来了",若依英语语法,这个句子该是两个 clause 合成的:The man who came yesterday morning will come again today;但是,若单就中国语而论,"昨天早上来"并不具备一个句子形式,因为它没有主语。它在形式上和下文所谓谓语形式是毫无分别的。第二,中国的次品句子形式是放在其所修饰的首品的前面的,如"我们住的房子已经坍了";西文的次品句子形式是放在其所修饰的首品的后面的,如 The house we lived in has fallen down。第三,中国语的次品句子形式只由后附号"的"字表示它的式品(如"我们住的房子"),首品句子形式则是自由地粘附于谓语之后的(如"我知道他很快乐")。关于这两点,英语和中国语颇相近似:The house we lived in has fallen down./I know he is happy。叶氏把这一类的形式叫做接触句(contact-clauses)④。但罗马语系就必须用关系副词或关系代词,不能这样自由,它们是没有接触句的,例如法语必须说成 La

---

① 参看黎锦熙《新著国语文法》250 页。
② 同书 265 页。
③ 同书 282 页。
④ 《现代英语法》第三编 132 页以下。

maison où nous résidions s'est écroulée./Je sais qu'il est heureux。中国语的末品句子形式也往往是直接地放在其所修饰的句子的前面,不用连词(conjunction)为联结工具的。关于这一点,连英语也不能像中国语的随便了。在第九节里,我们将回到这个问题。

当咱们把西文译成中文的时候,次品句子形式使咱们遇着很大的困难。西文的次品句子形式放在其所修饰的首品的后面,而且有关系代词或关系副词,故便于造成长的句子;中文的次品句子形式放在其所修饰的首品的前面,而且没有关系代词或关系副词,故不便于造成长的句子。如果遇着两重的次品句子形式,除非把它拆成一种 parataxis①,否则翻译几乎是不可能的,例如:They murdered all they met whom they supposed to be gentlemen,若直译为"他们杀害了他们所遇见的他们以为是上流人的一切",简直是一句不可解的中国话。又如遇着非限制的次品句子形式(non-restrictive clause)的时候②,咱们的直译也是无法使它和限制的次品句子形式(restrictive clause)有分别的。试比较:He had four sons, who became lawyers./ He had four sons that became lawyers③,咱们若用直译法,就没有法子把它们译成两种不同的形式。

由此看来,中国语里的句子形式和西洋语言里的 clause 差别颇大。尤其是次品句子形式,它在中国语里只等于一个单词的用途,所以它在语法上和次品词是受同等待遇的。试比较"我的马"和"我买的马",可见"的"字把次品句子形式"我买"和次品词"我"毫无分别地介绍于首品词"马"。我们把它叫做句子形式,不叫"子句"之类,主要的原因就是在此。

*　　　*　　　*

我们又把动词及其修饰品或目的语叫做谓语形式(predicate

---

① 散漫的结构,叫做 arataxis,参看本章第九节。
② 参看 Jespersen, Essentials of English Grammar, p.357。
③ 例子采自叶氏《英语语法纲要》358 页。

form）。一个谓语形式可以是一个谓语，例如"他救济贫民"；但它
又可以是谓语的一部分，例如"他一生的精力都用在救济贫民的事
业上"。前者是真正的谓语，后者虽有谓语的形式，实际上它只有
一个单词的用途。

谓语形式可细分为三种：

（1）动词后面带目的语者，如：

（A）他常起害人的念头。

（B）他常在没人的地方流泪。

（2）动词前面有修饰品者，如：

（C）他没有静养的时间。

（D）昨天早上来的客人今天又要来了。

（3）动词后面有末品补语者，如：

（E）这是洗干净了的衣服。

（F）煮了三个钟头的肉总该烂了。

以上所举六个例子里，被包含的谓语形式都是次品。此外还
有用为首品的，例如：

（A）办事要紧。（85）①

（B）撂在水里不好。（23）

（C）有钱就是有势。

（D）我怕听见哭声。

又有用为末品者，例如：

（A）你放心去罢。（20）

（B）贾母倚栏坐下。（40）

（C）停妻再娶一层罪。（68）

（D）听见了金钏儿含羞自尽。（33）

（E）又该使黑心弄坏了才罢。（37）

---

① 编者注：例句后的数字为《红楼梦》回数。参看本书 395 页下所引文集本编按。

(F)忽见袭人招手叫他。(25)

(G)惟有李宫裁禁不住也放声哭了。(33)

(H)这世袭的前程,就跑不了你袭了。(75)

我们把这种末品认为由谓语形式构成,大约可得一般中国语法家公认。至于下面的一些例子,就会引起争论了:

(A)饭毕,各各有丫环用小茶盘捧上茶来。(3)

(B)他拿纸糊窗户。

(C)遂同他往凤姐处坐坐。(14)

(D)率领阖家都朝上行了礼了。(11)

(E)众人见他如此疯痴,也都不向他说正经话了。(36)

(F)忽见宝玉在梦中喊骂。(36)

(G)替我们请安,替三爷问好就是了。(37)

(H)何苦来为我一个人,娘儿两个天天操心?(35)

(I)你自己便比世人好。(21)

(J)今见贾珍如此央他,心中早已肯了。(13)

咱们如果很呆板地拿英语来比较,很容易倾向于以"用、拿、同"比with,以"在"比 in、on、at 等,以"朝、向"比 toward 或 to,以"替"比for,以"为"比 because of 或 for,以"比"比 than,以"如"比 as。因此,普通的中国语法书都把它们叫做"介词"或"前置词"(preposition)。我们是根本反对这一种意见的。这可以有两个重要的理由:第一,西文的介词没有可以作谓词用的,中国的"用、拿、在、向、替、为、比、如"一类的字,在另一些句子里,却可以作谓词,例如:

(A)咱们天天用水,可见水是日常生活所必需的。

(B)他只尽义务,不拿薪水。

(C)他今天恰巧不在家。

(D)我的心向他,他的心却不向我。

(E)我情愿替他。

(F)将缣来比素,新人不如故。(《乐府·上山采蘼芜》)

第二,这一类的词多数是可以加上"着"字或"了"字的;"着"和"了"可说是动词的记号①,可见它们原是动词,例如:

　　(A)拿着官中的钱做人情。(35)

　　(B)横竖有他二哥哥天天同着大夫瞧。(97)

　　(C)他向着我大哭。

　　(D)他对着我叹气。

　　(E)他朝着窗户坐下。

　　(F)他靠着河边走。

　　(G)背着父母私娶一层罪。(68)

　　(H)我为了他,才做这一件事的。

　　若要勉强拿西文相比,与其把它们比介词,倒不如把它们比gerunds 和 participles。不过,gerunds 和 participles 虽是从动词变来的,它们和动词的形式毕竟不同;至于中国的"用、比"等字,即使在末品谓语形式里,也是和普通动词形式相同的。因此,它们本身是动词,不是介词;它们在末品谓语形式里仍不失其动词的性质。转成末品的是整个的谓语形式,和西文的介词带目的格为末品者大不相同。

　　关于这一点,最能启示咱们的,乃是"依"字和"照"字。若拿法语相比,它们该可译为 selon;但若拿英语相比,它们却该译为according to。由此可见,可以互译的词,其词性并不一定相同。法语的 selon 才是真正的介词,英语的 according 却是一个分词。有些语法家为了分析的方便,勉强把 according to 叫做 prepositional phrase,然而 according 并不因此丧失了它的分词性。中国的"依照"二字,非但和法语的 selon 完全不同性质,连英语的 according to也不能说和它们的词性完全相同。英语的 accord 和 according 是一个动词的两种形式;中国的"依、照",无论用为真正的谓词(如"我

---

① 参看第三章第五节。

就依了你"），或用于末品谓语形式里（如"我就依你的话做去"），其形式始终没有改变，而且"依、照"的后面也可以跟着"着"字，如"依着你的话做去""照着你的话做去"等。

由这许多事实看来，咱们只能把"末品谓语形式"去解释，不该再沿用"介词"的说法。这是必须辨明的。

此外，还有些谓语形式是专用于末品的。它们虽形似谓语，却永远不做真正的谓语，例如：

（A）才打学房里回来，吃了要往学房里去。（91）

（B）这十来个人，从小儿什么话儿不说，什么事儿不做？（46）

（C）你今日就给我磕了头去。（10）

（D）一面令人按数取纸来。（14）

（E）贾母逐件看去。（22）

（F）你随口说个字来。（37）

（G）抽出一本诗来，随手一揭。（37）

最后两例，认为谓语形式，大约可得一般语法学家的赞成，因为"随"字只能认为动词；西文里很难找出一个介词和"随"字相当的。至于其余诸例，又容易引起辩论了。"打、从、给"等字，虽然可以在别的句子里用为谓词（如"打人、从军、给赏钱"），但其意义和上例同字的意义相差甚远。严格地说起来，该说它们在现代语里永远不做真正的谓词。既然永远不做真正的谓词，咱们似乎有权把它们叫做介词了：把"打、从"比 from，把"往"比 to，把"给"比 for，把"按"比 by，把"逐"比 by 或 per，都很像。真的，在这上头，我们虽持相反的意见，却不愿意把这种比较认为毫无理由。我们之所以不大赞成这种比较者，一因这些字的动作性似乎并未完全消灭；二因这些字有为末品所修饰的可能，如上文所举"要同他往凤姐处坐坐"，"同他"是修饰"往"的，不是修饰"坐"的，假使不承认"往"的动作性，"同他"和"往"的关系颇难说明了；三因"随口、随手"的"随"若不认为介词，则"按数"的"按"、"逐件"的"逐"、"打学房里"的"打"等也该不认为介词,这样可以使语法的说明上更整齐些。有了这三个理由,我们才把它们及其目的语认为末品谓语形式的。

我们不曾忘了西洋的介词也有是从动词变来的,例如英语的 pending、during、except、save、past,法语的 pendant'durant、excepté、passé、supposé、attendu、vu、approuvé、ouï 等。但是,它们用为介词的时候,就不复能有动词的变化;它们也像普通的介词一般地成为不变词(indeclinables),如英语的 except 和 save 不复有人称和时的变化,法语的 excepté 和 attendu 不复须要配合名词的阴阳性等等。这可见西洋语言受语法定型的约束,另一方面可见中国语法中并没有这种定型。法语的 approuvé、vu、supposé 之类,竟可以说是人造的介词,因为它们的形式及语音完全和过去分词无异,只是文法上规定它们是介词罢了。中国语法里既没有这种定型,我们就不必把同一的词硬叫它两种名称(动词和介词)了。

第七节　叙述句

叙述句(narrative sentence)就是上文所谓动句。大致说起来,它是以动词为谓词的。它所叙述的,大约都是些行为或事件。为陈说的便利起见,我们把叙述句中的谓语叫做叙述语(narrative predicate),叙述句中的谓词叫做叙述词(the narrative)。谓语形式在递系句里或在包孕句里的时候,其中担任叙述的动词仍称为叙述词。

叙述词是叙述句中最重要的一个词。若拿英语来比较,除了 verb to be 之外,其余在句中的 verb 都等于我们所谓叙述词。凡动词,未入句的时候,叫做动词;入句以后,如果用为首品或修饰品,就叫动词首品或动词修饰品;如果入句而又不是首品或修饰品,就都是叙述词了。

有时候,不是动词也可以做叙述词。在现代语里,名词和形容

词往往靠"了"或"着"的力量,取得叙述词的资格,例如:

(A)幸亏我从小奶了你这么大。(16)

(B)司棋等人空兴头了一阵。(62)

(C)你湿了我的衣裳。(24)

(D)只见肋下青了碗大的一块。(30)

(E)乃大着胆子舔破窗纸。(19)

在古语里,名词和形容词之用为叙述词,就更常见了。它们并不是靠"了"或"着"的力量(古代还没有这种语法)。却是大致地依照下面的几个规律:

(1)在代词的前面:

(A)睹其一战而胜,欲从而帝之。(《战国策·赵策三》)

(B)曲肱而枕之。(《论语·述而》)

(C)及其使人也器之。(《论语·子路》)

(D)友其士之仁者。(《论语·卫灵公》)

(E)夫子欲寡其过而未能也。(《论语·宪问》)

(F)孟尝君客我。(《战国策·齐策四》)

(G)博我以文,约我以礼。(《论语·子罕》)

(H)少君之费,寡君之欲,虽无粮而乃足。(《庄子·山木》)

(I)人洁己以进。(《论语·述而》)

(J)秦王足己不问,遂过而不变。(贾谊《过秦论》)

(2)在"不"字的后面:

(A)君子不器。(《论语·为政》)

(B)何以不地。(《公羊传·隐公元年》)

(C)人之不力于道者,昏不思也。(李翱《复性书》)

(D)不蚕而衣鸟兽之皮。(苏洵《易论》)

(3)在"可"或"足"的后面:

(A)子谓公冶长可妻也。(《论语·公冶长》)

(B)名可名,非常名。(《老子》)

（C）虚荣不足贵。

（4）在"于（於）"的前面（限于名词）：

（A）栾黡、士鲂门于北门。（《左传·襄公九年》）

（B）甲戌，师于氾。（《左传·襄公九年》）

（C）靡衣玉食以馆于上者，何可胜数？（苏轼《志林》）

（5）在没有动词的谓语形式中，往往用骈语：

（A）襟三江而带五湖。（王勃《滕王阁序》）

（B）背山面海，形势雄壮。

由此看来，非动词之用为叙述词，是有条件的；至于动词之用为叙述词，则是无条件的。所以我们仍旧可以说：叙述词以用动词为常。

西洋语法里，普通把动词（verb）分为及物的（transitive）和不及物的（intransitive）两种。在逻辑上，它们并没有明显的分野。往往同一意义的动词，在甲族语里是及物的，在乙族语里却是不及物的。"帮助"在法语里是及物的：j'aide ma mère；在德语里却是不及物的：ich helfe der Mutter。"跟随"在法语里是及物的：je suis mon père；在德语里却是不及物的：ich folge dem Vater。"感谢"在法语里是及物的：je vous remercie；在德语里却是不及物的：ich danke Ihben。即在同一族语里，因历史的变迁，不及物的亦可变为及物的，如希腊动词 parainein 在古典时代是及物的，但在《使徒行传》（27,22）里却还是不及物的（paraino humin）呢；及物动词亦可变为不及物的，如希腊动词 didáskein 本来是及物的，但在《启示书》（Apocalypse, 2,14）里却变为不及物的（edidasken tôbalák）了[①]。由此看来，咱们决不能以某一族语的及物不及物为标准来断定中国某一动词为及物或不及物。

在同一的族语里，同一范畴的两个概念也可以有及物不及物的分别，例如"爱"和"害"，它们和目的格的关系是完全一样的，但

---

① 参看房氏《语言论》125—126 页。

在法语里,"爱"必须认为及物动词:j'aime mon père;"害"必须认为不及物动词:je nuis á mon père。甚至同义的两个词也有及物不及物的分别。"记起"在法语里,若说成 se rappeler,就是及物的:je me le rappelle;若说成 se souvenir,就是不及物的:je m'en souviens。最无理的就是,同是一个词,并且在同一意义之下,而可以随便地用及物式或不及物式,例如法语的 habiter("住"),既可说 habiter une jolie maison,又可说 habiter dans une jolie maison。由此看来,咱们似乎也不能凭概念的范畴去分别动词的及物或不及物。

　　西洋的动词及物不及物,完全以语言的结构方式为标准。如果它的目的格是一种受格(accusative case),或不用介词做动词和目的格之间的联结工具,就叫做及物动词;如果它不需要目的格,或所需要的目的格是一种副格(dative case),或必须用介词做动词和目的格之间的联结工具[①],就叫做不及物动词。中国语是不是也适用这一个标准呢? 中国没有真正的副格,因为没有副格的屈折形式;又如上节所论,中国的介词是很缺乏的,尤其是在现代一般口语里,几乎找不出一个真正的介词。这样,及物和不及物就很难分别了。"到了杭州"既可比于 arrived at Hangchow,而认为不及物,又可比于 reached Hangchow,而认为及物。即在古代有介词"于"字,及物和不及物的界限也不分明。"到了杭州"可译为"至于杭州",又可译为"至杭州"。"告"字,在"燔燎告天"(《后汉书·光武纪》)是及物,在"克告于君"(《孟子·梁惠王下》)是不及物。同是"告庙",《左传·桓公二年》所说的是"告于宗庙",《白虎通·巡狩》所说的是"出必告庙"。"吠"字,就其本身而论,该是不及物的,但在"一犬吠形,百犬吠声"(《潜夫论·贤难》),却又该说是及物的,因为在形式上没有介词做动词和目的语之间的联结工具的缘故。

---

① 在西洋古代语言里,副格前面不一定要用介词,例如拉丁语 noceo patri(我害我的父亲)。在现代德语里,也有同样的情形,如 ich helfe der Mutter(我帮助我的母亲)。

　　实际上,及物不及物的分别,在中国语法里,并不是重要的。这种不重要性就寄托在介词的缺乏上。动词之需要目的语与否,这是语言环境自然会决定的,不烦语法家代为规定。语法上所该规定者,只在乎需要目的语的时候,要不要介词做联结工具①,在现代中国口语里,咱们根本就没有一个词是可以做动词和目的语之间的联结工具;在古代,咱们只有一个"于"字,然而如上所述,有些动词用"于"不用"于"是可以自由的。由此看来,动词运用之适当与否,和及物不及物的分别完全无关,所以我们说这种分别在中国语法里是不重要的。

　　但是,这种分别虽是不重要的,似乎还没有达到不值得一提的地步。单就概念的范畴而论,及物不及物的界限虽然不明,而两个极端却是显然可见的,例如"打"字,它就显然是及物的,因为如果没有目的语,它的意义便不完全。除非在承说法里,"打"字的目的语才可以省略的(如"你不听我的话,我就要打了")。又如"死"字,它就显然是不及物的。古代虽有"死之"的说法(如"某城为寇所陷,某人死之"),但这是一种变态,我们把它叫做结果动词(consequential verb)。由这一个观点上,我们可以把必须有目的语的叙述词叫做及物动词或及物叙述词;把不必有目的语的叙述词叫做不及物动词或不及物叙述词。必须有目的语而没有,就是省略,或被动,或以及物当不及物用(transitive verb used intransitively);不必有目的语而有,就是使成动词(causal verb)②,或结果动词(见上),或以不及物当及物用,而在意义上稍有变更(如"笑他、坐车")。依这种说法,"至、告"该认为及物动词,"至于、告于"只是一种变态;"吠"该认为不及物动词,"吠形、吠声"的"吠"只是一种结果动词,也是变态罢了。

　　叙述句里的格(case)也是很值得讨论的。咱们知道,在印欧语

---

① 　房氏即以要不要介词à做为法语动词及物不及物的标准。见《语言论》125页。
② 　参看《中国现代语法》第一章第七节,《王力全集》第七卷。

里,格是由体词(substantives)的屈折形式表示的。印欧语的格共有八种:(一)主格(nominative);(二)受格(accusative);(三)领格(genitive);(四)离格(ablative);(五)副格(dative);(六)地格(locative);(七)用格(instrumental);(八)呼格(vocative)①。到了拉丁语里,实际上只有六格(主、受、领、离、副、呼)。依原则说,每一格总有其不同的字尾,例如"人"在拉丁语里,主格单数是 homō,复数是 homĭnēs,受格单数是 homĭnem,复数是 homĭnēs②,领格单数homĭnĭs,复数是 homĭnum,离格单数是 homĭnē,副格单数是 homĭnĕ,离格和副格的复数是 homĭ nĭbŭs,呼格单数是 homo(无复数)。现代英语语法里还承用格的名称,其实现代英语除领格外,没有真正的格,现代法语及其同系的族语,也没有真正的格了③。比较地说,还算现代德语尚能保存四格(主格、领格、受格、副格),因为,它的体词虽已失去格的变化,却以冠词(article)的变化为抵偿。至于英语里的体词,除领格外,在形式上无所谓格④,只能勉强从它和叙述词的关系上分出格来。不过,它的代名词倒是有三格的分别,I、he、we、they 是主格,my、his、our、their 是领格,me、him、us、them 是目的格(objective case)⑤。

　　由上面的事实看来,我们可以明白两件事:第一,格是由形式的变化表示的,如果某一族语里,体词或代名词没有形式的变化,也就没有格;第二,格的数目是要看体词或代名词所能由形式上分别出来的数目为标准的。所以拉丁语只有六格,德语只有四格,英语只有三格。

---

① 呼格不入句,故亦可云七格。见 K. Brugmann, Abrégé de Grammaire Comparée des Langues Indo-Européennes, p.393。

② 这词的受格复数和主格复数形式相同。但也有好几类词的主受格复数形式是不同的。

③ 法语在 11 世纪时还有两格。

④ 因此,叶氏就只承认英语体词有两格:普通格、领格。见《英语语法纲要》138 页。

⑤ 但叶氏只承认代名词有两格:主格、目的格。见《英语语法纲要》132 页。

依照这种说法,现代中国语里根本就没有格。非但咱们的体词(名词)没有格的变化,连咱们的代词,在现代,也没有格的变化。"我吃饭"的"我"和"李先生骂我"的"我",在形式上是一样的。"我的"并不能认为领格,因为"的"字并不是领格的记号,它只是修饰品的记号,"我的书"和"新的书"在语言的结构方式上是完全一样的。

我们根据这个理由,不愿在现代中国语法里立格的名称。但是,首品和谓词的关系倒是值得分辨的。咱们可以从首品所处的地位上去看首品和谓词的关系,这种地位可称为首品的位(position of primaries),简称为位。首品用为主语者,其地位可称为主位(subjective position);首品用为目的语者,其地位可称为目的位(objective position);首品用如末品者,其地位可称为关系位(relative position)。

其中最值得注意的乃是关系位。它虽没有格的屈折形式,然而单就它和谓词的关系而论,它却和印欧语的离格、副格、地格、用格之类颇相近似,因为它并不靠语词的媒介,即可和谓词相联结。试拿中国语和英语比较:

两姑之间难为妇①。

Between two mothers-in-law, the daughter-in-law fulfils hardly her duty.

一生潦倒。

He has been unfortunate throughout his whole life.

我下星期一等你。

I will expect you on Monday next.

蝙蝠晚上飞出来,清晨就躲起来了。

Bats fly out at night; but retire at daybreak.

①　"之间"并不等于 between。

　　他们十点钟开始工作。

They start work <u>from</u> ten o'clock.

　　他十天内把工作做完。

He finished the work <u>in</u> ten days.

　　我们并不说西洋语言没有类似的情形:当咱们在英语里说 He worked <u>all day</u>, he arrived <u>yesterday morning</u>, 或在法语里说 il a travaillé <u>toute la journée</u>, il est arrivé <u>hier matin</u> 之类,确是用一种时间关系位,但是这种情形很少,英法的语法书里就只把它们认为 adverbial phrases。中国语里,非但有时间关系位,而且有处所关系位(如"雪下吟诗"),甚至有方式关系位(如"一头碰在一个醉汉身上")[1],所以值得立关系位的名称。

　　在英文里,有所谓双目的格(double object),如 They offered the butler a reward,其中的 reward 是所谓直接目的格(direct object), butler 是所谓间接目的格(indirect object)。直接目的格指物,间接目的格指人。取消了间接目的格,还可以成为一句话,如 They offered a reward,但咱们如果取消直接目的格, They offered the butler 就不成话了。若以位置而论,间接目的格必须在前,直接目的格必须在后。在北平话里,"我给了他三块钱了"好像和英语的语法相同。"他"是间接目的位,所以在前;"钱"是直接目的位,所以在后。但是,"我给了三块钱了"固然成话,"我给了他了"也未尝不成话,这是和英语语法不同的一点。再者,在"听我告诉你这缘故"(24)里,"你"该是间接目的位,"缘故"该是直接目的位,然而"我告诉这缘故"不成话,倒反是"我告诉你"成话,这是和英语语法大不相同的地方。因此,我们不愿意用直接、间接的名称,只把它们分别地叫做近目的位和远目的位,就是了。

　　近目的位指人,远目的位指物,只是华北的语法,并非全国如

----

① 法语里也可以说有方式关系位,如 J'y vais <u>la tête haute</u>。

此。在吴语里,叙述给与一类的事情,人在近远均可,例如"我给了他三块钱了"在苏州话里可以是"我拨仔俚三块洋钿哉",也可以是"我拨仔三块洋钿俚哉",在闽、粤、客家诸方言里,人和物的位置和华北方言恰恰相反。上面所举的例子,在广州话里只能说成"我畀佐三个银钱佢",不说"我畀佐佢三个银钱"。

在现代中国语里,普通所谓格(case)的,我们都改称为位(position)。并且,领位在现代中国语法里根本用不着,因为"我的、张先生的"之类只是次品,而我们所谓位是专指首品的地位而言的。

但是,我们把格的名称保留给古代中国的代词。第三人称的领格是"其"①,目的格是"之"。它们的屈折形式在头不在尾:依高本汉(Karlgren)所假定的上古音值"其"是 g'iag,"之"是 t'iag。第一、第二人称在上古是否也有"格"的分别,现在还没有确切的证明。依现在所有的史料看来,汉代以前的"吾"字是不能用于普通的目的格的,只有否定语里,叙述词置于目的格之后,才能用它(如"不吾欺")。观于"吾"和"我"、"汝(女)"和"尔",恰巧是一对,并且是双声字,也许它们在史前时代也是有格的分别的。不过,如果有的话,它们的屈折形式该是在尾不在头,和"其、之"的屈折形式相反的了。

末了,我们愿意谈一谈以"有、在"二字为谓词的句子。先谈"有"字。我们是把"有"认为动词的,这里就该把以"有"为谓词的句子认为叙述句,因为叙述句是以动词为骨干的。它虽不像英语的 to have 或法语的 avoir 之类有动词的变化(conjugation),然而它能带目的语,这一点却是和别的动词相同的。那些仅仅知道拿英语语法来范围中国语法的人们,把"花园里有一只狗"的"有"和英语的 there is 相比,而说"狗"是居于主位,其实该拿它和法语的 il y a 相比,而说"狗"是居于目的位。我们更进一步,还把"花园里"认

---

① 这领格和西洋领格不甚相同。参看第四章。

为主位,因为在中国人的语象(verbal image)里,地能领有事物,正像人能领有事物一般。试看《孟子·梁惠王上》:"庖有肥肉,厩有肥马,民有饥色,野有饿莩。"这四句骈语里的"有"字和其他各部分的关系,完全是一样的。"庖、厩、民、野"都是主位,"肉、马、色、饿莩"都是目的位。若说第三个"有"字等于 has,"民"字是主位,其余的"有"字都等于 there is 或 there are,"肉、马、饿莩"是主位,这样就是完全不以中国人的语象为根据,只把英语语法来曲解中国语法了①。

但是,以"有"字为谓词的句子,在形式上虽都是叙述句,在意义上却可以有描写句(descriptive sentence)或判断句(determinative sentence)的性质。像"花园里有一只狗",这是真正的叙述句,因为它所叙述的是一个事件。事件是有开始的时候和终结的时候的:此时此刻花园里有一只狗,若干时间以前花园里未有此狗,再过若干时间以后,花园里也不再有此狗。前面所举《孟子》的四句话,都可归入此类。至于像"他很有胆量"一类的句子,就徒然有叙述句的形式,并不能叙述一个事件,因为"有胆量"是没有时间性的,至少它的时间性是很不确定的。"他很有胆量"的意义等于"他很勇敢",而"他很勇敢"正是描写句,所以我们说"他很有胆量"一类的句子在意义上具有描写句的性质。又像"马有四蹄"一类的句子也是没有时间性的:"马有四蹄"颇等于说"马是有四蹄的动物",所以我们说"马有四蹄"一类的句子在意义上具有判断句的性质。

"在"字的词性颇像"有"字,所以以"在"为谓词的句子有些是真正的叙述句,例如"他在家";另有些却带判断句的性质,例如"星在天上"。

由此看来,"有、在"二字可说是动句和名句之间的桥梁。以它

①　王力《中国文法学初探》,《王力全集》第十九卷第一册 186—236 页。

们为谓词的句子,在形式上都该认为动句(叙述句),然而在意义上则可以有名句的性质。试看法语的 il y a 译成英文却是 there is,法语的 ressembler 译成英语却是 to be like each other 或 to be alike,中国语的"在"译成英语却是 to be("他在家":he is at home),就可以明白:在这种情形之下,动句和名句的界限已经失了逻辑上的根据,咱们只能凭形式去判断句子的种类了。

第八节　描写句和判断句

动词和名词的分别,应该说是世界族语所共有的。语言有两种表达的对象:第一是不恒久的现象(phenomenon),如人类的行为及世间一切动态;第二是相当恒久的属性(attribute),如事物的性质及其称号。凡句子之表达前一类者,就是动句;表达后一类者,就是名句。依这种说法,英、法、德等族语也该有动句和名句的分别的。不过,在逻辑上,它们虽有这种分别;在语法上,它们却没有这种分别的需要。因为它们把一切句子都归入同一的模型,就是柏氏所谓行为者—行为的形式(the actor-action form),每一个句子必须有一个定式动词,每一个定式动词必须有时的表现,这就等于把一切恒久的属性也当做有时间性的现象看待了。

像中国语和俄语,在语法上就须要把动句和名句分开。在动句里,咱们得用动词(或性质相似的词)做谓词;在名句里,咱们便不用动词,单靠形容词或名词就可以构成谓词或谓语。

然而我们为中国语言的特征所启示,认为中国语里的名句还该分为两类①,而且该和叙述句并列为三类:第一类是以形容词为谓语的,我们把它叫做描写句;第二类是以名词(或性质相似的仿语)为谓语的,我们把它叫做判断句。在现代,判断句须用系词做

---

① 　在印欧语里,形容词往往和名词同形,所以形容词做谓词的也称为名句;中国语没有这种事实,所以不必把形容词做谓词的叫做名句。

主语和谓语的媒介,借此与描写句分别。在上古,判断句也像描写句一般地不用系词①,但判断句可用"也"字(孔子,鲁人也),而普通描写句不能。由此看来,自古至今,描写句和判断句在结构上总是有分别的,所以不该混为一谈。咱们也不必呆板地认它们为名句的子类,竟可以把叙述、描写、判断认为鼎立的三类句子,不过心里须明白描写和判断的性质较为相近就是了②。

句子分为三类,恰和实词的三类相当。咱们可以把它们的关系列成很整齐的一个表:

(1)判断句:以名词为谓词;

(2)描写句:以形容词为谓词;

(3)叙述句:以动词为谓词。

描写句的结构方式,古今都是一样的,都是拿形容词或形容性仂语直接粘附于主语,不用系词,例如:

(A)其心孔艰。(《诗·小雅·何人斯》)

(B)天长地久。(《老子》)

(C)季氏富于周公。(《论语·先进》)

(D)迎春老实,惜春小。(46)

(E)这个容易。(62)

(F)这水实在腌臜。(47)

我们把描写句的谓语叫做描写语(descriptive predicate),其谓词叫做描写词(the descriptive)。在英语里,这种句子仍须用 verb to be,叶氏把 verb to be 和它的 complement 合起来叫做 predicate,若单就 complement 而言,则称为 predicative③。我们这里既立描写词的

---

① 详细的证据见王力《中国文法中的系词》,《王力全集》第十九卷第一册 237—299 页。

② 李方桂先生对我说,他主张只把中国的句子分为叙述、判断二类;我们所谓描写句,他认为该归入叙述句。这是更进一步的说法。我们虽未采取他的主张,但也认为是值得重视的一种说法。

③ 《英语语法纲要》第十三章;《语法哲学》150 页注。

名称,则 predicative 这个名称可以不用了。

　　在现代语里,首仿也可以做描写语,如"他很粗心";句子形式也可以做描写语,如"奶奶也太胆小了"(72)。有时候,似乎主语和描写语的畛域不清楚,例如"狗儿名利心重"(6),既可认"狗儿"为主语,"名利心重"为描写语,又可认"狗儿名利心"为主语,"重"为描写语。但是,若连下文看起来,就知道前者是较合理的辨认:"谁知狗儿名利心重,听如此说,心下便有些活动起来。"这里的"狗儿"是整个复合句的主语。除非说成"狗儿的名利心很重",才必须认"狗儿的名利心"为主语,因为修饰品记号"的"字把"狗儿"变成次品了。

　　动词虽不可用为描写词①,然而动词的前面或后面加上表示意见的末品时,却可以变为带描写性的叙述语。试拿法语比较,则此种描写性语可以细分为两类:

　　(1)"可"字置于动词的前面,或"得、不得"置于动词的后面,所构成的描写性语,只等于法语一个形容词。这种形容词是由动词变来的,其词尾是-able 或-ble②:

　　　　"可爱"aimable;"可敬"respectable;"可原"excusable;

　　　　"去得"或"过得去"passable;"吃不得"immangeable。

　　(2)"难、易、好"一类的字置于动词的前面,所构成的描写性语,等于法语的 adjectif+préposition à+infinitif:

　　　　"难说"difficile à dire;"难服事"difficile à servir;

　　　　"容易懂"或"好懂"facile à comprendre;

　　　　"好学"facile à apprendre;"好办"facile à traiter, arranger。

但是,这只是一种翻译;咱们不能凭这事实去证明中、法语法的相同。在第一类里,中国的"可、得"等字显然是能独立的词,而法语 -able或-ble 只是一种词尾;在第二类里,中国的"难、易、好"是限制

---

①　我所能发现的唯一例外乃是"挤"字,例如:"这火车里的人很挤。"
②　英语的情形和法语的情形大致相似。

末品，而法语的 difficile 和 facile 是次品。中国另有一种结构和法语相同的，就是"难于供应、易于损坏"等。

形容词用为加语时，置于首品的前面；用为描写语时，置于首品的后面。这样，我们完全凭形容词的词序去辨认它是加语或描写语。

但是，咱们并不因此就能把首仂都转成描写句，或把描写句都转成首仂。加语大多数是带限制性的[①]，在加语里，形容词所表示的德性只是某事物所可有，并不是某事物所固有；只是某事物中有此一种，并不是某事物只有此一种，例如"好人"，它不能转成描写句"人好"，因为"好"的德性不是人所固有，人类也不仅有"好"的一种。至于描写语，便和加语不同了，它是不带限制性的。在描写语里，形容词所表示的德性是某事物所固有，也可以说某事物只能有此一种，例如"石头冷"它不能转成"冷石头"，因为"石头"本身是冷的，不必再用"冷"字去限制它；"石头"只有"冷"的一种，并没有"热"的石头。

主语的范围越小，描写语越能表示固有性（property），因此，凡加语转成描写语的时候，只须在主语的前面另加限制品，仍旧可以造成描写句的，例如：

"好人"不能转成"人好"，却能转成"这人很好"；

"脏衣裳"不能转成"衣裳脏"，却能转成"这一件衣裳很脏"；

"大房子"不能转成"房子大"，却能转成"他家的房子很大"；

"长胡子"不能转成"胡子长"，却能转成"张子仁的胡子很长"。

主语在形式上没有限制品，而在意义上系指很小的范围而言者，亦归此例：

---

① 像"猛虎"的"猛"，才是不带限制性的加语。但这种加语在中国原有的语法里是很少很少的。参看本章第四节。

（A）张先生非但可敬，而且可羡慕：人好，命运也好。①

（B）李运乾不讲卫生：衣裳很脏，十天不换一次。

若在条件式里，主语也可以不加限制品：

（A）国弱则外侮至。

（B）道善则得之，不善则失之矣。（《大学》）

（C）衣裳脏就非洗不可。

名词很不适用为描写词；偶然发现些例子，仍是借某事物的形状或德性来描写主语所表的事物，例如②：

（A）山道很坡。

（B）这孩子真鬼。

（C）瞧他多神！

名词和形容词合成首仂时，却常有用为描写语的，但这名词所指必须是人身的一部分，例如：

（A）你越大越粗心了。（54）

（B）他怪我多心。

西洋的名句如果不用系词就没法子表示时的范畴。因此，房氏以为系词之产生由于表时的需要③，例如匈牙利语"天青"虽可说 az ég kék，不用系词，但如果须要表示过去时，就只好说成 az ég kék vala，其中的 vala 就是系词的过去式。依中国语而论，这话未必是真理，因为中国的叙述句也没有时的表现，怎能责之于描写句呢？不过，咱们遇着须要表示时间的时候，就不妨像叙述句一样，在描写句里加入时间关系位或时间副词，例如：

（A）我这几日忙。（57）

（B）你还嘴硬？（58）

---

① "国泰民安、国弱民贫、花红柳绿"，都可归入此类。我们在第四节里说，原则上一切组合都可以转为连系，然而事实上不能如此自由。于此可证。

② 例子采自陆志韦《国语单音词汇》37页。

③ 英语的情形与此相似。

在这情形之下,我们说这些描写语已经带叙述性了,因为这里所描写的状况或德性已经受了时间的限制了。此外,描写语加上命令语意,也带叙述性,例如"你别忙"。

＊　　　＊　　　＊

判断句的结构方式,古今就不一样了。在上古时代,判断句是不用系词的①,只用判断语直接粘附于主语的后面,再在句尾加上一个"也"字,例如②:

(A)伯夷、叔齐,孤竹君之二子也。(《史记·伯夷列传》)

(B)陈良,楚产也。(《孟子·滕文公上》)

(C)诗书,义之府也;礼乐,德之则也。(《左传·僖公二十七年》)

(D)我,周之卜正也。(《左传·隐公十一年》)

如果语意加重,则在主语的后面加"者"字③,与"也"字相应:

(E)管仲夷吾者,颍上人也。(《史记·管晏列传》)

(F)五霸者,三王之罪人也。(《孟子·告子下》)

也有不用"也"字的:

(G)天下者,高祖天下。(《史记·魏其列传》)

(H)虎者戾虫,人者甘饵。(《战国策·秦策》)

也有"者、也"都不用的:

(I)吾闻夷子墨者。(《孟子·滕文公上》)

(J)荀卿,赵人。(《史记·荀卿列传》)

(K)朕,高皇帝侧室之子。(《汉书·文帝纪》)

可见"者、也"都不是构成判断句的要素;主要的只是主语和判断语两部分直接粘合。从前似乎有人拿"也"字比英语的 verb to be,这

---

① 参看第四章。详细的考证见于王力《中国文法中的系词》,《王力全集》第十九卷第一册237—299页。

② 例子大半录自黎锦熙《比较文法》116—117页。

③ 这种"者"字的用途另有解释,见第四章。

是不对的，"也"字决没有 linking verb 的性质，因为它并不在主语和判断语的中间。

　　系词的发生，大约在第三世纪以后。六朝的佛教作品如《高僧传》之类才用大量的系词①。到了现代，咱们简直可以根据系词的有无，去断定某一个句子是否判断句②，例如：

　　　　（A）你是个尊贵人。（15）

　　　　（B）那傅试原是贾政的门生。（47）

　　　　（C）那就是我的孙子。（56）

　　　　（D）他又是亲戚。（78）

除非在复合句的按断式里，按的部分可以不用系词，例如：

　　　　（E）他一个小孩子家，何曾经过这些事？（13）

　　　　（F）我们好街坊，这银子是不要利钱的。（24）

　　　　（G）你们山坳海沿子上的人，那里知道这道理？（53）

　　　　（H）奶奶这样斯文良善人，那里是他的对手？（65）

　　由判断句又可转成一种同位（apposition），即是官衔、亲属、职业等名称置于专名的前面或后面，例如"贾宝玉是贾政的儿子"可以转成"贾政的儿子贾宝玉"。叶氏认为这种同位和加语有点儿近似，我们很赞成这一个说法，因为由描写句转成的首仿，如"国大"转成"大国"，确是和由判断句转成同位有点儿近似的。

　　判断句可以分为两类：第一是断定主语所指和判断语所指同属一物的，如"他是李德耀"；第二是断定主语所指的事物属于某一性质或种类的，如"他是喜欢念书的人"。第二类判断语里的首品词，如系显然可知者，大多数是可以省略的，例如"他是喜欢念书的"和"他是喜欢念书的人"，意思是一样的。被省略的首品词可以是人、物（东西）、事一类极大的范畴，如上例；也可以和主语里的首

---

①　例证见王力《中国文法中的系词》，《王力全集》第十九卷第一册 237—299 页。

②　《红楼梦》里有许多判断句不用系词，乃是古代语法的残留，例如"此香尘世中所无"（5），"至贵者宝，至坚者玉"（22），"这也小事"（2）等。

品词相同,如"这花是红的",可认为"这花是红的花"的省略。

这第二类又可以细分为甲、乙两种:

(甲)是由叙述句变来的;叙述语加上了"是……的"式,就变了判断语。但原来叙述语所叙的行为,必须是一种永久性的行为,或一种习惯①,例如:

(A)他就是专管芙蓉花的。(78)

(B)我只当你是不怕打的。(47)

(C)知道他是不惯挨打的。(47)

但是,咱们必须注意,有些判断句的形式却是当叙述句用的。因为要加重叙述的语意,才加上了"是……的"式;这种句子和上面的真正判断语大不相同,例如:

(A)我原是留着的;那会子李奶奶来了,他要尝尝,就给他吃了去。(8)

(B)那廊上金架子上站的绿毛红嘴是鹦哥儿,我是认得的。(41)

其所以不同者:"我原是留着的"不能认为"我原是留着的人"的省略;"我是认得的"不能认为"我是认得的人"的省略。判断语里既不隐藏着名词,就不能认为真正的判断语了。

(乙)是由描写句变来的;描写语加上了"是……的"式,就变了判断语,这里我们应该特别注意:描写句是不用系词的;凡用系词的都是判断句,而且必须用"是……的"式,不能单用"是"字,例如"这花是红的"不能说成"这花是红"。下面两个例子也是这一类:

(A)我的身子是干净的。(98)

(B)不要太谦,自然是好的。(70)

"我的身子是干净的"和"我的身子很干净",在形式上和意义上,都不相同。前者是判断这身子所属的种类,意思是说,这身子是属于"干净"的一类的,当说话时,隐含着对于"不干净"的否认。后者只

---

① 此外叙述句的目的位转成判断句的主位,也用"是……的"式,例如"墙壁是用砖头砌成的",参看《中国现代语法》第一章第七节,《王力全集》第七卷。

是一种状况的描写,心中不必有"不干净"的观念同时存在。前者既系表示种类的,所以较适宜于判断一种恒久的德性;后者既然只是一种状况的描写,所以较适宜于绘画一时的情景。前者的判断语里,可认为"的"字后面的名词被省略了,若不省略则该是"我的身子是干净的身子",后者的描写语里并没有被省略的成分。在这上头,判断句和描写句的界限仍是应该分别清楚的。

＊　　　＊　　　＊

普通的英语语法把系词后面的成分都叫做补语(complement),这显然是不合理的。依理,系词后面的成分才是真正的谓语①,系词只是主语和谓语之间的联系物,现在倒反认它为谓语的骨干,把真正的谓语降为一种补充的成分,真是轻重倒置了。在不用系词的名句里,更不能用这种说法;因为根本就没有系词的存在,自然不能再谈补充了。

判断语中的首品词,在西洋传统语法里,仍为在主格(nominative case)。黎锦熙先生因英语语法里有"补语",于是索性定下一个"补位"的名称②。"补"字之不妥,既如上述,咱们如果必要定出一个名称来,不如叫做表位。

＊　　　＊　　　＊

我们在上节和本节里,已经把句子的三大类分别陈述过了。我们并不否认,在意义上,这三种句子颇有相通之点(见上文);但是,在形式上,它们的畛域却是很分明的。这就是上文所说的,判断句以名词为谓词,描写句以形容词为谓词,叙述句以动词为谓词。判断句的谓语里如果没有名词,可认为名词被省略;描写句如

---

①　参看 Curme,Parts of Speech and Accidence:The copula be performs here merely the function of announcing the predicate.It does not itself predicate;it only links the predicate and the subject(p.66)。

②　散见于《新著国语文法》及《比较文法》。

果不用形容词,而用别的词或仿语做谓语,可认为这种谓语实带形容性;叙述句如果不用动词,而用别的词做谓语,必系此词受了上下文的影响,已经带了行为性了。在语法上,形式比意义为重,所以我们根据句子的结构方式,分为三大类。无论拿它来说明中国古文法或现代语法,都是可以说得通的。

第九节 复合句

我们所谓复合句(composite sentence),是指句中包含着两个以上的句子形式的。它和包孕句(comprehensive sentence)不同。在结构的方式上,咱们很容易看出它们的分别:

(1)包孕句里,只能包含着首品句子形式和次品句子形式。

(2)复合句里,它能包含着末品句子形式和等立的句子形式。

这种区分法,纯然系依照中国语法的特性而定的。在中国语里,首品句子形式或次品句子形式嵌入句中,都是比较地紧凑的。尤其是次品句子形式,它被"的"字组合于名词之上,竟像一个次品单词的用途。咱们不能在那被包含的句子形式的起点或终点作语音的停顿,例如"我们不知道张先生来",不能念作"我们不知道,张先生来";"二人来至袭人堆东西的房门"(15)不能念成"二人来至,袭人堆东西,的房门"。至于末品句子形式,就可以有语音的停顿,如"你死了,我做和尚"(30)。

在普通的英语语法里,包含着首、次、末品句子形式的,一律称为复杂句(complex sentence)。于是有 noun-clause、adjective-clause、adverb-clause 等名称。叶氏把它们改称为 clause-primary、clause-adjunct、clause-subjunct。名称虽不同,然而同等待遇却是一样。依我们的意见,末品句子形式实际上是不该和首次品句子形式受同等待遇的。如叶氏《语法哲学》103 页所示,一个 clause-primary 可以用一个简单的名词替代,而意义不失,例如:

    that he will come＝his coming

what you say＝your assertion

where I was born＝my own birthplace

what he would do＝his plans

who the murderer was＝the name of the murderer

又如 104 页所示，一个 clause-adjunct 可以用一个简单的形容词替代，而意义也不失，例如：

a boy who speaks the truth＝a truthful boy

the land where I was born＝my native land

然而如 105 页所示，一个 clause-subjunct 虽也可用一个简单的副词替代，然而这副词并不能充分地表示原来的意义，例如：

whoever said this＝anyhow

where I was born＝there

when he came＝then

即此可见，noun-clause 实在只等于一个 noun，adjective-clause 实在只等于一个 adjective，只有 adverb-clause 却有点儿名实不符，因为它在任何情形之下都不是一个简单的 adverb 所能替代的。

于是我们可以得到一个结论：末品句子形式比首次品句子形式更富于独立性，在中国语里，连词（conjunction）可用可不用，末品句子形式的独立性越发显明，如在"你死了，我做和尚"里，末品句子"你死了"在形式上简直和一个独立的句子无异。这就是我们把末品句子形式和首次品句子形式分为两类的理由。

我们所谓复合句，其范围比普通英语语法所谓 compound sentence 的范围更大，因为连 complex sentence 之中的一类也包括在内。我们所谓包孕句，其范围比普通英语语法所谓 complex sentence 的范围小些，因为 complex sentence 之中的一类不包括在内。下文我们专讨论复合句，因为包孕句已在第六节里讨论过了。

首先应该注意的：中国的复合句往往是一种意合法，在西文称为 parataxis。本来，如果没有任何语法成分把两个句子形式联合起来,无论它在意义上是怎样关连,也不能认为一个复合句①。但是,如果在语音里,句子形式之末是一个逗调(pause-pitch),仍可构成一种 parataxis;在这情形之下,逗调也就是一种担任联合的语法成分②。英语里的逗调是一种升调(rising pitch),句调是一种降调(falling pitch)。中国语里无所谓逗调、句调③,然而还可说是有逗顿(clause-pause)和句顿(sentence-pause)的分别:逗顿较短,句顿较长,例如"你死了,我做和尚","了"字后的停顿很短,可以显出它不是一句的终点,这样也就造成了一种 parataxis。parataxis 在西洋语言里是一种变态,在中国语里却是一种常态。咱们不能说"你死了"是"如果你死了"的省略,因为在平常的语言里不用连词的时候比用连词的时候更多。

我们把复合句分为等立句(coordinate clauses)和主从句(subordinate clauses)两种。这是照普通的分法。至于两种之下的子类,我们所分又和普通的稍有不同,如下:

(甲)等立句

　(1)积累式(cumulative);

　(2)离接式(disjunctive);

　(3)转折式(adversative);

　(4)按断式(deductive);

　(5)申说式(explicative)。

(乙)主从句

　(1)时间修饰(time);

　(2)条件式(condition);

　(3)容许式(concession);

　(4)理由式(reason);

---

① 柏氏《语言论》170 页。

② 参看同书 171 页。

③ 大约因为音高已用来表示意义(即所谓四声),所以不能再用来表示逗或句了。

（5）原因式（cause）；

（6）目的式（purpose）；

（7）结果式（result）。

积累式普通是不用联结词的，有时候用关系副词"又、还"等字。"而且"是特别加重语意的联结词，并不等于英语的 and。普通英语语法里有所谓 contracted sentence，指的是两谓语共一主语，或两主语共一谓语，这种说法是我们所不取的。在"张先生读书写字"里，我们认"读书写字"为谓语中的等立仿语；在"父亲和哥哥都回来了"里，我们认"父亲和哥哥"为主语中的等立仿语（见第四节）。

离接式之最纯粹者，是在疑问语中出现，例如"就演罢，还是再等一会儿呢?"（41）若在非疑问的语言里，它就往往只做多合句（polycomposite sentence）的一部分，例如：

（A）你或是教导我，戒我下次；或骂我几句，打我几下：我都不灰心。（28）（容许式）

（B）或出门上车，或在园子遇见，我们连气儿也不敢出。（65）（时间修饰）

英语里许多离接式，译成中国语都成了条件式[①]：

Either this man sinned or his parents.

（不是这人作孽，就是他的父母。）

Leave the room, or you will be caught.

（离开这个房子罢，否则你会被捕的。）

第一例是用条件式来表现离接，等于说"若不是……就是……"。第二例是命令语中的申说式，"否则"以下是申说命令的用意；然而"否"字含有若不如此之意，所以"否则你会被捕的"里面就包含着

[①] 这两个例子采自 Nesfield, English Grammar, B. Ⅲ, p.112。同页还举 neither…nor 为例，这是错误的。neither…nor 乃是 both…and 的否定语，不是 either…or 的否定语（见叶氏《语法哲学》304 页）；该属积累式，不该属离接式。

一个条件式。

转折式和容许式的性质很相近,然而有等立和主从的分别。试看下面两例:

　　转折式:他发财了,但是他仍旧不快乐。

　　容许式:他虽然发了财,仍旧不快乐。

前者是两个事实并重的,念成一句固然可以,念成两句也未尝不可。后者是偏重一个事实的(仍旧不快乐),只能念成一句,不能念成两句。

　　按断式和理由式的性质很相近,然而有等立和主从的分别。试看下面两例:

　　按断式:这人对朋友不忠实,你应该同他少来往。

　　理由式:这人既然对朋友不忠实,你就应该同他少来往。

前者可以念成两句,因为没有任何虚词把那两个句子形式联结着。后者却绝对不能念成两句,因为有"既然"和"就"相应,一则表示它们是联结着的,二则主从分明,就不能再分为两个单位了。

　　申说式和原因式相比较,有下面的两个分别:

　　(1)申说式是等立的,原因式是主从的。

　　(2)申说式可以是原因式的倒装,申说某事的原因;但也可以是按断式的倒装,先断后按。

　　试看下面两例,就可以明白申说式和原因式的关系:

　　申说式:他在这里照应,因为他见前头陪客的人不少了。

　　原因式:他见前头陪客的人也不少了,所以在这里照应。

这似乎是一种意思的两种说法,但是实际上原因式的结构更紧。若用"因"和"所以"相应,说成"他因见前头陪客的人也不少了,所以在这里照应",则结构更紧,更显得前一个句子形式是从属的,后一个句子形式是主要的①。申说式里的"因"字等于英文的 for,原

———————

① 　这是从语言的感觉上说;若从纯粹逻辑上说,前一个句子形式倒可算是主要的,因为说话人假定对话人已知道那事实,所以主要的目的在于把原因告诉他。

因式里的"因"字等于英文的 because。所以我们说申说式是属于等立句的，原因式是属于主从句的。

中国古代似乎有一种主从句的申说式，例如："国之所以至今不亡者，其民能知爱国也。"其实不然："国之所以至今不亡者"，只是一种组合式，不是连系式。这个组合式乃是一句的主语，下面的句子形式是它的谓语。这一种结构和"人者仁也"的结构只有繁简的差异：它是一种结构复杂的判断句，不是复合句。

申说式又可以是按断式的倒装，先断后按。试比较下面两例：

申说式：太太只管放心，我已大好了。(78)

按断式：我已大好了，太太只管放心。

时间修饰和条件式的性质很相近：当复合句里不用"时"字，又不用"如、若、倘"一类的字的时候①，时间和条件的界限颇难分辨。试看下面诸例：

(A) 想什么，只管告诉我。(35)

(B) 老太太那里有信，你就叫我。(41)

(C) 你死了，我做和尚。(30)

(D) 等闹出事来，反悔之不及。(74)

因此，英文的 when 有时可译为中文的"若"，英文的 if 有时可译为中文的"时"(放在句子形式的后面)。如果从属部分既有"若"字，又有"时"字，更使条件式和时间修饰混而为一，例如：

(E) 我若死了时，变驴变狗报答你。(72)

(F) 若这样时，我托那小姐的福，也有几个钱使了。(39)

依理，条件式应该比时间修饰更空虚些，比较地缺乏实现的

---

① "纵使"因为等于英文的 even if，很容易令人误会它是条件式的连词。其实英语的 even if 也只是容许式的连词。叶氏《语法哲学》372 页 concession 一条下面，引 even if it isn't fine, we must start 为例，可证，中国古代"虽"字兼有假设的容许的用途，如《论语》"子见齐衰者，虽狎必变"，《孟子》"若夫豪杰之士，虽无文王犹兴"。可见"虽、纵"是同类的。

可能性。咱们只好凭这一点去分辨它们:譬如上面(A)(B)两例可认为时间修饰,(C)(D)两例可认为条件式,(E)(F)两例虽有"时"字,仍可认为条件式,因为说话人并不以为此事是富于实现性的。

依照这个标准,咱们还可以辨认三种条件式:

(1)从属部分用"再"字者:

　　(A)你再赶走了我的鱼,我可不依了。(81)

　　(B)再多说,我把你这胡子还揪了你的呢!(29)

　　(C)他再逗留几分钟,就有危险了。

(2)从属部分或主要部分用否定语者:

　　(A)你不厌我,就认了。(57)

　　(B)姨妈不打他,我不依。(57)

　　(C)早知他来,我就不来了。(8)

　　(D)早知道是这么着,我也不该求他。(32)

(3)主要部分用疑问语气或反诘语气者:

　　(A)他们结了婚,会不会快乐呢?

　　(B)你去了,你有什么意思呢?(36)

　　(C)你叫他倒去,还怕他不倒?(15)

从属部分和主要部分都包含"越"字的时候,本可自成一类,就是叶氏所谓平行式(parallelism)。但是为便利起见,我们也不妨把它归入时间修饰或条件式。其叙述过去者,可归入时间修饰,例如:

　　(A)谁知越等越没了影儿。(62)

　　(B)你越大越粗心了。(54)

　　(C)贾宝玉越听越不耐烦。(115)

其假设将来者,可归入条件式,例如:

　　(A)将来他越念书,一定越有见识。

　　(B)我想你越早到,越有好处。

英语的复合句里还有比较式（comparison），在中国语里，咱们也用不着这种名称，因为"像、如"一类的字都是系词，咱们自然可认前一个句子形式为整个主语，后一个句子形式为整个判断语，这样，比较式只是颇复杂的判断句，并不是具有主从两部分的复合句，例如：

（A）她嫁了这么个丈夫，好像鲜花插在粪土里。

（B）我念十年书，不如和他谈一次话。

有时候，"像、如"的前面须认为一句已完，"像、如"以下自成一句，例如：

（A）既冷清则生感伤，所以不如倒是不聚的好。比如那花开的时候儿叫人爱，到谢的时候儿便增了许多惆怅，所以倒是不开的好。（31）

（B）我在学堂坐着，心里也闷。不如往他家放牛，倒快活些。（《儒林外史》1）

这样第二句可认为主语不用，（A）例"那花……"以下，（B）例"往他家……"以下，都是很长的判断语。

＊　　　＊　　　＊

主从句的结构方式，大致说来，是和西洋恰恰相反的：西洋的主要部分在前，从属部分在后；中国的主要部分在后，从属部分在前。这种结构，和组合式的结构正相符合，因为中国语里组合式的主要部分（首品）也是在后的，从属部分（首品）也是在前的。

主从句次序的固定，是连词可以不用的一个主要原因；正像组合式里首次品的位置固定，是次品不必有 adjective-form 的原因。英语里两名词相联结，我们知道上一词是次品，这是因为次品的位置必须居前的缘故；中国语里两个句子形式相联结，虽然没有连词，我们还知道上一个句子形式含有"虽、纵、若、如、倘、既、因"等意义，这是因为从属部分必须居前的缘故。

因为中国的复合句多数是 parataxis，所以句的界限不很分明。

尤其是按断式和申说式,它们的结构是相当松弛的,句子越长,越有分为两句的可能。但是,这也不能完全归咎于连词的缺乏;按断和申说的本性就不是限于一个句子的范围之内的。法语的 donc 和 car 可以用于句首,其所判断或申说者乃是前一个句子,甚至前一段话:可见连词和句的界限没有必然的关系了。

我们不要以为西洋每一种复合句都可以有一种中国复合句和它相当;据我们考虑所及,至少有两种复合句是西洋所有而中国所没有的:

(1)是普通所谓 continuative clause,其中的关系代词或关系副词在中国语里都没有相当的字眼,例如[①]:

(a) I have seen my friend, who recognised me at once.

(b) He slew all the prisoners, which was a very barbarous act.

(c) He is clever at planting young trees, for which purpose every one is glad to employ him.

(d) He went to London, where he stayed ten days.

(e) He was writing a letter, when a man entered.

(f) He longed for the morrow, when he would see Mrs.N. again.

(g) I shall be back before midnight, when we shall send for the police.

(2)是一种与主要部分联结得极密切的 because-clause,它和咱们的申说式并不相同。这种 because 的前面是没有停顿(pause)的,例如[②]:

(a) I did not call because I wanted to see her(but l called for

---

① (a)例采自《纳氏文法》第三册 61 页,(b)(c)(d)三例采自同书 128 页,(f)(g)两例采自叶氏《现代英语法》第三册 106 页。关于 continuative clauses,参看叶氏《语法哲学》113 页,《英语语法纲要》357 页,《现代英语法》第三册 82 页、105—106 页、191 页、196 页。

② 例子抄自叶氏《英语语法纲要》299 页。

some other reason).

（b）The formulation is possible only because the change
occurred regularly.

这种复合句,在中国只能说成包孕句,譬如(a)例,咱们只能说成
"我并非因要见她而拜访她"。我们知道,because-clause 原是从
content-clause(noun-clause)变来的①,而所有英语的 content-clause 都
只等于中国包孕句的一部分,也难怪咱们没有复合句和它相当了。

---

① 　参看叶氏《现代英语法》第三册 36 页。because 从 by(the)cause that 变来,恰像法语
parce que。

第二章　造句法(下)

第一节　能愿式

在这一章里,我们将讨论一些特殊的结构。关于普通的结构和特殊的结构,可从下列情形之一看出它们的分别:

(1)在普通结构里,末品是修饰次品的;在特殊结构里,末品只是比次品更次一等,不是修饰次品的(能愿式)。

(2)在普通结构里,末品是置于次品之前的,次品是置于首品之前的;在特殊结构里,末品是置于动词次品之后的(使成式及其他末品补语),次品是置于首品之后的(次品补语)。

(3)在普通结构里,目的位是置于叙述词之后的;在特殊结构里,目的位是置于叙述词之前的(处置式)。

(4)在普通结构里,主语所代表的是主事者(actor);在特殊结构里,主语所代表的是受事者(undergoer)(被动式)。

(5)在普通结构里,无论怎样复杂,都可认为由一个大首品(主语)和一个大次品(谓语)连系而成;在特殊的结构里,它所包含者并不仅有两个单位,换句话说,就是连系一次还不够,必须连系至二重以上(递系式和紧缩式)。

本节先讨论能愿式(optative form),其中包括着可能式(potential form)和意志式(volitive form)。首先我们要声明这里所谓式,和英文所谓 mood 并不相同。西洋的 mood 是由动词的 inflection 表示的,中国语里没有这个。我们所谓式,指的是句子的结构方式,例如能愿式的谓词前面必须有一个末品,而这末品又不是带限制性的。

可能式是话里掺杂着说话人的意见,用"能、可、必、该"等字表示,例如:

　　(A)就是去到府上,也不能看脉。(10)

　　(B)太太不管,奶奶可以主张了。(15)

　　(C)再不能依头顺尾,必有两场气生。(55)

　　(D)惟悔恨不该娶这搅家精。(80)

意志式是话里掺杂着主事者的意志,用"要、欲、肯、敢"等字表示,例如:

　　(A)贾环见了也要顽。(20)

　　(B)那玉钏儿先虽不欲理他……(35)

　　(C)他是个姑娘家,不肯发威动怒。(55)

　　(D)难道谁还敢把他怎么样呢?(25)

我们把可能式和意志式合称为能愿式(optative),因为在印欧语里,optative 是表示愿望(wish)和可能性(possibility)的[1]。意志式可认为 optative of wish,可能式可认为 optative of possibility。咱们知道,在拉丁语里,能愿式和虚拟式(subjunctive)已经混合了。在现代英语里,虽也有人把 potential 认为 mood 之一种,但这是无谓的,因为它并没有一种特别的屈折作用;因此,叶氏的《英语语法纲要》里只把 mood 分为 indicative、subjunctive 和 imperative 三种[2]。中国语里没有虚拟式,而命令式的形式又和 indicative 没有分别,自然不必立这些名称,惟有能愿式的谓词前面的末品和普通末品不

---

[1]　Brugmann, Abrégé de Grammaire Comparée, p.617.

[2]　《英语语法纲要》239 页以下。林语堂先生以为 potential mood 就是 subjective mood 的别名(《开明英文文法》423 页),又以为 subjective mood 比 subjunctive mood 范围大些(同书 416 页),这样很乱;叶氏索性不提 potential 字样,倒反清楚些。

同(不带限制性),所以颇值得特别提出。

现在我们把几个重要的能愿末品(optative tertiaries)分别讨论如下:

能 可以 可

"能、可"的观念,在某一些族语里,只有一个词表示,例如法语只有一个 pouvoir。在另一些族语里,却有两个词表示,例如英语有 can,表示 to be able 的意思;又有 may,表示 to be possible 或 to be permitted 的意思。

中国的"能、可",用于主动式(active form)的时候,可与英语对比如下:

能:can(to be able)。

可:may(to be permitted by consent or by circumstance)。

例如:

余能为此:I can do it.

君可行矣:you may go.

这种"可"字,也可说成"可以",例如"你可以走了"①。

英语 may 字的另一种意思 to be possible,在中国固有的语言里,却没有什么字可以相当。下面两例中的 may 或 might,既不能译为"可",又不能译为"能":

He may be rich for all I know.

They might have gone.

在这情形之下,中国只有"大约"(may)、"本来可以"(might)等字眼,不能说是和 may 或 might 完全相当。至于"他可能是富的"或"他可以是富的"一类说法,乃是欧化的语言,并非中国所固有的。

在被动式(passive form)里,只能用"可",不能用"能",例如"皆

---

① 此种"可以"来源颇早。《史记·袁盎列传》:"司马夜引袁盎起,曰'君可以去矣'。"

言匈奴可击"(《史记·刘敬列传》),不能说成"皆言匈奴能击";"虞夏之文可知也"(《史记·伯夷列传》),不能说成"虞夏之文能知也"。这种"可"字和被动词合成一个描写语,只和西洋的一个形容词相当,例如"可击"等于英语的 assailable,"可知"等于 recognizable。由此可见这种被动式和普通的被动式不同(参看本章第四节);"可"字几乎等于描写词的词头(prefix)了。但是,因为这种"可"字的下面必须是一个动词,所以它是能影响下一字的词性的,"可"字后面的名词如"可风、可仪"之类因此也带动词性了(参看第一章第七节)。

下面一个表,显示主动式里的"能"和被动式里的"可"的分别。这里拿法语作解释,似乎比英语更适当些。

能识:pouvoir connaître.

可识:qui peut être connu,connaissable.

能分:pouvoir diviser.

可分:qui peut être divisé,divisible.

能击:pouvoir attaquer.

可击:qui peut être attaqué,attaquable.

能谅:pouvoir excuser.

可谅:qui peut être excusé,excusable.

会

"会"字表示学习得来的能力(acquired capacity)。在英语里,它仍等于 can;在法语里,有时候却等于 savoir(晓得),例如"他会念书",在英语里是 he can read,在法语里却是 il sait lire。有时候,"会"字只纯然表示将来性(futurity),这很像英语的 may 或 will(non-volitional future),例如:

(A)他会再来的。

　　He may come again.

(B)等你走到那边的时候,你会看见那门是关了的。

　　You will find the door closed when you get there.

必 一定

"必"或"一定"，用于过去时，和英语的 must 大致相当，例如：

（A）他一定走错了路了。

  He must have lost his way.

（B）你一定知道了。

  You must have known.

若用于将来时，只等于英语的 certainly。

须 当

"须"字表示纯粹的必要（mere necessity），同此意义的词有"必须、须得、得"等。"当"字表示道德上的必要（moral necessity），同此意义的词有"该、应、宜"等。若以英语比较，则

  须：must；

  当：should 或 ought。

叶氏在他的《语法哲学》里（325 页）提及一种三分法，即（一）必要性（necessity）；（二）可能性（possibility）；（三）不可能性（impossibility）。同时他又说，如果在这三个范畴里加上意志的成分，则其结果是：（一）命令（command）；（二）允许（permission）；（三）禁止（prohibition）。中国的可能式末品若分隶于这些范畴，可如下表：

纯粹的 { （A）必要性：须
   （B）可能性：能 可
   （C）不可能性：不能 不可

加意志 { （A）命令：当 该
   （B）允许：可以
   （C）禁止：不可 不该

要 欲 肯

"要"字和"欲"字都是表示愿望的。"欲"在白话里是想要。"要"字多用于明白表示的要求；"想要"（或"想"）多用于不说出口

的一种愿望。这两个字都等于英语的 to will。"肯"字略等于英语
的 to consent，但有时也可以等于 to will，例如"我肯"等于 I will①。

"要"字又可表示最近的将来会如此②，或在某条件之下会如
此，例如：

（A）人要死了，你们还只管议论他。(114)

（B）一经了火，是要炸的。(42)

这种"要"字之表示将来性，和"会"字之表示将来性稍有分别：第
一，"会"字比"要"字虚灵些，渺茫些；第二，"会"字不拘时间的远
近，"要"字则除用于条件式之外，必系指最近的将来，故可说成"快
要、就要"等。

房氏说："在语法书所分别诸时当中，有一个时是非常主观的，
就是将来时。当咱们表示一种行为将于未来的某一时间发生，咱
们的思想并不是客观地注意到那行为的完成；咱们常常同时指出
咱们此刻和那未来的行为所发生的关系的。"跟着他就举中国的
"要"和英语的 will、shall 为例③。这一种观察是很正确的；中国用
能愿式来表示将来时，正因为将来时是非常主观的。

非但"要"和"会"能表示将来时，其他的能愿式也多是能表示
将来时的；不过它们不像"要、会"那样纯然表示将来性罢了，例如
"必"字就常常表示将来时；因此，由英文译中文时，有时候须用
"必"字译 shall、will 等，例如：

And no man putteth new wine into old wine-skins；else the new
wine will burst the skins.

也没有人把新酒装在旧皮袋里；若是这样，新酒必将皮袋
裂开。④

---

① 《路加福音》译文如此。

② "欲"字在古代已有此功用。《后汉书·隗嚣传》："我与隗嚣事欲不谐。"

③ 《语言论》179 页。

④ 中西字《路加福音》第五章三十七节，British and Foreign Bible Society 出版。

For every one that exalteth himself shall be humbleth.

因为凡自高的必降为卑。①

*　　*　　*

我们把"能、可、必、该、要、欲、肯、敢"一类的字认为末品,表面上似乎和西洋语法大相违背,实际上却是相差有限的。英语语法里,can、may、must、will、shall、dare、need、ought 等词在形式上该算是 finite verb,后面跟着的动词是一种 infinitive;但是,从意义上看来,它们只是一种助动词(auxiliaries):它们是帮助动词去形成时和式的变化的,后面跟着的动词才是主要的动词(principal verb)。我们既把主要动词认为次品,则帮助它的词自然该是末品。这种说法,在西洋尚可认为欠妥,因为助动词在形式上是 finite verb;在中国则"能、可"等词既然没有 finite verb 的形式,认为末品就没有什么不妥了。

此外,还有一种说得通的说法,就是把"能、要、欲、肯、敢"认为叙述词,后面跟着的只是首品谓语形式②。《论语·先进》:"非曰能之,愿学焉。""能"在目的格"之"字的前面,可见它本身就是叙述词(主要动词)。如果把"之"字所代的话说出来,就是"非曰能为小相,但愿学为小相耳"。这样,"为小相"就是一个首品谓语形式,是"能"的目的格。"要吃"的"要"和"要饭"的"要",可认为性质完全相同的词品,"吃"可认为动词首品,是"要"的目的语。由"要"类推,则"欲、肯、敢"亦可一例看待的。

但是,我们仍旧比较地喜欢把它们认为末品。至少可以说,它们在上古虽可认为次品,及至唐宋以后,它们在国人的心理中已经是末品了。这是可以从律诗的排偶里看出来的:唐宋的诗人喜欢

---

① 《路加福音》十四章十一节。

② 陆志韦先生在《国语单音词汇》里说"动词的宾位可以不用名词而用动词或是形容词,例如想吃饭,天会刮风,我能变"(57 页)。又说"汉语没有真正的助动词"(41 页)。这些话都很值得咱们注意。

把"能、可、堪、须、应、当、欲、肯"等字和末品词做对仗，甚至和虚词相对。下面是从宋诗里摘出的一些例子：

（A）旧约鸥能记，新诗雁不传。（周孚《元日怀陈逸人》）

（B）诸老谁能先贾谊，君王犹未识相如。（欧阳修《苏主簿挽歌》）

（C）信脚自能知旧路，惊心时复认邻翁。（范成大《初归石湖》）

（D）水真绿净不可睡，鱼若空行无所依。（楼钥《顷游龙井》）

（E）香草已堪回步履，午风聊复散衣襟。（王安石《次御河》）

（F）药裹时须焙，舟闲任自横。（陆游《秋雨排闷》）

（G）别后美陂谁与赋？老来梁父不须吟。（周孚《次韵寄日新》）

（H）绿稍还幽草，红应动故林。（王安石《欲归》）

（I）皂盖欲迎新别驾，碧幢应忆老先生。（乐雷发《送广州刘叔治》）

（J）束江崖欲合，漱石水多旋。（范成大《初入巫峡》）

（K）欲款南朝寺，同登北郭船。（苏轼《同王胜之游蒋山》）

（L）霜禽欲下先偷眼，粉蝶如知合断魂。（林逋《山园小梅》）

（M）帝子讵知陈迹在？长江肯趁曲池平。（朱熹《秀野刘丈》）

我们在"能、可"等字的职务上，虽颇感觉到辨别的困难，然而它们把主观的成分加在客观的行为之上，这一点却是很显明的。因此，能愿式亦可称为主观式（subjective form）。从主观和客观的分别上看，这一种形式是和其他一切形式对立的，所以值得我们特别讨论一番。

第二节　使成式

凡叙述词和它的末品补语成为因果关系者，叫做使成式（causative form），例如：

（A）好好儿的爷们，都叫你们教坏了。（30）

（B）没有个看着老子娘饿死的理。（19）

这里的因果关系，自然不会像逻辑上所谓因果律（law of causality）那样严格而明显。"坏"是"教"的结果，但并不是一切"教"的结果,只有在某条件下的"教",它的结果才是使人变坏的。"死"是"饿"的结果,但"饿"并不一定就"死",必须饿到了某程度,才会令人丧了生命。这样,咱们可以认"教"和"饿"的范围都变狭了。其范围所以变狭,就因为有"坏"和"死"在后面限制它们,于是这"教"是令人变坏的教,这"饿"是可以致死的饿。"教"和"坏"、"饿"和"死",都该合为一体,否则意义便不完全。

"上去、起来、过来、进来"之类,用为末品补语时,虽往往表示行为的趋向,但同时也构成了使成式,例如:

(A)原来爬上高枝儿去了。(27)

爬的结果是使自己上去。

(B)挂起帘子来。(29)

挂的结果是使帘子起来。

(C)湘云只得扶过他的头来梳篦。(21)

扶的结果是使他的头过来。

(D)叫我带进芸二爷来。(26)

带的结果是使芸二爷进来。

乍看起来,咱们似乎可以把这些末品补语和英语的 up、down、out、through 之类相比,例如 stand up 可比"站起来",grow up 可比"大起来",put down 可比"放下来"等。但是,如果咱们仔细观察,就觉它们的词性大不相同:up、down 之类本身是副词,"起、下"之类本身是动词,是不能相比的。

这种使成式乃是很特别的语法,一般中国语法家只把它当做单词看待,未免忽略了这种很有趣的结构了。咱们须知,"弄坏"的意义固然等于古代的单词"毁"字,但若从语言结构而论,"弄坏"并不等于"毁"。"毁"是一个简单的动词,"弄坏"却是一个动词和一个形容词联合而成。"弄坏"可以被虚词隔开,如"弄得坏"或"弄不坏",可见"弄"和"坏"是很清楚的两个词,不过它们的关系特别密切就是了①。

　　我们这里所谓使成式,和西洋所谓 causative 不尽相同。在印欧语里,causative 是有特殊形式的,下面是 causative 和别的动词相比较②:

梵语 causative	非 causative
sādáyāmi 我使坐	sīda-ti 他坐
tāráya-ti 他使过	tára-ti 他过
pāyáya-ti 他使饮	pami 我饮
tarsáya-ti 他使渴	trsya-ti 他渴
bodháyami 我使醒	bódha-ti 他醒
pātáya-ti 他使飞	patáya-ti 他飞

这有一点和现代中国语的使成式相同,就是大家都有一种特殊的形式,不过印欧语的 causative 特殊形式表现在屈折作用上,而中国语的使成式的特殊形式表现在两词的联结上罢了。在古英语里 causative 还是有特殊形式的,例如③:

settan 使坐	sittan 坐
lecgan 使卧	licgan 卧
ræran 使起	risan 起

到了现代英语,causaive 在形式上就差不多完全和普通的及物动词没有分别了。它虽然还保存着 set 和 sit 的对立,lay 和 lie 的对立,但它们的职务是颇混乱的,set、lay 也可用于不及物,sit、lie 也可用于及物④。此外,动词字尾-en 还可以说是 causative 的记号,例如 flatten(使平)、weaken(使弱)、shorten(使短)、lengthen(使长)、

---

① 我从前在《中国文法学初探》(《王力全集》第十九卷第一册 186—236 页)里把"放上去"和英语 superpose 相比,现在我觉得这种观察是不正确的了。
② 例子采自 Brugmann, Abrégé, p.567。
③ 例子采自叶氏《现代英语法》第三册 341 页。
④ 参看同书 342—343 页。

gladden（使悦）、blacken（使黑）等。至于由不及物用于及物的动词，如①：

> He worked his servants hard.
>
> We dined him.
>
> He stood the box on the floor.

严格地说，只能认为不及物动词当使动词用（the causal use of intransitive verb），并非真正的使成式，因为它们的形式和普通的不及物动词的形式是毫无分别的。

现代中国的使成式，比西洋 causative 所能表示的概念更复杂些，正因前者系由两个词合成一个仂语的缘故②。中国使成式共有两种：第一种的末品补语是形容词，例如"缩短、放大"，这种和西洋由形容词转化而成的及物动词颇相近似，"缩短"可比英语的 to shorten，"放大"可比英语的 to enlarge；第二种的末品补语是不及物动词，例如"录入、拿开"，这种往往只等于西洋一个普通及物动词，"录入"可比英语的 to enter（enter a name in a list），"拿开"可比法语的 enlever。但是，中国的使成式着重在使成的方法，叙述词的本身可以表示方法上的变化，例如"缩短"之外还可以有"删短、割短、削短"等，"放大"之外还可以有"加大、扩大、吹大"等，"录入"之外还有"放入、推入"等，"拿开"之外还有"推开、岔开"等。由此看来，中国的使成式系由两个概念结合而成，比之西洋的 causative 只表示一个简单的概念，当然显得有更多的花样了。

我们把不及物动词当使动词用者，和真正的使成式分别清楚，在中国语法史的说明上有很大的用处。中国古代没有真正的使成式，只能把不及物动词当使动词用，例如：

（A）人洁己以进。（《论语·述而》）

---

① 例子采自叶氏《英语语法纲要》117 页。

② 英语里偶然也有类似中国使成式的例子，如 Knock open a door。参看 Edkins, A Grammar of Colloquial Chinese, p.114。

　　（B）夫子欲寡其过而未能也。（《论语·宪问》）

　　（C）华元夜入楚师，登子反之床，起之。（《左传·宣公十五年》）

　　（D）齐女乃与赵衰等谋醉重耳。（《史记·晋世家》）

　　（E）走白羊楼烦王。（《史记·卫青列传》）

　　（F）买臣深怨，常欲死之。（《汉书·朱买臣传》）

像上面一类的使动词，现代中国语都代以使成式：

洁＝弄干净	寡＝减少
起＝叫起，拉起	醉＝灌醉
走＝赶走，打退	死＝害死

只有"止痛、起兵、动手"之类是古代使动词的残留。大致说起来，现代的使成式已经替代了古代的使动词了。但是，使成式非但替代了古代的使动词，此外还替代了古代一部分的普通外动词，这大概是和国语的双音化（dissyllablization）有关系的①，例如：

举＝拿起来	忆＝想起来
坠＝掉下来	溢＝涌出来
毁＝弄坏	延＝延长
驱＝赶走	避＝躲开

　　使成式的末品补语可以是引申的意义，例如"想起来、说出来、犯不上、找不着"等。甚至可以借来表示情貌（aspect），如"大闹起来"表示一种开始貌；"再闹下去"表示一种继续貌。"说过、做好"都可算是表示一种完全貌，不过"过"字同时表示阅历或经验，"好"字同时表示结果或成就罢了（参看第三章第五节）。

　　叙述词和末品补语联结起来，可以等于一个及物动词的用途，这和西洋 causative 较相近似；但也可以等于一个不及物动词的用途，这就和西洋 causative 迥不相同了。因为使成式系由两个词合

---

① 有时候，使成式的末品补语竟可以是个谓语形式，例如"凤姐一语，倒把贾琏说没了话"（72）。又可用复音词，如"便将食具打点现成"（58）。

成的，如果叙述词本身也是不及物的，自然整个仿语也是不及物的了。然而不及物的行为也可以有它的结果，所以叙述词和末品补语也可以表示 cause-effect 的关系，自然也可以叫做使成式了。下面是一些不及物的使成式：

饿死　　　睡着　　　飞掉　　　站住　　　走光
昏倒　　　坐起来　　掉下来　　躺下去

全国方言都已经有了使成式，它们的结构也大致相同。所不同者，只在使成式和可能式同时并用的时候。在肯定语的使成式里，只须在叙述词和末品补语之间插进一个"得"字，如"教得坏、饿得死"，便可以表示可能性，这仍旧是全国所同的；惟有在否定语里，就不同了。专就这一点而论，中国方言可分为两派：

（甲）官话系和吴语为一派。它们把"不"字插进叙述词和末品补语之间，以表示不可能，例如"教不坏、饿不死"。

（乙）粤语、闽语和客家语为一派。它们把"得"字插进叙述词和末品补语之间，造成可能式，然后在这使成式的前面加一个"不"字，例如"不教得坏、不饿得死"①。

*　　　*　　　*

使成式的产生，可认为中国语法的一大进步，因为可以用最经济的语言去表示某一行为的 cause-effect 两方面。如果表示将来时，就着重于 cause 一方面；如果表示过去时，就着重于 effect 一方面，这是可以意会的。西洋语言里有许多动词，它们本身就是使动，或在表示 effect 之中兼含 cause，若拿中国古语去翻译，是相当困难的；若拿现代中国的使成式去翻译，就感觉得非常容易了。下面是一些法语动词和中国使成式的比较②：

————————

① 谈语法的时候，我们假定词汇是相同的，例如依粤语"不"字该改为"唔"字，但为省事起见，也可以不管这个，下仿此。

② 所以拿法语比较者，因为法语里这种字比英语里多些。

abaisser：放下来	accourcir：缩短
affermir：弄结实	affoller：吓昏
aggraver：加重	allonger：加长，放长
agrandir：放大	
amasser：堆起来	aplatir：压扁
approcher：放近，靠近	approfondir：挖深
désemplir：空出来	dessécher：戽干，晒干
emerger：露出来	remplir：装满
irriter：激怒	vider：腾出来，喝干
arrêter：拿住，挡住	abîmer：弄坏
attacher：绑住	apparaître：露出来，显出来
arracher：拔出，拔下，拉出来	assommer：打死，打烂
déblayer：收拾干净	trouver：找着，寻见

我们并不是说古人就没法子表达这些意思，例如"找着"在古代可借用"得"字（找着了东西），或"遇"字（找着了人），不过上文必须先叙述寻找的行为，这就是没有使成式的缺点。使成式起于何时，现在未能考定。大约最晚在唐代口语里已有了，诗歌接近口语，故唐诗里使成式颇多，例如"打起黄莺儿""无端嫁得金龟婿"等等。至于以形容词做末品补语的，似乎较为后起①，总待将来再仔细研究了。

第三节　处置式

中国语里有一种特殊形式，就是用助动词"把"（或"将"）字，把目的语提到叙述词的前面，如"我把他打了一顿"，"他"字（目的语）是在"打"字（叙述词）的前面的。一般中国语法书认为主动句的另一形式，以为如果要把主动句的目的语移至叙述词之前，只须

---

① 《孟子·梁惠王上》"邻国之民不加少，寡人之民不加多"，这"加"是更的意思，不能认为使成式。

把"把"字放在叙述词的原来位置就是了①。这种说法很容易使人误会,以为无论任何主动句的目的格都可以用"把"字提前,其实有些主动句却不能这样办的,例如"我爱他"是不能转成"我把他爱"的。我们注意到,凡主动句有下列情形之一者,不能用"把"字:

(1)叙述词所表示者系一种精神行为(mental act),例如"我爱他"不能转成"我把他爱"。

(2)叙述词所表示者系一种感受现象(receptive phenomenon),例如"我看见他"不能转成"我把他看见"。

(3)叙述词所表示的行为并不能使目的语所表示的事物变更其状况,例如"我上楼"不能转成"我把楼上"。

(4)叙述词所表示的行为系一种意外的遭遇,例如"我拾了一块手帕"不能转成"我把一块手帕拾了"。

(5)叙述词系"有、在"一类字者,例如"我有钱"不能转成"我把钱有","他在家"不能转成"他把家在"。

大致说来,"把"字所介绍者乃是一种做的行为,是一种施行(execution),是一种处置。在中文里,我们把它称为处置式,若译为英文,我们想叫做 execution form。

说到目的语提前,令我们联想到德语的结构。德语普通的主动句,也是把目的语放在叙述词的后面的,例如 Gott schuf die Welt("上帝创造世界");但若句中有助动词的时候,目的语却提到叙述词的前面去了,例如 Eine plötzliche Freud hat diesem Unglücklichen das Leben gekostet("一种突然的快乐竟使这倒霉的人丧了性命"),只有助动词 hat 放在目的语之前,主要动词 gekostet(=Eng.costed)是放在目的语之后的。在从属的句子形式里,则无论动词或助动词,一律放在目的语的后面,例如 Man weiss, dass Rom den unterwor

---

① 　黎锦熙先生把这种形式叫做"特介提宾",意思是用特别介词"把"字提宾位于外动词前。见黎著《比较文法》32 页。

fenen Völkern seine Sprache aufzwang("咱们知道,罗马以自己的族语强使降服的民众学习")。

就这些事实看来,可见每一族语变更其平常的语序的时候,往往有其特殊原因或特殊意义。假使处置式的意义和普通主动句的意义完全相等,则中国语何必有这两种不同的形式? 仔细体会起来,我们总觉得处置式的语意重些。处置式是近代产生的语言形式,它是和其他近代语言形式互相为用的。譬如下面的两种特殊形式,和处置式合用较为适宜;在某一些情形之下,甚至非和处置式合用不可。

(1)及物动词前面有"一"字的,例如:

(A)那妙玉便把宝钗黛玉的衣襟一拉。(41)

不能说"那妙玉便一拉宝钗黛玉的衣襟"。

(B)宝玉把竿子一幌。(81)

不能说"宝玉一幌竿子"。

(2)及物动词后面带着形容词或形容性的末品补语的,例如:

(A)将冯公子打了个稀烂。(4)

不能说"打了冯公子个稀烂"或"打了个稀烂冯公子"。

(B)把酒烫得滚热的拿来。(38)

不能说"烫酒滚热的拿来"。

(C)方将气劝得渐平了。(91)①

不能说"方劝气渐平了"或"方劝渐平了气"。

第一种只是习惯使成。像(A)例如果重一个"拉"字,变为"那妙玉便拉一拉宝钗黛玉的衣襟",便又可通了。第二种却有一个特殊原因,就是形容语不能离开它所修饰的及物动词太远。由此看来,处置式在现代语里自有其特殊的使命了。

在形式上,处置式所受的限制也比普通主动句所受的限制较

---

① 编者注:该例及说解中华本有而文集本无。

严。一个简单的叙述词及其目的位决不能加上"把"字，转成处置式。"我打他"不能转成"我把他打"；"我吃饭"不能转成"我把饭吃"。普通口语里的处置式，必须合于下列五个条件之一：

（1）处置式叙述词的后面有末品补语或形容语，以表示处置的结果，例如：

（A）紫鹃又把镯子连袖子轻轻的褪上撸起。（83）
"上"是"褪"的结果，这是处置式和使成式合用。

（B）把酒烫得滚热的拿来。（38）
"滚热"是"烫"的结果，这是形容语借用为末品补语。

（2）处置式叙述词的前面或后面有表示处所的末品谓语形式，例如：

（C）晴雯伸手把宝玉的袄儿往自己身上拉。（77）

（D）把你林姑娘暂且安置在碧纱厨里。（3）

（3）处置式叙述词后面有关系位，例如：

（E）把那条还我罢。（46）

（4）处置式叙述词后面有数量末品，例如：

（F）我把他打了一顿。

（G）我把那门敲了三下。

（5）处置式里有情貌（aspect）的表示①，例如：

（H）由着奴才们把一族中的主子都得罪了。（71）
这是完成貌。

（I）他把书老拿着。
这是进行貌。

（J）把头也另梳一梳。（44）
这是短时貌。

由此看来，处置式不适宜于表示太简单的思想，即使不把处置

---

① 关于情貌，第三章第五节里有详细的讨论。

的结果同时说出如（A）（B），至少也要兼及行为的方向（destination），如（C）（D）（E）①，行为的数量，如（F）（G），或处置的情貌②，如（I）（J）。

处置式有一种转化（derivation），可说是由处置式转成一种继事式（consecutive form）。继事式并不表示一种处置，只表示此事是受另一事影响而生的结果。它在形式上和处置式完全相同，例如：

（A）谁知接接连连许多事情就把你忘了。（26）

（B）把牙磕了，那时候才不演呢！（26）③

（C）你何必为我把自己失了？（29）

（D）小红听了，不觉把脸一红。（26）

（E）偏又把凤丫头病了。（76）

（F）怎么忽然把个晴雯姐姐也没了？（79）

在意义上，它们的差别就大了，除了一个表示处置，一个不表示处置之外，还有下面两个大异点：

（1）精神行为（例A）、感受现象（例D）、意外的遭遇（例B、C），处置式所不能表示者，继事式却能表示。

（2）处置式的叙述词必须是及物动词，继事式则除用及物动词之外，还可以用不及物动词（例E、F）。

处置式之所以转化为继事式者，因为大多数的处置式本是兼叙结果的；不过普通处置式的结果是在末品补语里，继事式却是以叙述词的本身来叙述一种结果罢了。

＊　　　＊　　　＊

中国上古是没有处置式的；现代用处置式的地方，上古只用普通的主动句，例如：

---

①　E例的关系位也是一种destination，和（C）（D）的性质差不多。

②　情貌记号"了、着"二字本是从使成式的补语变来，所以（F）（G）两例可认为是和（A）例性质相似。

③　（文集本）编按：人民文学出版社本"把牙磕了"作"磕了牙"。

（A）若杀其父兄，系累其子弟，毁其宗庙，迁其重器，如之何其可也。（《孟子·梁惠王下》）

（B）舜视弃天下，犹弃敝屣也。（《孟子·尽心上》）

现代国语（北京语）对于处置式是用"把"字（叙述词后面有目的位），对于方式限制却是用"拿"字（叙述词后面没有目的位，只可以有关系位），《红楼梦》里分别得很清楚①。

"将"字直至唐代，还只用于方式限制里，例如：

（A）谁将词赋陪雕辇？（温庭筠《车驾西游因而有作》）

（B）轻将玉杖敲花片。（张祜《公子行》）

（C）休将文字占时名。（柳宗元《衡阳与梦得分路赠别》）

（D）还将大笔注春秋。（刘禹锡《奉和裴侍中将赴汉南留别座上诸公》）

（E）不将萝薜易簪缨。（张说《滠湖山寺》）

（F）唯将直气折王侯。（王建《寄上韩愈侍郎》）

"把"字在唐代口语里，却可以用于处置式了，例如：

（A）谁把长剑倚太行？（韩愈《卢郎中云夫寄示送盘谷子诗二章歌以和之》）

（B）未把彩毫还郭璞。（李群玉《寄长沙许侍御》）

（C）应把清风遗子孙。（方干《李侍御上虞别业》）

但是，"将"和"把"的意义毕竟很相近似，所以它们的用途就渐渐地混起来，如秦韬玉《贫女》诗："休将十指夸纤巧，不把双眉斗画长。""将"和"把"作对，意思也就差不多（虽然咱们仍可认"把"字句为处置式，因为"把眉画长"是一种处置）。又如罗隐诗："漫把文章矜后代。"这实在是方式限制，不是处置式。这可说是"把"字当"将"字用。到了近代，"将"字却可以当"把"字用，下面一些例子都是处置式，不复是方式限制了：

----

① 参看《中国现代语法》（《王力全集》第七卷）第二章第三节所举"拿"字诸例。

（A）周瑞家的将刘姥姥安插在那里略等一等。（6）

（B）只见二人进来，将他二人按住。（15）

（C）说着，也将写的拿出来。（22）

（D）一面说，一面就将这碗笋送至桌上。（75）

这种"将"字，恐怕是一种谬误的存古（false archaism），因为现代普通口语里的处置式似乎专用"把"字，不用"将"字①。

"将"和"把"本来都是动词。《诗·小雅》"无将大车"，《史记·田仁列传》"少孤贫，为人将车"，《左传·成公十三年》"晋侯使郤锜来乞师，将事不敬"，《论语·宪问》"阙党童子将命"，这是"将"的本义。《战国策·秦策》"无把铫推耨之劳"，《燕策》"左手把其袖"，这是"把"的本义。唐诗里的"将"和"把"也有用为纯粹实词的，如"更将弦管醉东篱"（岑参《九日使君席奉饯卫中丞赴长水》），"却把渔竿寻小径"（张志和《四皓》）之类。及至"将、把"用于处置式，它们仍旧保存多少动作性，例如"把这杯酒喝干了"，原意是拿着这杯酒，喝干了它，后来"把、将"越用越空虚，才算是把目的语提前；但若单就形式而论，处置式还是从递系式演变而来的。我们认"将、把"为助动词，就因为它们从动词变来，而现在仍保存着多少动作性的缘故。

使成式为现代全国方言所共有，处置式却不如此，粤语及客家话都还不曾演进到处置式的阶段，例如"把它吃掉"，在广州话里只能说成"食咗佢"（sik tso k'oy），在客家语里只能说成"食了渠"（sit liau ki）。在这一点上，粤语和客家话较为接近古代语法。

第四节　被动式

被动式（passive form）在西洋语言里，乃是态（voices）的一种。

---

① 黎锦熙先生在他的《新著国语文法》里（214页），以为像《西游记》"喷将出去"是将毫毛喷出去的意思。我们不相信这种说法，因为像《水浒传》"跳将起来"（原书所引）并不能认为将什么跳起来。这种"将"字只是使成式里的叙述词词尾，所以《红楼梦》有"将宝玉拖将下去"，共用两个"将"字。

有些语言学家以为古印欧语大约只有主动态(active voice)，没有被动态(passive voice)①。古希腊语里却有三态，除了主动态和被动态之外，还有一种中态(middle voice)。但是希腊语的三态的区别是很不清楚的，尤其是中态，它有时候和主动态分不清，有时候和被动态分不清，有时候简直只是一种反身式(reflexive)②。不过，当它们有分别的时候，是靠动词本身的屈折形式来显示的，直到近代英、法等语里，才用系词"是"字(be, être)加上外动词过去分词，以构成被动式。严格地说，voice 这个名称在西洋现代已经不适用了（因为没有屈折形式来表示）；至于中国更不必用"态"字，索性叫做被动式就是了。

中国古代的被动式是用"为"字表示的，如《论语》"不为酒困"，《汉书》"卫太子为江充所败"之类。为方便起见，我们把"为"字认为助动词，就是把它认为和现代"被"字是同意义的。然而这只是一种说法，不见得就是真理，因为古代这种"为"字未必有"被"字的意义，也许它是叙述词，"困、败"之类只是动词首品，用为目的语。试比较《史记·贾生列传》"而身为禽者，其救败非也"，和《左传·襄公二十四年》"收禽挟囚"，咱们实在也不妨认"身为禽"的"禽"和"收禽挟囚"的"禽"一般地是动词首品，即被擒的人的意思。换句话说，也许中国古代没有真正的被动式（恰像古印欧语没有真正的被动式）③，就借主动式的结构来表示被动的观念④。但是，到了近代，被动式就显然产生了："何三被他们打死"（112），这一类的句子显然和主动式有分别了。

拿中国现代的被动式和现代英语的被动式相比较，就形式而

---

① 参看房氏《语言论》123 页。

② 参看叶氏《语法哲学》168 页。又 Brugmann, Abrégé, p.633f。

③ 《公羊传》"伐者为主，伐者为客"也许是用声调表示被动。但这一个孤证不能使我们有所断定。

④ 因此，我们并不认"卫太子为江充所败"的意思等于"卫太子为江充所败之人"，只不过借主动式的结构来表示被动的观念罢了。

论,显然有两个大异点:第一,中国语是用"被"字帮助叙述词构成被动式的,英语是用系词帮助叙述词构成被动式的。系词的词性近于虚,"被"字的词性近于实。助动词"被"字是从遭受的意义演变而来。《史记·高祖本纪》"高祖被酒",《后汉书·贾复传》"身被十二创",这些"被"字都是助动词"被"字的前身。第二,中国被动式里,主事者(又名 converted subject)是置于叙述词的前面的("他被他们打死");西洋被动式里,主事者是置于叙述词的后面,而且用介词介绍着的(He is killed by them)。有人把"被"字比英语的 by,这是一种误会。上文说过,"被"字是带遭受的意思的,所以它和叙述词结合后,还可以转为次品,如"被害的人",或"被打死的人";在英文里,a by killed man 是不成话的。

关于被动式的用途①,叶氏说:"咱们用主动式或被动式,要跟着咱们对于句中首品的观点不同而定。"②Jack loves Jill 和 Jill is loved by Jack 根本是指一样的事情,然而它们却不是在每一点上都完全同义,所以一个族语兼具两种说法并不是多余的。就普通说,说话时意识集中在什么人或什么事物,他或它就用为一句的主语,因此,叙述词(verb)有时须用主动式,有时却须用被动式。如果咱们把在某一些文章里发现的被动式都体会过,就会觉得,在最大多数情形之下,被动式的选择是基于下列理由之一的:

(1)主事者是不可知或不容易指出的,例如:He was killed in the Boer war / The city is well supplied with water / I was tempted to go on / The murderer was caught yesterday.在最后一例里,凶手被捕是很重要的一件事,至于捕他的警察是谁却不是重要的。若在主动式里,则主语往往是一个傀儡人称(generic person),英语的 it is known 等于法语的 on sait。在 the doctor was sent for 里,遣派的人(the sender)和被遣的人都不曾说出。

---

① 叶氏不赞成用 voice 这个名称,所以改称为 passive turn。
② 叶氏《语法哲学》167—168 页。

力按：在这种情形之下，中国语不用"被"字：

（A）这老货已经问了罪。（81）

（B）两个人都该罚。（62）

（2）由上下文的衬托，主事者不言而喻，例如：His memory of these events was lost beyond recovery / She told me that her master has dismissed her. No reason had been assigned；no objection has been made to her conduct. She had been forbidden to appeal to her mistress, etc.

力按：在这种情形之下，中国语也不用"被"字：

（A）你二哥哥的玉丢了。（94）

（B）五儿吓得哭哭啼啼。（61）

（3）又可以有特殊原因（表示情感上的细致），以致主事者不说出来，譬如第一人称往往避免说出，尤其是在文章里，例如：Enough has been said here of a subject which will be treated more fully in a subsequent chapter.①

力按：在这种情形之下，中国语就索性用没有主语的主动句。

（4）即使把主事者说了出来（converted subject），如果说话人特别关心于受事者，也以用被动式较为适宜，例如：The house was struck by lightening / His son was run over by a motor car.

力按：这在中国语里才用"被"字，例如：

（A）说起宝玉的干妈……前几天被人告发的。（81）不说"前几天人家把宝玉的干妈告发了"，因为说话人只关心于宝玉的干妈。

（B）我哥哥……被县里拿了去了。（85）不说"县里把我哥哥拿了去"，因为说话人只关心于他的哥哥。

（5）甲句和乙句连接时，被动式可给予连接上的便利，例如：He rose to speak and was listened to with enthusiasm by the great crowd

————————

①　下面有一段话未译。

present.

力按:中国语的被动式也有这种用途,例如:

(A)宝玉……一抬头,只见西南角上游廊下栏杆旁有一个人倚在那里,却为一枝海棠花所遮,看不真切。(25)

(B)图了薛蟠的银钱穿吃,被他哄上手了。(9)

(C)如今闹破了,被锦衣府拿住。(81)

(D)史妹妹这样一个人,又被他叔叔硬压着配人了。(106)

叶氏所说的被动式的用途,只可算是就西洋语法立论的。若就中国被动式而论,严格的说,只有(4)(5)两种用途;第(3)种用途是中国所没有的,(1)(2)两种在中国语里只在意义上是被动,形式上却和主动句没有分别。

中国被动式用途之狭,是西洋被动式所比不上的。本来,西洋语言也是主动式多于被动式,尤其在英、法语里,有些及物动词竟不能有被动式,例如英语的 have,当其用于本义时,罕有用于被动式的。至于中国语呢,就有大部分的及物动词不能用被动式了。上文说过,"被"字有遭受的意思,因此,被动式所叙述者,对主位而言,必须是不如意或不企望的事。西洋的主动句大多数可转成被动句,中国则恰恰相反,主动句大多数是不能转成被动句的[①]。下面这些英语的例子,都是不能译为中国被动式的。

(A)Jill is loved by Jack.

不能译为:"绮儿被杰克爱。"

(B)The house was surrounded by firs and birches.

不能译为:"房子被枞树和桦树环绕。"

(C)The children were dressed every morning by their mother.

不能译为:"孩子们每天早晨都被他们的母亲穿衣裳。"

(D)He is admired by everybody.

---

① 现代欧化的文章稍破此例,参看第六章第四节。

不能译为:"他被人人钦佩。"

如果咱们承认"为……所"是中国古代的被动式,那么,咱们可以说中国古代的被动式比现代被动式的用途大些。上面四个例子当中,除第三例须改变结构(如"诸儿每晨皆由其母为之着衣")之外,其余三例都可用"为……所"式,如"绮儿为杰克所爱""其宅为枞桦所环绕""彼为举世所钦仰"等。这因为"为"字没有遭受的意思,所以不一定用于不如意或不企望的事。

中国正常的被动式是必须把主事者说出的,像《国语·越语》"身死,妻子为戮",这样的例子在古代很不常见。在现代,"他被杀"这种句子也很少见。因此,西洋没有 converted subject 的被动式译为中文的时候,往往是很勉强的,甚至是不可能的,例如上文所举:No reason had been assigned;no objection had been made to her conduct / Enough has been said here,etc.

被动式的活用——普通的被动式是没有目的位的,因为受事者已转为主语,自然用不着目的位了。但是,中国现代有一种很特别的被动式,它的主语并不代表受事者,只代表受事者所隶属的人,浅一点说就是这种主语并不代表被动的事物,而是代表"物主"。这样,被动式仍可以有目的位。这是被动式的活用,例如:

(A)贾政还欲打时,早被王夫人抱住板子。(33)
被抱住的不是贾政,而是他的板子。

(B)他被他的老妈子偷了许多东西。
被偷的不是他,而是他的东西。

这种被动式的活用,也可以是被动式和处置式的杂糅,目的位提到叙述词的前面:

(A)宝玉……被袭人将手推开。(21)
被推开的不是宝玉,而是他的手。

(B)司棋被众人一顿好言语,方将气劝得渐平了。(61)
被劝平的不是司棋,而是她的气。

英语里有所谓留存目的语(retained object)，和这种结构相似而不相同。英语叙述词在主动式里带有两个目的格者，转成被动式后，还可以留存其中一个在目的格。转成主语的，有时是直接目的格，有时是间接目的格(Justice shall be done everybody, the butler was offered a reward)①。中国被动式活用的时候，它的目的位一定是主动式里的直接目的位，最特别的乃是它的主语，并非由间接目的位转成，却是由直接目的位的领位(genitive)转成。因此，我们就不能把 retained object 这一个名称应用在中国被动式里了。

＊　　　＊　　　＊

叶氏谈到被动式的时候，劝大家把结构上的范畴(syntactic categories)和观念上的范畴(notional categories)分别清楚②，这一点是很值得咱们重视的，例如 He sells the book 和 The book sells well 相比较，咱们自然该承认前一个 sells 是观念上的主动，后一个 sells 是观念上的被动，因为前者的目的语在后者已经变了主语了，但是，若就结构上的范畴而论，这两种形式都只能算是主动式，因为它们的结构形式是完全相同的。根据这个说法，就结构上的范畴而论，中国语只有主语+助动词+关系语+叙述词才算是真正的被动式；至于像"你二哥哥的玉丢了"之类，就只能说是观念上的被动，因为它在结构上是和主动式毫无分别的。

观念上的被动，在中国语里也有它的用途。上面所引叶氏说的(1)(2)两种用途，中国语就是用观念上的被动的。

"可、足、难、易"等字后面的叙述词，在观念上也该认为被动词，例如：

　　(A)国人皆曰可杀。(《孟子·梁惠王下》)

　　(B)斗筲之人，何足算也。(《论语·子路》)

---

① 例子采自叶氏《英语语法纲要》121—122 页。
② 《语法哲学》165 页。

（C）君子易事而难说也。(《论语·子路》)①

有时候,观念上的被动和观念上的主动似乎分不清。某一些形式,既可认为被动,又可认为省掉"把"字的处置式,或目的位倒装,例如:

（A）前儿的丸药都吃完了没有？(23)
既可解释作"前儿的丸药都(被)吃完了没有",又可解释作"你把前儿的丸药都吃完了没有"。

（B）各色香烛纸马并铺盖以及酒饭,早已预备得十分妥当。(65)
既可解释作"各色香烛纸马……早已(被)预备得十分妥当",又可解释作"贾琏早已把香烛纸马……预备得十分妥当"。

然而这在语法上不生什么问题,因为若就结构上的范畴而论,它们显然都是主动式;即使有被动的意义,也不过是借主动式来表示被动罢了。

末了,有一种误会尤其应该避免的,就是语言意义上的主动被动,和身体上或精神上的主动性被动性(bodily or mental activity and passivity)混为一谈。在这一点上,叶氏的见解比房氏的见解高了一筹。房氏说:"在某一些情形之下,主动性和被动性(房氏叫做réceptivité)是平衡的,混淆的;在另一些情形之下,被动性是胜于主动性的。如果我说'丕耶尔看见保罗'或'丕耶尔爱保罗',这两人的行为互相影响,看做主动固然可以,看做被动也未尝不可。'看见'乃是被动(感受)的现象,丕耶尔的网膜被某一影象所刺激。在爱情或友谊里亦同此理:丕耶尔感受某种情绪。这并没有一点儿主动性。"②房氏这一种理论是我们所不能同意的。在一般人的心目中,"看"和"爱"总是一种主动的行为。语言的结构,是根据一个民族对于事物的看法,至于看法对不对是可以不管的;拿科学的理

---

① 英语 Foreign names are easily forgotten 译成中文是"外国名字容易忘掉",不是"外国名字容易被忘掉"。

② 房氏《语言论》123 页。

论来批评语言习惯,实在是看不清语法的畛域。叶氏以为这种见解是 active 和 passive 两个名称所引起的误解①,不过咱们一时也找不着别的名称来替代,只好暂时沿用了。

第五节　递系式

西洋传统语法规定每一个句子里只能有一个定式动词,作为谓语的主干,其余的动词都是不定式(infinitives),而且在原则上是须由介词介绍,然后能加入谓语的。又规定,每一个句子里只能有一个主语,如果有两个主语,就该认为两个 clauses,照例须在这两个 clauses 中间加上一个关系词(关系代名词)或关系副词或连词,然后能合成一句。由上面的话看来,可以得到下面的两个原则:

(1)除助动词和不定式结合,用不着介词外②,其余的不定式照例须用介词介绍,例如英语 I ordered him <u>to</u> come at once。

(2)一句中不能有两个主语,如果要表示受事者为另一行为的主事者,则须在目的语后面接一个关系代名词,作为下面一个 clause 的主语,例如英语 He deserted me <u>who</u> gave him his chance in life;如果要表示两件事有密切关系,则须在它们中间加上一个连词,如英语 Place yourself there, <u>that</u> I may see your face clearly。

但是,单就英语而论,已经不能处处适合后一个原则了。叶氏所谓接触的句子形式(contact clauses)就是不用任何关系词的③。至于就全世界各族语而论,这两个原则更不能认为天经地义。专就中国语而论,(一)一句之中尽可以有两个叙述词,不必有定式不

---

① 叶氏《语法哲学》165 页。但叶氏并未明白地援引房氏的话。
② 在英语里,除了助动词外,只有很少数的 verbal phrases,如 had better、had soon 等,可以直接和不定式结合。参看叶氏《英语语法纲要》331 页。法语对于这一点,较为自由,例如 je veux vous voir,je viens vous chercher 等。
③ 参看《现代英语法》卷三第七章。又《英语语法纲要》136—137 页。

定式的分别。《马氏文通》把和西洋不定式相当的动词叫做"散动",实在是多余的;(二)第一次连系的目的位、表位或谓语尽可以兼任第二次连系的主语,又两个连系可以紧缩为一个句子(见下节),不必用关系词。

凡句中包含着两次连系,其初系谓语的一部分或全部分即用为次系的主语者,我们把它叫做递系式,取递相连系之意。递系式可大别为三类,如下:

(1)目的位为主语,如:

(A)迎春又命丫头点了一支梦甜香。(37)

(B)以后都叫他做潇湘妃子就完了。(37)

(C)多谢姐姐提醒了我。(30)

(D)只有晴雯独卧于炕上。(52)

(2)表位为主语,如:

(E)是谁起这样刁钻名字?(23)

(F)幸亏是宝二爷自己应了。(60)

(3)谓语为主语,如:

(G)我来的不巧了。(8)

(H)你就依的比圣旨还快些。(8)①

现在我们把这种递系式分别讨论。第一类的(A)(B)(C)(D)四例实在代表四个小类,也该分别讨论的。

像(A)例一类的句子,很容易令人误认第二个动词为散动。真的,像英语 I ordered him to come at once,译成中国话是"我叫他马上就来","来"字恰等于英语不定式动词 to come。但是,如果咱们细揣中国人说话的心理,并追溯中国语的历史,就会得到另一种结论的。依现代中国人的语象,"我叫他马上就来"是"我叫他"和"他马上就来"的结合。若依古代语法,是"余命其即来",不是"余

---

① (文集本)编按:人民文学出版社本作:"他说了你就依,比圣旨还快呢!"

命之即来"。咱们知道,古代"之"字用于目的格,"其"字普通用于
领格或首品句子形式里的主格,由此看来,如果咱们承认"我叫他
马上就来"是由古语"余命其即来"演变而来的,咱们至多只能认这
种"他"字是兼摄初系目的位的职务,不是纯粹的目的位,因为它不
是由"之"字变来的①。

　　像(B)例一类的句子,很容易令人误认"做……"为一种补语
(complement)。其实这种结构和(A)例是差不多的。"我们叫他做
一张桌子"和"我们叫他做潇湘妃子",形式上是一样的,不过前者
的"做"字表示一种具体的行为,后者的"做"字表示一种假想的行
为罢了。这种分别,只有两个极端是迥殊的,中间并没有截然的界
限。下面的一些例子里,"为"字("做"的前身)是按照由实而虚的
顺序排列的:

　　　　良弓之子必学为箕。(《礼记·学记》)
　　　　仲弓为季氏宰。(《论语·子路》)
　　　　子路使子羔为费宰。(《论语·先进》)
　　　　陆生卒拜尉陀为南越王。(《史记·陆贾列传》)
　　　　何故不谓子为盗丘,而乃谓我为盗跖?(《庄子·盗跖》)
这种递系式的次系,在英语里是没有动词的。中国语里也可以不
用"做"字,如"都叫我臭小厮"(56)。然而咱们并不能因为没有
"做"字就否认它是递系式。叶氏不立递系的名称,但他有所谓连
系目的语(nexus-object),也就是承认初系的目的位还可以带着叙
述词或描写词或判断语。像下面的三个例子,叶氏都认为包含着
连系目的语的:

　　　　He called his boy John.(MEG.Ⅲ,p.244)
　　　　He called her(a)slut.(MEG.Ⅲ,p.298)

----

①　英语 let John take the chair 较近似于中国的递系式;let 后面的格虽由语法规定为目
　　的格,但有时候因为说话人觉得它是行为的主事者,也就用了主格。这和我们所谓
　　兼格差不多。参看叶氏《英语语法纲要》134页。

They elected Dr.Brown president.(MEG.Ⅲ,p.280)

关于末一个例子,叶氏以为 Dr.Brown 是 subject-element(这等于承认目的位兼主语),president 是 predicate-element,他又以为恰像 they made Dr.Brown resign,其中的 Dr.Brown resign 是一种 infinitival nexus,用为 made 字的目的语。

像(C)例(“多谢姐姐提醒了我”)一类的句子,英语里有四种结构是和它相仿佛的。试拿“我恨他不帮助我”译成英文,可有下列四种不同的形式:

I hated him for having not helped me.(with gerund)

I hated him for his non-assistance.(with action-noun)

I hated him because he had not helped me.(with conjunction)

I hated him,who had not helped me.(with relative pronoun)①

末一种形式最不合英语习惯,却最和中国的语象相近。试拿文言“余恨其不相助”相比,则见“其”字实处于兼格(double case)②,等于 him 和 who。次系的任务虽在于解释理由,咱们却不能说它隐藏着一个“因为”,“我恨他因为他不帮助我”非但繁重可厌,而且意义也和“我恨他不帮助我”不尽相同。

(D)(E)(F)三例,依叶氏的说法,是一种 contact clauses。他所举的例子是③:

There is a man below wants to speak to you.

There are last of vulgar people live in Grasvenar Square.

It isn't every boy gets an open chance like that.

It wasn't I let him in.

---

① 这例子里的 who-clause 必须认为 non-restrictive clause(参看叶氏《英语语法纲要》357页)。若认为 restrictive clause,就变了“我恨那不帮助我的他”的意思,和前三例的意思大不相同了。

② “兼格”这名称是刘复先生起的。

③ 第一、二、三例见于《英语语法纲要》361 页,第四例见于《现代英语法》146 页。

这种结构和中国的递系式完全相同,譬如第一例,恰好等于中国语
"下面有一个人要和你说话";又如第四例,恰等于"不是我让他进
来"。但我们不很赞成 contact clauses 这个名称,因为这种结构非
但不具备两个完整的句子形式(次系没有独具的主语),而且在意
义上也不像两句话结合而成(初系独立时不成话)。

　　没有主事者的"有"和"是",在英语都是用 verb to be 表示的,
所以我们的(D)(E)(F)三例,依英语该合为一类(都是表位兼主
语),依中国语却应分为两类:第一类是目的位兼主语,因为"有"字
是及物动词;第二类是表位兼主语,因为"是"字是系词。

　　末了,我们要谈到谓语为主语(例 G、H)。这是很特别的一种
结构。我在《中国文法学初探》里,说"他慢慢地走"和"他走得很
慢"的结构大不相同:前者等于法语 il marche lentement,后者等于
法语 c'est avec lenteur qu'il marche。这话也只解释了意义方面;至
于就结构而论,"他走得很慢"仍是不能和 c'est avec lenteur qu'il
marche 相比的。

　　这种递系式的初系,可称为连系主语(nexus-subject)。在"我
来的不巧了"里,"我来"是"不巧"的主语。由此一点上看,也可说
初系的谓词有些像西洋的 action-noun[①]。"我来的不巧了"的结构
有些像 my coming is not opportune。试再比较下面的一些例子:

　　　　他到的太晚了:His arrival was too late.

　　　　他检查得很精细:His examination was very careful.

　　　　他记得很不清楚:His recollection was very vague.

　　　　他说得很对:His assertion is quite true.

　　　　他描写得很正确:His description is very accurate.

　　中国语里没有真正的 action-noun,连动词首品用为主语的也是
很少,这种连系主语可算是一种抵偿。

_____

① 　叶氏把 action-noun 称为 nexus-substantive,和我们所谓 nexus-subject 正相近。

咱们注意到这种初系的谓词是必须带着后附号"得"字的(亦可写作"的")①,而"得"字后面又往往不带目的位。如果目的语是代词,还偶然说出,如"若说伏侍得你好"(19);如果是普通名词,就只好把这种名词目的位提到谓词的前面了,例如:

他书念得很熟。

他棋下得很好。

连系主语的来源很早,但古代不用"得"字,而用"也"字,例如:

鸟之将死,其鸣也哀;人之将死,其言也善。(《论语·泰伯》)

独孤臣孽子,其操心也危,其虑患也深。(《孟子·尽心上》)

且夫水之积也不厚,则其负大舟也无力。(《庄子·逍遥游》)

注意"其操心也危"句,初系可用名词目的位,这是和现代语法颇不相同的地方。

＊　　　＊　　　＊

目的位或表位兼主语者,初系是主要的;谓语兼主语者,次系是主要的。它们非但在意义上有这种差别,在形式上也有不同。前者只是两个句子形式的紧缩(contraction),后者却须加上一个后附号"得"字。

第六节　紧缩式

专就简单的连系而论②,中西语法是大致相似的③;如果把相关的两件事情并成一句,中西语法就大不相同了。西洋语的结构好像连环,虽则环与环都联络起来,毕竟有联络的痕迹;中国语的结构好像无缝天衣,只是一块一块地硬凑,凑起来还不让它有痕迹。西洋语法是硬的,没有弹性的;中国语法是软的,富于弹性的。惟

---

① 我们认"得"为正体,"的"为假借字。因为在不用"的"字的方言里(如吴、粤语),这种"得"字仍是有的,而且都念像"德"字。

② 所谓简单的连系,包括(1)主语;(2)谓词及其修饰品;(3)目的语(如果有的话)。

③ 所谓大致相似,自然也有不同的地方,例如中国描写句不用系词。

其是硬的,所以西洋语法有许多呆板的要求,如每一个 clause 里必须有一个主语;惟其是软的,所以中国语法只以达意为主,如初系的目的位可兼次系的主语,又如相关的两件事可以硬凑在一起,不用任何的 connective word。

本节所述的紧缩式(contracted form),就是复合句的紧缩(contraction of composite sentence),也就是把相关的两件事硬凑在一起,不一定用 connective word。紧缩式还有一个特征,就是复合句的两个构成部分之间没有语音的停顿。这因为语句既短,就不必有语音的停顿了。

差不多每一种复合句都可以紧缩。现在就最常见的几种分论于后。

(一)积累式的紧缩

(A)兄弟来请安。(65)

(B)口里说着便出去开门。(30)

"来、去"后面再跟着另一件事,这种结构是很古就有了的。《孟子·离娄上》有云"子亦来见我乎"。这和英语 he came here to see you 一类的组织不很相同:有了 to 字,就好像表示一种目的(purpose)。细玩"子亦来见我乎"的语意,"来"和"见"是平等的行为,并非"为见我而来"的意思。试比较《孟子·梁惠王》"王往而征之"和《礼记·曲礼》"礼闻来学,不闻往教",即可明白每句中的两种行为是顺序的行为,因为其间有用联结词"而"字的可能。在这一点上,法语比较近似中国语,il est venu me voir 恰等于"他来看我",il est allé chercher le médecin 恰等于"他去找医生"。两动词之间并没有用介词。

此外,有些形式更显得是积累式的紧缩,因为确是两种行为积累起来,在英语里该是用得着 and 字的,例如:

(C)贾蓉接过禀帖和账目来,忙展开捧着。(53)

(D)择了吉日,重新摆酒唱戏请人。(99)

这种紧缩式在古代尤为多见,因为古语简短些,又有"而"字做联结的工具,例如:

(A)君子欲讷于言而敏于行。(《论语·里仁》)

(B)色厉而内荏。(《论语·阳货》)

(二)转折式的紧缩

这在现代口语里很是少见①。古语因有"而"字,故转折式亦可以紧缩,例如:

(A)雍也,仁而不佞。(《论语·公冶长》)

(B)怀其宝而迷其邦……好从事而亟失时。(《论语·阳货》)

(三)申说式的紧缩

(A)你要想我的话时,身子更要保重才好。(81)

(B)咱们别管人家的事,且商议咱们八月十五赏月是正经。(75)

(C)这山上赏月虽好,总不及近水赏月更妙。(76)

(D)我是受不得这样磨折的,倒不如死了干净。(111)

这是复合之中更有复合:在主要部分里还包含着申说式的紧缩,其实就是主要的判断后面附带着极简短的解释。这解释的部分,无论在结构上,在意义上,都是不关重要的。它的作用只在于使语气更舒畅些,更有力量些。若专就意义而论,它简直等于一种夹注,例如:

(A)你要想我的话时,身子更要保重。(这样才好)

(B)咱们别管人家的事,且商议咱们八月十五赏月罢。(这样才是正经)

(C)这山上赏月虽好,总不及近水赏月。(因为近水更妙)

(D)我是受不得这样磨折的,倒不如死了罢。(因为死了就干净了)

这种蛇足般的结构,是西洋语言里所罕见的。然而咱们没有

① "他会说话不会做事"一类的句子,若句中没有停顿,可认为转折式的紧缩;否则只是普通复合句的转折式。

权利排斥它,因为繁词(expletivity)如果有增加语气的力量,也就有它的用途了。

(四)目的式的紧缩

英语普通的目的式是用 that 或 in order that 做联结的工具的,例如:

> Lend me your knife, <u>that</u> I may cut this string.

> He raised his hand <u>in order that</u> the bus might stop.

但是,这只是普通的复合句,不算是紧缩式。中国的紧缩式是硬凑的,不用关系词的,例如:

> (A)把那孩子拉过来我瞧瞧肉皮儿。(69)

> (B)叫香菱来倒茶妹妹喝。(35)

有时候,次系不用主语,则颇像英语的不定式如 to... 或 in order to... 等,例如:

> (C)我买两个绝色的丫头谢你。(64)

> (...to recompense you.)

> (D)宝玉因和他借香炉烧香。(43)

> (...to burn incense.)

但是,咱们不要忘记,所谓不定式也是连系的变相(《语法哲学》第十章),所以咱们不妨承认这种形式也有两次的连系,只不像(A)(B)两例那样明显就是了。

(五)结果式的紧缩

英语普通的结果式是用 so...that 或 so that 做连系的工具的,例如:

> He spoke <u>so</u> well <u>that</u> he convinced everybody of his innocence.

> The burglar wore gloves, <u>so that</u> there were no finger-prints visible.

在中国语里,可用"以致"做连系的工具,如"他说得这样好,以致人人都相信他没有罪";"那贼是带手套的,以致看不出他的指印"。但是,这种结构是一半文言,一半欧化的;一般的口语里并没有它。而且这只是普通的复合句,不算是紧缩式。中国现代口语里最常用的结果式乃是紧缩的,不用"以致",只用词尾"得"字("的"字)附于初系谓词的后面,例如:

　　(A)脖子低的怪酸的。(36)

　　(B)说的黛玉扑嗤的一声笑了。(23)

　　读者试把这两个例子和上面所举的英语例子相比较,就会觉得不甚相同。如果要更近似些,须得改成下面的样子:

　　(A)脖子低了许久,以致我觉得怪酸的。

　　(B)他说的那样好笑,以致林黛玉扑嗤的一声笑了。

　　可见中国口语在结果式的初系里是用不着高度描写语("许久、那样好笑")的,这因为由次系所叙的事件衬托,初系的谓词所叙述的事件或所描写的德性之达到高度,已经是不言可喻的了。

　　这种形式,虽可认为结果式的紧缩,但也可认为使成式的扩充(dilatation of causative form)。试比较下面每一对的例子:

　　(A)只见那凤姐……笑弯了腰了。(91)

　　(A´)贾母笑的搂着宝玉叫心肝。(40)

这两句都是描写笑得厉害的,但前者是普通使成式,后者是使成式的扩充或结果式的紧缩。

　　(B)兴儿……早已唬软了。(67)

　　(B´)黛玉吓得魂飞魄散。(82)

这两句都是描写吓得厉害的,但前者是普通使成式,后者是使成式的扩充或结果式的紧缩。

　　在意义上,使成式和结果式所差无几,都是因果(cause-effect)的关系。在形式上,就有分别了:使成式不用"得"字,结果式用"得"字;使成式只用一次的连系,结果式却用两次的连系。

　　我们把"我来的不巧了"的模型和"说的林黛玉扑嗤的一声笑了"的模型分隶于递系式和紧缩式,也许有人觉得奇怪。其实是分隶的好:这两种模型虽同用"得"字("的"字)①,然而递系式"得"字后面用描写语,紧缩式"得"字后面用叙述语,这是不能不分隶的第一个理由。递系式的次系不能有本身的主语,它是借初系的谓语为主语的,紧缩式的次系则能有本身的主语,这是不能不分隶的第二个理由。递系式"得"字后面的描写语是全句的主要部分(参看上节),紧缩式"得"字后面的叙述语依理该说是从属部分②,至少也不能说是主要部分,这是不能不分隶的第三个理由。

(六)条件式的紧缩

条件式的紧缩和普通条件式只有长短的分别。短的条件式,中间用不着语音的停顿,如"不问他还不来呢"(52),就算是紧缩了。古代语言简短,条件式较多紧缩者,例如:

(A)嫂溺则援之以手乎?(《孟子·离娄上》)

(B)质胜文则野,文胜质则史。(《论语·雍也》)

(C)诛之则不可胜诛,不诛则疾视其长上之死而不救。(《孟子·梁惠王下》)

(D)为高必因丘陵,为下必因川泽。(《孟子·离娄上》)

(E)逃墨必归于杨,逃杨必归于儒。(《孟子·尽心下》)

注意"则"和"必",它们都是助成条件式的,尤其是紧缩的时候往往用得着它们。

(七)容许式的紧缩

假设的容许式里,如果从属部分没有"纵使、哪怕"一类的字眼,就往往用得着紧缩式,例如"去了也是白跑"(6)。古代也有这

---

① 关于"得"字的来源,胡适在《国语文法概论》(《胡适文存》内)里说是从"到"字变来的,"到、得"一声之转。黎锦熙先生采用此说(《国语文法》237页)。我们不相信这种说法。"到"和"得"的韵母相差很远,一声之转的解释是不够的。"我来到不巧了"和"说到林黛玉扑嗤的一声笑了"也是很费解的。

② 这是依西洋结果式推论出来的。

种结构,如"万死不辞"。

（八）时间限制的紧缩

时间限制的紧缩,现代语里是有的,如"回去就睡了"(109);但古代语里更多,例如：

（A）幼而不孙弟,长而无述焉。(《论语·宪问》)

（B）夫人幼而学之,壮而欲行之。(《孟子·梁惠王下》)

（C）弟子入则孝,出则弟。(《论语·学而》)

也可以不用"而、则"等联结词,只把两件事凑在一起,前一件事表示时间限制：

（D）割鸡焉用牛刀。(《论语·阳货》)

（E）事君敬其事而后其食。(《论语·卫灵公》)

（F）食无求饱,居无求安。(《论语·学而》)

（G）邦有道不废,邦无道免于刑戮。(《论语·公冶长》)

这种结构和条件式的界限也是不清楚的。但无论时间限制的紧缩或条件式的紧缩,都比西洋语言的结构简短了许多,因为凡可以意会的部分都省略了(说得更妥些,是用不着),只剩必不可省的部分了。试把"嫁鸡随鸡,嫁狗随狗"译成英语,就可以明白这繁简的道理。

第七节　次品补语和末品补语

一般人以为中国语的次品总是放在它所修饰的首品的前面的,所以每逢由西文译中文的时候,总是把一切的次品往首品的前面尽量堆砌,连很长的次品句子形式或次品谓语形式也搬到首品的前面了;其实中国的次品也有后置的,并非一律都要前置。本节里所论的次品补语(secondary-complement),就是后置的次品。

（1）句中如果没有语音的停顿,这次品补语就等于西洋的无定式次品(infinitive as secondary)①。这并不是说一切无定式次品都可译成中国的次品补语,就普通说,只有以"有"字(to have)为谓词的句子,它的无定式次品才和中国的次品补语相当。这种情形,以法语为尤显,例如:

Je n'ai pas le temps de m'amuser.

(我没有工夫玩儿。)

Je n'ai pas le moyen de vous aider.

(我没有法子帮助你。)

这次品动词也可以是被动意义的,但是,在西文里,这种被动意义的无定式也和主动意义的无定式没有什么形式上的分别②。试比较下面的英语和中国语:

I have nothing to do.

(我没有事做。)

I have a story to tell you.

(我有一个故事告诉你。)

至于无主句的"有、无"(等于英语的 there is 或 there are),后面的连系就只能算是一种递系式(如"有小子和车等着"),不必认为次品补语,不过,偶然也有属于次品补语的,如"无地自容";但这种"无"字到底该译为 there is not 或该译为 he has not 却是无法断定的。

古代的"有……可"式,如"有书可读、有田可耕","无……可"式,如"无家可归、无书可读","可"字以下都是次品补语。这里应该注意的是"无家可归"的"归"字不是真正的被动意义,然而"归家"的"家"在形式上是目的位,自然可转成"无家可归"了。

只有一种形式是不能比于无定式次品的,就是古代的"无……不"式。"春城无处不飞花",等于说"春城无不飞花之处"。这"无

①　参看叶氏《英语语法纲要》第三十二节。

②　参看同书 334 页。

处不飞花"大约可以译为 there is no place where…not…, 这样的次品补语却有点儿像西洋的 relative clause 了。

(2)句中如果有语音的停顿,这次品补语就等于西洋的关系子句(relative clause)或同位分词(participle in apposition)。这种次品补语比前面的一种范围大些,例如:

(A)先找着了凤姐的一个心腹通房大丫头,名唤平儿的。(6)

(B)里头却也有两个姐姐,成个体统的。(61)

(C)又有邢夫人的嫂子,带了女儿岫烟来投邢夫人的。(49)

(D)再将吾妹一人,乳名兼美,表字可卿者,许配与汝。(5)

(E)男人只有贾芹贾芸贾菖贾菱四个,现在凤姐麾下办事的来了。(53)

由上面的一些例子看来,带"的"字的次品补语,最常见的是合于下列情形之一的:

被修饰的首品是"有"字的目的位,而这"有"字是没有主语的(例 B、C、E);

次品补语系表示姓名官爵之类(例 A、D)。

凡认"的"字为代词的语法家,都会说这种"的"字和前置的首品是处于同位(apposition)。我们虽认这种"的"字为修饰品的记号①,然而并不否认带"的"字的次品仿语当后面没有首品的时候实有首品的性质。不过,普通所谓同位,也就和修饰次品(加语)的性质相类似②。因此,在这一点上,我们用不着多加辩论了。

次品补语这种结构的来源很古,而且古代的用途比现代的较宽,例如《史记·刺客列传》:"请益其车骑、壮士,可为足下辅翼者。"《左传》里有个句子,其结构颇为罕见:"颍考叔为颍谷封人,闻之,有献于公。"其实"为颍谷封人"只等于一个夹注,也是一种次品补语。

———————————

① 参看第三章。

② 参看叶氏《英语语法纲要》93 页。

　　像下面的一些例子,却不必认为同位或次品补语,因为它们实在是一种复合句中的按断式①:

　　　　(A)臣外国人,不如光。(《汉书·霍光传》)
　　　　　　　(臣乃外国人,不如光。)

　　　　(B)今臣败亡之虏,何足以权大事乎?(《史记·淮阴侯列传》)
　　　　　　　(今臣乃败亡之虏,何足以权大事乎?)

　　　　(C)侍中乐陵侯高,帷幄近臣,朕之所自亲,君何越职而举之?(《汉书·黄霸传》)

自"侍中"至"自亲"是按的部分,"君何越职而举之"是断的部分。

　　　　(D)子大夫也,欲视之,则就而视之。(《左传·宣公六年》)

"子大夫也"是按的部分,"欲视"至"视之"是断的部分。

　　《马氏文通》把(B)例的"虏"认为与"臣"同次(即同位),也有他的道理,因为英语里用 being 造成的 participial phrase 原是指示原因或理由的②,在意义上和上面这几个例子相同。不过,咱们须承认中西的语言表现方式稍有不同,中国语的结构总是松些,西洋语的结构总是紧些。试看下面的一个英语例子:

　　　　I thought you would know, being a friend of the family.

依普通的英语法讲来,这种 being 是当 adjective 用的,若依我们的术语,being...这一个仿语就是次品补语。但是中国却没有这种次品补语,因为这被修饰的首品既不是"有"字的目的语,这次品补语本身又不是表示姓名官爵之类的③。这一个次品补语若硬要译成中国的次品,只好译成前置的次品,如:"我想,身为那家的朋友的你,应该知道的。"然而这是不合中国语的习惯的,尤其是人称代词的前面不能再受次品的修饰,若照中国通常的说法,就是把它拆成

――――――――――

① 　参看第一章第八、第九两节。

② 　参看叶氏《英语语法纲要》72 页。

③ 　这并不是说除了这两种情形,中国语里就不能再有次品补语,只是说中国的次品补语的用途是极有限的。

两个句子形式,凑成复合句的按断式,如:"你是那家的朋友,我想你应该知道的。"

这样一来,其中却没有次品补语了。试拿这一个例子和上面(A)(B)(C)(D)四个古代例子相比较,就明白那里面也没有次品补语或同位了。

中国语里的次品,本以置于首品之前为常;后置已经是一种变例(如"我没有工夫玩儿"),若后置而又被语音的停顿隔开(如"里头却也有两个姐姐,成个体统的"),就有点近于追加。譬如说话人说"里头却也有两个姐姐"的时候,没有想到"成个体统的",等到说完了"有两个姐姐"之后,才觉得须要补一个判断语,意思才算完全。这种补充的判断语,在形式上显得是不重要的,因为不曾用它已经造成了一个句子形式;在意义上恰恰相反,它显得比前置的次品更为重要,因为若不重要就用不着追加了。既是追加的,在结构上就不算十足的次品,所以像"成个体统的"一类的判断语又可称为准次品补语。

此外还有追加的极端例子,如:"他把他的汽车卖了,去年才买的。"

"去年才买的"和它所修饰的首品"汽车"被"卖了"二字隔开,更显得是说完"卖了"之后才追加的一个判断语。又如:

　　老爷有事——是件机密大事,要遣二爷往平安州去。(66)
有了"是"字,更显得是一句完整的判断语,追加在"事"字的后面的;如果不是追加,只说"老爷有件机密大事"就直截了当多了。

＊　　　＊　　　＊

当描写语或判断语插入叙述句里面的时候,句子的主要任务既在于叙述一个事件,则此描写语或判断语只算是处于附属的地位,也可称为准次品补语,例如:

　　(A)凤姐儿知道邢夫人禀性愚弱,只知承顺贾赦以自保。(46)

等于说："凤姐儿知道那禀性愚弱的邢夫人只知承顺贾赦以自保。"

（B）谁知惜春年幼，天性孤僻，任人怎说，只是咬定牙，断乎不肯留着。（74）

等于说："谁知年幼孤僻的惜春……断乎不肯留着。"

（C）那巧姐儿身上穿得花团锦簇，手里拿着好些顽意儿，笑嘻嘻走到凤姐身边学舌。（88）

这句的主要任务在于叙述巧姐儿走到凤姐身边学舌。

（D）正走之间，见路旁一座大土山子，约有二十来丈高，上面是土石相搀的，长着些高高矮矮的丛杂树木，却倒是极宽展的一个大山怀儿。（《儿女英雄传》4）

这句的主要任务在于叙述看见一座大土山子，"约有……"以下都是对于这土山的修饰品。

咱们必须承认，这种准次品补语只是一种便利的说法，因为这样说，句子的结构就紧凑些，语气也就急促些。但是，如果咱们把这种形式认为积累式之一种，也未尝不可，两可的解释由于语法成分之不足；形式上既不能帮助咱们决定，单靠意义有时候就不免徘徊了。

＊　　　＊　　　＊

咱们知道，西文里的末品（adverbs, adverbial phrases, etc.）在原则上是放在谓词前后均可的。中国语就不能这样自由，一般的末品是必须放在谓词之前的。只在下面几种情形之下，末品是可以或必须后置的：

第一，在上古语里，由"于"字介绍的关系位，是必须后置的①，例如：

（A）泝彼泉水，亦流于淇。（《诗·邶风·泉水》）

---

① 《孟子·滕文公下》"于此有人焉"是一个例外，因为"焉"也有"于此"之意，故把"于此"提前。

（B）肃肃鸨羽，集于苞栩。(《诗·唐风·鸨羽》)

（C）从我于陈蔡者，皆不及门也。(《论语·先进》)

（D）舜生于诸冯，迁于负夏，卒于鸣条。(《孟子·离娄下》)

大约自从六朝以后(其详待考)，这一类的末品才偶然看见有前置的，但也仅以叙述词带有目的位者为限(例如"于西山读书""于东篱赏菊")。如果不带目的位，仍旧不能前置，如(A)例不能改为"亦于淇流"，(B)例不能改为"于苞栩集"，(D)例不能改为"舜于诸冯生，于负夏迁，于鸣条卒"。

到了近代，动词"在"字替代了虚词"于"字之后，凡叙述词后面带有目的位者，处所末品必须置于其所修饰的叙述词的前面。这种词序是和古代的词序恰恰相反的，譬如把古文译成现代语的时候，"读书于西山"决不能译成"读书在西山"，"赏菊于东篱"决不能译成"赏菊在东篱"，否则是很不自然的。

只有叙述词后面不带目的位者，现在仍有些保存着古代的词序，例如"掉在井里"等于"堕于井"。但也有些是和古代相反的，例如"在河里游泳"不能说成"游泳在河里"①。

第二，和"于"字词性相同的有"自"字。但是，"自"字介绍的关系位，自古就是前置后置均可的，例如：

（A）退食自公。(《诗·召南·羔羊》)

（B）蛇蛇硕言，出自口矣。(《诗·小雅·巧言》)

（C）有朋自远方来。(《论语·学而》)

（D）负耒耜而自宋之滕。(《孟子·滕文公上》)

咱们只要看在同一诗篇里既有"自公退食"，又有"退食自公"，就可知是前置后置均可。但到了现代，用"从、打"等动词替代了"自"字之后，处所末品又必须放在叙述词的前面了。

第三，由"以"字介绍的关系位，自古也是前置后置均可的，

---

① 　详细说明见于《中国现代语法》第二章第七节，《王力全集》第七卷。

例如：

　　（A）博我以文，约我以礼。（《论语·子罕》）

　　（B）诵《诗》三百，授之以政，不达。（《论语·子路》）

　　（C）许子以釜甑爨，以铁耕乎？（《孟子·滕文公上》）

　　（D）以粟易械器者，不为厉陶冶。（《孟子·滕文公上》）

咱们只要看《孟子·梁惠王上》先说"以羊易之"，其后又说"我非爱其财而易之以羊也"，就可知是前置后置均可。现代以动词"拿"字替代"以"字，这种方式末品就只能放在叙述词的前面，例如"杀人以梃与刃"译为现代语只是"拿棍子和刀子杀人"，而不可译为"杀人拿棍子和刀子"。

　　由以上三种情形看来，咱们可以看出"于、自、以"等字之变为"在、从、拿"等字，都是由虚趋实（由关系词变为动词），因此，它们所构成的末品也是大致由后置变为前置的。这是中国语法史上重要事实之一。

　　第四，数量末品在古代是以前置为常的，例如：

　　（A）吾日三省吾身。（《论语·学而》）

　　（B）季文子三思而后行。（《论语·公冶长》）

　　（C）三宿而后出昼。（《孟子·公孙丑下》）

　　（D）此鸟不鸣则已，一鸣惊人。（《史记·滑稽列传》）

　　即使数目字后面带有名词如"日、月、年"之类者，当其用为末品仿语时，也是以前置为常，例如：

　　（A）一日暴之，十日寒之，未有能生者也。（《孟子·告子上》）

　　（B）早知穷达有命，恨不十年读书①。（《南史·沈攸之传》）

　　到了现代，数量末品往往是一个仿语（数目字带单位名词或普通名词），却是以后置为常了，例如：

-----

① 　现代也有"我读了十年书"的说法，但这里的"十年"可当作次品看待，故又可以说成："我读了十年的书。"

（A）我们王府里也预备过一次。（16）

（B）才不枉走这一遭儿。（6）

（C）就赁了他庙里的房子住了十年。（63）

（D）我怎么就忘了你两三个月？（26）

只有否定语里，现代语的数量末品仍旧是可以置于叙述词之前，例如"三月不知肉味"可译为"已经三个月不知道肉的滋味了"。

此外，能愿式里的"得"字后置、"定"字后置，描写句中程度末品"些"字后置，都是古代语法所没有的。只有"甚"字和"极"字，在古代用为末品时，才是前置后置皆可的（如甚乐：乐甚；极妙：妙极）①。

由此看来，现代的末品补语，往往相当于古代的前置末品；古代的末品补语，往往相当于现代的前置末品。这可算是语法上的大变迁了。

---

① 吴语里有类似的情形，不过前置的末品和后置的末品不同字，例如"交关好：好得来；交关贵：贵煞"。

第三章　语法成分

第一节　系　词

　　除了代词留在第四章里讨论之外,其余的语法成分都打算在这一章里讨论。本节里先讨论系词①。

　　在第一章第五节及第八节里,我们已经有机会谈及系词并非句子的要素:非但叙述句用不着它,若就中国语而论,连描写句也用不着它,只有现代的判断句,才用得着它。然而判断句也有可以不用它的时候(参看《中国现代语法》第三章第一节),这可以不必认为省略,竟可认为古代语法的残留。

　　叶氏屡次说过,verb to be 用为系词时,乃是没有色的(color-less)②,这就是说,它本身是没有意义的。依理,非但英语,一切族语的系词都该是没有意义的。既然没有意义,就不应该能受末品的修饰,凡普通认为修饰系词的末品,除了否定词外,都该认为修饰整个谓语的。明白了这个道理,咱们才有权利把系词认为虚词③;明白了这个道理,咱们对于古代的判断句及描写句中的末品,才得到一种正当的解释,例如:

---

① 关于系词,请参看王力《中国文法中的系词》,《王力全集》第十九卷第一册237—299页。凡理论上有相抵触之处,概以本书为准。

② 《语法哲学》150页,《英语语法纲要》126页。

③ Sweet 也把 is 认为 empty word,见 The History of Language,p.42。

（A）周虽旧邦,其命维新。(《诗·大雅·文王》)①

（B）固天纵之将圣,又多能也。(《论语·子罕》)

（C）仲子所居之室,伯夷之所筑与? 抑亦盗跖之所筑与?
(《孟子·滕文公下》)

（D）相国、丞相,皆秦官。(《汉书·百官公卿表》)

我们在第一章第五节里说过,无论怎样长的句子形式,其中只能包含一个大首品(主语)和一个大次品(谓语)。上面所举诸例中的末品就是修饰大次品的。若为西洋语法所拘,硬说末品所修饰的是系词,就只好认为系词省略了。

至于描写句中的否定词,更显得中西语法的不同。当咱们说"梨花不红"的时候,英语里须说成 the flowers of pear are not red。中国的"不"字所修饰的是描写词"红"字,英语的 not 所修饰的是 verb to be。咱们切不可误认"梨花不红"的"不"的用途完全等于英语的…are not…的 not;否则咱们既承认"不"字所修饰的系词,就只好承认句子里是有系词隐藏着了。

在先秦的史料中,描写句和判断句里,主语和谓语之间没有系词,乃是最常见的事实。如果咱们以少见的事实为例外,尽可以说有系词的名句是例外了,像《书·禹贡》"厥土惟涂泥,厥田惟下下",其中的"惟"字只是和"则"字性质相近的联结词,并不是系词②。至于"为"字,虽偶然有类似系词的用途,然而以"为"字为系词的句子究竟不是名句的正轨,例如"周公弟也,管叔兄也"(《孟子·公孙丑下》),若改为"周公为弟,管叔为兄",就不合先秦的语言习惯。因为除了特殊情形之外③,先秦的"为"字总带动词性,即是有作为的意思,例如"为君难,为臣亦不易",这种"为"字并不等

① 我们把"虽"字认为关系末品。参看本章第八节。
② 有人说"惟"是"为"的前身,我们曾在语音上证明这是一种误解,见《中国文法学初探》,《王力全集》第十九卷第一册186—236页。
③ 见《中国文法学初探》,《王力全集》第十九卷第一册186—236页。

于现代的"是"。

形式上颇似系词者,有"曰、谓、乃、即"等字。"曰、谓"二字显然带动词性,略等于现代的"叫做"。"乃"字是和"则"字性质相近的联结词,和"惟"字相仿。"即"字等于现代的"就",是一个副词末品,其所修饰的是整个的判断语。由此看来,它们都不是纯粹的谓词。

"非"字是不是纯粹的系词呢?依上古的语法观察,它也不能是系词。肯定语的系词既是上古所没有的,若说否定语的系词却是上古所有的,这是不通的说法。原来"非"字在上古只是一种否定副词,和"不"字的词性是相仿的,它们的职务分配如下:

在叙述句里,否定行为和主语的关系者,用"不"字。

在描写句里,否定德性和主语的关系者,用"不"字。

在判断句里,否定人物和主语的关系者,用"非"字。

由此看来,"非"和"不"都只是一种末品;"非"字的系词性只是句式所形成,并非其本身在最初就含有此性。说到这里,咱们可以明白上古为什么既然没有肯定式的系词,却似乎能有否定式的系词了。原来"非"字所赖以存在者,不是它的系词性,而是它的否定性。"国亡"的反面,必须说"国不亡";"孟子,贤人也"的反面,必须说成"孟子,非不贤之人";但"孟子非不贤之人"的正面不必说成"孟子是贤人",恰如"国不亡"的正面不必说"国是亡"一样。可见咱们如果把上古的"非"字认为系词,只是看见了它的一种幻相。中古以后,由系词"是"字生出"不是",而人们又误以为"非"字完全等于"不是",其实严格地说起来,"非"字在字源上和"不是"是大有分别的。

"是"字在上古只当代词和形容词用,直至六朝以后,才用为真正的系词[①]。自从用为系词之后,它的活用法却跟着来了。至少有

---

① 例证见《中国文法学初探》,《王力全集》第十九卷第一册 186—236 页。

两种活用法是晋或唐以后就发生了的：

（1）解释原因，例如：

（A）庾曰："君复何忧，惨而忽瘦?"伯仁曰："吾无所忧，直是清虚日来，滓秽日去耳。"(《世说新语·言语》)

（B）司马太傅问谢车骑："惠子其书五车，何以无一言入玄?"谢曰："故当是妙处不传。"(《世说新语·文学》)

（C）学不能推究事理，只是心粗。(《近思录》卷三)

（D）人不能祛思虑，只是吝。(《近思录》卷五)

（2）是认或否认某一事实，例如：

（A）只为众生迷佛，非是佛迷众生。(《坛经·付嘱品》)

（B）人生气禀，理有善恶，然不是性中元有此两物相对而生也。(《近思录》卷一)

至于其他的活用法，如用如末品后附号（"老太太既是作媒"）、以虚代实（"倘或有人盘问起来，倒又是一场是非"）等，发生的时代也许更后些。

因为"是"字是真正的系词，所以能引申出些活用法来。"为"字在近代虽有用为系词者，然而这是由于一种假语源（false etymology），并不像"是"字那样吸收活语言的滋养，所以它始终引申不出这些活用法来。

判断的性质本来就近于是认或否认某一事实，同时也近于解释原因。因此，西洋的系词也往往有这两种活用法。在法语里，是认事实或解释原因可用 c'est que，否认原因可用 ce n'est pas que（或 non que，non pas que）①。只有用如末品后附号这一个活用法是英、法等语所没有的，但它的来源也是和前二者相同的，都是由判断的性质生出来的，不过虚灵到了极点，就变了后附号了。

"系"字用为系词，据我们所能看见的史料而论，它是比"是"字

---

① 参看 Brunot，La Pensée et la Langue，pp.501、824、827—828。

更为后起的。依现代所发现的例子,系词"系"字始见于《近思录》,所以它的系词性大约是起于宋代,但未盛行。直至元代的诏令公文里,才常用它来替代"是"字①。近代公牍中,也常有"委系、确系"的说法。这令我们猜想它是像"该"字用为代词一般地,是公牍中的用语,未必是当时的口语。然而另有一种事实,却令我们猜想"系"字的系词性起源颇古,未必是宋代以后的产品。现代粤语(一部分)和客家话都用"系"字替代"是"字。如果咱们承认粤人和客家很早就离开了中原,咱们不能想象宋代以后产生的系词会流传到闽粤,并且只能保存在闽粤人的口里。总之,"系"字系词性的来源问题很复杂,我们只好存疑了。

＊　　　＊　　　＊

系词最初的原文是 copula,应用于论理学上的时候,自然是专指 verb to be 而言。后来又有 linking verb 的称呼;语法学家所谓的 copula 或 linking verb 的范围也扩大了,例如 Curme 把 appear、become、break、continue、fall、make、seem 等词认为 linking verbs②。F. Brunot 在他的《思想和语言》里,也把 se faire、se rendre、mourir、vivre、faire、rendre、créer、nommer、élire、dire、proclamer、baptiser、appeler 等词也都认为 verbs copules 了③。Brunot 和 Curme 的意思,凡不及物动词,后面还带着名词或形容词者,又凡及物动词和它的目的格后面还有名词或形容词者,都可称为系词。这样,系词的范围未免太广了。我们的意思,只把判断句里连接主位和表位的一种虚词叫做系词。这种系词是本身没有意义的,叶氏所谓"没有色"的。若依这种定义,中国只有"是"字配称为系词。

"像、似、如、若"一类的字,我们叫做准系词。判断句的主要特

①　例证见于《中国文法学初探》,《王力全集》第十九卷第一册 186—236 页。
②　Curme,Syntax,p.27。
③　Brunot,La Pensée et la Langue,pp.618、628。

征,是把主位和表位认为一样的东西。"像"字的意义,从反面说,就是不完全一样。因此"像"和"是"有极相似的地方。不过,"像"的意义却比"是"的意义实得多了。英语的 like 被认为形容词,seem、look 等词被认为不及物动词,resemble 被认为及物动词。中国的"像、似、如、若",该认为什么词呢?中国语既没有屈折作用,咱们没法子从词形的变化上看出词类来。然而咱们可以从一个事实去辨认它们本来是动词,就因为它们前面可以有一个"相"字,如"相像、相似、相如、相若"等,和"相欺、相思、相争、相得"等相似的缘故。"是"字则不能有"相是",故知"是"和"像、似、如、若"的词性并不完全相同。我们把"像"等叫做准系词,就是这个道理。

　　"像、似"是一类,"如、若"又是一类,因为"不像、不似"的意思和"不如、不若"的意思并不相同。"不如"和"不若"里的"如"和"若",比之不带否定词的"如"和"若",意义又更实些。至于"不及"的"及",我们就把它认为普通动词,不认为准系词了。

第二节　否定作用

　　叶氏说,一个句子可以是肯定的(积极的)或否定的,又可以包含着一个问题[1]。关于肯定,没有很多的话可说;夸张的肯定用"是"字,例如"我虽没受过大繁华,比你们是强些"(74),已见于上节(参看《中国现代语法》第三章第一节)。关于疑问,我们想等到本章第六节里讨论语气时一并讨论,因为中国语里的疑问是和语气词大有关系的。现在本节里所要谈的,只是中国语里的否定作用(negation)。

　　中国语没有否定性词头,因此用否定词修饰肯定词的地方比西洋语更多。许多英语里的否定性单词,译成中文的否定语都变

---

[1]　《英语语法纲要》296 页。又《语法哲学》322 页也有一种三分法:积极的;疑问的;消极的。

了仿语,如 unhappy 等于"不幸"、irregular 等于"不规则"、impossible
等于"不可能"、disorder 等于"无秩序"、never 等于"永不"或"从来
不"等等。有些名词、代名词和副词,如 nobody、nothing、none、
nowhere 等,在中国语里简直没有适当的字可以翻译。西洋另有些
单词,竟可以不用否定性词头,因为它们在来源上是由肯定性变为
否定性的,例如法语的 rien 来自拉丁语的 rem(chose),aucun 来自
拉丁语的 aliquisunus(quelqu'un)。连介词也有否定性的,如英语的
without、法语的 sans、德语的 aussen,这更是中国语所没有的。由以
上的事实看来,现代中国国语里是没有否定性的观念单位的,一切
否定性的观念必须建筑在肯定性的观念之上①。

　　至于中国古代语及方言,却不同了。咱们的古代语及方言里,
有些否定性的观念单位,却是西洋(至少可指英、法、德语)所没有
的。最显明的乃是"无"字。"无"字在现代国语里只算是古代语的
残留,但在吴、闽、粤、客家诸方言里还有些否定词和"无"字的词性
相等的,例如上海的"呒没"、厦门的"无"(bo)、广州的"冇"
(mou)、客家的"无"(mo),都是一个单词,不像英语的 have not,法
语的 ne pas avoir,德语的 haben nicht,都是在肯定词之外再加一个
副词来否定它②。

　　和"无"字相仿的,有"非"字。虽然上古的"非"字不能认为系
词(见上节),至少在中古以后,和"是"字相形之下,它已经有了系
词的性质。因此,中古以后的"非"字都可认为和"不是"相当。这
样说来,"非"字乃是一个否定性系词,它也是一个观念单位,不
是在肯定性系词之外再加一个否定副词,和英语的 not to be 不

───────────

①　柏氏以为否定的替代法(包括 nowhere、never 之类)是 represented in all languages 的。
　　这显然是一种武断。
②　国语里的"没有",虽也可认为单词,但其中毕竟包含着一个"有"字。长沙的"毛
　　得"、昆明的"没得",其中又包含一个"得"字。"有"和"得"都是肯定成分,故不可
　　与"无"字相提并论。国语中的"没"字独用时,虽有些像"无",但我们把它认为"没
　　有"的省略。

同。不过这种否定性系词已经没有痕迹存留在现代中国方言里了。

此外又有"未"字。"未"字并不是简单地表示否定的,而是包含着时间性的副词。和它相当的,在英语是 not yet,在法语是 pas encore,在德语是 noch nicht,正是在时间性副词 yet、encore、noch 之外再加否定副词,和"未"字的性质不同①。现代粤语里还保存着"未"字。

我们在《中国现代语法》第三章第二节里,把"无、非、未"等字叫做兼性否定词,把"不、别"等字叫做外附否定词,这为的是易于了解。其实,如果说得更妥当些,该把"无、非、未"等字叫做综合性否定词,"不、别"等字叫做分析性否定词。所谓综合性否定词,是把两种观念综合在一个词里,例如"无"字是"有"的观念和否定的观念综合的,"非"字是"是"的观念和否定的观念综合的,"未"字是"曾"(或"已")的观念和否定的观念综合的。这种综合,乃是一种混成的综合,比之仅加否定性词头者更进一层。可见一般语言学家把中国语认为分析语中的标准语,也有不尽然的地方。

"无、未"二字,在现代国语里都演变为"没有"(或"没"),"非"字演变为"不是",这显然是由综合演变为分析了。"没有"当"无"字用时,没有什么可讨论的;"没有"当"未"字用时,往往令人联想到英语的 perfect tense 和法语的 passé composé,"我没有吃饱"恰恰等于英语的 I have not eaten enough,和法语的 Je n'ai pas assez mangé。"有"的观念和"过去"的观念相通,似乎是一种值得注意的语言事实;但是咱们不该遽然拿中国的"没有"和英、法语中的助动词相比,因为中国语只把"没有"否定过去,却不把"有"字肯定过

---

① 拉丁语的 necdum 虽可写成单词的形式,其实是 nec 和 dum 所合成,也不能和"未"字相比。

去,咱们只说"我吃饱了",并不说"我有吃饱"[1]。

"无、未"两个观念的混不混,在各地的方言里是参差不齐的。上海"无"和"未"都是"呒没";苏州"无"是"呒不","未"是"朆";广州"无"和"未"都是"冇"(但也可以说"未");嘉应州(梅县)"无"是"无"(mo),"未"是"口"(mang)。官话系也有不混的,例如长沙的"无"是"毛得","未"是"毛";桂林的"无"是"没得","未"是"没有";昆明的"无"是"不有得","未"是"不有"。就是在混的地方,"不曾、勿曾、未曾、唔曾"一类替代"未"字的词还是保存着的。

"无、不"两个观念,在国语里虽不混("没有"和"不"),在别的方言里却有混的,例如"不要紧"在厦门是"无要紧",在广西客家是"无紧要",在广西东南部粤语是"冇要紧"。"不知道"在厦门和广西客家都是"无知",广西东南部的粤语是"冇知"。

"别"字通行的地域只限于北京一带,普通官话系都用"不要",但也有用"莫"字的(如桂林、昆明),吴语多数说"勿要"(或念合音为"覅"),粤语多数说"唔好"(广州又有"咪"字)。

＊　　　＊　　　＊

矛盾和相反——在论理学上有所谓矛盾的两项(contradictory terms),例如"白"和"不白"、"富"和"不富"等。又有所谓相反的两项(contrary terms),例如"白"和"黑"、"富"和"贫"等。在矛盾的两项里,咱们常用得着否定词(如"不"),在相反的两项里,咱们不用否定词,只用意义相反的两个单词(多数是形容词),如"大小、

---

[1] 只有粤语和客家话,在询问语里,才把肯定和否定并提,说成"你有冇食饱"和"你有食饱无"。又 Varache, Grammaire de Langue Cantonaise(其所指的广东话大约是安南华侨之粤语,来自钦廉一带者)有"趁墟之时有遇着佢"(46 页)、"佢有来"(60 页)等。但著者说明此系表示是认之意(不是表示过去),故亦可以是认将来,如"我听朝有来"(我明天来)。Varache 这个意见比 Edkins 的意见正确。以为"有"字 employed in some dialects as sign of past,欠妥。

长短、老少、早晚”等。由此说来，“不大”和“小”的意义是不是相同呢？依论理学说，它们的意义是不相同的，因为“不大”的范围较广，除了大者之外都是不大的；“小”的范围较狭。“大”和“小”的中间还可以有一个或几个阶段，如说“中等”。依语言习惯说，它们的意义也是不同的，不过“不大”的意义却和论理学上的意义不同。一般说起来，“不大”往往等于说“不够大”或“不大不小”（中等），与“小”之不包括“中等”而言者不同。所以若要说委婉的话，说“小”不如说“不大”；若要说铺张的话，说“不大”不如说“小”。

主语不全指——在否定句里，主语不全指的时候，否定词可以有两种不同的位置：第一，“不、非”等字加于主语之后，“全、皆、尽”等字之前，例如：

（A）穷人不全是没有知识的。

（B）贫人非皆无识者。

第二，主语之前加“不是”或“非谓”，主语之后再加“全、都、皆、尽”等字，例如：

（A）并不是读书人都会做官。

（B）非谓士皆善于从政也。

英、法语里有一种说法是中国所没有的，就是主语并不受否定成分的修饰，否定成分只附于 verb 的前面或后面，例如：

英语

All that glisters is not gold.（Shakspeare）

All is not lost.（Milton，Shelley）

But all men are not born to reign.（Byron）

法语

Tout ce qui reluit n'est pas or.

Toutes verités ne sont pas bonnes à dire.

Tout le monde n'est pas fou.

这在字面上毫无主语不全指的痕迹，读者或对话人只能从意识上体会了。

双重否定——叶氏说："当两个否定成分真正地否定同一的观念或词的时候，结果成为肯定的，一切族语都是如此。但是，两个否定成分并不真的能相销，成为简单的肯定词一样……较长的语言总是较弱的。"①中国并没有两个否定成分否定同一词的，只有把某一个否定词去否定一个否定性仿语的，但其结果亦成为肯定。至于较长的语言是否较弱，也不可一概而论。"不无寂寞之感"(1)固然比"殊有寂寞之感"弱些，然而"所见无非牛者"(《庄子·养生主》)却比"所见皆牛也"更为有力。叶氏又说："如果两个否定成分所附着的是不相同的词……其总结果尽可以是否定的。"②这种情形在中国是没有的。中国只有类似 Nobody was unkind／there was no one present that did not weep／il ne pouvait pas ne pas voir 的句子，甚至于常有 not a clerk in that house did not tremble before her 一类的句子③（都是双重否定变为肯定的）。而且这种话也比肯定语有力得多。至于叶氏所举双重否定仍为否定的例子，如 nobody never went and hinted no such thing／I can't do nothing without my staff 之类，若直译成中国话，简直不成话了。

否定语的特殊形式——在中国上古语里，否定的叙述句有一种特殊形式，就是目的位系由代词构成者，须置于叙述词之前，例如：

　　（A）既见君子，不我遐弃。（《诗·周南·汝坟》）

　　（B）谓他人父，亦莫我顾。（《诗·王风·葛藟》）

　　（C）蜉蝣在东，莫之敢指。（《诗·鄘风·蜉蝣》）

　　（D）偻句不余欺也。（《左传·昭公二十五年》）

　　（E）无适小国，将不女容焉。（《左传·僖公七年》）

　　（F）祸福之至，不是过也。（《左传·哀公六年》）

①　叶氏《语法哲学》332 页。

②　同上。

③　参看《语法哲学》328 页。

这一个规律在先秦很少例外[1]，连汉代也是如此。甚至近代的古文家，也能墨守着。但是，至少自近代以后，口语里的否定语，已经把目的位代词移到叙述词的后面，和普通肯定的叙述句一样了。

但是，近代也有它的特殊形式，例如在使成式里，"不"字表示一种不可能性的时候，是放在叙述词的后面，末品补语的前面的（参看第二章第一、二两节）。又如第二章第七节里所说，时间数量末品在现代语本该放在叙述词的后面，但若在否定语里，则可以前置。

有些词，是只有反面，没有正面的。这并不是说没有相反两项中的一项，只是没有矛盾两项中的一项。这可以有两种情形：

（1）正面的意义是颇难了解的，如"不肖"的正面该是"肖"，"不屑"的正面该是"屑"，"不消"的正面该是"消"，然而"肖、屑、消"都没有和"不肖、不屑、不消"相矛盾的意义。"无聊"的正面是"有聊"，"无精打彩"的正面是"有精打彩"，然而"有聊"和"有精打彩"都不成话。

（2）正面的意义虽是易于了解的，但习惯上也没有正面的说法，例如咱们只说"不长进、不中用、不服气、无谓、无赖、无可奈何"等，却不大说（或永远不说）"长进、中用、服气、有谓、有赖、有可奈何"等。甚至于"无辜"的正面只能说"有罪"，不说"有辜"。可见习惯在语言上势力之大了。

第三节　副　词

在《中国现代语法》第一章第三节里，我们把"苦谏不从"的"苦"、"师心独往"的"独"、"静观万物"的"静"、"北窗高卧"的"高"都认为形容词末品，不认为副词。其理由已在第一章第三节

---

[1]　例外见黎氏《比较文法》51 页，书中举《中庸》1 例，《汉书》1 例，《孟子》1 例，共 3 例。

里说过了。这样,中国语里的副词就比西洋的副词少了几十倍,所以我们在《中国现代语法》第三章第三节里能把常用的副词一一讨论。

　　现在我们再把中西副词的不同点分别讨论如下。副词在英语是 adverbs,照语源说起来,该是附加于动词的一种词。但是,实际上,在英、法等族语里,它们是可以修饰动词、形容词和其他副词的,甚至于偶然也可以认为修饰连词、介词等。所以有些语法书就说副词是修饰动词、形容词和其他副词的[1],另一些语法书甚至于说除了名词和代词之外,都是副词所能修饰的[2]。若就中国语而论,副词并没有这许多用途。非但不能修饰联结词(连、介),连修饰其他副词也是不能的,例如英语 the horse trots too slowly 译成中国语是"这马跑得太慢了",英语的 slowly 虽该认为末品(副词),中国的"慢"字却并不是末品,它是递系式的次系里的描写词(参看第二章第五节),是次品。这样,咱们可以说,中国的副词所能修饰的只有次品词(一般说起来是动词和形容词)或整个的谓语。

　　英语的副词虽以用于末品为常,但也有可以用于首品或次品的,例如 from here、from now、by then、for long,the above remark、the off side、in a far-off country、in after year 等[3]。中国的副词却绝对不能用于首品或次品,同时也绝对不能用为主语或谓词。因为英语副词之可以用为首品者,译成中国语已经不是副词,而是名词(如 now 等于"现在"),或名词仂语(如 here 等于"这里",then 等于"那时候");又英语副词之可用为次品者,译成中国语也不是副词,而

---

[1]　Grammaire Larousse du XXe Siècle,p.365,又林语堂《开明英文文法》14 页。

[2]　《纳氏文法》第四册 93 页。

[3]　例子采自叶氏《英语语法纲要》81 及 87 页。参看《语法哲学》100—101 页,又林语堂《开明英文文法》45 页。法语里也有 d'ici,dès aujourd'hui j'ai très peur,j'ai très soif 的说法。

是形容词（如 after year 等于"次年"），或形容词仍语（如 above 等于
"上面的"，far-off 等于"远隔的"）①。叶氏把副词归入虚词
（particles）一类，因为它们和介词、连词、叹词都是不变形的（invariable）。若就中国语而论，副词之与其他语法成分性质相近，并不在
乎变形不变形（中国语根本就没有变形的词），却在乎它们都不能
用为首品和次品，也都不能用为主语或谓词。

中国副词既不能用为谓词，自然也不能用为描写词（因为描写词
是谓词之一种）。像英语 he is well, he is alive，译成中国语只是"他
很好"（"好"是形容词），"他是活着的"（"活着的"是描写性次品）②。

副词虽可认为半实词（参看《中国现代语法》第一章第二节），
然而它和纯粹的虚词是有密切关系的。副词"也、只、还、就、又、
可"等字也可用为语气末品，而语气末品的意义的空灵就和语气词
一般（参看本章第七节）。

*　　*　　*

程度副词——我们把程度副词（adverbs of degree）分为绝对的
和相对的两种，西洋普通的语法书是没有这种分别的，例如法语的
le plus、le moins、très、extrêmement 一样地被认为高度的程度副词③。
其实"最"和"极、很"的意思很不相同："最"是有比较的，"极、很"
是无比较的。

"极"字，在现代语里可认为副词，但是，在古代语里它却是名
词（"登峰造极、君子无所不用其极"），后来由名词转成形容词
（"极致、极轨"），再由形容词借用为末品（《史记·李将军列传》
"李广军极简易"）。现代除了采用古代词汇造成的新名词（"极
端、极点"）之外，一般口语里的"极"字都是用于末品。因此，咱们

---

① 普通字典里，after 和 off 都注明有形容词的用途。叶氏一定要说它们在这些地方仍
　是副词，不过就语源立论而已。
② 参看叶氏《英语语法纲要》131 页。
③ 参看 Grammaire Larousse, p.379。

不妨把现代的"极"字认为副词。

"甚"字的来源似乎是形容词（《庄子·天下》"栉甚雨，沐疾风"），而且往往有过度的意义（《老子》"去甚，去奢，去泰"）。但是，它很早就用为末品（《左传·僖公二十四年》"臣之罪甚多矣"；《孟子·公孙丑下》"吾甚惭于孟子"）。汉代以后，似乎就只有末品的用途，也就是由形容词变为副词。和"甚"字意义相仿者有"殊、雅"等字（《诗·魏风·汾沮洳》"殊异乎公路"；《史记·高祖本纪》"雍齿雅不欲属沛公"）。

副词"很"字的语源颇不易明；大约也是从形容词变来的，故偶然可认为次品（如递系式"他实在可恶得很"）。这是唯一的例外，因为原则上副词是不能用为次品的。不过，既然在特殊形式（递系）里，偶然的例外也就不足为怪了。

"很"字有时候只是帮助语气的（expletive），没有夸饰的意思，例如"他好"和"他很好"，在大多情形之下是同义的。如果一定要表示修饰，只好用递系式"他好得很"了。

"颇"字自古就是不足的表示（《史记·儒林列传》"延颇能，未善也"）。当其修饰叙述语的时候，是和"稍"字的意义相同的（《史记·叔孙通列传》"臣愿颇采古礼，与秦仪杂就之"）。当叙述语包含目的位的时候，它很像是修饰这目的位范围的："颇采古礼"等于"采一些古礼"。不过，有时候它还能用于描写句里①，如"颇佳"，就只等于英语的 good enough（不是 very good），和法语的 assez bon（不是 très bon）了。《正字通》把"颇"字解释为"甚也"，这是很不妥当的解释。依数千年的语言习惯，"颇"字的用意只是不满或谦逊，决不像"甚"字那样用于夸饰②。

"稍"字起初是"渐"的意义（《史记·秦始皇本纪》"自缪公以

---

① 但这种用法当非后起。
② 《辞源》引《后汉书》"颇念阴阳不和，必有所害"，以证《正字通》之说。纵使这里的"颇"字有"甚"字意，也只是个例外，不能成为通例。

来,稍蚕食诸侯";《汉书·食货志》"稍稍置均输以通货物"),其后变为"略"的意义(如"稍纵即逝")。"稍、略"不能修饰描写语,在这一点上它们和"颇"字的用途不尽相同。

"太"的最初意义是最或十分(由"大"的意义演变而来)。《诗》"彼潛人者,亦已太甚","太甚"似乎只是十分过度的意思。"太上、太初、太冲、太虚、太极"都是最的意思。用"太"来表示过度,似乎是汉代以后的事(《史记·主父偃列传》"赏太轻,罚太重")。"忒"字用为程度副词,似乎起于唐宋之间(《朱子全书》"只是说得忒宽")。

"最"字,在古代也是由形容词用为末品的。《汉书·宣帝纪》"课殿最以闻",这种"最"字就是纯粹的形容词,而且这里用为首品。不过,"最"字用为末品也是很早的,例如《史记·萧相国世家》:"高祖以萧何功最盛。"后代"最"字专用于末品,就变了副词了。

"更"字最初只是再度的意思(《左传·僖公五年》"晋不更举矣")。古代的比较级系用"于"字置于描写词之后,其所比较之物之前(《论语·先进》"季氏富于周公")。直到近代才有"季氏比周公更富"的说法。

"更"字当"越发"的意义用者,该是比那比较级的"更"字先有了(杜甫诗"更觉良工心独苦")。但比"更"字先出现的还有"愈、益、弥"等字(《诗·小雅·小明》"政事愈蹙";《左传·昭公七年》"三命兹益共";《论语·子罕》"仰之弥高,钻之弥坚")。

"些"字,就语源说,该是一个数量名词(故有"一些"的说法)。我们把它认为副词,只因为它也是从来不做主语(除非说成"有些")或谓词的。不过,它是表示少数的,所以无论用于绝对的程度("未免不恭些")或相对的程度("更妥当些"),都带有表示少数的意思。"未免不恭些",是说不恭的程度不高;"更妥当些",是说这事的妥当程度比那事的妥当程度只高出一点儿。

由此咱们可以明白后者的"更"字是可省略的(《红楼梦》四十九回"眼泪却像比旧年少了些"),因为表示数量就含有比较的意思了。此外又有"太……些"的说法,表示事情虽然过度,但所过不多。

在英语里,两人或两物相比较,有三种可能性:高级(more dangerous than);平等级(as dangerous as);低级(less dangerous than)①。中国语却没有低级比较法,凡英语里的低级比较都须把形容词换了一个反义字(antonym),然后译成高级比较,例如 less dangerous 只好译成"更安全些"或"比较地安全"。这并不见得是一个缺点,因为实际上有了反义字就可有一种变相的低比,何况咱们还可以说成"更不危险",或"更少危险性",或"没有那样危险"呢。连英语本身也有倾向于高比的,例如该说 less strong than 的,往往说成 weaker than②。中国的高比非但可以不用"更"字,而且可以不用"些"字,例如"猫比狗小"。在这种简单的形式(不用副词)之下,低比法自然没有产生的可能了。

范围副词——我们把"都、皆、俱、还、也、连、单"等字叫做范围副词(adverbs of limit)。西洋普通没有范围副词的名称,因为和这些大致相当的字都归入别的种类里。依中国语的特性而论,我们认为有另立一类的必要。

许多人认为"都、皆、俱"等字等于英语的 all,于是把它们认为代词。英语的 all 可用于主位(all is not lost),也可用于表位(that is all),"都、皆、俱"等字都不能。all 可用为加语(all the young men fell in love with her),"都、皆、俱"等字也不能。中国在上古简直没有一个字等于加语 all 的。"一切"在最初只是一例的意思(《史记·李斯列传》"请一切逐客"),直到佛经的译语里才相当于 all 的

① 参看叶氏《英语语法纲要》224 页。
② 同上。

意义。单凭它们不能用为首次品这一点,已经够显示它们是副词了①。

"还"字,本是时间副词,同时用为范围副词,这一点和英、法语恰恰相合。试比较:"七点钟了,我还等着"(时间副词)/at seven o'clock I was still waiting / à sept heures j'attendais encore;又试比较:"他比他兄弟还更有钱"(范围副词)/he is still richer than his brother/il est encore plus riche que son frère,就觉得它们相互间是很相似的。这可以证明时间副词的"还"和范围副词的"还"在意义上是有密切关系的。文言的"尚有",也有此时尚有和此外尚有两种意义,和"还"字的用途大致相同。

"也"字等于英语的 too、法语的 aussi,没有许多可以讨论的。咱们只须注意方言的差别。像上海话:"南京去过之末,我也要上北京去。"②这种地方国语里用"还"不用"也":"南京去过了,我还要到北京去。"

"连"字从动词变来,略等于英语的 even、法语的 même。"单"字从形容词变来,略等于英语的 only、法语的 seul。它们和"都、皆、俱、还、尚、也、亦"等字的位置是不相同的,"都、皆"等字的位置在主语之后,"连、单"二字的位置在主语之前,例如"连老爷都不理他"(7),"家里姊姊妹妹都没有,单我有"(3)。但若在倒装句里,则"连"字和目的位相连接,例如"连饭也没吃"(参看第五章)。

时间副词——西洋许多时间副词(adverbs of time)在中国只是一种居于时间关系位的首品仿语(参看第一章第七节),例如英语

---

① 黎锦熙先生在《新著国语文法》里(189 页)把"都"认为副词,本是很对的;后来他在《比较文法》里(251 页),把"皆、俱"等字认为代名词,则为英语法所拘,失却中国语的特性了。"各"字虽是代词,却是末品,照黎先生的定义也该认为副词。参看第四章。杨树达先生《高等国文法》(230 页)以"皆"字为副词,甚是。

② 例子采自 Edkins, A Grammar of Colloquial Chinese, 305 节。但在这种情形之下,上海话仍可用"还"字。

的 then 等于"当时"或"那时候"、now 等于"现在"、before 等于"先前"或"以前"、hence 等于"后来"或"以后"、today 等于"今天"、to-morrow 等于"明天"、yesterday 等于"昨天"。有时候,竟是一种末品谓语形式,例如 sometimes 等于"有时候"。也有等于咱们的形容词的,例如 often 等于"常"、long 等于"久"。当我们不承认这些是中国语的副词的时候,中国语里时间副词也就很少了。

"已"字的来源是不及物动词(《诗·郑风·风雨》"鸡鸣不已"),有时候也当及物动词用(《论语·公冶长》"三已之")。因为"已"有止息及完毕的意义,所以很容易转成时间副词(《史记·高祖本纪》"老父已去")。

"正"字的前身是"方"(《诗·鄘风·定之方中》"定之方中";《左传·隐公四年》"陈桓公方有宠于王";《后汉书·更始传》"帝方对我饮")。

"总"的前身是"终","总不见一点效验"等于"终无效"或"终不验"。"总"是由形容词变来,"终"是从名词变来(《史记·汲黯列传》"病且满三月,终不愈")。

"且"字似乎是从姑且的意义而来(《诗·唐风·山有枢》"且以喜乐")。由姑且变为暂且的意义是很容易的("我醉欲眠君且去")①。

"就"和"便",在《红楼梦》里是有分别的:若表示时间不晚,或不会很晚,则用"就"字,例如"起来吃饭去,就开戏了"(22),"我就来"(27);若表示乙事很快地跟着甲事,则用"便"字,例如"宝钗听见这话,便两边回头"(32),"宝玉听说,便下了马,爬上凤姐车内"(15)。但是,现在北平口语里(恐怕连一切官话也如此)是没有这种分别了,"便"字已经死去,凡该用"便"的地方也都用"就"字了。"就"和"便"的前身都是"即"字。"遂"字和"即"字稍有不同,因

① "且"字又有"将"的意义,与此不同。"暂"字的古义是不久,直到近代,才有暂且的意义。若拿英语相比,不久的意义是 momentarily,暂且的意义是 provisorily。

为"遂"字只能表示乙事很快地跟着甲事,不能表示时间不晚。

"纔"字,在古代或作"裁、才",但最初的意义只是"仅"(《史记·张仪列传》"虽大男子,裁如婴儿"),或表示开始(《汉书·晁错传》"远县纔至,则胡又已去";《晋书·谢混传》"才小富贵,便预人家事");至于表示时间很晚("他去了,我才来"),则古代不用"才",而用"始"或"方"。

"忽"字本是形容词,有"速"字的意义(《左传·庄公十一年》"其亡也忽焉"),至于用为副词,表示迅速出于意料之外,则是后起的意义(《汉书·王莽传》"行十余步,人忽不见")。和"忽"同义的有"陡"字(汪华《忆秦娥》词"夜来陡觉霜风急"),但不常用。

副词"渐"字该是从浸渍的意义引申来的(《诗·卫风·氓》"渐车帷裳"),但徐进的意义也早已有了(《易·坤·文言》"其所由来者渐矣")。至于用为副词,却是比较后起的事(《汉书·李固传》"此虽小失,而渐坏旧章")。

"再"的前身是"复"(《老子》"夫物芸芸,各复归其根")。古代语里虽也有"再"字,但当时"再"和"复"的意义并不相同:"再"是 twice(deux fois),"复"是 once more(encore)。因此,"再拜"不能说成"复拜","再醮"不能说成"复醮","再造之恩"不能说成"复造之恩";反过来,古代也只有"去而复来"的说法,没有"去而再来"的说法,"复至"不能说成"再至"("再至"另有其意义,如"一日再至"是一天到两次的意思),"复活"不能说成"再活"。到了近代,"再"字的原有意义消灭了,只剩下一些成语,如"再拜、再醮、再造"等,同时,"再"字的新意义 once more 却替代了"复"字。

"再"字另有一个用途,乃是表示事情的次序(手续)。就这一个用途而论,它的前身是"然后"和"乃"。

"又"字的意义和"再"字的意义略同;连最初为形容词的时代也是相同的,试比较《诗·小雅》"天命不又"和《礼记·儒行》"过言不再",就明白这个道理。但是,在近古及现代语里,咱们总觉得

“又”字更有力些,似乎带着多少情感(刘禹锡诗“前度刘郎今又来”;《红楼梦》第二回“那太爷伤感了一会,又命外孙女儿”),这恐怕是因为“又”字同时又用为语气末品的缘故(参看本章第七节)。

“仍”字似乎有两个来源,动词因仍的意义演变为表示延续(“仍不肯改”);形容词频仍的意义演变为表示重复(“仍回到南方来做事”)。

“动”字的来源颇古,诸葛亮《后出师表》已有“论安言计,动引古人”的说法。现代大约因为“动”字单音不够力,所以变为“动不动”①。和“动”字意义相仿者有“辄”字。又有“每”字,从代词变来;但“每每”的意义又稍变,等于说“常常”了。

“偶”字的来源也颇古,但古代的“偶”字只当适然讲。由适然而演变为表示无定时而罕见的事实,正是很自然的趋势。现代口语里说成“偶然”或“偶尔”②。

＊　　　＊　　　＊

由上文看来,差不多每一个副词都是由实词演变来的。但是,咱们只要看它在什么时代丧失了实词的性质(不能为首次品),就可认为它在那时代开始丧失了实词的资格。

接读副词(relative adverbs)、疑问副词(interrogative adverbs)、处所副词(abverbs of place),都是中国语所没有的。依中国语的结构,不容许有接读副词;西洋的疑问副词都等于咱们的关系位(when＝“何时”或“什么时候”,where＝“何处”或“什么地方”,how＝“怎么样”)③,或等于咱们的末品谓语形式(why＝“为什么”);西洋的处所副词也都等于咱们的关系位(here＝“这里”,there＝“那里”),或形容词(far＝“远”,near＝“近”),或动词末品(down＝“下

---

① 《红楼梦》第五十七回“惟有妈妈说话动拉上我们”,这里的“动”字恐怕是“动不动”的省写。
② 本节所说的副词是偏于现代的,而且是举例的性质,不求其全。
③ 只有北京土话里“多咱儿”勉强可认为副词。

去"，up＝"起来"，back＝"回来"，forward＝"进去"）。

　　否定语中的副词位置——否定语里，副词放在否定词的前面或放在后面，是要看情形而定的。一般说起来，若要夸饰，则副词在前（"很不好"）；若要委婉，则副词在后（"不很好"）。这个道理和上节所讲"小"和"不大"的分别是一样的："很不好"就是很坏，是到了坏的范围里的；"不很好"还是好，不过好的程度不够罢了。咱们又试比较"太不行"和"不太坏"，形容词不相同的时候，更显得"太不"是极度不满意的表示，"不太"却是相当满意的表示。只有"再别"和"别再"的意义大致相同，例如"咱们明儿再别说了"（90），也就等于"咱们明儿别再说了"。不过，有些副词却是不能放在否定词的后面的，例如只能说"极不好"，不能说"不极好"；只能说"颇不利"，不能说"不颇利"；只能说"还不来"，不能说"不还来"；只能说"仍不改"，不能说"不仍改"。这都是副词性质上的关系，不能一一详论了。

第四节　记　号

　　记号（marker）这个名称，是采用柏氏的[1]，然而柏氏所谓记号的范围太大了，中国一切的虚词，他都叫做记号[2]；西洋的确定性形容词（determining adjective，即我们所谓指示代词），及介词、连词等，他也叫做记号[3]。最可怪者，他不曾把西洋的系词叫做记号，却把中国系词"是"字叫做记号[4]。我们不愿意把记号的范围弄得那么大；我们的定义是："凡语法成分，附加于词或仿语或句子形式的前面或后面，以表示它们的性质者，叫做记号。"这意思是说，记号是粘附于语言成分的，不是连接某一个语言成分于其他的语言成

---

[1]　柏氏《语言论》199、258、265、268—271、280页。
[2]　同书199页。
[3]　同书169页。
[4]　同书199页。也许柏氏因为中国的系词没有屈折形式，所以认为记号。

分的,所以系词、连词和介词,依我们的说法都不是记号。指示代词更不该认为记号,因为它的性质颇近于实词。

我们所谓记号是很容易辨认的,只须看它和实词或仿语粘附得紧不紧。名词的记号"儿、子",复数的记号"们",序数的记号"第"等,都是和实词粘附得很紧的,因为它们就和实词合成一体,算是一个单词,如"花儿、桌子、他们、第五"等。即使像修饰品的记号"的"字、动词的记号"所"字等,也是紧附于实词的,例如"我的书"的"的"字紧附于"我","我所欲"的"所"字紧附于"欲"。不过,像"的、所"一类的字,我们仍认为单词,不把它们认为和实词合成一体,因为它们所粘附的不一定是单词,有时候却是句子形式或仿语,如"我买的书"和"我所不欲"等。

我们所以不把"儿、子、么"等字认为词尾(suffixes),也不把"第"字之类认为词头(prefixes)者,一因它们都是表示性质的记号,和"的、所"等字相似,犯不着多立名称;二因西洋词头词尾的意义较实,往往在实词上头再加上一种实义,例如词头 co-、col-、com-、con-有共同的意义(cooperation、colleague、compatriot、conform①),pre-有先或前的意义(predisposition、preface),词尾-tion 表示动作的意义(administration、information),-ism 表示学说或主义的意义(naturalism、materialism)。中国"儿、子、么、第"等字的意义太虚了,若也称为词尾,恐怕令人发生误会,所以还是叫做记号的好。

只有"头"字颇像西洋的词尾,如"吃头、逛头"等,都是从某种行为上头加上值得的意义。"儿、子"二字,最初的时候也是像西洋词尾的,因为除了表示名词的词性之外,还带着小的意思;现在"小"的意思已渐消失,就和西洋所谓词尾相差颇远了。现代的"儿"和"子"却很像西洋纯粹表示词性的字尾(ending),如副词的字尾-ly。

---

① 编者注:conform,中华书局 1954 本作 concubine。

名词复数的标记,依西洋说法,该是属于 désinence 的;动词情貌的标记,依西洋说法,该是属于 terminaition 的。现在我们为了称呼的简便起见,把"们"(名词复数和代名词复数的标记)和"了、着"(动词情貌的标记)也都叫做记号了。

这样,我们所谓记号是包括下列各种语法成分的:

(1)单词的一部分,用为词类的标记,没有其他的意义者,如"花儿、桌子"(名词),"这么"(代词);

(2)单词的一部分,用为词类中某一小类的标记,没有其他的意义者,如"老王、阿三"用于亲狎的称呼(名词中的一小类),"第五"用于序数(数词中的一小类)等;

(3)单词的一部分,用为品的标记者,如"逛头、吃头";

(4)单词的一部分,用为复数的标记,没有其他的意义者,如"姑娘们、我们";

(5)单词的一部分,用为情貌的标记,没有其他的意义者,如"吃了饭、走着路";

(6)本身就算一个词,用为词类的标记,此外还有其他的用途或意义者,如"所见皆同、走得太快";

(7)本身就算一个词,用为品的标记者,如"红的花、他带来的东西"。

下面我们将分别描写各种记号的特性及其用途;如果可能的话,将兼及它们的语源。

(甲)前附号

(1)动词的前附号

"所"字——在许多记号当中,只有"所"字是上古就有的。"所"字的第一特性,是必须附加于动词之上;如果它所附加的词本身不是动词,它也能使它变为带动词性,例如:

(A)天子所右则寡君亦右之,所左亦左之。(《左传·襄公十年》)

（B）其所厚者薄,而其所薄者厚。(《大学》)

（C）诚欲以霸王为志,则战攻非所先。(《战国策·齐策》)

（D）适人而所天又殒。(潘岳《寡妇赋》)

（E）孤山有陈时柏二株,其一为人所薪。(苏轼《孤山二咏》引言)

"所"字的第二特性,是使连系式转为组合式。因此,"所"字在仂语里的时候,除了受被动式影响者外,都可称为组合性记号,例如:

连系式	组合式
仲子居室	仲子所居之室
天立大单于	天所立大单于

在这种地方,如果把"所"字和西洋的接读代词(relative pronouns)相比较,自然是颇像的。但是相像并不就是相同。西洋所谓接读代词,是把一个代词放在主要句(principal clause)的某一名句的后面,一方面算是把从属句(subordinate clause)联结于主要句,一方面它又是从属句的主格或目的格。这样看来,接读代词有两个大特性,都不是咱们的"所"字所能具备的:第一,接读代词有它的先词(antecedent),咱们的"所"字没有先词,它所代的是什么?若说它所代的是动词后面的目的位,这是极不合理的说法,因为决没有代词比它所代的名词先行的道理①。第二,接读代词的位置在两个句子形式的中间,它们的用途和连词极端相像②,咱们的"所"字并不在两个句子形式的中间。再说,西洋语的接读代词可分为主格、领格、目的格三种,如果说中国语只有目的格的一种,在语言

①　除非是带注释性的同位,例如英语:You, William, may go now;或带情感的特殊形式,例如法语:Je l'ai vu, votre mère!

②　叶氏说接读代词可以叫做 connective or conjunctive pronouns,因为 their business is to join sentence, in pretty much the same way as conjunctions do(《语法哲学》85 页)。

的逻辑上也是不很说得通的①。总之,把"所"字认为接读代词,这完全是翻译所得的语法。凡西洋用接读代词目的格的从属句,自然都可用"所"字的仿语译出来;但是能译出来并不就是词性相同,这是我们在导言里说过了的。

就一般说,"所"字后面往往只有一个及物动词,动词后面不再带目的位,例如:

(A)非由之所知也。(《孟子·滕文公下》)

(B)粟者,民之所种。(《汉书·食货志》)

这样,更令人以为"所"是代词。其实,如果咱们承认形容词(常为修饰次品的词)能用于首品,则"所"字及其动词之转成首品,也没有什么可诧异的,例如"仲子所居之室","仲子所居"原是修饰次品,等于一个形容词的用途,若省去"之室"二字,把次品转成首品,也就是了。

"所"字以附加于及物动词为常。甚至普通的不及物动词,加上了"所"字,也就有了及物的性质,如"所败、所去"等。除非表示一种处所,"所"字才可以加于不及物动词之上。我疑心这种"所"字原是从名词"所"字变来的;如果我所猜想的不错,那么,这种用途却是最初的用途,例如:

(A)蔽芾甘棠,勿翦勿败,召伯所憩。(《诗·召南·甘棠》)

(B)冀之北土,马之所生。(《左传·昭公四年》)

"所由、所自"也可省作"所",这也是表示处所的,不过不专指地,可以兼指人物而言。如果这种"所"字后面可以有及物性的不及物动词(例C),或及物动词(例D、E),则在意义上往往引起现代人的误会,或认为费解:

(C)夙兴夜寐,毋忝尔所生。(《诗·小雅·小宛》)

(D)大官大邑,身之所庇也。(《左传·襄公三十一年》)

---

① 有人连"的"字也认为接读代词,更是我们所不能承认的。

（E）夫所借衣车者，非亲友则兄弟也。夫驰亲友之车，被兄弟之衣，文以为不可。（《战国策·赵策》）

"所以、所为、所与、所自"一类的"所"字，虽置于联结词（介词）的前面，却不该认为联结词的前附号。这因为"以、为、与、自"等字本是由动词变来的，所以能带着动词的记号。后来它们的动词性虽已消失，"所"字仍旧前附，为的是好把连系式转成组合式的缘故。

如果在被动式里（被动式有被动性联结词"为"字做记号），动词前附号"所"字就只表示动作性；它的组合性因受"为"字的影响而消失了，所以不再能把连系式转成组合式了，例如：

（A）世子申生为骊姬所谗。（《礼·檀弓》）①

（B）卫太子为江充所败。（《汉书·霍光传》）

但这种"所"字因为失了它的组合性（它的主要特性），就成为可有可无的前附号：

（C）不为酒困。（《论语·子罕》）

（D）卒为天下笑。（《庄子·盗跖》）

（E）贵为天子，富有天下，而身为禽者，其救败非也。（贾谊《过秦论》）

在这里，我们只论"所"字的主要特性，至于它的详细用途，和历史上用途的演变，都是中国古代语法所应叙述的，这里不能细论了。

"打"字——我们把"打扫、打发"一类的"打"字叫做动词的前附号，因为它本身既丧失了实在的意义，而又常附于动词之上。至于"打价、打趣、打尖、打字、打秋千"一类的"打"就都不是前附号，因为它虽没有"打"字原来的意义，却是有一种实在的意义的。

"打"字用为前附号，是近代的事。大约是宋代以后才有的。

---

① 编者注：《礼记·檀弓上》载晋献公因宠姬谗言欲杀世子申生一事，但该例未检得。

欧阳修《归田录》："以尺丈量地曰打量。"《朱子全书·学》："只是打叠得心中无事，则道理始出。"用为前附号的"打"，和用为动词而又没有打击意义的"打"，它们的词性虽不相同，然而来源却是一样的，所以它们大约是同时产生的。《归田录》："役夫饷饭曰打饭。"

（2）序数的前附号

"第"字——前附号"第"字，自然是从次第、等第的意义转变而来。参看下文第四章。

（3）称呼的前附号

"阿"字——"阿"字用于家常或亲狎的称呼。它的用途可分为三种：(a)用于小名的前面，如"阿娇、阿瞒、阿斗"等；(b)用为家族称呼的前面，如"阿公、阿父、阿母、阿奴、阿耶、阿爹、阿妈、阿奶、阿姨"等；(c)用于某一些人称代词的前面，如"阿谁、阿侬"等。这三种用途至少是三国时代就有了的①。现代的前附号"阿"字，以吴、粤语中为最常见，但也只有(a)(b)两种，(c)种用途在现代已经消失了。

"老"字——前附号"老"字比"阿"字更为后起。而且"老"和"阿"的用途也不相同："老"字普通只加于姓的前面和排行的前面，如"老李、老三"等②。

"老婆、老妈子、老鼠、老虎"一类的"老"字，虽也可勉强认为前附号，但它的性质又和上一类颇不相同。"老李、老三"一类"老"字的用途是活的，一切的姓及排行都可用它③；"老婆、老虎"一类"老"字只限于某几个名词，所以不大能算正式的前附号。

① 《汉武故事》说武帝的后小名阿娇，这还不足证明西汉就有前附号"阿"字，因为《汉武故事》是后代的书。陈寿《三国志·庞统传》"向者之论，阿谁为失"，这似乎是"前附号'阿'字初见于史籍者"。陈寿本是三国时代的人（曾仕蜀），由"阿谁"的例子看来，曹操之小字阿瞒，刘禅之小字阿斗，似乎都是事实。

② 该用"老"的地方，有些方言里用"阿"，如粤语只说"阿李、阿三"。吴语说"老李"不说"阿李"，但是不说"老三"而说"阿三"。

③ 虽然没有老欧阳和老十二的说法，但这是"老"字还没有发展到能附加于复音词的地步。

准前附号——近代的案牍文章里,惯用偶字句,或两字为一音节的句子,以致音段不足的地方往往加一个不关重要的字,例如"即行裁撤、殊属不合"等。"行"字可认为叙述语的前附号,"属"字可认为描写语的前附号。但这是人造的语言,始终不在大众口语里实现过,所以只能叫做准前附号①。

（乙）后附号

（1）修饰品的后附号

"的"字——通常总以"的"字为介词;遇着它在句末,或和"者"字意义相当的时候,又把它称为接读代词（关系代词）。这两种称呼都是不妥的。

"之"字虽可称为介词（但我们称为联结词,见第三章第八节）,"的"字却不能称为介词。即使咱们承认"的"字是"之"字变来的,它在变迁的过程中,连词性也发生变化了。某一些"之"字所固有的用途,"的"字不能继承,例如"夫子之至于是邦也";某一些"之"字所没有的用途,"的"字却有了,例如"细细的赏玩"和"这书是我的"。单是从这三个例子看来,就可以明白"之"字是介接的,"的"字是附着的。因为"之"字是介接的,所以咱们只能说"此吾之书也",不能说"此书吾之也";因为"的"字是附着的,所以咱们既能说"这是我的书",又可以说"这书是我的"。

把"的"字认为代词,这又是翻译在那里作怪。看见有些地方"者"字可以译成"的"字（例如"老者"可以译成"老的"）,就说"的"字也和"者"字一般地是代词。姑勿论有些所谓代词的"的"字并非"者"字所能替代（如"我的"不能译成"我者"）,即以"的"字本身而论,"这是张三的帽子"和"这帽子是张三的"里头"的"字的词性显然相同,不过前者的主语是一个代词,后者的主语是一个名词罢了,为

---

① 近来报纸上又有叙述语前附号"予"字,例如"苏联对于此事将不予过问"。"予"字在最初的时候是由赐予的意义变来的,如"即予升迁",对于受事者乃是一件好事。后来连不好的事也用"予"字了。

什么前者的"的"字要叫做介词,后者的"的"字又要叫做代词呢?

依我们的意思,"的"字可认为修饰品的后附号。这样,省得把同样性质的一个词叫做三种名称来(介词,如"这是红的花";代词,如"这花是红的";词尾或语尾,如"细细的赏玩")。说"这是红的花"里头的"的"字是修饰品的记号,大家很容易明白;至于"这花是红的",在意义上,可认为"这花是红的花"的省略,在形式上可称为次品转成首品;末了说到"细细的赏玩"里头的"的"字,它和"很细的腰"的"的"字在词性上并没有什么分别,不过前者是末品修饰的记号,而后者是次品修饰的记号罢了。

(2)名词的后附号

"儿"字——"儿"字表示小的意义的,很早就有了,例如唐诗里的"打起黄莺儿"和"侍儿扶起娇无力"等。至于普通的用为名词的后附号,恐怕是六七百年以来的事,例如元曲《汉宫秋》:"将两叶赛宫样眉儿画。"而且这种"儿"字只通行于北方官话里,南方官话有用有不用,吴语、粤语、闽语、客家话就完全不用①。关于后附号"儿"字的用途,参看《中国现代语法》第三章第四节。

"子"字——后附号"子"字就比"儿"字的来源早了许多,通行的地域也大了许多。非但表示小的意义,像"鼠子"之类来源很早②,就是纯粹的后附号也远在唐代以前,例如《旧唐书·张濬传》"贼平之后,方有面子",又如《庞居士语录》里有"句子、杖子、尺子、拂子、槌子",《黄檗断际禅师苑陵录》里有"刀子",《古尊宿语录》有"坑子"等等③。现代吴语及南方官话,后附号"子"字特别多,往往是"子"字替代北平的"儿"字。粤语如广州话则有"仔"字,但只用于小的意义,如"妹仔(婢)、古仔(小故事)、公仔(小图

---

① 杭州话受官话影响特深,所以用后附号"儿"字。这是例外。

② 《三国志·董卓传》注引《九国春秋》:"关东鼠子欲何为耶?"

③ 参看 H.Maspéro,Sur Quelques Textes Anciens de Chinois Parlé,B.E.F.E.O.Tome XIV,No.5。这些书都是 9 世纪以前的作品。

画）"；粤语普通的名词是不用后附号的。

（3）首品后附号

"头"字——后附号"头"字共有两种用途：(a)用为名词的后附号，如"舌头、馒头"等①；(b)和"儿"字连用为动词的后附成分，同时使它成为首品，如"逛头儿、用头儿"等。这两种用途当中，第一种用途来源较早，"日头"的称呼在明代以前就有了的。杨慎《答李仁夫论转注书》："今楚南方言犹呼日头为热头。"②这恐怕是象形上出来的，因为"日"形象"头"，所以叫做"日头"；"芋头、罐头、窝窝头"恐怕都是这一类。只有"舌头"的"头"是从端的意义来的，因为一张口先看见"舌的头"，"派头、年头、钟头"就颇难解释了。第二种用途发生较晚，但它的范围极广，差不多每一个动词都可以加上一个"头"字，表示对于某种行为的价值的一种意见，例如"逛头儿"的意义略等于"值得逛的"，"用头儿"的意义略等于"可用的"。吴语里有些动词的后面用"头"（不带"儿"字），如苏州的"呒啥说头"；另有些动词的后面用"场"，如上海的"呒没用场"。别系的方言似乎都没有这第二种用途的"头"字。

（4）复数记号

"们"字——复数记号"们"字表示人称代词的复数，和某一些名词的复数。它在元曲里写作"每"，例如《陈州粜米》"若是不容咱，我每则一跑"，《玉镜台》"他每都恃着口强"。"们、每"的来源是很难研究的。除官话系外，别的方言都不用"们"字。至于各系方言对于人称代词复数如何表示，请看下文第四章。关于"们"字的用途，请看《中国现代语法》第三章第四节。

（5）代词的后附号

"么"字——"甚么（什么）、这么、那么、怎么"这四个代词里的

---

① 姑无论"馒头"是不是"蛮头"的音转（依吴音推测，恐怕不是的，因为吴音读成"瞒头"），现代北京话里，"馒头"的"头"总算是后附号，因为它是念轻音的。

② "石头"不可和地名石头相混。石头有"石的头"的意义，"头"字不是后附号。

"么"字,我们认为后附号。除了"甚么"之外,"这么、那么、怎么"都是表示方式的。但如果就来源论,"甚么、怎么、那么"都是一类,"甚么"从"甚"字变来,"怎么"从"怎"字变来,"那么"从"恁"字变来;"甚、怎、恁"都是-m 韵的字,韵尾 m 从唯闭音(implosive)变为破裂音(explosive),再带一个模糊的元音[ə],就成为"么"[mə]。但[m]也有念成唯闭音的时候,如"怎么办"往往念成 tsəm pan。"这么"是受"那么"的同化而产生的。

(6)动词的后附号

"得"字——我们所谓后附号"得"字,指的是递系式中和紧缩式中的"得",亦写作"的",例如"我来的不巧了"(递系式);"说的林黛玉扑嗤的一声笑了"(紧缩式)。这种"得"字似乎可认为联结词,尤其是在紧缩式里。紧缩式既是复合句的紧缩,则"得"字似乎正是两部分之中的联结物。若就递系式而论,它又似乎有系词的性质。不过,我们有一个重要的理由不把它归入联结词:它只跟在动词的后面,不跟在别的词的后面,甚至带目的位的动词也必须把目的位倒置了,然后加得上"得"字,可见它实在是动词的后附号了。不过,它的性质在引起下文对于这种行为的描写,这是必须注意到的。

若把"其言也善"的"也"认为"得"的前身(参看第二章第五节),更该觉得把"得"字认为后附号合理些,因为"也"字颇难认为联结词。不过"也"和"得"在性质上也不尽相同:"也"字是承上的,"得"字是承上启下的。总之,"得"字的词性确是和名词后附号"儿、子"之类大不相同;因为"儿、子"之类也是只承上而不启下的。

(7)情貌记号

情貌记号有"了、着"二字,见下节。

* * *

中国语里的记号可分为三类:

(甲)它们的用途是活的,如:

（1）"所"字可加于一切及物动词之前；

（2）"第"字可加于一切数目字之前；

（3）"老"字可加于一切姓及排行之前；

（4）"的"字可加于一切修饰品之后；

（5）"们"字可加于一切人称代词之后，及一切人伦的称呼之后；

（6）"得"字可加于一切动词之后。

（"了"和"着"可归此类。）

（乙）它们的用途是极占优势的，如：

（1）"阿"字可加于多数的家常称呼之前；

（2）"儿"字和"子"字可加于多数的名词之后；

（3）"头"字（b类）可加于多数的动词之后。

（丙）它们的用途是偶然的，如：

（1）"打"字可加于某一些动词之前；

（2）"头"字（a类）可加于某一些名词之后①。

第一类是十足的记号；第二类是将近完成的记号；第三类只是为方便起见，勉强叫它们做记号而已。

记号都是在语法意义上有独立性的，咱们在字典里，原则上不必录那些带记号的词，例如只须录"一"字和"第"字，不必为"第一"另立一条；只须录"事"字，不必为"事儿"另立一条；只须录"房"字，不必为"房子"另立一条②；只须录"我、你、他"，不必另立"我们、你们、他们"；只须录"打"和"鱼"，不必另立"打鱼的"。不过，如果加记号和不加记号的意义大不相同时，就必须二者并录，例如"今"和"今儿"、"哥"和"哥儿"、"派"和"派头"、"这"和"这么"等。

---

① "么"字因为是从音韵的演变来的，故不好归类。

② 但若所编的是《国语词典》，应该在"事"字下说明它如果带后附号，必须是"儿"；在"房"字下说明它如果带后附号，必须是"子"。

第五节 情 貌

情貌(aspect)的定义似乎是很难下的。我们在《中国现代语法》里说:"凡时间的表示,着重在远近、长短及阶段者,叫做情貌。"这种定义是专就中国语而论的,不能做普通的定义[①]。其实,如果咱们从否定方面去下定义,就好办些,例如说:"在语言里,对于动作的表现,不着重在过去、现在或将来,而又和时间性有关系者,叫做情貌。"这样,既可以别于 tenses,又可以别于 moods 了。

情貌应该以有特别的形式表示者为限;如果动作的本身就含有某种性质,然而没有一种特别的形式表示者,这只是逻辑上的范畴,不是语法上的范畴,不能称为情貌,例如 Petit Larousse 字典以 vieillir、slendormir 一类的动词为 verbs inchoatifs(见 inchoatif 字下),这只算逻辑上的 inchoatifs,不算语法上的 inchoatifs。又如 Curme 把 work 一类的动词叫做 durative verbs(Parts of Speech and Accidence, p.233),这也只算逻辑上的 duratives,不算语法上的 duratives。

我们把中国语的情貌分为七种:

(1)普通貌(common aspect) 这是不用情貌成分的,例如"我明日再来"(24)。

(2)进行貌(progressive aspect) 例如"凤姐儿正数着钱"(47);"那只手仍向窗外指着"(83)。

(3)完成貌(perfective aspect) 例如"凤姐洗了手"(15);"想了半天"(26)。

(4)近过去貌(recent aspect) 例如"我方才……又打发人进

---

① G.Guillaume 的 Temps et Verbe 对于"情貌"的定义是:L'aspect est une forme qui, dans le système meme du verbe, denote une opposition transcendant toutes les autres oppositions du système et capable ainsi de s'integrer à chacun des termes entre lesquels se marquent lesdites oppositions.这种定义太抽象了,而且后一半也不合于中国语的"情貌"。

去让姐姐来着"(62)。

（5）开始貌(inchoative or ingressive aspect)　例如"越发伤心大哭起来"(29)；"只见那丫头纺起线来"(15)。

（6）继续貌(successive aspect)　例如："你这样办下去,一定会有成绩的。"

（7）短时貌(transitory aspect)　例如："何不念念,我们听听。"

这七种之中,其实只有六种是真的情貌,因为普通貌等于不表示情貌。现在我们试把六种情貌画成下面的一个图：

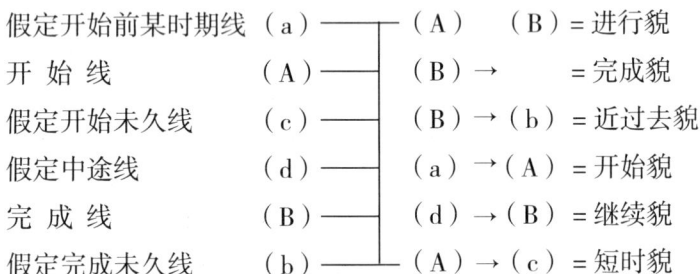

```
假定开始前某时期线　（a）──────┬─（A）　（B）＝进行貌
开　始　线　　　　　（A）──────┤　（B）→　　＝完成貌
假定开始未久线　　　（c）──────┤　（B）→（b）＝近过去貌
假定中途线　　　　　（d）──────┤　（a）→（A）＝开始貌
完　成　线　　　　　（B）──────┤　（d）→（B）＝继续貌
假定完成未久线　　　（b）──────┴─（A）→（c）＝短时貌
```

我不敢说这一个图是好的,不过它可以令人容易明了中国语里的性质。依上图看来,进行貌、近过去貌、开始貌、继续貌和短时貌都是一条线,只有完成貌是一个点。这并不是说某一动作是线的或点的,只是说那说话人的注意力集中在某一线上,或某一点上。

西洋语言并不是完全没有情貌,像英、法、德语的过去分词(past participles)就是一种完成貌,又如英语的 expanded tenses(系词加现在分词)就大致是一种进行貌①。但是,西洋语里的情貌是

---

① 参看叶氏《英语语法纲要》第二十三章。但系词加现在分词有不表示事情在进行中的,例如 You are exaggerating!（directed to the person addressed after he had made a rash statement）。参看 Curme, Parts of Speech and Accidence, p.232。

附属于 tenses 的,如英语里可以说有过去的完成貌(I had seen)、现在的完成貌(I have seen)、将来的完成貌(I shall have seen,法语 j'aurai vu);又有过去的进行貌(I was working)、现在的进行貌(I am working)、将来的进行貌(I shall be still working)等;中国语里的情貌都是独立的,不属于任何 tenses 的,因为中国语没有 tenses 可言。中国一般语法书不谈 tenses 是很对的,但连 aspects 也不谈,就不对了,因为现代的中国语里确是有 aspects 的。下面我们将分别讨论中国语的情貌:

(1)普通貌——Curme 以动词的普通形式为定限貌(terminate aspect),如 he shot a duck,I write a letter every day,he will go tomorrow 等①。这种普通式,若撇开 tense 而论,就略等于中国不带情貌成分的动词。但我们不愿意把这种情形叫做定限貌,因为要避免逻辑范畴和语法范畴的混淆。我们把它叫做普通貌,但若严格地说就是没有情貌的表现。

(2)进行貌——中国的进行貌,有两点是和英语相似的:

第一,表示一种独立的动作正在进行中。

(A)我在写着字:I am writing。

第二,表示这种动作正在进行时,适与另一动作相遇。

(B)他进来的时候,我在写着字:I was writing when he entered。

值得注意的就是中国动词没有 tenses,以致现在和过去(或将来)的进行貌的形式完全相同。

还有值得注意的是新兴的末品"在"字(《红楼梦》里还没有它),恰等于吴语的"勒浪"或"勒里"(都是"在"的意思)。然而吴语只在动词前面用"勒浪"或"勒里",动词后面并没有"着"字。依我们猜想,恐怕是北京话受了吴语的影响②。现在北京话仍可不用"在"字,

---

① 　G.Guillaume,Temps et Verbe 对于情貌。

② 　朱自清先生说:"似乎郭沫若始用此式,是川语的影响。"

如（A）例可以说成"我写着字"，（B）例可以说成"他进来的时候，我
还写着字呢"。至于粤语，则用"紧"字，如"食紧饭、写紧字"等。

（B）例可以用下面一个图表示：

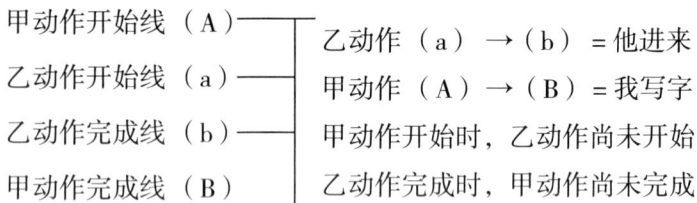

甲动作开始线（A）　　　乙动作（a）→（b）＝他进来

乙动作开始线（a）　　　甲动作（A）→（B）＝我写字

乙动作完成线（b）　　　甲动作开始时，乙动作尚未开始

甲动作完成线（B）　　　乙动作完成时，甲动作尚未完成

进行貌又可用于末品谓语形式里，但以表示方式者为限，例如：

（C）袭人却只瞅着他笑。（6）

（D）随着他二人进来。（54）

这也是表示两种动作同时进行的，但这两种动作所持续的时间不
复是一长一短（如 B 例），而是同样长短的，如下图：

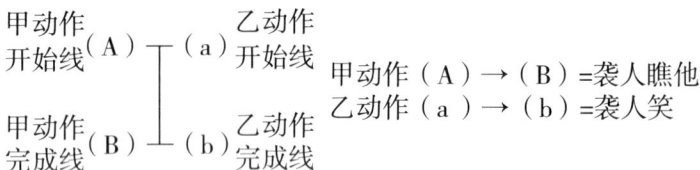

甲动作
开始线（A）　（a）乙动作
　　　　　　　开始线　　　甲动作（A）→（B）＝袭人瞅他

　　　　　　　　　　　　　乙动作（a）→（b）＝袭人笑
甲动作
完成线（B）　（b）乙动作
　　　　　　　完成线

自然，也许事实上袭人笑完了之后还瞅着他，也许她瞅完了之
后仍旧笑着，但这些都是没有关系的，主要的只在说话人把两种动
作看做同样长短。

这种末品谓语形式里的进行貌，若译成英语，却并不是 expanded
tense，只是 present participles in apposition，且以表示方式而又非 un-
attached participles 者为限[1]。若译成法语则又变为一种 gérondif。
咱们切不可认为中国语的进行貌和英语的 expanded tense 完全相
等；除了上述的一点不相同之外，英语里的 expanded tense 有表示

―――――――――

[1]　参看林语堂先生的《开明英文文法》260—262 页；又叶氏《英语语法纲要》95 页。

定限貌的,例如 In honoring him you are honoring yourself;I am sorry you doubt my statement,I am telling you the truth①;有表示近将来时的,例如 Christmas is coming②,这些都和中国的进行貌不同。

（3）完成貌——M.Gustave Guilliaume 在他的 Temps et Verbe 里,把法语的过去分词认为一种情貌③,又把 j'aime 和 j' ai aimé 认为同属于现在时,不过情貌不同而已④。这话是很有道理的。普通把凡带过去分词的 tense-phrases 都认为过去时,这实在是一种错误的观念(自然,past participles 这个名称也是不妥的)。叶氏也说⑤:

> 已往时(preterit,力按:即 simple past)所指的是过去的某一时间,并未说出它和现在时有什么关连;至于完成时(perfect,力按:即我们所谓完成貌)则是一种回顾的现在,或表示过去的事至今还持续着(inclusive time),或表示至今还有结果存在着,总之它是把过去发生的事和现在时相关连的。

就形式上说,中国的完成貌是没有过去、现在、将来的分别的;若就意义而论,则可分为下面的三种:

第一,如果用于时间修饰,则可认为一种前过去时,大致和英语的 pluperfect 或 perfect participles(即在同位的 having+past participle)相当,例如:

（A）听了别人的话,无故给平儿没脸。（44）

（B）点了一点头就走。（54）

第二,如果用于简单句,或复合句的主要部分,则可认为现在

---

① 参看 Curme,Parts of Speech,pp.206、233。
② 参看叶氏《英语语法纲要》267—268 页。
③ G.Guilliaume,Temps et Verbe,p.17。
④ 同书 3 页。Curme 把叶氏所谓 perfect 叫做 present perfect,把叶氏所谓 pluperfect 叫做 past perfect,也很合理。
⑤ 《英语语法纲要》243 页。看清了这一点,就可知道把"了"字去译英文的 simple past 是一种妄作。

的完成貌。自然,这所谓现在也可以是一种 historic present。这大致和英语的 perfect 或 preterit 相当①,例如:

(A)才只顾说话,就忘了你了。(35)

(B)四人告辞了贾母,便往王夫人处来,说了一会子家务。(56)

第三,如果用于未来的事实或假设的事实,则可认为将来的完成貌,因为在中国语里,假设的观念是和将来的观念相混的:

(A)等你明儿做了一品夫人,病老归西的时候儿,我往你坟上替你驼一辈子碑去。(23)

(B)凭他嫁到了谁家,也难出我的手心。(46)

在条件式里,无论从属部分或主要部分都可用完成貌。若用于从属部分,是说话人想象条件已完成后,某事方能实现;若用于主要部分,是说话人要坚决地表示一种结论,所以把假设的结果也认为早已完成了,例如:

(A)若得罪了我醉金刚倪二的街坊,管教他人离家散。(24)

(B)若是他们定了回来,就有饥荒了。(119)

以上是用于从属部分。

(C)若还不好,我就死了这做诗的心了。(49)

(D)若说起那一房亲戚,更伤了兄弟们的和气了。(9)

(E)你再闹就误了时辰了。(119)

以上是用于主要部分。

若在表示方式的末品谓语形式里,"了"字替代"着"字,便表示整个叙述语的完成貌。"跟着他进来"和"跟了他进来"相比较,显得前者的主要叙述词"进"字是属于普通貌的,后者的主要叙述词"进"字是属于完成貌的。注意:在表示方式的末品谓语形式里,吴语只用完成貌"仔"字,不用进行貌。

(4)近过去貌——近过去貌的着重点不在于过去,而在于近。

---

① 在这上头,中国语里的时间观念和英语里的不尽相同。

英、法等族语的 tense 对于时间的距离是没有表示的,所以它们没有一个 tense 和咱们的近过去貌相当[1]。若就中国方言而论,北京这种情貌也是很特别的:非但别系的方言里没有它,连别处的官话系似乎也没有它。

上文说过,西洋语里的情貌是附属于 tenses 的,咱们的近过去貌似乎也是附属于 tenses,其实不然,先说,近过去貌既着重在近,即使要谈附属,也只该说是 tense 附属于 aspect;再说,咱们只有近过去貌,没有近将来貌,也不像西洋的 tenses。

法语里没有近过去貌之名,而有近过去貌之实。巧得很,它也是借用动词"来"字表示近过去,例如 il vient de partir(=he has only just gone)。

(5)开始貌——这一种情貌和进行、完成两种情貌显然有一个不相同之点:在进行貌和完成貌里,咱们用情貌记号"着、了"表示[2];在开始貌里,咱们借用使成式的末品补语"起来"[3]。这样,进行貌和完成貌所赖以表示情貌者,是纯粹的虚词(念轻音足以为证);而开始貌所赖以表示情貌者,并不是纯粹的虚词。因此,就语法上看来,开始貌的情貌就没有进行貌和完成貌那样纯粹。不过,它仍可认为一种情貌,因为"起来"的意义已经由实入虚,试把"拿起来"和"闹起来"相比,则见前者确有使它起来之意义,而后者不过表示事情的开始而已。

Curme 把 begin、commence、start 等动词认为开始貌(ingressive aspect)[4],这是我们所不能赞成的,因为这些动词并没有情貌的记号,而且它们的意义也不曾由实入虚。他把 am going to 认为开始

---

[1] 黎锦熙先生说"来着"等于英文的 have been-ing(《新著国语文法》144 页),我们不赞成这一说,因为"来着"并没有 durative 的性质。

[2] 我们不拿近过去貌一并比较,因为"来着"的"着"是情貌后附号,而"来"字本身却是动词。

[3] 但若追究语源,"着"和"了"也都是由使成式的末品补语演变来的。见下文。

[4] Curme, Parts of Speech, p.235;Syntax, p.377。

貌,这倒是由实入虚的动词了,可惜这不该称为 ingressive,只能称为 prospective①。总之,就语法的观点看来,英语并没有真正的开始貌。咱们的开始貌虽不算是十分纯粹的情貌,比之 Curme 所谓开始貌却比较地纯粹得多了。

(6)继续貌——继续貌只是 successive aspect,不是 continuous aspect,所以它和进行貌绝不相同。它的性质是和开始貌类似的:"起来"和"下去"都是借用使成式的末品补语为情貌的记号。它似乎是比开始貌更为后起,因为《红楼梦》里没有发现它。

这里我们该顺便谈谈使成式和情貌的关系。使成式既然必须带着一种结果,似乎该可认为结果貌(effective aspect)。英语的副词 up、out、off 等,颇和咱们的"起来、出去、开、下"一类的末品补语相当。而 Curme 就把这种副词所附的动词,大部分认为是结果貌②。由此看来,咱们的使成式似乎也不妨认为结果貌了。然而我们不把它认为结果貌,却有两种原因:第一,若把它认为一种情貌,就和别的情貌的界限分不清,像"拿起来"和"放下去"认为结果貌,而"闹起来"和"闹下去"却又认为开始貌和继续貌,系统就很乱了。Curme 就犯这一个毛病,他把 He ate up the apple 认为结果貌,却又把 The boat slowed up as it come in 认为开始貌。第二,若把使成式认为情貌,则处置式也该认为情貌,因为处置式里头就有使成式("把它拿起来"),这样,牵连太大了。

不过,咱们应该承认使成式是现代语的情貌的来源(只有短时貌是例外)。非但"起来"和"下去",连"了、着"也原是使成式的末品补语。"了"字本是动词,有完结的意义(《晋书·傅毅传》"官事未易了也");后来用为末品补语,在某一些情形之下,仍有完结的意思,例如"做了事情"就等于"做完事情","卖了米"就等于"卖完

---

①　参看叶氏《英语语法纲要》267 页。

②　Parts of Speech and Accidence,p.235。

米"。"着"字本作"著",也本是动词,有附着的意义(《左传·宣公四年》"著于丁宁"),后来用为末品补语,由附着转成到的意思,例如白居易诗:"还应说着远游人。"但是,这只是追溯语源的话;若就现代而论,完成貌的"了"和进行貌的"着"显然是一种后附号,因为它们已经变为轻音,而且韵母也和动词"了"字及末品补语"着"字的韵母大不相同了。

(7)短时貌——短时貌是从动词加数量末品演变而来的,例如"看看"系从"看一看"变来。像"看一看"这种仿语,是把普通一种行为看做连续不断的许多行为的合体,然后把现在所叙述的行为看做不是连续不断的合体,而是一个行为的单体。这样,说话人所想象的时间自然是很短暂的,如下图:

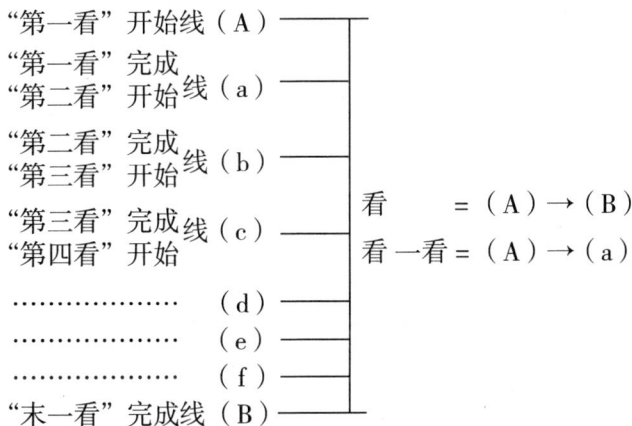

```
"第一看"开始线（A）——┐
"第一看"完成
"第二看"开始线（a）——┤
"第二看"完成
"第三看"开始线（b）——┤
                      ├  看    ＝（A）→（B）
"第三看"完成线（c）——┤  看一看＝（A）→（a）
"第四看"开始
…………………（d）——┤
…………………（e）——┤
…………………（f）——┤
"末一看"完成线（B）——┘
```

倘使只有"看一看"的说法,没有"看看"的说法,咱们也不必认为情貌,因为"看一看"的后一个"看"字该认为和单位名词同性质的首品(参看第四章),"看一看"和"看一下"的性质大致相同。但是,既然"一"字常常省略,甚至令人不觉得是省略,则动词复说竟

成了动词的一种特别形式,自然可认为一种情貌了①。不过,咱们
应该注意:《古诗十九首》的"行行重行行,与君生别离",其中的
"行行"并不是走一走的意义,而是走了又走的意义。这种重复貌
在古代并不十分普遍(《诗·周颂·臣客》"有客信信"可归此类),
现代更是完全消灭了。

＊　　　＊　　　＊

中国语里的情貌不能说是为动词或叙述词而设,只能说是为
整个的叙述语而设,因为情貌成分不一定紧跟着叙述词的后面,例
如近过去貌的"来着"就居于句末,开始貌"起来"二字的中间可以
由目的位隔开。

中国语里,就语法的形式上说,是没有 tenses 了;若就意义上
说,它有没有方法可以表示过去、现在和将来呢? 乍看起来,似乎
是有的。例如普通把英语 I saw 译为"我已见",I see 译为"我方
见",I shall see 译为"我将见"等。其实这是不对的。"已"字是和
过去完成貌或现在完成貌相当的副词②,"方"字是和进行貌相当的
副词,"将"字可以说是和近将来貌(approaching aspect)相当③,略
等于英语的 is going to 加 infinitive,法语的 aller 加 infinitive(如 il va
venir)。由此看来,"已"字虽属于过去,然而是叶氏所谓回顾的现
在;"将"字虽属于将来,然而着重在"近";"方"字可以和过去的进
行貌相当,并不限于现在时(《史记·魏其侯列传》"行酒次至临汝
侯,临汝侯方与程不识耳语",这是叙述过去的事)。总之,它们都

---

① 林语堂先生把"问一问、走一走"之类认为 tentative aspect 或 casual aspect(《开明英
　文文法》366—367 页)。我们的意思稍有不同:第一,我们把动词复说不用"一"字
　的才叫做情貌;第二,我们以为 tentative 和 casual 的意思都是从 transitory 的意思引
　申而来的。

② 因此,"已"往往和"了"相应,如"昨儿已给了人了"(6)。但"已"不能和将来的完成
　貌相当,例如"等他去了你再来罢",普通总不会说成"等他已经去了你再来罢"。

③ 不过中国语只有近过去貌,没有近将来貌。

是和 aspect 相当的副词,不是和 tenses 相当的。

"说过、做好"里的"过"和"好",也都不是表示 past tense 的。"过"字用于肯定语的时候,往往表示一种阅历或经验("做过大事"),或表示该做的事已经完成("说过他几次");"好"字则表示事情的结束或成就("洗好了、修好了")。它们都是有相当的实义的,不是表示 tense 的虚词。再说,"过"和"好"也并不限定用于过去时,例如"我打算明年种过了早谷再出门""明天你修理好了就送来"。可见它们只是和 perfect aspect 有关系的,不是和 past tense 有关系的。

"要"字,当它表示最近的将来的时候,也只是着重在最近,不着重在将来。"要"和"将"的来源虽不同,它们对于时间的表示却是一样的。

在意义上,真正和西洋的 simple tenses 相当者,却是带着时间关系位或时间修饰的普通貌,例如:

(A)去年十二月,我在西湖看见他。

这里的"我……看见"等于英语的 I saw。

(B)现在他住在上海。

这里的"他住"等于法语的 il habite。

(C)明年我到四川去教书。

这里的"我……去"等于法语的 j'irai。

在中国人所著的中国语法书里,似乎还没有人谈及中国语里的 tenses,我们非但不打算谈,而且还从各方面去证明它确是不存在的。但如果不阐明情貌,终不免有人对于表示时间的语法成分有所误会,例如房氏把"了、过"认为表示过去时的词尾,又把"要"字认为表示将来时的词头①。这一节的理论,在积极方面可以为中国现代语法建立情貌的系统②,在消极方面可以攻破 tenses 或类似

---

① 房氏《语言论》141 页。

② 古代中国语连情貌也没有。

tenses 的妄谈。

第六节　语　气

　　从前有人把中国的语气词(助词)认为和西洋的标点符号相当①,或把中国标点符号的缺乏,认为语气词产生的原因②,这都是不对的。一种语言形式的产生,只是习惯所形成;说是适应某种需要,已经不很说得通;若说文章的格式上有某种缺陷,却在口语里制造些虚词来补救,就更是风马牛不相及了。须知语法是以口语为主的③,文字的产生远在口语之后,而标点符号的产生又远在文字之后④,若说标点符号的缺乏是语气词产生的原因,西洋古代没有标点符号,为什么不曾产生语气词呢？ 再者,语言并不是由文人创造的,咱们决不能想象数千年前的文人因为感觉得文章里没有标点符号,不足以表达思想或情绪,而又不从文章本身上想办法,却先教众人在口语里添造(或假借实字做成)一些语气词。咱们也不能想象文人们先在文章里创造一些语气词,然后传入众人的口语里。

　　语气词普通总是用于句末的,这恐怕就是一般人把它们认为和标点相当的原因。其实,语气词既不是表示叙述词的语气(像西洋动词的 moods),而是表示全句的语气的,自然它们最适宜的位置是在句末了。语气词虽各有其语法上的意义(如决定、疑问、反诘、夸张等),但多少总带着些情绪,所以若译成英语,语气可称为 emo-

---

①　我在上海某大学读书时,听见某教授这样说。

②　黎锦熙先生在《新著国语文法》里(306 页)说:"因为中国文字向来只有简单的句读标点,没有表疑、叹……等等语气的符号,只得假借(或制造)几个字来表示这些语气。"又在《比较文法》里(3 页)说:"词品之下,中国语文多一类助词,其原因之一,就是没有标点符号。"

③　所以我们必要把旧所谓"文法"改称为"语法"。

④　中国的句读点大约是宋以后才有的;西洋古代也没有标点符号,有古代碑帖可证。

tional moods，语气词可称为 emotional particles①。

西洋语里的情绪，是靠语调（intonations）表示的。中国语里有了语气词，表示情绪的语调却居于次要的地位了。若勉强要找寻语气词产生的原因，也许可以说是因为中国语有声调（tones）的存在，语音的高低既用来表示词义的变化，就不大适宜于表示情绪了。

语气大致可分为十二类：（一）决定（determination）；（二）表明（explanation）；（三）夸张（emphasis）；（四）疑问（interrogation）；（五）反诘（rhetorical question）；（六）假设（hypothesis）；（七）揣测（conjecture）；（八）祈使（command）；（九）催促（urgency）；（十）忍受（resignation）；（十一）不平（indignation）；（十二）论理（persuasion）。现在分别讨论于下：

（一）决定语气——决定语气系用"了"字表示。它的用途在于是认某一境况已成定局，同时又往往跟着境况之不同，而带有感慨、惋惜、欣幸、羡慕、热望、威吓等类的情绪。

决定语气词"了"字，和完成貌后附号"了"字，都是由动词"了"字演变而来。二者之间有什么分别呢？我们考虑了许久，换了几次稿子，终于把它们分开了②。在《中国现代语法》里，我们举出下列的四个分别点③：

（1）完成貌往往用于时间修饰或条件式的末品句子形式里，决定语气则不能有此用途；

（2）完成貌只用于叙述句，决定语气则可兼用于描写句和判断句；

（3）完成貌的"了"字放在目的位或数量末品的前面，决定语气的"了"字放在目的位或数量末品的后面④；

---

① 林语堂把语气叫做 sentence moods，把语气词叫做 modal particles（《开明英文文法》57 页），这和我们的意思相差不很远，但他对于语气词的分类就和我们不同了。

② 我觉得黎锦熙先生把"了"字分为两类是很对的（《新著国语文法》143、307 页）。

③ 例子见于《中国现代语法》第三章第六节，《王力全集》第七卷。

④ 编者注：后面，文集本、中华本均作"前面"，据《中国现代语法》（中华书局 2014）181 页改。

（4）决定语气的"了"字可以念成"啦"或"咯"①，完成貌的"了"字不能。

现在我们还可以从古语和方言两方面看出它们的分别来：

（1）若把古代语和现代语比较，则见决定语气有"矣"字和"了"字相当，完成貌为古代所无，例如：

决定语气

（A）晋侯在外十九年矣。（《左传·僖公二十八年》）

可译成："晋侯在外十九年了。"

（B）纣可伐矣。（《史记·刘敬列传》）

可译成："纣王可以讨伐了。"

（C）我欲仁，斯仁至矣。（《论语·述而》）

可译成："咱们若要仁，仁就来了。"

（D）虽曰未学，吾必谓之学矣。（《论语·学而》）

可译成："就是他说没有做过学问，我也一定认为他做过学问了。"

完成貌

（A）后来既受天地精华，复得甘露滋养，遂脱了草木之胎。（1）

若依古代语法，该是："……遂脱草木之胎。"

（B）士隐令家人霍启抱了英莲去看社火花灯。（1）

若依古代语法，该是："……抱英莲往观社火花灯。"

（2）若把现代吴语和国语相比较，则见吴语里决定语气用"哉"字，完成貌用"仔"字②，截然不紊，例如：

决定语气

（A）耐格人，真正缠煞哉。（《九尾龟》168）

　　（你这个人实在太胡扯了。）

（B）倪现在牌子拿脱仔，生意也不做哉。（《九尾龟》10）

---

① 因为它可以和感叹语气的"啊"字相连，"了、啊"合音成为"啦"。

② "仔"字，吴语白话《圣经》作"之"。

（我现在把牌子拿掉了，生意也不做了。）

（C）倪闲话才说完哉。（《九尾龟》22）

（我话都说完了。）

（D）故歇是随便啥格事体，倪才看穿哉。（《九尾龟》31）

（现在随便什么事情，我都看破了。）

完成貌

（A）拿倪骂仔一泡，不算，还要动手打倪。（《九尾龟》12）

（把我骂了一顿，不算，还要动手打我。）

（B）倪有一句闲话，要搭耐说，耐听仔勿要动气。（《九尾龟》183）

（我有一句话，想要和你说。你听了别生气。）

（C）倪故歇想起来，顶好耐马上搭倪还清仔债，拿倪讨仔转去。（《九尾龟》67）

（我现在想起来，最好是你马上给我还清了债，把我讨了回去。）

（D）刘大少，耐拣仔一只罢。（《九尾龟》8）

（刘大少爷，您就拣了一个罢。）

这样，咱们对于决定语气和完成貌，既能分清界限（如《中国现代语法》所举的四个分别点），又能定出标准（如本书以古语及方言比较），自然不必混称为一类。而且把和"矣"字相当的"了"字归入语气词之后，自然古代的"矣"字也该认为语气词，那么古代就没有情貌的存在了。

（二）表明语气——表明语气显然是由判断句演变而来。因此，语气词"的"字也显然是由修饰品后附号"的"字演变而来，例如"刚才是我淘气不叫开门的"（30），这种"是……的"和判断句的形式是一样的，所不同者，只是主语可以放在"是"字的后面。后来"是"和"的"可以分开来用，有时单用"是"字，例如"不过是怕你在里头淘气"(23);有时单用"的"字,例如"没了硝,我才把这个给他的"①(60)。"是"和"的"都是说明原因的,然而它们的用途并不相同。这是一种变相的原因式(关于原因式,参看第一章第九节),"是"字居于从属部分,"的"字居于主要部分。就意义上说,"是"字和"因为"的意思相似,所以"是"和"因为"可以并用;"的"字却像倒装的"所以",例如:

(A)刚才是我淘气,不叫开门的。(30)

等于说:"刚才因为我淘气,所以不叫开门。"

(B)莫非林妹妹来了,听见我和五儿说话,故意吓我们的?(109)

等于说:"大约是因为林妹妹来了,听我和五儿说话,所以故意吓我们。"

除了说明原因之外,表明语气还可以解释真相(如"等回明了,我们自然过去的")、辨明是非(如"想是别人听错了,并没叫的"),这些也和判断的意思相近,因为说话人并不叙述一件事情,也不描写一种状况。

然而另有一些句子,显然是纯粹的判断句,只因省略了系词,"的"字又在句末,所以很像表明语气,例如:

(A)袭人从来不曾受过一句大话儿的……真一时置身无地。(30)

(B)那史湘云极爱说话的,那里禁得香菱又请教他谈诗。(49)

这种"的"字只该认为后附号,不该认为语气。现代语在按断式里,系词本可不用(见第一章第八节);试把"他一个小孩子家,何曾经过这些事?"(13)和"那史湘云极爱说话的,那里禁得起香菱又请教他谈诗"相比较,就知道它们的系词省略是由于同一的原因了。

中国古代也有表明语气,但和现代的表明语气大不相同。中国上古没有系词,就用"也"字帮助判断的语气,例如"仲尼日月也"

---

① （文集本）编按:人民文学出版社本作"我才把这个给了他"。

(《论语·子张》);"君子之德,风也;小人之德,草也"(《孟子·滕文公上》)①。包含"可、足、难、易"等字的描写句也近似于判断句,故亦可用"也"字,例如"子谓公冶长可妻也"(《论语·公冶长》);"公叔之仆曰'起易去也'"(《史记·吴起列传》)。这种"也"字和"的"字的意义相差很远。即使就说明原因这一点用途而论,"也"和"的"也不完全相同:第一,"也"字所助的句子,系对于上文的结论更加以解释,这样,只是一种申说式,不是原因式,例如:

　　(A)恶紫,恐其夺朱也。(《孟子·尽心下》)

　　(B)不得中行而与之,必也狂狷乎? 狂者进取,狷者有所不为也。(《论语·子路》)

在答语中解释原因,亦归此类。

　　(C)万章问曰:"舜往于田,号泣于旻天。何为其号泣也?"孟子曰:"怨慕也。"(《孟子·万章上》)

第二,"也"字所助的句子,系由上文的结论里再引出一个结论,这样,只是一种按断式,也不是原因式,例如:

　　(A)致远恐泥,是以君子不为也。(《论语·子张》)

　　(B)资之深,则取之左右逢其原,故君子欲其自得之也。(《孟子·离娄下》)

所以古代的"也"字,很少能译为"的"字的;现代的"的"字,也很少能译为"也"字的。

　　(三)夸张语气——我们把"呢"和"罢了"都认为夸张语气,不过它们的夸张意味是相反的:"呢"字是向大的一方面夸张,"罢了"是向小的一方面夸张。

　　古代似乎没有和"呢"字相当的夸张语气词;然而有"耳"字和"罢了"相当。"耳"字的词性比"罢了"更虚些。

　　(四)疑问语气——叶氏依照向来的说法,把问题分为两种:像

---

① 用准系词"犹"字的时候,也用"也"字帮助语气,如《孟子·公孙丑》:"今恶辱而居不仁,是犹恶湿而居下也。"

Did he say that? 是属于第一种的, What did he say? 和 Who said that? 是属于第二种的。从前人把前者称为然否问题（yes-or-no question）和后者称代问题（pronominal question）相对，或把前者称为句问题（sentence question）和后者词问题（word question）相对等等。叶氏则把前者称为 nexus-question，后者称为 x-question[①]。

当咱们答复然否问题的时候，可以简单地说"是的"或"不"；当咱们答复称代问题的时候，内容须视情况而定，但决不能说"是的"或"不"。然而这里说的只是从答语去分别问语的性质；若单就问语本身而论，英语就只有语调上的分别：然否问题在句末念一个升调，称代问题在句末念一个降调。中国现代语对于这两种问题的分别又和英语不同：它并不在语调上分别，只在语气词上分别；然否问题用"吗"字，称代问题用"呢"字。

这样用不同的语气词表示两种问题的分别，不但官话如此，大约全国方言莫不如此。吴语对于然否问题系用语气末品"阿"字，置于谓语之前，例如"奈阿有铜钿?"（你有钱吗?）[②]对于称代问题则用"呢"字，像官话。粤语对于然否问题用"冇"字，例如"你有钱冇?"对于称代问题则往往不用语气词。

对于否定式问题的答复——然否问题之中，有用否定式发问的，例如"你今天晚上不回来吗?"如果你打算不回来，你就答应一个"是的"；如果你打算回来，你就答复说："不，我要回来的。"这在汉藏语群（Sino-Tibetan Family）里是很普遍的情形；然而这种答复法并不是全世界一样的。在西洋语里，恰恰相反，如果你打算不回来，你就答应 no, non, nein 等；如果你打算回来，在英、德语里就得把这意思说成整句的话，在法语里却有一种特别的答复法，就是答应一声 si。

中国人对于否定式问语，答应一声"是的"，是承认问话人的整

---

① 　叶氏《语法哲学》303 页。

② 　句末可加语气词"介"字，如"奈阿有铜钿介?"但语气较重，故往往用于反诘。

个句子,包括否定成分在内;西洋人对于否定式问语,答应一声"不",是要和答话人的完整句子(有主语谓语的)里面的否定成分取得一致。同理,当中国人答应一声"不"的时候,是否认问话人的整个句子,也包括否定成分在内;不过,在这情形之下,西洋人在习惯上不大答应一个简单的"是"字,所以须得用完整的句子,除非像法国人用第三种答复法,答应一个 si。这上头自然没有对不对可言,因为这是中西语言逻辑的不同;不过,中国语的答复显得整齐些。

(五)反诘语气——疑问和反诘本是一种东西的两方面,所以非但中国古今的疑问句,往往和反诘句相通,就是西洋也是一样的。无疑而问则成反诘,反诘语重则近于感叹,这些都是上下文的语意所形成,不一定需要特别的形式。不过,在中国语里,有些虚词是专为反诘而设的,例如古代的语气末品"岂"字,和现代的语气复合词"不成"。至于吴语的"介"("啥人喊奈去介"),粤语的"啫"("边个叫你去啫?"),虽也偶然用于疑问("啥人介?""系唔系啫?"),但究竟以反诘为主。因此,咱们应该把疑问和反诘分为两类。

在这里,我们不能把古今的问诘语气词做一个详细的比较。现在所可说者,就是古代的"乎、欤、耶、哉"四字的用途并不相同:"乎"字的普通用途是纯粹传疑;"哉"字的普通用途是纯粹反诘;"欤"字信多于疑;"耶"字问中带讶。但这只是大概的说法,详细的分析乃是中国古代语法里的事。再说,"乎、哉"的分别和"吗、呢"的分别也并不一样:大致说来,"乎"字应用的范围比"吗"字的范围大,"哉"字应用的范围比"呢"字的范围小。"吗"字不能用于称代问题,"乎"字却是可以的,例如《史记·吕后本纪》:"欲将我安之乎?""吗"字不能用于选言的问题,"乎"字却又是可以的,例如《左传·哀公二十六年》:"子将大灭卫乎? 抑纳君而已乎?""呢"字能用于纯粹疑问("是谁呢?""吃饭呢,还是吃粥呢?");"哉"字则不能①。

（六）假设语气——假设语气（hypothesis）用"呢"字，例如"要是白来逛逛呢便罢"（6）。这种语气，在古代可用"也"字，例如②：

（A）其舍人临者，晋人也，逐出之。（《史记·秦始皇本纪》）

（B）其吏也，迁二等。（《汉书·成帝纪》）

在吴语里，这种语气最为常见。甚至北京话不用语气词的地方，吴语也用语气词"末"字③，例如：

（A）倪真格要逃走末，老早走脱格哉。（《九尾龟》68）

（我要是真的要逃走，早已走掉了。）

（B）耐要搭倪还债末，慢慢叫末哉。（《九尾龟》168）

（你要是给我还债，慢慢儿地就是了。）

甚至在假设的容许式和时间修饰里，官话不用"呢"字的，吴语也用"末"字。这因为假设的容许和时间修饰的性质本来和条件式相近的缘故：

（A）就算倪做仔耐格恩客末，也勿关别人啥事。（《九尾龟》128）

（就是我做了你的恩客罢，也不关别人的事。）

注意：假设的容许，北京话可用"罢"字表示。

（B）故歇耐要转去末，倪自然跟耐转去。（《九尾龟》76）

（现在你要回去，我自然跟你回去。）

注意：时间修饰北京话用不着语气词。

（七）揣测语气——揣测语气（conjecture）用"罢"字，如"姑娘今夜大概比往常醒的时候更早罢"（82）。"罢"字本来表示一种不决定的语气，可以说和"了"字是恰恰相反的。因此，假设的容许可

---

① 除非"乎、哉"二字连用，可以偶然表示疑问，例如《孟子·万章》："不识此语诚然乎哉。"

② 例子采自杨树达先生《高等国文法》485 页。

③ 有时也用"呢"字，如《九尾龟》167 回"要定规不受呢，咦怕耐潘大人心浪要动气"（要是一定不受呢，又怕潘大人心里要生气）。

用它做语气词(见上文);时间修饰和条件式,如果是排偶的句子,也可以用它,例如①:

（A）老的爱吃了吧,小的不适口;配了小的底胃口吧,老的又不乐意。

（B）说懂罢,甚么事都只懂一些皮毛;要靠它求生活罢,甚么都不够用。

（八）祈使语气——肯定的祈使语气也用"罢"字。"罢"字在元曲里写作"波",如《黑旋风》:"孔目,你寻了护臂早些儿来波。"

否定的祈使语气不用语气词,只往往用副词"别"字。普通总以为"别"字是"不要"的合音,但这是很难解释的,因为"不"和"要"的合音该是 biao,不该是 bie②。所以"别"字的来源还是尚待考证的。

（九）催促语气——此类用啊字("呀、哇、哪")表示,例如:

（A）姑娘,喝水呀。(90)

（B）张姑娘又催道:"走哇,姐姐。"(《儿女英雄传》27)

这只是祈使句再加上"啊"字,以加重语势。但语势加重之后就带催促的意思,似应另立一类。

（十）忍受语气——我们把忍受语气分为两种:(1)表示不满意,同时又表示让步。此类用"也罢"或"罢了",如"只这一分不给也罢了"(43);"没有罢了,说上这些闲话"(61)。(2)表示勉强或放任。此类借用动词"去"字做末品补语,如"仗着我这不害臊的脸,死活赖去"(68);"要踢要打凭爷去"(31)。

这(1)类认为一种语气,自然不成问题;至于(2)类,我们并不想说"去"字是语气词,只想说动词"去"字在这情形之下,能表示一种勉强或放任的语气。因为"去"字只是末品补语,不是语气词,所以它的后面还可以跟着一个"罢"字,如"死活赖去罢、要踢要打凭

---

① 例子采自黎锦熙先生的《新著国语文法》320—321 页。

② 苏州的"覅"(fiao)才真的是"勿要"的合音。

爷去罢"。然而这种"去"字已经完全丧失了动作性,也就近于一种虚词了。

"来"字可以变成情貌成分,和法语的 venir de(近过去貌)相当;"去"字却不曾变成情貌成分,和法语的 aller(近将来貌)相当。这完全是习惯使成。然而由实变虚,它们却是一样的。

(十一)不平语气——不平语气是表示不平或不耐烦的情绪的。此类用"么(吗)"字,是一个轻短调,和疑问语气的"么"不同,例如:

(A)贾母道:"你怎么恼了,连牌也不替我洗?"鸳鸯拿起牌来笑道:"奶奶不给钱么!"(47)

(B)你怎的连我也不认得了? 我就是我么!(《儿女英雄传》7)

古代没有这种语气,它大约是和喝采的"好吗"同一来源的。

(十二)论理语气——论理语气普通用"啊"字。但是因为"啊"字常受上字的影响而变音,所以又写成"呀、哇、哪"等。

注意论理语气词"啊"字和情绪呼声"啊"字的分别:前者如"黛玉笑道:'原是啊。'"(87)"我不叫你去也难哪"(19);后者如"天哪!"和"我的妈呀!"前者的"啊"是短"啊",句的音高也较高,意思是提醒对方应该明白的道理,所以是情绪口气之中带着逻辑口气的;后者的"啊"低而长,并且是纯粹的情绪呼声。关于情绪的呼声,参看第五章。

第七节　语气末品

从前有人说中国的助词(语气词)就是副词之一种,这话是有相当的理由的。如果把副词认为修饰整个谓语的①,那么它的用途就和语气词相近似,因为语气词也可说是修饰整个谓语的,不过意

---

① 　这里所谓整个谓语,副词当然除外。

义比普通副词较为空灵，而且带着情绪的成分罢了。

假使咱们现在倒过来说，中国有些副词也可认为语气词之一种，这话也是有相当的理由的。如果把语气词认为缺乏实义，仅表情绪的，那么像"岂、宁、庸、讵"等字也是缺乏实义的，试看英语里没有一个副词能和它们相当；同时也是仅表情绪，因为它们所表示的乃是一种反诘语气。

这样，就意义上说，副词和语气词的界限是不很分明的。然而就词序上说，咱们仍旧可以把它们分开：副词的位置在谓词之前，语气词的位置在一句之末①。"岂、宁、庸、讵"一类的字应该认为副词，因为它们的位置是在谓词之前的。

然而"岂、宁、庸、讵"一类的字在性质上毕竟和"已、将、最、颇、稍、渐、皆、俱、各、每、屡、仍"一类的字大不相同，因为前者是完全缺乏实义的，带着情绪的；后者是在时间、程度或范围上表示一种实义的，又是完全不带情绪的。二者之间的差别是这样大，我们不想让它们混同，所以把前者称为语气末品（emotional tertiaries），若就本身而论，则称为语气副词（emotional adverbs），使它和普通副词有分别。

中国古代的语气副词颇少②，近代和现代的就多了。许多普通副词都转成了语气副词，例如"我又不是鬼"（44）之类；甚至形容词也转成了语气副词，例如"他偏送这个来了"（16）之类。语气副词的辨认，自然以缺乏实义、仅表情绪为标准。"我又不是鬼"的"又"，并不像"前度刘郎今又来"的"又"。前者表示坚决否认的语气，带着强烈的情绪，却不表示事情的重复，所以它是语气副词；后者并没有带着强烈的情绪③，却是表示事情的重复的，所以它是普通副词。"他偏送这个来了"的"偏"并不像"不偏不倚"的"偏"。

---

① 只有表明语气"的"字活用时，不在句末，但也在谓词之后，和普通副词的位置不同。

② 究竟有多少，可分为几类，都留待将来研究。

③ 但也不是完全不带情绪，见下文。

前者表示不满的语气，带着强烈的情绪，却不描写一种形态或方式，所以它是语气副词，后者只是普通的形容词。

　　从中西语言的比较上，也可以看得出某一个词是不是语气副词。凡居于副词所常在的位置，而西洋语言（如英语）又没有一个副词和它相当者，大约总是语气副词。咱们知道中国语气词在西洋语言里是找不着相当的词的；语气副词的空灵不让于语气词，所以它们在西洋语言里也找不着相当的词。"我又不是鬼"的"又"，非但不能译为 again，即使译为 at all，在性质上也不像。"他偏送这个来了"的"偏"，既不能译为 unexpectedlly①，也不能译为 unfortunately，因为它们的意义都太实了，而它们所带的情绪又远不如"偏"字所带的强烈。在这一点上，可见中国语对于情绪的表示，工具是很多而且方便的，因为既有语气词，又有语气副词；西洋语言之于情绪，除了靠语调或若干情绪呼声（感叹词）表示之外，就只能靠特殊形式如特别的词汇和特别的词序等等来表示了。

　　（一）诧异语气——诧异语气副词有"只、竟"二字，例如"只听咯吱一声"（27）；"你表兄竟逃走了"（72）。

　　"只"字恐怕只是旧小说里的词汇，现代口语里不大听见有它，这里不必多谈。

　　"竟"字表示某事出于意料之外，来源很古，例如《史记·陈丞相世家》："及吕后时，事多故矣，然平竟自脱，定宗庙，以荣名终。"这种"竟"字显系从终竟的意义而来，先是等于说"终于如此"（上面的例子也可解作"然平竟自脱"），是普通副词；后来渐渐没有"终于"的意思，只剩诧异的语气了。

　　（二）不满语气——此类用"偏"字（例见上文）。这种"偏"字在字源上颇难研究，因为它未必是从偏正的意义演变而来。

────────────

①　《辞源》云："出于不意曰偏。"《辞海》云："示动作之出于意外也。"也许最初的意义如此，然而现代的意义并不如此。依现代语的习惯，"偏"字总是表示和意志相反或和感情相反的。意外之喜不能用"偏"。

"偏"和"竟"的用途并不相同。固然,有些用"偏"的地方也可用"竟",例如"他偏送这个来了"和"他竟送这个来了"都是说得通的;但是前者是表示说话人对于这事不满意,后者是表示说话人对于此事未曾料及。说话人所喜欢的事也可用"竟",例如"他竟到咱们家来了"这一句话也许表示一种意外之喜;但"他偏到咱们家来了"就只表示一种厌恶的情绪。再者,挑激的语气可以用"偏"(这不是和说话人意志相反,而是和对话人的意志相反),例如"偏不用你"(71),这种用途是"竟"字所没有的。

"偏生"和"偏偏儿的"也是和"偏"字同意义的语气末品,但是它们和"偏"字的用途并不相同。"偏"字居于主语之后,"偏生"和"偏偏儿"居于主语之前,例如:

(A)偏生那秦钟秉性最弱。(16)①

(B)偏偏儿他又走了,现在不能请教他。

(三)轻说语气——轻说语气有"倒(倒也、倒还)、却、可、敢"等字,所谓轻说,就是把叙述描写或判断的力量减轻些,表示不是斩钉截铁的说法。

"倒、却"二字,自然是从转折的语意变来。但是,它们用于转折的语意时,乃是一种关系末品(见第三章第九节),必须用于复合句里。至于轻说语气的"倒"和"却"则可用于简单句里,不必和上文的虚词相照应,例如"你倒大方的很"(62)并不是"你倒反大方得很"的意思。

轻说语气的"可",该是从可能式的"可"变来的,因为它在初变虚词的时候,常和"能"或"堪"相连,例如罗隐诗:"可能因塞拙,更合老沧波。"韦庄诗:"早是伤春梦雨天,可堪茅草更芊芊。"

"敢"字用于轻说语气,字源上很难推究,因为它和"勇敢"的"敢"在意义上相差太远了。大约是借音字,和"勇敢"的"敢"毫无

---

① (文集本)编按:人民文学出版社本作"偏偏那秦钟秉赋最弱"。

关系。它的产生时代很近,据我们现在所知,该是在元代以后,例如元曲《陈州粜米》:"这个白髭须的老儿,敢是包待制?"《水浒传》第五十二回:"不是我,你敢认错了。"

（四）顿挫语气——所谓顿挫,是把话说得波折些。此类有"也、还、到底"等。

"也"字的来源很远,它的前身"亦"字就是以范围副词而兼语气副词的。《书·盘庚》:"予亦拙谋作乃逸。"《诗·召南·草虫》:"亦既见止,亦既觏止。"《论语·学而》:"人不知而不愠,不亦君子乎?"《战国策》:"嘻! 亦太甚矣,先生之言也!"《世说新语·言语》:"苟未免有情,亦复谁能遣此?"除了《书》《诗》里"亦"字的语气未能确定之外,其余都是顿挫语气。不过,古代"亦"字的顿挫和现代"也"字的顿挫稍有不同。前者往往是在极端感叹的语句里加上顿挫语气,表面上似乎是减轻感叹的力量,实际上是使语句更波动,更有力(近似现代的"也就")。后者往往表示本该那样,或本可以那样,现在也只能这样。二者相较,是后者较近于范围副词,所以有些顿挫语气"也"字可以转成"连……也"二字相应,例如"我也不要这老命了"(20)可转成"我连这老命也不要了"。但是,有些"也"字却是不能转成"连……也"的,例如"也犯不着气他们"。

"还"字是由时间副词和范围副词变来的。其从时间变来者,系表示生气或不满,例如"是我,还不开门吗?"(26)意思是说,在这情况之下,本该开门,竟还不开门。这是把情况和时间认为同类:到了这种情况,仍有某种行为,就不合于理了。其从范围副词变来者,系表示夸张,例如"所以妹妹还是我的大恩人呢"(68),意思是说,非但不是仇人,而且还是大恩人。又如"我还劝着二爷收他呢"(68),意思是说,非但不阻止,而且还劝他。这是把名分或行为认为有等级的,又把等级认为和范围同类;到了可夸张的等级,仿佛是到了可夸张的范围。由此看来,"还"字虽也表示顿挫语气,却比"也"字的意义实些。

"到底"的意义更实了,因为它本来是一个谓语形式:"到底"和"到头"的结构是一样的。法语里恰有一个成语与此相仿,就是 au fond。由此看来,"到底"并不是纯粹的语气末品;只因它也往往表示顿挫语气,所以姑且把它归在这里。

（五）重说语气——此类用"又、并、都、就、简直"等。"又"和"并"都是用于否定语里的;"就"是用于肯定语的;"简直"用于否定语或肯定语均可,例如:

（A）我又不是鬼。(44)

（B）奴才并不是姑娘打发来的。(92)

（C）久已不来,这里弯弯曲曲的,回去的路头都要迷住了。(87)

（D）水仙庵就在这里! (43)

（E）那简直要不得。

"又"字带着辩论的语意,和时间副词"又"字大不相同。然而它显然是由时间副词演变而来。

"并"字显然是由范围副词"并"字演变而来,颇像英语的 at all、法语的 du tout,因为 at all 和 du tout 也都是专用于否定语的。"并"的前身是"都"和"了"。《世说新语·伤逝》:"子猷问左右:'何以都不闻消息,此已丧矣。'语时了不悲。便索舆来奔丧,都不哭。""都"字本是用于否定语的(见《世说新语》),现在变为用于肯定语,和"并"字相反了。在现代北平口语里,重说语气的"都"字往往放在一句之末,如"他这两年老了都"。

"就"字专用于判断语("我说的就是他"),和近似判断语的叙述句("水仙庙就在这里")。这种"就"字来源很早,它的前身"即"字也是以时间副词而兼语气副词之用的,例如《史记·项羽本纪》:"吾翁即若翁。"在同一情形之下,法语和英语却只在表位重说(法语用 même,英语用 very 或 himself 等),不像中国语的重说语气寄托在整个谓语上头。"即"和"就"用为时间副词的时候,系表示时间很快;中国语就指这"快"的意思来加重判断的语气。这是颇奇特的现象,然而这是不可否认的事实。

"简直"的前身是"直",在宋代是"直截",例如《朱子全书·论语》:"二者相去奚啻斌玦美玉,直截天渊矣。"《红楼梦》还没有"简直",大约是最近才产生的。

试把轻说语气和重说语气相比较,就知道它们的性质是相反的。轻说语气总不肯把话说到了极点,重说语气恰是要把话说到了极点,或毫无疑义的地步。兹举数例如下:

(A)我可不愿意做这事:我并不愿意做这事。

(B)我倒不是贪钱:我并不是贪钱。

(C)我却没告诉过他:我并没告诉过他。

(D)他倒有点儿功劳:他又没有罪,为什么要杀他?

(E)王三倒是好人:李四简直是无恶不作的。

(六)辩驳语气——此类借用"才"字,如某甲劝某乙去拜访某丙,某乙回说:"我才不去呢。"这"才"已经失了时间副词的意义,只是表示辩驳的情绪。"才"字这种用法恐怕是很后起的,《红楼梦》里没有这种例子。

(七)慷慨语气——此类只有"索性"一个词。"索性"的字源也很难考究,但宋代已有此词,例如《朱子全书·学》:"既不得为君子,而其为小人亦不索性。"这所谓"索性",大约是"尽性"的意思。现代的"索性"就只表示一种慷慨语气。凡可以止而不止,或可以做而不做,都是"索性",例如"只见这三姐索性卸了妆饰"(65),这是可以止而不止;又如"索性等几天"(49),这是可以做而不做。

(八)反诘语气——在语气副词当中,要算反诘语气的来源最古了。"岂、宁、庸、讵"一类的字,在古代副词中是最虚的。"岂有他哉"的"岂"简直是和"哉"一般空灵,只不过位置不同罢了。

"难道"大约是由"难说"的意义演变而来,"难说"也就是因为"没有这个道理"。依这种说法,"难道"本是正面的判断,它变为反诘语气乃是后起的事。元曲《鸳鸯被》"难道河有澄清,人无得意",

这种"难道"恰和现代京剧中的"有道是……"成为反正的两面。等到"难道"和"吗"或"不成"相应的时候，"难说"的意义便晦了，只等于一个不可分析的双音词，表示反诘的语气，大致和古代的"岂"字相当。但是，就《红楼梦》的例子看来，"岂"字以用于否定语里为常，"难道"以用于肯定语里为常，可见"岂"和"难道"的用途并不是完全相同的。

＊　　　＊　　　＊

古代的"夫"字，也该认为语气末品；普通把它认为连词，这是不对的。它可以用于一篇文章的开端，决不能说它对上文有所连。它只是帮助按断语气的一种副词；往往是按的部分自成一句或一段，断的部分另成一句或一段，例如：

（A）夫国君好仁，天下无敌（按）。今也，欲无敌于天下而不以仁，是犹执热而不以濯也（断）。（《孟子·离娄上》）

（B）夫以秦王之威，而相如廷叱之，辱其群臣（按）。相如虽驽，独畏廉将军哉（断）？（《史记·蔺相如列传》）

断的部分常带多少情感，所以按断副词"夫"字也可以说是带着多少情感。我们把它归入语气末品，自然是可以说得通的。

和"夫"字相似的有"盖"字，但"盖"字往往是和"闻"字相连的，例如《汉书·高帝纪》："盖闻王者莫高于周文，霸者莫高于齐桓。"它的用途没有"夫"字的用途那样普遍，现在不必详细讨论了。

第八节　联结词

西洋所谓连词（conjunctions）和介词（prepositions），它们的界限，在中国语里是不清楚的。最显明的例子就是古代的"而、与"两字。"节用而爱人"（《论语·学而》）的"而"虽可认为连词，"子路率尔而对"（《论语·先进》）的"而"却不可认为连词，因为依普通的说法，连词的用途是："连接一个词于词类相似的另一个词，或连接一个句子于另一句子。"①"率尔"和"对"既不是词类相似的两个词,更不是两个句子。即使依照叶氏的说法,它的用途也不过是 serve to introduce a clause and connect it with the rest of the sentence②,"率尔"既不是一个 clause,"对"也不是一个 clause,所以"率尔而对"的"而"虽不是介词,同时也不是普通所谓连词。"与"字,在"惟我与尔有是夫"(《论语·述而》)里,普通认为连词;在"诸君子皆与欢言"(《孟子·离娄下》)里,普通又认为介词。其实在中国人的心理,"与"字只表示某种行为(或属性)是两个以上的人或物所共有的,并不计及它所联结的是等立仿语主位,或是主位和关系位,在"我与尔有是"里,固然我和你都有这个;在"诸君子皆与欢言"里,何尝不是"诸君子"和王欢都说话? 依叶氏说:"and 和 with 所表的意义是差不多的,主要的分别只在于前者联结平等的两项,后者把从属部分联结于主要部分罢了。"③中国无论古今,and 和 with 都是不分的,这也可以证明中国人的语象里向来是没有连、介的分别的。

就现代方言而论,也有类似上述的情形。苏州话的"唠"(la)字,在"吃唠住"里,是连接一个词于词类相似的另一个词的;然而在"吃仔饭唠出去"里,却是把一个末品谓语形式联结于叙述词。

即就英语而论,连词也没有和介词分别的必要。叶氏说④:

试比较 after his arrival 和 after he had arrived, before his breakfast 和 before he had breakfast, she spread the table against his arrival 和 she spread the table against he arrived, he laughed for joy 和 he laughed for he was glad,唯一的分别乃是:在某一

---

① 《纳氏文法》第二册对于连词的定义。
② 《现代英语语法》第二篇 15 页。
③ 《语法哲学》90 页。
④ 同书 89 页。

情形之下,补语是一个名词;在另一情形之下,补语是一个句子(或 clause)。因此,所谓连词其实只是介绍句子的一种介词。同此一个词而有两种用途,其间的分别只寄托于补语的性质之上,此外并没有别的;咱们对于由句子(或 clause)补足的动词或由名词补足的动词既不需要两样的称呼,那么,咱们对于"连词"有一个特设的名称实在是多余的。

现代中国语里介词的缺乏(或可以说是没有),也是我们不把连、介分立的原因。再者,像那些非连非介的词("子路率尔而对""吃仔饭唔出去"),只有范围更广的名称可以把它们包括得进去。因此我们决定把虚词之居于两个语言成分的中间,担任联结的职务者,叫做联结词(connectives)。

古代的联结词可分为两大类:"则、乃、且、而、故、况、之、于"等字为一类,是最纯粹的联结词;"与、以、因、由、自"等字为一类,大约是由动词变来的联结词,故可加动词前附号"所"字,如"所与、所以、所因、所由、所自"等①;不过,它们最常见的用途乃是联结语言成分于另一语言成分,所以我们仍把它们认为联结词。

现代的联结词就几乎没有一个是纯粹的了。"和"字似乎是纯粹的联结词,然而它的前身是"与"字,本来就有若干动词性。若拿现代方言来比较,吴语"与"义多说成"搭",粤语"与"义多说成"同"或"共"②,客家话多说成"捞",昆明说成"搀"和"挨"("你搀他来,挨我们吃饭"),也都是有动词性的。单就北京话而论,除"和"字外,有许多人说"跟"字,恐怕是从跟随的意义转来的。至于偕同的意义,《红楼梦》除了用"和"字外,还用"同着"二字。"着"字向来是跟着动词的,可见"同"字的动作性更重了。

---

① "所之"的"之"是"往"的意义,和联结词"之"字无关,故"之"仍是纯粹的联结词。

② "同"和"共"本来都是动词。《诗·豳风·七月》:"同我妇子。"《论语·公冶长》:"愿车马,衣轻裘,与朋友共。"

　　除了"而、以、于、况且、而且"等,偶然在现代口语里出现之外,现代最常用的联结词就只有"但是、所以"两个词。不过,"但是"里头有"是"字,已经不算是纯粹的联结词了。即单就"但"字而论,也是由副词变来的,"但"本是"只"的意思,故"但是"的意思本是和"只是"相同的。由"只"的意思转到"然而"的意思是很自然的趋势,所以法语的 seulement 有时也当 mais 讲。"所以"在古代是两个词,到了现代只算是一个词,其意义完全等于古代的"故"。然而"但是"和"所以"也只出现于文人口里,一般民众是不用它们的。

　　似乎有人说过,因为连词和介词的缺乏,民间的思想很难清晰地表现于纸上。我们认为这种说法是不对的。介词的缺乏,不单是民间的事,现代中国语根本就没有真正的介词;然而咱们利用谓语形式替代西洋的介词仿语(prepositional phrases),并未感觉到思想不能表达之苦(参看第一章第六节)。至于连词,实在是民间比知识社会更缺乏了,然而民间也决不会因此就发生思想表达的困难。一般民众对于复合句,除了利用意合法(参看第一章第九节)之外,还可以利用某一些副词(多数是我们所谓关系副词),把有关系的几个句子形式联络得更紧,例如:

　　(1)用"也"或"又"替代"而且"或"况且":

　　(A)心里再要买一个,又怕那些牙子家出来的,不干不净。也不知道毛病儿,买了来,三日两日,又弄鬼掉猴的。(46)

　　(B)你知道我的性子又好,又不是那不容人的人。(46)

　　(2)用"却"或"又"替代"然而"或"但是":

　　(A)他虽是姑娘家,心里却事事明白,不过是言语谨慎。(55)

　　(B)没有单放他妈,又打你妈的礼。(71)

　　(3)用"就"或"才"替代"所以":

　　(A)有一个性急的人等不得,就偷着拿香点着了。(54)

　　(B)我原是心里烦,才找个清静地方儿坐坐。(89)

由此看来,在联结词的渐趋缺乏上,只可以看出古代语法和现代语法之间的一大变迁,并不能说是中国的语法退化了。

＊　　　＊　　　＊

下面我们将个别地讨论各主要联结词的用途,特别注重古代的联结词。我们又把古代联结词的用途分为长期的及短期的两种:所谓长期的,就是自周秦以来,历数千年而不变的,也就是现代文言文中沿用的,可称为活文法(living in written language);所谓短期的,就是在汉以前,某一个时代或某一部书中所用,到了后代的普通文章里就非常罕见,甚至于绝迹的,可称为死文法(dead in written language)①。

（一）"于"字

（1）长期的用途

（子）表示所在、所向、所自、所至等:

（A）子击磬于卫。(《论语·宪问》)

（B）王如施仁政于民……(《孟子·梁惠王上》)

（C）郑庄以任侠自喜,脱张羽于厄。(《史记·郑当时列传》)

（D）平原君已定从而归,归至于赵。(《史记·平原君列传》)

（E）子于是日哭,则不歌。(《论语·述而》)

（F）燕于姬姓独后亡。(《史记·燕世家》)

（丑）表示"对于"一类的意义:

（A）不义而富且贵,于我如浮云。(《论语·述而》)

（B）于官属掾吏,务掩过扬善。(《汉书·丙吉传》)

（C）我于周为客。(《左传·昭公二十五年》)

---

① 　关于死文法和活文法,参看王力《中国文法学初探》,《王力全集》第十九卷第一册186—236页。

（D）吾甚惭于孟子。(《孟子·公孙丑下》)

（E）舜明于庶物,察于人伦。(《孟子·离娄下》)

（F）且今时赵之于秦,犹郡县也。(《史记·张仪列传》)

（寅）在被动式中介绍主事者:

（A）劳心者治人,劳力者治于人。(《孟子·滕文公上》)

（B）弥子瑕见爱于卫君。(《韩非子·说难》)

（卯）在描写句中介绍差比的关系位:

（A）苛政猛于虎也。(《礼记·檀弓下》)

（B）此所谓枝大于本,胫大于股。(《史记·武安侯列传》)

（2）短期的用途①

（子）表示所为:

（A）东方朔割炙于细君。(《汉书·扬雄传》)

意思是"为细君而割炙"。

（B）齐使管仲平戎于周。(《史记·齐太公世家》)

意思是"为周平戎"。

（丑）表示所以:

（A）蓟丘之植,植于汶篁。(《史记·乐毅列传》)

意思是"植以汶篁"。

（B）居则习民于射法,出则教民于应敌。(《汉书·晁错传》)

意思是"习民以射法,教民以应敌"。

（二）**"以"字**

（1）长期的用途

（子）表示所用:

（A）以戈逐子犯。(《左传·僖公二十三年》)

---

① 所谓短期,是根据现存的史料而言。至于实际上是否在上古曾有长时期的用途,自然是很难断定的。

（B）杀人以梃与刃，有以异乎？（《孟子·梁惠王上》）

（丑）表示所因、所借、所依据等：

（A）君子不以言举人，不以人废言。（《论语·卫灵公》）

（B）乃欲以一笑之故杀吾美人，不亦惑乎。（《史记·平原君列传》）

（C）立適以长不以贤。（《公羊传·隐公元年》）

（寅）介绍时间关系位：

（A）其弟以千亩之战生。（《左传·桓公二年》）

（B）河间献王德以孝景帝前二年用皇子为河间王。（《史记·五宗世家》）

（卯）表示领率：

（A）宫之奇以其族去虞。（《史记·晋世家》）

（B）欲使庄参以二千人往使。（《史记·南越列传》）

（辰）表示所用之名义或资格：

（A）以将军筑朔方，以右将军再从大将军出定襄。（《史记·卫霍列传》）

（B）韩说以校尉从大将军。（《史记·卫霍列传》）

（巳）表示结果①：

（A）孤违蹇叔，以辱二三子，孤之罪也。（《左传·僖公三十二年》）

（B）御史大夫卒遽不能详知，以得谴让。（《汉书·丙吉传》）

（2）短期的用途

（子）有"及"的意义：

（A）剥床以肤。（《易·剥》）

---

① 若连、介分立，此类"以"字应归连词。

（B）余一人有罪，无以万夫。（《国语·周语》引《汤誓》）

（丑）有"与"的意义：

（A）乐氏加焉，其以宋升降乎？（《左传·襄公二十九年》）

（B）主人以宾让。（《仪礼·乡射礼》）

（C）天下有变，王割汉中以楚和。（《战国策·周策》）

（寅）有"而"的意义：

（A）赋《常棣》之七章以卒。（《左传·襄公二十年》）

（B）使民敬忠以劝。（《论语·为政》）

（三）"与"字

（1）长期的用途

（子）表示偕同，介绍关系位于主语：

（A）诸君子皆与欢言，孟子独不与欢言，是简欢也。（《孟子·离娄下》）

（B）此迫矣，臣请入，与之同命。（《史记·项羽本纪》）

（C）使日夜无却而与物为春。（《庄子·德充符》）

（D）蛤蟹蛛龟与日月盛衰。（《淮南子·地形》）

（丑）表示偕同，联结等立的两项：

（A）夫子之言性与天道，不可得而闻也。（《论语·公冶长》）

（B）赂外嬖梁五与东关嬖五。（《左传·庄公二十八年》）

（C）用之则行，舍之则藏，惟我与尔有是夫。（《论语·述而》）

（2）短期的用途

（子）有"为"的意义：

（A）所欲与之聚之。（《孟子·离娄上》）

(B)吾与子出兵矣。(《战国策·楚策》)

(丑)有"以"的意义:

(A)殷人殡于两楹之间,则与宾主夹之也。(《礼记·檀弓上》)

(B)大夫有所往,必与公士为宾也。(《礼记·玉藻》)

(寅)有"于"的意义:

(A)纵躯委命,不私与己。(贾谊《鵩鸟赋》)

(B)秦之与魏,譬若人有腹心之疾。(《史记·越世家》)

(卯)有"与其"的意义:

(A)与我处畎亩之中,由是以乐尧舜之道,吾岂若使是君为尧舜之君哉?(《孟子·万章上》)

(B)与吾得革车千乘也,不如闻行人烛过之一言。(《吕氏春秋·贵直》)

(四)"之"字

(1)长期的用途

(子)介绍修饰次品于首品:

(A)夫子之文章,可得而闻也。(《论语·公冶长》)

(B)夫以一诈伪之苏秦,而欲经营天下,混一诸侯,其不可成亦明矣。(《史记·张仪列传》)

(C)方其鼓刀屠狗卖缯之时,岂自知附骥之尾,垂名汉庭,德流子孙哉?(《史记·樊哙列传》)

(丑)变连系式为组合式:

(A)民之望之,若大旱之望云霓也。(《孟子·梁惠王下》)

(B)应侯之用于秦也,孰与文信侯专?(《史记·甘茂列传》)

(2)短期的用途

（子）有"于"的意义：

（A）人之其所亲爱而辟焉。（《大学》）

（B）及至其致好之也，目好之五色，耳好之五声，口好之五味，心利之有天下。（《荀子·劝学》）

（丑）有"与"的意义：

（A）皇父之二子死焉。（《左传·文公十一年》）

（B）则惟上帝鬼神降之罪戾之祸罚而弃之。（《墨子·节葬下》）

（五）"而"字①

（1）长期的用途

（子）联结有顺序的两件事情：

（A）予既烹而食之。（《孟子·万章上》）

（B）玉在山而草木润，渊生珠而崖不枯。（《荀子·劝学》）

（丑）联结平行的两件事情或两种德性：

（A）公子州吁，嬖人之子也，有宠而好兵。（《左传·隐公三年》）

（B）此与东方之戍卒，不习地势而心畏胡者，功相万也。（《汉书·晁错传》）

（C）不有祝鮀之佞，而有宋朝之美。（《论语·雍也》）②

（寅）联结相反的两件事情或两种德性③：

（A）士志于道而耻恶衣恶食者，未足与议也。（《论语·里仁》）

（B）子温而厉，威而不猛。（《论语·述而》）

---

① 用如"若"字的"而"，我们认为关系末品。又用如"如"字的"而"，我们认为准系词。这里不叙述。

② 这种句子，我们认为积累式，不认为转折式，参看第一章第九节。

③ 子、丑、寅三类"而"字的性质都很相近，所以它们的界限也不十分清楚。

（C）其妻问所与饮食者，则尽富贵也；而未尝有显者来。（《孟子·离娄下》）

（卯）联结末品于谓词：

（A）欲常常而见之，故源源而来。（《孟子·万章上》）

（B）除备而盟，何损于好。（《左传·宣公十二年》）

（2）短期的用途

（子）有"与"的意义：

（A）闻善而不善，皆以告其上。（《墨子·尚同》）

（B）以管子之圣而隰朋之智，至其所不知，不难师于老马与蚁。（《韩非子·说林上》）

（丑）有"之"的意义：

（A）君子耻其言而过其行。（《论语·宪问》）

（B）君子耻其言而不见从，耻其行而不见随。（《诗·周颂谱疏》引《尚书大传》）

（寅）有"则"的意义：

（A）士妾有子，而为之缌，无子则已。（《礼记·丧服小记》）

（B）若是，则先死者非父则母，非兄而姒也。（《墨子·明鬼》）

（C）文公学读书于白季，三日，曰："吾不能行忨，闻则多矣。"对曰："然而多闻以待能者，不犹愈也？"（《国语·晋语》）

（六）"则"字

（1）长期的用途

（子）在时间修饰里联结主要部分于从属部分：

（A）郑穆公使视客馆，则束载厉兵秣马矣。（《左传·僖公三十三年》）

（B）使子路反见之，至，则行矣。（《论语·微子》）

（丑）在条件式里联结主要部分于从属部分：

（A）夫诸侯之贿聚于公室,则诸侯贰;若吾子赖之,则晋国贰。诸侯贰则晋国坏;晋国贰则子之家坏。(《左传·襄公二十四年》)

（B）赵亡则胜为虏,何为不忧乎? (《史记·平原君列传》)

（2）短期的用途

（子）有"而"的意义:

（A）孟子之平陆,谓其大夫曰:"子之持戟之士,一日而三失伍,则去之否乎?"曰:"不待三。""然则子之失伍也亦多矣。"(《孟子·公孙丑下》)

（B）是以切比闾里,知吏奸邪,委任有司。然则官旷民愁,盗贼公行。(《汉书·石奋传》)

（丑）有"若"的意义:

心则不竞,何惮于病。(《左传·僖公七年》)

《风俗通》引此"则"作"苟"。这类"则"字在汉以前颇多。我们认为关系末品,这里不多谈①。

短期的用途往往也就是罕见的用途。如果少到只有一两个例子,也许就是传写之误,我们就索性不谈它。如果在三五个例子以上,就要看是不是只在一部书里出现。如果是的,大约是方言的关系;如果不是的,就是上古确有这种用途,不过后代渐渐消灭罢了。依我们想想,上古各联结词的用途大致是可以相通的,后来才渐渐分化了。等到分化了的时代,如果仍旧使它们相通,就是不合语法。读书必须明白相通之理,然后能了解上古的书籍;但如果要学做古文,却又必须明白分化的规则,以求合于数千年的传统文法。因此,如果写一部古文法,必须把虚词的长期用途和短期用途分辨清楚。我们在《中国文法学初探》里说过:"分则两利,合则两伤。"

---

① 本节举例多采自杨遇夫先生(树达)的《高等国文法》。

现在我们的意见仍是如此。

第九节　关系末品

西洋普通所谓连词,是放在其所连结的两个语言成分的中间的,至少是可以放在中间的,例如英语的 if-clause、because-clause、though-clause、when-clause 等①,往往是放在主要句子的前或后均可的。中国的"若、虽"一类的字就不然了:它们永远不能放在有关系的两个句子形式的中间,例如"若你们家一日糟蹋这么一件,也不值什么"(62),决不能说成:"也不值什么,若你们家糟蹋这么一件。"又如"虽君有命,寡人弗敢与闻"(《左传·隐公十一年》),决不能说成:"寡人弗敢与闻,虽君有命。"单就这一点而论,"若、虽"等字已经很不像西洋的连词了。

此外还有一个事实,更使我们不愿意把"若、虽"等字认为连词或联结词:就是它们的常在地位非但不在有关系的两个句子形式的中间,而且还在主语的后面(如果有主语的话),例如:

"若"字和"苟"字

(A)寡人若朝于薛,不敢与诸任齿。(《左传·隐公十一年》)

(B)公子若反晋国,则何以报不穀?(《左传·僖公三十三年》)

(C)我若获没,必属说与何忌于夫子。(《左传·昭公七年》)

(D)王若隐其无罪而就死地,则牛羊何择焉?(《孟子·梁惠王上》)

(E)秦兵苟退,请必言子于卫君,使子为南面。(《史记·樗里疾列传》)

---

① 有些语法家把 when 认为副词(Curme 把它认为 subordinating conjunctive adverb,见 Parts of Speech, p.75),但事实上它是十足的连词。法语的 quand 就被一般人认为连词。

（F）今诸王苟能存亡继绝，振弱伐暴，以安刘氏，社稷之所愿也。（《史记·吴王濞列传》）

"虽"字

（A）周虽旧邦，其命维新。（《诗·大雅·文王》）

（B）骀衍，其言虽不轨，傥亦有牛鼎之意乎？（《史记·孟子列传》）

（C）韩信虽为布衣时，其志与众异。（《史记·淮阴侯列传》）

（D）然欧虽治刑名家，其人长者。（《史记·万石君列传》）

（E）今主上虽急，固有死耳！（《史记·吴王濞列传》）

（F）灌婴虽少，然数力战。（《史记·灌婴列传》）

（G）汝虽长，何益？幸而立，我虽短也，幸休居。（《史记·滑稽列传》）

（H）楚虽有富大之名，而实空虚；其卒虽多，然而轻走易北。（《史记·张仪列传》）

现代的"因"和"因为"，虽可以放在有关系的两个句子的中间（如"我不走了，因为下雨"），但最常见的还是从属部分居前（如"因为下雨，我不走了"）。而且它们也是往往放在主语的后面的，例如：

（A）你们因不知诗，所以见了这浅近的就爱。（48）

（B）我因为见他实在好的很，怎么也得他在咱们家就好了。（19）

依我们的意见，连词（复合句的联结词）之辨认应该依照下列的两个标准：

（1）凡能在两个句子形式的中间担任联结的职务者，才是连词。因此，英语的 if 和 though 是连词；中国语的"若"和"虽"不是连词。

（2）凡不能居于主语后面或插入谓语中间者才是连词。因此，英语的 but 和中国语的"然、而"都是连词；英语的 however 和中国语的"却"都不是连词。英语的 because 是连词。中国语的"因为"

不是连词。英语的 and 和中国语的"而且"是连词,英语的 moreover 和中国语的"又"不是连词①。

"若、虽、因为"等词既不是连词(自然也不是联结词),那么,该把它们归入哪一个词类呢?它们既然常居于末品的地位,咱们自然不妨把它们归入副词②。不过,它们究竟和普通的副词不同,因为一个句子形式里头如果加上了这种词,这句子形式就失了它的独立性,例如"他念书"是可以独立的一个句子,如果说成"他若念书、他虽念书、他因为念书",就必须和下文发生关系,才能有完整的意义了。因此,我们给予它们一种特别的名称,叫做关系副词(relative adverbs)③。当其入句时,叫做关系末品(relative tertiaries)。

现代语的"又、也、反、倒、却、越、就、饶、既、好"等字,像下面诸例,也该认为关系末品:

(A)你手里又有了钱,离着我们又远。(53)

(B)我也不等银子使,也不做这样的事。(15)

(C)兄弟两个本是风流场中耍惯的,不想今日反被这个女孩一席话说的不能搭言。(65)

(D)人家不说咱们不留心,倒像两家商议定了,送虚情怕费事的一样。(53)

---

① 这样,连词和副词才有了分界。一般人不知道这个分界,所以诸书中对于 however 一类的词常有不同的归类。如《韦氏学院字典》把 however 认为有连、副两性,moreover 则仅认为副词;而 Curme 却把它们都认为连词(Syntax, pp.163、167)。又如法国 Larousse 字典把 pourtant 认为副词,d'ailleurs 认为副词性仿语,而 Grammaire Larousse du XXe siècle 却把它们都认为连词(393 页)。

② 就是真正的连词叶氏也认为一种特别的副词。他说(《现代英语法》第二篇 15 页):"咱们不能把连词算为一个特别的词类,而必须把它们看做特别职务的一种副词,即以一个 clause 做它们的目的位者。"根据这个说法,咱们可以知道:连词的本质也是副词,所以够不上称为连词的更是副词;连词的特别职务是以一个 clause 做目的位,所以必须置于一个 clause 的前面,否则不能算为连词。

③ 这里的关系副词和西洋的 relative adverbs 同名而异实。所以在第二章第三节里,我们把西洋的 relative adverbs 译为"接读副词",以示分别。

（E）众人答应了；宝玉却等不得。（49）

（F）你越大越粗心了。（54）

（G）早知他来，我就不来了。（8）

（H）你们饶压着我的头干了事，这会子反哄着我替你们周全。（68）

（I）如今既是贵昆仲高谊，顾不得许多了。（66）

（J）晚上再悄悄的送给你去，早晚好穿。（57）

这些字，除了"饶"字像"虽"字的性质，系专用于关系末品者外，其他都是由实词（"反、倒、好"）、时间副词（"又、就"）、范围副词（"也、越"）、语气副词（"却"）演变而来的，更显得它们和普通的末品词相似，而和连词相差太远了。

＊　　　＊　　　＊

我们虽把关系末品和联结词分开，却不愿意否认它们有相通的痕迹。"而、则"二字，就多数的用途看来，显然是联结词；但它们也有用为关系末品的时候，例如：

（A）且先君而有知也，毋宁夫人，而焉用老臣。（《左传·襄公二十九年》）

（B）子产而死，谁其嗣之？（《左传·襄公三十年》）

（C）孔丘使兹无还对曰："而不反我汶阳之田，吾以共命者，亦如之。"（《左传·定公十年》）

（D）孔子进以礼，退以义，得之不得曰有命。而主痈疽与侍人瘠环，是无义无命也。（《孟子·万章下》）

（E）汝则有大疑，谋及乃心。（《书·洪范》）

（F）公子则往，群臣之子敢不皆负羁绁以从。（《左传·定公八年》）

（G）彼则肆然而为帝，过而遂正于天下，则连有赴东海而死耳。（《战国策·赵策》）

（H）诚得劫秦王使悉反诸侯之侵地，则大善矣；则不可，因

而刺杀之。(《战国策·燕策》)

以上诸例中,"而、则"都有"若"的意义,又往往在主语的后面,自然是关系末品。不过,(C)例以下都只有短期的用途;(A)(B)二例("而"字当"若"字讲,而又在主语的后面者)在后代还有模仿的人,但也不算是常见的。

"则"字,用于时间修饰的复合句或条件式里,大多数是联结词。只有极少数的例子是用为关系末品的:

(A)其子趋而往视之,苗则槁矣。(《孟子·公孙丑上》)

(B)使使往之主人,荆卿则已驾而去榆次矣。(《史记·刺客列传》)

"即"字在汉代以前也可用为联结词,和"则"字的用途相通("即、则"双声),例如:

(A)三十四十之间而无艺,即无艺矣;五十而不以善闻,则无闻矣。(《大戴礼·曾子立事》)

(B)公徐行即免死,疾行则及祸。(《史记·项羽本纪》)

以上是"即、则"互用。

(C)沛今共诛令,择可立立之以应诸侯,即室家完。(《汉书·高祖纪》)

(D)诚先于未然,即蒙恬樊哙不复施,棘门细柳不复备。(《汉书·匈奴传》)

以上"即"字置于主语之前。

但是到了后代,它们的用途就分化了:"则"字专用为联结词(连词),故只能置于主语之前;"即"字专用为关系末品,故只能置于主语之后,例如:

(A)国民皆知爱国,则其国家不至为人所轻:国民皆知爱国,其国家即不至为人所轻。

(B)人不读书,则其闻见限于双足所能至之地,生命所能历之时:人不读书,其闻见即限于双足所能至之地,生命所能历之时。

　　"则"和"即"在后代,非但所处的地位不同,连它们的意义也不相同。"则"字仅表示先后的连续(succession)或因果的连续(consequence),其意义较虚(所以是联结词);"即"字除表示这两种连续之外,还表示时间距离之短,其意义较实(所以是副词)。"则"字,现代语里没有一个虚词和它相当;"即"字则大致等于现代的"就"字,例如:

　　　　(A)招之则来,挥之则去。

仅表示招与来有连带关系,挥与去有连带关系。

　　　　(B)招之即来,挥之即去。

言来的行为紧接着招的行为,去的行为紧接着挥的行为。

　　由"则、即"的分化看来,可见联结词和关系末品虽有相通之点,到底是有它们的界限的。

　　最后我们要谈一谈"或"字。"或"字本是泛指代词(indefinite pronoun),有时候分承主语,成为一种特别的积累式,如《史记·叔孙通列传》:"诸生或言反,或言盗。"①直至近代以后,才转成一种关系末品,表示情形相似或行为的递变,这两种用途,总有两个以上的"或"字互相照应,例如:

　　　　(A)一草之苗,或丢或坏,就问这看守的赔补。(74)

　　　　(B)快带了他去,或打,或杀,或卖,我一概不管。(74)

　　　　(C)或出门上车,或在院子遇见,我们连气儿也不敢出。(65)

　　　　(D)就有一二分错处,你或是教导我,戒我下次;或骂我几句,打我几下,我都不灰心。(28)

这是表示情形的相似。意思是说,无论在哪一种情形之下,结果总是一样的。

　　　　(E)独黛玉或抚弄梧桐,或看秋色,或又和丫环们嘲笑。(37)

这是表示行为的递变,略等于"时而……时而"。

---

①　这种"或"字的意义略等于现代的"有的"或"有些"。参看黎劭西先生(锦熙)的《比较文法》242页。

　　但是,这种关系末品却是在联结词的边界上的,因为第二个以下的"或"字确是居于两个句子形式的中间。所以我们在《中国现代语法》里索性把它认为联结词,使它和"或是、或者"共成一类,以免初学者分辨的麻烦。

　　现代的"或是"和"或者",才是十足的联结词,例如:

　　(A)他不在家,或是属相生日不对,所以先说与兄弟了。(57)

　　(B)一年学里吃点心,或者买纸笔,每位有八两银子的使用。(55)

　　欧化的离接式联结词"或"字,如"你必须走东门或南门""我不能帮他作恶或宽恕他"之类,就是由这末一种用途变来的①。"或"字从泛指代词到关系末品,从关系末品到联结词,已经离开原始的意义很远了。

---

①　中国原始的离接式联结词是"若"字,例如《仪礼·燕礼》:"幕用绤若锡。"《礼记·玉藻》:"大夫没矣,则称谥若字。"《左传·昭公十七年》:"水,火之壮也,其以丙午若壬午作乎?"《史记·窦婴田蚡列传》:"愿取吴王若将军头。"《汉书·食货志》:"时有军役若水旱,民不困乏。"

第四章　替代法和称数法

第一节　人称代词

代词的定义及其范围——英文的 pronouns 译成中文,该是"代名词"。现在我们用"代词"这个名称,不用"代名词",因为我们想把它的范围推广些。普通对于代名词的定义是:"凡词用以替代名词者叫做代名词。"①而我们对于代词的定义是:"凡词能替代实词者叫做代词。"

在普通的英语语法里,因为代名词的定义所限制,有些词就不能不以一身兼两个词类:this 和 that,当它们用于首品时,称为代名词;当它们用于次品时,却又称为指示形容词(demonstrative adjectives)。其实这只是词品的不同,并不是在词类或词性上有什么分别。因此叶氏索性把所谓指示形容词也归入代名词②。我们赞同叶氏的不分,只是不很赞同他保存"代名词"这一个旧名称。现在我们把它称为代词,就是大致采用柏氏所谓 substitute,而它的用途也就是柏氏所谓 substitution(替代法)。

英语里还有所谓代名性副词(pronominal adverbs),如 here、there、thus、so 之类,叶氏虽也似乎认它为代名词之一种,却不曾取

---

① 见 Curme, Parts of Speech and Accidence, p.7。
② 见叶氏《英语语法纲要》87 页,又《语法哲学》99 页。参看《语法哲学》84 页。

消了它的旧名称①。我们在中国语法里，比他更进一步，连这名称也不用了。因为就中国语而论，所谓代名性副词和所谓指示代名词的成分大致相同。"这里、那里、这样、那样"里面就含有所谓指示代名词的"这"字和"那"字，而且它们既可用于末品（代名性副词），又可用为次品（近似指示形容词）。我们既能把所谓指示形容词归入代词，又何尝不可以把所谓代名性副词归入代词呢？

代词的虚性和实性——从某一种方面说，代词是一种虚词，因为它不能常指某一定的人物而言，例如"他"字，时而替代张三，时而替代李四。因此，代词不像名词意义确定。在这一点上，代词比副词甚至语气词还更虚，因为副词和语气词都能有一定的意义（如"又"表示重复，"吗"表示疑问），而代词则因其作用在于替代，以致本身不能有一定的意义。

然而从另一方面说，代词却又是一种实词。它的本身虽虚，而它的领土却是实的②，例如"他"字在字典里虽是虚词，而当其入句之后，就能替代实实在在的一个人。在这一点上，代词比普通名词还更实，因为普通名词只能替代一种人物，而代词所代者却是人物的某一个体或若干个体的集合。这样，代词所指范围之狭，有如专有名词（"他"指"张三"），或和专有名词相仿（"这马"指某一定的一匹马）。有人把名词和代名词合称为实体词（substantives）③，在这一个观点上是可以说得通的。

我们在《中国现代语法》第一章第二节里，把代词归入半虚词。其所以称为半虚词而不称为半实词者，我们以为就语法的观点看来，代词毕竟是偏于虚的方面。若以中国语源为证，"其、之、尔"之类在上古都可用为虚词④，若以西洋语源为证，法语的主格人称代

① 参看《语法哲学》100 页，《英语语法纲要》68 页。
② 代词的领土（domain），即代词之所代。"领土"之名采自柏氏《语言论》247 页。
③ 参看柏氏《语言论》146 页。
④ "之"可用为介词及语气词，"其、尔"可用为语气词。

词只等于拉丁的屈折形式(见下文)。房氏以代名词归入语法成分①,很有道理。现在我们把一切代词都认为语法成分,是以中西语源为根据的。

人称代词的意义——人称代词都是英语所谓 personal pronouns②。就英语而论,"人称"这词是有语病的,因为 it 并不是人称而是物称③。就中国古代语而论,"其"和"之"有时候虽是人称,然而有时候也是物称,只有就现代中国口语而论,"人称代词"这个称呼总比较地适宜,因为咱们只有"我、你、他"④,虽偶然用"他"字指物,但是可认为把那物人化了。

不过西洋语法里所谓 persons,主要的意义不是指人而言,而是指三身而言。自称、对称和他称,在西洋语法里称为第一人、第二人、第三人,如"我"和"我们"属于第一人,"你"和"你们"属于第二人,"他"和"他们"属于第三人。这"人"的意义,自然和普通所谓"人"的意义不同了。

人称代词之所代——普通总以为人称代词所代者就是人的名称,例如佳蕙对小红说"花大姐姐还等着我替他拿箱子,你自己取(笔)去罢"(26),这里"我"就替代佳蕙,"你"就替代小红,"他"就替代花大姐姐。但是如果咱们再观察得仔细些,则见人称代词可以细分为两类:第一类是"我"和"你",是用不着先词(antecedents)的;第二类是"他",是往往用得着先词的⑤,这样,只有"他"和"他们"是替代人的名称的,"我"和"你"都不曾替代人的名称。叶氏说得好(《语法哲学》82 页):"如果说'我看你'是替代'叶斯泊生

---

① 房氏叫做 morphimes,见他的《语言论》104 页,参看同书 137 页。
② 依上文的说法,"人称代词"译成英文该是 personal substitutes,但是这名称太陌生了,我想不必处处用它。反正这是中文的书,英文的名称暂时不固定也不要紧。
③ 参看叶氏《英语语法纲要》67 页。
④ "它"或"牠"是欧化的代词,并且不是口语里所能分别的。
⑤ 复数如果包括有"他"的成分在内,如"我们、你们"等,可认为两类的杂糅。

看玛丽柏龙'，这在常人心目中是很不自然的。相反地，多数人看
了凯撒的高卢战役之后，总觉得其中的'凯撒'是著者用以替代
'我'字的……再就语法上说，有一点尤为重要，就是'我'是第一人
称，而人的名字，却该属于第三人称，这在许多族语里的动词形式
上都可以见到的。"

　　由此看来，人称代词的第一、第二身就完全无所代吗？我们却
也不这样想。譬如上街买物，买物者自称为"我"，而称卖物者为
"你"，甚至可以称另一商人为"他"。这种"我、你、他"都不曾替代
人的名字，因为大家不曾互相通姓名。然而这里的"我、你、他"又
确有所代，就是"我"替代当时的说话人，"你"替代当时的对话人，
"他"替代当时被提及的人。所以"人称代词"这个名称还是可
用的。

　　人称代词是否必需——梵语、希腊语、拉丁语里，主格的人称
代词，都不是必需的，因为动词的屈折形式中已有人称的表示了。
试以"是"字的现在时为例：

　　　梵语："我是"asmi　"你是"asi　"他是"asti
　　　　　　"我们（双数）是"svas　"你们（双数）是"sthas
　　　　　　"他们（双数）是"santi
　　　　　　"我们（多数）是"smas　"你们（多数）是"stha
　　　　　　"他们（多数）是"santi
　　　希腊语："我是"eimi　"你是"ei　"他是"esti
　　　　　　"我们（双数）是"esmen　"你们（双数）是"eston
　　　　　　"他们（双数）是"eston
　　　　　　"我们（多数）是"esmen　"你们（多数）是"este
　　　　　　"他们（多数）是"eisi
　　　拉丁语："我是"sum　"你是"es　"他是"est
　　　　　　"我们是"sumus　"你们是"estis　"他们是"sunt
由此看来，主格的人称代词并不是必需的；在印欧语里，除非为了

加重语气,才用得着主格的人称代词。

上古时代的中国语里第一、第二人称的主格代词虽然常见,第三人称的主格代词却是没有。"彼"字本是指示代词,和"此"字相对待。它虽也偶然借用为主格的人称代词,但仍有彼此比较之意,例如:

（A）彼丈夫也,我丈夫也,吾何畏彼哉?（《孟子·滕文公上》）

"彼"与"我"相对,与"彼一时,此一时也"的"彼"字用途相似。

（B）彼夺其民时……彼陷溺其民,王往而征之,夫谁与王敌?（《孟子·梁惠王上》）

"彼"与"王"相对。

总之,"彼"字之以指示代词而兼主格人称代词之用,颇像拉丁语的 illum 以指示的性质而可用为受格的人称代词（梵语亦有同样情形）。然而它决不等于现在的"他"①。至于"其"字,就更不能为纯粹的主语,无论在什么地方,它只是居于领格,其意义等于名词后面加联结词"之"字。有时候,"其"字后面有一个谓语形式,似乎它本身是居于主位,其实这种谓语形式颇像英语的 action-noun 或 gerund,而"其"字则似英文的 her、its、their 之类②,例如:

（A）His abdication is not expected by the people.

等于"其去位也,非民之所望"。

（B）I require his assistance.

等于"吾求其相助"。

下面是《论语》《孟子》里的两个例子:

（A）子谓子产,有君子之道四焉。其行己也恭,其事上也敬,其养民也惠,其使民也义。（《论语·公冶长》）

---

① 现在入学考试,学生由白话译为文言的时候,往往把"他"字一律译成"彼"字,这是大错。试看一部《古文辞类纂》能有几个"彼"字?

② Gerund 前面加 his,现代英文中虽罕见,较古的英文里不是没有。参看叶氏《英语语法纲要》322 页,又 Curme,Syntax,p.486。

等于说:"子产之行己也恭……"

　　(B)若隐其无罪而就死地,则牛羊何择焉?(《孟子·梁惠王上》)

等于说:"若怜此牛之无罪而就死地……"

　　但是中国上古语之缺乏第三人称主语,其原因并非如印欧语那样靠动词屈折形式去表示人称,因为据我们所能考见,中国上古语里的动词是像现代一般地没有屈折形式的。它没有第三人称,是因为它没有这种需要①。在承说法里②,句子可以不用主语,例如:

　　(A)公谓公孙枝曰:"夷吾其定乎?"对曰:"臣闻之唯则定国。"(《左传·僖公九年》)

　　(B)夫人以告,遂使牧之。(《左传·宣公四年》)

　　(C)郤子至,请代齐,晋侯不许,请以其私属,又不许。(《左传·宣公十七年》)

　　(D)射其左,越于车下;射其右,毙于车中。(《左传·成公二年》)

　　当著者认为有用主语的必要的时候,就把上面说过的名词复说一次③,例如:

　　(A)齐侯欲以文姜妻郑太子忽,太子忽辞。(《左传·桓公六年》)

　　(B)且私许复曹卫。曹卫告绝于楚。(《左传·僖公二十八年》)

　　(C)非神败令尹,令尹其不勤民,实自败也。(《左传·僖公二十八年》)

　　(D)臾骈之人欲尽杀贾氏以报焉。臾骈曰:"不可。"(《左

---

① 另有一个重要的原因,见下文"第四人称"条。

② 参看第五章第五节。

③ 关于古代第三人称主格之缺乏,参看王力《中国文法学初探》,《王力全集》第十九卷第一册186—236页。

传·文公六年》)

就理论说，人称代词并不是必要的；非但在屈折语里，就像素称孤立语的中国语，也可以不用它们，即以第一、第二人称而论，也并非绝对必要，因为仍可用名词，不用代词①，例如：

(A)由也为之，比及三年，可使有勇。(《论语·先进》)
这里的"由"是子路自称。

(B)陵与武饮数日，复曰："子卿壹听陵言。"(《汉书·李陵苏武传》)
这里的"陵"字是李陵自称，"子卿"是李陵称苏武。

不过人称代词实在有简单明了的好处，所以现在世界上差不多各族语都有它们，这可以说是为了语言的经济，也就是语言的进步了。

第四人称——Rask 以为在 he beats him 里 him 属于第四人称②，依此说法，第五、第六人称都是可能的。但是，叶氏不承认这是第四而说是"第二个第三身"。在 Chippeway 语里，第二个第三身加词尾-n，第三个第三身加词尾-ini，和第一个第三身毫无记号者不同。因此 Brinton 可惜英语的贫乏，譬如 John told Robert's son that he must help him 这一句话可以有六种不同的意义。若在 Chippeway 语里，决无含混的可能③。

这一点也许可以解释中国上古语为什么没有主格第三身。因为第三身可以有几个，用一个第三人称代词仍是不够的，若要明白，不如名词复说；若要简洁，不如索性不用④。譬如上文所举的一个例子："射其左，越于车下；射其右，毙于车中。"即使每一个叙述词前面都加上一个第三人称主格，仍是无济于事，倒反令人误会这

---

① 参看下文论"礼貌式"一条。
② 叶氏《语法哲学》220 页所引。
③ 同上。
④ 中国上古语里，目的格不大省略，故有"之"字作目的格。

些动作是属于同一人的①。明白了这一点,中国上古语没有主格第三身,也就没有什么可怪了。

人称代词的性——近年来中国欧化的文章里,把人称代词分出性别来,这在实用上确有相当的便利,因为事实上第三人称已由一个变为三个(阳性、阴性、中性),在承说时,许多地方不至于含混了。不过,咱们须知,梵语、希腊语和拉丁语里的人称代词也都是没有性别的,西洋人称代词之有性别,乃是后起的事。它们的性显然是从名词的性生出来的:德语名词有三性,故人称代词亦有三性;法语名词只有阴、阳两性,故人称代词也只有阴、阳两性。现代英语的名词虽然没有性别②,然在古代却是有三性的,所以能生出人称代词的三性。中国欧化文法中的三性(他、她、它)是受了英语的影响③。

人称代词的数——中国现代人称代词有单复数的分别,这和西洋语言相合;但是中国上古的人称代词却是没有这种分别的。单数和复数是共用一个形式的;"吾、我、尔、汝、其、之"之类,非但可表示单数,而且可表示复数,例如:

第一人称:

（A）楚弱于晋,晋不吾疾也,晋疾,楚将辟之,何为而使晋师致死于我?(《左传·襄公十七年》)

这里的"吾、我"代表一国,说话人及对话人都包括在内。

（B）鲁卫谏曰:"齐疾我矣,其死亡者,皆亲昵也。子若不许,雠我必甚。"(《左传·成公二年》)

这里的"我"是鲁卫二国自称。

（C）我不欲人之加诸我也,吾亦欲无加诸人。(《论语·公冶长》)

---

① 参看王力《中国文法学初探》,《王力全集》第十九卷第一册 186—236 页。
② 指一般名词没有性的记号而言。
③ 参看第六章第六节。

这是讲道理的话,"吾、我"指一般人而言,现代欧化文章在这种地方用"我们"或"咱们"。

(D)微管仲,吾其被发左衽矣。(《论语·宪问》)

"吾"等于"咱们",包括说话人、对话人及同一情形之下的人。

第二人称:

(A)颜渊、季路侍,子曰:"盍各言尔志。"(《论语·公冶长》)

"尔"字指颜渊、季路二人。

(B)子路、曾晳、冉有、公西华侍坐。子曰:"以吾一日长乎尔,毋吾以也。"(《论语·先进》)

"尔"字指子路、曾晳、冉有、公西华四人。

第三人称:

(A)见善如不及,见不善如探汤,吾见其人矣,吾闻其语矣。隐居以求其志,行义以达其道,吾闻其语矣,未见其人矣。(《论语·季氏》)

"其"字所指是某一类的人,不止一个人。

(B)齐晋秦楚其在成周,微甚。(《史记·十二诸侯年表序》)

"其"字指齐晋秦楚四国。

(C)伯夷、叔齐饿于首阳之下,民到于今称之。(《论语·季氏》)

"之"字指伯夷、叔齐二人。

(D)长沮、桀溺耦而耕,孔子过之。(《论语·微子》)

"之"字指长沮、桀溺二人。

这一点非但违反了西洋人的心理,甚至违反了现代中国人的心理。但是,咱们试就语法的本身想一想,人称代词的数是不是必不可缺的东西?就中国语而论,名词单复数既可用同一的形式,代词的单复式又何尝不可用同一的形式①?名词既可由意会而知其

---

① 编者注:单复式,疑当为"单复数"。

单复数,代词的单复数又何尝不可由意会而知？梵语和古希腊语里,除了单复数之外,还有一个双数(dual),但现代西洋语言没有双数和单复数对立,咱们并不觉得它们不合逻辑。同理,咱们的祖宗嘴里的人称代词没有数的分别,也像动词没有时的分别一般地,不会令他们感觉到辞不达意之苦①。

人称代词的格——我们在第一章第七节里说过,现代中国语里根本没有格,名词如此,代词之替代名词者亦如此。因此,我们只把首品所处的地位叫做位(position),不叫做格(cases)。但是,中国上古语是不是也没有格的存在呢？

这一个问题颇难解答,依"吾、我、汝、尔、其、之"的上古音看来,颇有屈折的形式。"吾、我、汝、尔"的屈折在词尾(ngo：nga;nio：nia),"其、之"的屈折在词头(g'iag：t'iag)。但是关于"吾"和"我",我们只看得出"吾"字不能用于目的格,但"我"字则主格、领格、目的格都可用,则"吾、我"的界限并不十分清楚。至于"汝(女)"和"尔",就我们所能见到的史料看来,更看不出格的分别了。只有"其"和"之",才显然是有格的分别。"其"字是很明显的领格(possessive case),"之"字是很明显的目的格(objective case)。

"其"字是很明显的领格,因为它没有别的用途;"他的"不是领格,因为"他"字和主格目的格的形式没有分别,"的"字只是一个次品后附号,故"他的父亲"又可说成"他父亲"。

因此我们以为中国上古的人称代词是有格的,中国现代的人称代词是没有格的②。

包括式和排除式——北京语的第一人称复数代词有包括式(inclusive form)和排除式(exclusive form)的分别,所谓包括式,就是把对话人包括在内,北京语里说成"咱们(偺们)";所谓排除式,

---

① 参看王力《中国文法学初探》,《王力全集》第十九卷第一册 186—236 页;又《中国语文概论》(后更名《汉语讲话》,见《王力全集》第二十卷第一册)。

② 参看第一章第七节。

就是不把对话人包括在内,北京语里说成"我们",例如①:

　　(A)宝玉(对黛玉):"我知道你不恼我,但只是我不来,叫旁人看见,倒像是咱们又拌了嘴的似的。(30)

"咱们"包括对话人黛玉在内。

　　(B)晴雯(对袭人)道:"……自古以来,就只是你一个人会伏待,我们原不会伏待。"(31)

"我们"不包括对话人袭人在内。

　　中国古语里,没有包括式和排除式的痕迹。现代中国方言里这种分别也不多见。据赵元任先生的调查,吴语区域中,只有江阴、常州、无锡几个地方能有这种分别②。别的方言里虽没有详细调查③,但是,大多数的官话区域只有"我们",没有"咱们",这是可以断言的④。"咱"字本来就是我的意思(不过"咱"字较俗些),然而加上"们"字就有了分别,这种演化是很有趣的。

　　包括式和排除式也不是中国语所独有。据柏氏说,Tagolog 语里,有 kami 是第一人称的排除式,另有包括式 taju 和它相配⑤。又据我们所知,云南民家话、藏语、安南语也都有类似的情形。藏语的"咱们"是'yed,"我们"'o-skol, 'u-bu;民家话的"咱们"是 pia,我们是 ya;安南语的"咱们"是 ta,"我们"是 chúng tôi,法语里遇必要时,可用 nous autres 为排除式,例如:

　　Nous autres Francais, nous mangeons beaucoup de pain.(我们法国人吃很多面包。)

在实用上,这种分别也有很大的便利。像"我们走了,咱们再会吧"

---

① 更详细的举例及说明见于《中国现代语法》第四章第一节,《王力全集》第七卷。
② 见《现代吴语的研究》95 页。
③ 据朱兆祥君告诉我,厦门也有包括式和排除式,但其用途和北京话不尽相同。
④ 冯友兰先生告诉我们,河南唐河一带,有"咱们"和"俺们"的分别。"咱们"是包括式,"俺们"是排除式。
⑤ 见柏氏《语言论》255 页。

一类的话,其明确细微的程度,比之第四人称,是并不差什么的。

礼貌式——《孟子·尽心》有云:"人能充无受尔汝之实,无所往而不为义也。"可见中国自古就以径用人称代词称呼尊辈或平辈为一种没有礼貌的行为①。自称为"吾、我"之类,也是不客气的。因此古人对于称呼有一种礼貌式,就是不用人称代词,而用名词。称人则用一种尊称,自称则用一种谦辞。古代的礼貌式大致可分为五类:

(1)称人以字,自称以名,例如:

(A)已矣,令子卿知吾心耳。(《汉书·李陵苏武传》)

"子卿"苏武字,陵以此称武。

(B)巫马期以告。子曰:"丘也幸,苟有过,人必知之。"(《论语·述而》)

(C)乐正子见孟子曰:"克告于君,君为来见也。"(《孟子·梁惠王下》)

(D)平原君曰:"胜已泄之矣。"(《战国策·赵策》)

以上(B)(C)(D)三例是自称。

(2)称人以爵位(但自称不以爵位),例如:

(A)非神败令尹,令尹其不勤民,实自败也。(《左传·僖公二十八年》)

(B)首立楚者,将军家也,令将军诛乱。(《史记·项羽本纪》)

(3)称人曰"君、公、子、先生"等②,自称曰"臣、弟子"等,例如:

(A)公曰:"子之力也夫。"对曰:"君之训也,二三子之力也,臣何力之有焉?"(《左传·成公二年》)

(B)夫披坚执锐,义不如公;坐而运策,公不如义。(《史

---

① 但极亲昵的称呼却又用"尔、汝",故祢衡与孔融为"尔汝交",见《文士传》。

② "君、公"本系爵位,先秦称诸侯亦曰"君"(见 A 例),则与 2 类无别。但后世尊称"君、公"则并非爵位,故归入"子、夫子、先生"一类。

记·项羽本纪》)

（C）非不说子之道，力不足也。（《论语·雍也》）

（D）公西华曰："正唯弟子不能学也。"（《论语·述而》）

（E）胜请召而见之于先生。（《战国策·赵策》）

（4）称人以德，故曰"大人"之类，自称以不德或贫贱，故曰"寡人、不穀、孤、下走、贱子、贫道"之类，例如：

（A）始大人常以臣为无赖。（《史记·高祖本纪》）

（B）齐侯曰："大夫之许，寡人之愿也。"（《左传·成公二年》）

（C）岂不穀是为？（《左传·僖公四年》）

（D）孤不度德量力，欲信大义于天下。（《三国志·诸葛亮传》）

（E）下走将归延陵之皋。（《汉书·萧望之传》）

（F）主人且勿喧，贱子歌一言。（鲍照《代东武吟》）

（G）贫道重其神骏。（《世说新语·言语》）

（5）称人曰"陛下、足下、阁下"等，例如：

（A）太子楚曰："陛下尝轫车于赵矣。"（《战国策·秦策》）

（B）今足下还归，扬名于匈奴，功显于汉室。（《汉书·李陵苏武传》）

直到现代，对于自己所尊敬的人，仍旧是避免"你、我"的字样的①，例如：

（A）二爷好生骑着，这马总没大骑，手提紧着些儿。（43）

（B）小的并不敢说谎。（53）

在北京语里，又有一种特别的人称代词，专为礼貌式之用，就是第二人称的"您"（nin 阳平），第三人称的"怹"（t'an 阴平），都没有复数。"您"字大约是"你老人家"的缩短：由"你老人家"缩短为"你老"，再由"你老"缩短为"您"②。"怹"字则又是受了"您"的类

---

① 特别着重在避免"你"字，"我"字比较地随便些。细看《红楼梦》便知。

② ni+lau＝ni+l＝nil，但中国语里没有 nil 音，故变为 nin。

化(analogy)。第一人称单数的礼貌式是借用复数的"我们",音变为"唔嚜"[mːma]①。

西洋的礼貌式,往往只是"人称的变换"。在中古英语里,thou是家常称呼的"你",you是礼貌式的"你",这是借复数来表示敬意。后来thou字成为死式,于是单复数一律用you②。法语至今仍用第二人称复数vous为礼貌式,家常的"你"是tu,在较古的时代,法国在下的人(如婢仆)称在上的人为"他"或"她"(il或elle),不称"你"。德语的礼貌式是以"他们"(sie)替代"你"(du)。以名词为礼貌式也不是没有,像法国老规矩也是以"先生"(monsieur)或"太太"(madame)替代"你"的;又如称帝王为sa majestè(his Majesty)之类,但是,终不像中国古代有那样多的当称呼用的名词。我们又注意到,在东方诸族语里,人称代词的用途往往是很少的,例如安南语和吉蔑语(Khmer)里③,就几乎专用人伦或爵位的称呼来称人或自称。除了对婢仆或骂人之外,安南语里竟没有"我、你、他"(tao,mây,nó)④。因此,就礼貌式而论,安南、吉蔑诸族语是一个极端,中国则近代不如古代,现代又不如近代。现代一般青年"尔汝"(tutoyer)之风甚盛,将来恐怕比西洋的礼貌式还更少了。

第二节　无定代词、复指代词等

Curme把代名词分为七类:

(1)人称代名词(personal pronouns)

(2)复指代名词(reflexive pronouns)

---

① 《红楼梦》里有"我们"用于单数的例子,参看《中国现代语法》第四章第一节,《王力全集》第七卷。

② 参看叶氏《英语语法纲要》137—204页,又Curme,Parts of Speech,p.152。

③ 参看G.Maspéro,Grammaire de la Langue Khmère。

④ 例如自称为"仆"(tôi),为"子"(con),为"侄"(chaú),对称为"官"(guan),为"翁"(ông),为"婆"(bà),为"舅"(càau),为"姊"(thim),为"兄"(anh),为"姊"(chi),他称与对称略同。

（3）交互代名词（reciprocal pronouns）

（4）关系代名词（relative pronouns）

（5）无定代名词（indefinite pronouns）

（6）疑问代名词（interrogative pronouns）

（7）范围形容词用如代名词（limiting adjectives used as pronouns）

我们对于代词的分类，如 Curme 大同小异。中国没有关系代名词①，却另有一种被饰代词（modified substitute or modified pronouns）。至于所谓形容词用如代名词者，大多数就是我们所谓指示代词，于是我们的代词也可分为七类：

（1）人称代词　　　（2）无定代词

（3）复指代词　　　（4）交互代词

（5）被饰代词　　　（6）指示代词

（7）疑问代词

人称代词已在上节讨论过，指示代词和疑问代词留待下文讨论，本节里只讨论其余四种代词。

（一）无定代词

依叶氏的意见，英语里的无定代词是 one、an(a)、some、any、either、all、both、every、each、none(no)、neither 等②。依 Curme 的意见，是 somebody、anybody、everybody、nobody、something、somewhat、anything、everything、aught、nothing、naught 等③。

由此看来，中国语里可认为无定代词的并不多，只有"人、人家、别、别人、大家、某、等"之类，兹分别讨论于下：

人——"人"字用为无定代词，极像德语和斯干的那夫语的

---

① "所"字只是动词的记号，见第三章第四节。

② 见《英语语法纲要》68 页。

③ 见 Parts of Speech, p.15, Curme 的意见和叶氏不同，因为他限于替代名词之用的，而叶氏却把他所谓 adjectives used as pronouns 也认为 definitive pronouns 了。我们的意见和叶氏相近。

man,因为同是由人类的意义演变出来的用途。英语的 one 却是从数字变来的,就语源而论,中国的人相差颇远①,而且用途也比中国"人"字狭得多。法语的 on 和"人"的用途最相仿,像下面所引《论语》的几个例子里,"人"字都可译为 on:

　　(A)事君尽礼,人以为谄也。(《论语·八佾》)

　　(B)人之言曰:"为君难,为臣不易。"(《论语·子路》)

　　(C)人无远虑,必有近忧。(《论语·卫灵公》)

　　叶氏把这一类的代词叫做 generic person(通称)②,但是,法语里用 generic person 的地方,英语却往往用被动式,例如③:

　　on croit = it is thought

　　on dit = it is said

　　on me l'a dit = I was told so

中国语里在这种情形决没有被动的说法,所以说是和法语相近。

"人"字又可用于目的位或次品,例如:

　　(A)学而不厌,诲人不倦。(《论语·述而》)

　　(B)君子成人之美,不成人之恶。(《论语·颜渊》)

　　(C)始吾于人也,听其言而信其行,今吾于人也,听其言而观其行。(《论语·公冶长》)

　　(D)晏平仲善与人交。(《论语·公冶长》)

　　(E)唯仁者能好人,能恶人。(《论语·里仁》)

　　(F)夫子循循然善诱人。(《论语·子罕》)

　　在这种情形之下,英、法语不再用 one 和 on,而用别的说法,如 action noun 之类。

　　以上所举的那些"人"字都不能认为普通名词,因为它们不是

---

① 但是,近来欧化的文章里,于英语该用 one 的地方写成"一个人",这又是中英合璧的说法了。

② 见《英语语法纲要》15 页。

③ 见 Cassell's French-English Dictionary。

指人类而言,譬如"人以为谄也"只是有些人以为谄;"晏平仲善与人交"只是与某一些人交,晏平仲自己也是人,却不包括在这"人"字之内。"人无远虑,必有近忧",虽是指一般人而言,但既包括说话人和对话人在内,也就略等于"咱们",所以也可算是代词,不算名词。不过,像"人无远虑"……这种"人"字已经是在代词和名词的边界上了。

"人"字又可以当"别人"讲,见下文"别"和"别人"一条。

人家——"人家"有两种意义:像"树林深处有人家",这"人家"是人的家,是仂语,又像"人家不理你",这"人家"并不是人的家,故是单词。这里所讨论的乃是单词的"人家"。

"人家"是现代语,可说是"人"的替身,例如"人以为谄也"可译成:"人家以为是谄媚。"但指一般人而言的"人"字(如"人无远虑,必有近忧")都不能说成"人家"。

"人家"又可用如化装的我(disguised I),或暗指的他,例如:

(A)人家说是便怎么样?(《儿女英雄传》18)

这"人家"指的是我。

(B)你看着人家赶蚊子的分上,也该去走走。(36)

这"人家"指的是他。

英语里虽也有化装的(one would think she was mad)[1],但是英语的化装往往为的是说得委婉,中国语的化装往往为的是说得俏皮,所以在用途上不尽相同。

"别"和"别人"——英语的 other,有时候是无定代词(Some of his pupils admired him, others detested him),有时候是指示代词(There are in England two famous universities, one is Oxford and the other Cambridge)[2]。但是中国的"别"和"别人"都只是无定代词,英语用做指示代词的地方,中国该用"另一个、其余几个"之类。

———————————

[1]　参看叶氏《英语语法纲要》150 页。

[2]　同书 180 页。又 Curme, Parts of Speech, p.25。

"别人"应该是一个仂语,因为可说成"别的人"。不过,因为它有代词的用途,所以把它归入无定代词。它的前身就是"人"字,下面是《论语》里的一些例子:

（A）不患人之不己知,患不知人也。(《论语·学而》)

（B）夫子之求之也,其诸异乎人之求之与。(《论语·学而》)

（C）我不欲人之加诸我也,吾亦欲无加诸人。(《论语·公冶长》)

（D）夫仁者,己欲立而立人,己欲达而达人。(《论语·雍也》)

（E）人皆有兄弟,我独亡。(《论语·颜渊》)

（F）己所不欲,勿施于人。(《论语·颜渊》)

（G）我之不贤与?人将拒我,如之何其拒人也?(《论语·子张》)

"人家"和"别人"的界限不很清楚,尤其是在古代"人"字兼有这两种意义的时候。但是大致的分别却是有的:"人家"只是泛指世上某一个人或某一些人,"别人"却是和某一个人或某一些人相对而说的另一个人或另一些人。

大家——"大家"也有两种意义:"大家闺秀"的"大家"是仂语;"大家都去"的"大家"是单词。这里所讨论的是后者。

"大家"用为无定代词,大约唐代以前就有了。杜荀鹤诗有云:"百岁此中如且健,大家闲作卧云翁。"

"大家"略等于英语的 everybody 或 everyone,没有什么可以多讨论的。但是,有时候,"他"和"我"相应,在骈语里,其意义也等于"大家",这却是中国语的特色,例如:

（A）明儿他也来迟了,后儿我也来迟了,将来都没有人了。(14)等于说:"明儿大家都来迟了……"

（B）家里上千的人,他也跑来,我也跑来,我们认人问姓还认不清呢!(52)等于说:"……大家都跑来……"

某——"某"字略等于英语的 certain。叶氏把 certain 叫做 pronoun of discretion(隐指代词)。它所指的人或物本是有定的,可以说出的,不过我暂时不想说出①。但是,在法语里,certains 用于复数时,却不一定是说得出来的人或物②。中国的"某"字,本是隐指有定的人或物的③,但现在欧化文章里,也有完全无定的说法,因为有人把"某一些"去翻译英语的 some。

等——"等"字在意义上等于拉丁的 et cetera(etc.)和英语的 and so forth 或 and so on;然而它在词性上绝不相同。它是一个单词,所以可认为代词;它所代的是因避繁而不想说出的人或物,或实际上知道得不很清楚的人物。因此咱们可以说,"等"字是居于名词后面的"某"。

"等"字是古语的残留,现在官话里用"他们"或"那些人"来替代"等"字:

(A)只可气晴雯绮霞他们这几个都算在上等里去。(26)

(B)张先生他们都来了没有?

(C)又是蒋玉菡那些人哪!(90)

吴语里(如苏州)有一种特别的说法,就是以"笃化"代"等"字,例如:"我还要买牛肉笃化。"意思是说:"我还要买牛肉等等。"

(二)复指代词

"自"字——在古语里,"自"和"己",在意义上或用途上,都大不相同。"自"字实际上是一个末品代词。它非但永远不能居于主位,严格地说,它也永远不居于目的位。在英语的 he hates himself 里,himself 确是居于目的位。因为英语的目的位是在叙述词后面的;在法语的 il se hait 里,se 也确是居于目的位,因为法语代名词目的位是在叙述词前面的。至于中国古代语呢,除了否定语和疑

---

① 参看《英语语法纲要》18 页。

② 参看 Grammaire Larousse du XXe Siècle,p.204。

③ 例子见于《中国现代语法》第四章第二节,《王力全集》第七卷。

问语之外,目的位总是在叙述词后面的;"自"字在古代,永远在叙述词的前面,就只是借用代词做一种方式限制,表示那行为只是施于主事者自己,并不影响及于别人或东西,例如:

(A)公则自伤,鬼恶能伤公。(《庄子·达生》)

(B)国必自伐,而后人伐之。(《孟子·离娄上》)

(C)大司马咎、长史翳、塞王欣皆自刭汜水上。(《史纪·项羽纪》)

(D)岂若匹夫匹妇之为谅也,自经于沟渎而莫之知也。(《论语·宪问》)

现代有"自己恨自己"一类的说法,这是把"自"的用途和"己"的用途合起来。上一个"自己"是"自"的本来用法,下一个"自己"本不该用的,因为现代及物动词不能没有目的位,而"己"字本来是可用于目的位的,所以就借来用了。

"自"字还有一种意义,就是表示那行为是由己的,不是由人的。这种意义的"自"字,当然更不能认为目的位,例如:

(A)天行健,君子以自强不息。(《易·乾卦》)

(B)曰:奚冠? 曰:冠素。曰:自织之与? 曰:否。(《孟子·滕文公上》)

(C)徒善不足以为政,徒法不能以自行。(《孟子·离娄上》)

(D)君子深造之以道,欲其自得之也。(《孟子·离娄下》)

其实,两种意义的"自"字都是从一个来源出来的。"反己"和"由己"在意义上很相近。至于用途,就更没有分别,因为都是末品代词。

"己"字——"己"字和"自"字的分别有下列的几点:

(1)"己"字能居于主位,而"自"字不能,例如:

(A)己则反天,施于人而又以讨人,难以免矣。(《左传·文公十五年》)

（B）禹思天下有溺者，由己溺之也；稷思天下有饥者，由己饥之也。（《孟子·离娄下》）

（2）"己"字能居于目的位和关系位，而"自"字不能，例如：

（A）君子贵人而贱己，先人而后己。（《礼记·坊记》）

（B）货恶其弃于地也，不必藏于己，力恶其不出于身也，不必为己。（《礼记·礼运》）

（3）"己"字能用于次品，而"自"字不能，例如：

（A）况贪天之功以为己力乎？（《左传·僖公二十四年》）

（B）尧以不得舜为己忧，舜以不得禹、皋陶为己忧。（《孟子·滕文公上》）

（4）"己"字不必与主事者为同一人物，而"自"字则必然，例如：

（A）不患人之不己知，患不知人也。（《论语·学而》）

（B）以听伊尹之训己也，复归于亳。（《孟子·万章上》）

"己"字本是人称代词之一种，因为它常常复指第三身，所以归入复指代词。

"己"字复指两种主语：第一种是无定代词，第二种是名词或人称代词，兹分别讨论如下：

（1）"己"字复指无定代词，恰似法语 soi 之复指 on，即使主位是空虚的（主语不同），只要能推知其主事者是无定的，也该用"己"字复指，例如：

（A）为仁由己，而由人乎哉。（《论语·颜渊》）

（B）不患人之不己知，患其不能也。（《论语·宪问》）

"患其不能也"等于说"患己之不能也"；"己"字常用于第三身，故于领格用"其"。

（C）行己有耻，使于四方，不辱君命，可谓士矣。（《论语·子路》）

（D）枉己者，未有能直人者也。（《孟子·滕文公下》）

（E）人人有贵于己者，弗思耳。（《孟子·告子上》）

（F）天下大悦而将归己，视天下悦而归己，犹草芥也，唯舜为然。（《孟子·离娄上》）

这里先用无定语意，然后说出舜来。

（2）"己"字复指名词或人称代词，有时候和西洋语法相同，例如：

（A）异哉子叔疑，使己为政，不用则已矣，又使其子弟为卿。（《孟子·公孙丑下》）

（B）大舜有大焉，善与人同，舍己从人，乐取于人以为善。（《孟子·公孙丑上》）

有时候却和西洋语法不同，如在主位，英语该用 he 的地方，中国可用"己"，例如：

（A）他日归，则有馈其兄生鹅者，己频蹙曰：恶用是鶂鶂者为哉。（《孟子·滕文公下》）

（B）有人于此，越人关弓而射之，则己谈笑而道之。（《孟子·告子下》）

尤其是在目的位的"己"字，和西洋复指代词的用法更是往往不相同。西洋复指代词用于目的位时，必与叙述词的主事者为同一人物，而中国古语则不必如此，例如：

（C）仁者如射，射者正己而后发，发而不中，不怨胜己者，反求诸己而已矣。（《孟子·公孙丑上》）

"正己"和"反求诸己"都合西洋语法，只有"胜己"不合，因为"胜"的主事者和"己"，非同一人。

（D）太甲悔过，自怨自艾。于桐处仁迁义三年，以听伊尹之训己也，复归于亳。（《孟子·万章上》）

"训"的主事者为伊尹，"己"指太甲，非同一人。

（E）子思以为鼎肉，使己仆仆尔亟拜也。（《孟子·万章下》）

（F）夫差使人立于庭，苟出入，必谓己曰。（《左传·定公十四年》）

以上"使"和"谓"的主事者和"己"都非同一人。

（G）显恐天下学士姗己,病之。（《汉书·佞幸传》）

"姗"（笑）的主事者为天下学士,"己"指显,非同一人。

这种用法,直至现代还有类似的情形,例如:

（A）况且黛玉素多猜忌,好弄小性儿,此刻自己也跟进去……（27）

（B）此夕宝玉便不命晴雯挪出暖阁来,自己便在晴雯外边。(52)

以上是"自己"用于主位。

（C）宝玉又听宝钗一番话半是堂皇正大,半是体贴自己的私心。（34）

（D）薛蟠见宝钗说的话句句有理……因此便要设法拿话堵回他去,就无人敢拦自己的话了。（34）

以上是"自己"用为目的位的修饰品,和主事者非同一人。

但是,古代在目的位用"己"的地方,现代语却用"他"字了,例如:

（A）宝钗分明听见黛玉克薄他。（35）

　　（宝钗固知黛玉嘲己。）

有时候,为了避免含糊起见,用"自己"为第一个第三人称,留着"他"字为第二或第三个第三人称（见上节"第四人称"一条）,所谓第一个第三人称,就是在本句里第一个被提及的人,例如:

（A）那黛玉听见贾政叫了宝玉去了一日不回来,心中也替他忧虑。至晚饭后,闻得宝玉来了,心里要找他问问是怎么样了。一步步行来,见宝钗进宝玉的园内去了,自己也随后走了来。（26）

"自己"指黛玉,"他"指宝玉。

（B）黛玉听了这话,不觉气怔在门外。待要高声问他,径起气来,自己又回思一番……（26）

"自己"指黛玉;"他"指晴雯。

（C）薛蟠见妹子哭了,便知自己冒撞,便赌气走到自己屋里

安歇不提。(34)

这里"自己"若说成"他",就会令人误会是宝钗。

(D)黛玉伸手拿起,打开看时,却是宝玉病时送来的旧绢子,自己题的诗,上面泪痕犹在。(87)

这里"自己"若说成"他",就会令人误会是宝玉。

这种办法是英、法等语里所没有的。因为它们的人称代词有性的分别。所以像上面几个例子还不至于含糊。若像下面的一个例子,性的分别既没有用处,就觉得中国这个办法比较地能使意义显明了:

(E)凤姐算着园中姊妹多,性情不一,且又不便另设一处,莫若送到迎春一处去;倘日后邢岫烟有些不遂意的事,纵然邢夫人知道了,与自己无干。(49)

(三)交互代词

"相"字——"相"字也是末品代词,在词性上颇像法语的 se (ils s'aiment),不像英语的 each other(they love each other),因为前者是单词,后者是两词的结合。

"相"字也像"自"字,是动作的受事者,就普通说,"相"字所在的句子里,主语必须是两个以上的人或物,而且他们的动作是交互的,他们同是此动作的受事者,但是,它偶然可以不表示交互,这样就成了化装的"我"、化装的"你"或化装的"他"了,例如:

(A)小生乃欲相吏耶?(《汉书·朱云传》)

这"相"是化装的"我"。

(B)后褒坐事左转高唐令,临去,握伦臂诀曰:"恨相知晚。"(《后汉书·第五伦传》)

这"相"是化装的"你"。

(C)东平吕安服康高致,每一相思,辄千里命驾。(《晋书·嵇康传》)

这"相"是化装的"他"。

又有"自相"的说法,表示此交互的行为只在此范围之内,这种

"自"字等于法语的 entre eux，例如：

（A）群儿自相贵耳。（《汉书·霍光传》）①

只有些"自相"在词性上极相同，而在意义上则稍不同：

（B）兄弟自相残杀。

"相"字在现代一般口语里是死了，现在只用"你"和"我"相照应，造成骈语，以表示交互的意义。旧小说里所谓"面面相觑"现代口语里说成"你看我，我看你"②。这种演变是很有趣的。

（四）被饰代词

"者"字——"者"字并不是一般所谓关系代词。它也像"所"字一样，并不曾居于两个句子形式的中间，担任联结的职务（参看第三章第四节）。

在大多数情形之下，"者"字只代表被修饰的"人"字（"者" = "之人"），并没有任何先词，例如③：

（A）仁者安人，知者利仁。（《论语·里仁》）

（B）故善治生者能择人而任时。（《史记·货殖列传》）

（C）不有居者，谁守社稷？不有行者，谁扞牧围？（《左传·僖公二十八年》）

（D）为此诗者，其知道乎？（《孟子·告子上》）

（E）为机变之巧者，无所用耻焉。（《孟子·尽心上》）

（F）彼窃钩者诛，窃国者为诸侯。（《庄子·胠箧》）

（G）夫为天下者亦奚以异乎牧马者哉？（《庄子·徐无鬼》）

（H）夺项王天下者，必沛公也。（《史记·项羽本纪》）

即以有先词的"者"而论，也并不像西洋的关系代词，例如④：

---

① 《马氏文通》云："自相贵者，各人自贵，又交相贵也。"其说非是。其实该说："群儿自相贵者，相贵之人不出群儿之外也。"

② 《红楼梦》里有这种例子，见《中国现代语法》第四章第二节，《王力全集》第七卷。

③ 例子采自杨树达先生《高等国文法》92 页。

④ 例子除 A 例外，采自黎锦熙先生《比较文法》175—176 页。

（A）事其大夫之贤者，友其士之仁者。（《论语·卫灵公》）

（B）是则罪之大者。（《孟子·离娄下》）

（C）伯夷，圣之清者也；伊尹，圣之任者也；柳下惠，圣之和者也；孔子，圣之时者也。（《孟子·万章下》）

（D）请东人之能与夫二三有司言者，吾与之先。（《左传·文公十三年》）

这种形式，若译为英语，可以有两种译法：第一，如"大夫之贤者"即当作"贤大夫"译（the good ministers），"罪之大者"即当作"大罪"译（a great crime）；第二，如"圣之清者"可译为 a saint of chastity。在这两种译法中，我们都看不出"者"字有关系代词的职务。这并不是说，如果"者"字可用西洋关系代词译出，就一定该认为关系代词；我们只是说，纵然要勉强比附西文，也比附不来，可见太没有根据了。

又有人拿"者"字比现代的"的"字，也是不对的。"的"字除了做语气词之外无论在什么地方都是一种修饰品后附号。"看门的"并不等于"守门者"，因为"看门的"是"看门的人"的省略，而"守门者"并不是"守门者人"的省略。关于"者"和"的"的分别，参看第三章第四节。

复指的"者"字——"者"字还有一种用途，就是复指名词，以引起一种判断语或描写语，例如：

（A）南冥者，天池也；《齐谐》者，志怪者也。（《庄子·逍遥游》）

（B）政者正也。（《论语·颜渊》）

（C）至如信者，国士无双。（《史记·淮阴侯列传》）

等于说："信者，无双之国士也。"以上系"者"字引起判断语。

（D）天犹有春秋冬夏旦暮之期，人者厚貌深情。（《庄子·列御寇》）

此系引起描写语。

（E）且夫二子者，又何足以称物哉。（《庄子·庚桑楚》）

（F）吕公者，好相人。（《史记·高帝本纪》）

（E）（F）两例"者"字后面是变相的描写语。

这种"者"字已经很近于纯粹的虚词，不过，它仍不失为代词，只是该归入复指代词一类，不复认为被饰代词罢了。

依我们设想：上古中国语里，主语后面往往要重一个代词，判断句和描写句里的主语往往重一个"者"字，如上所述；叙述句里的主语，则往往重一个"其"字，例如：

（A）令尹其不勤民，实自败也。（《左传·僖公二十八年》）

（B）尧舜其犹病诸。（《论语·雍也》）

这一个事实，需要更深的研究，现在先记于此①。

第三节　指示代词

两分法和三分法——有些语言里，指示代词分为近指和远指两种，例如中国古语里的"此"和"彼"，现代官话的"这"和"那"。另有些语言里，除了近指、远指之外，还有第三种指示代词，就是非远非近，只指的是某一定的人物，例如，现代苏州话（吴语区域准此），近指用"该"（"该个、该搭"），远指用"规"（"规个、规搭"），普通非远非近用"格"（"格个、格搭"）；又如安南语，近指用 nay，远指用 kia，普通非远非近用 ây。

大约若非用手指出来说，就用普通的指示代词。譬如下面几个苏州话的例子，里面的"格"字，在北京话里只好用"这"或"那"：

（A）既然大家要好末，也勿在乎格点洋钱。（《九尾龟》23）

（既然大家要好，也就不计较这一点儿钱。）

（B）倪又勿比格排吰拨良心格倌人……（《九尾龟》23）

（我又不比那种没良心的倌人……）

---

① 我们猜想系词"是"字也是从这种用途演变而来的。"是"字本是指示代词，因为重叠在名词之后，渐渐变为系词。

（C）倪吭拨格号福气。（《九尾龟》31）

　　（我没有这种福气。）

（D）耐看格付架形，阿要讨气。（《九尾龟》64）

　　（你看这个样子，多讨厌。）

如果说话人用手指着对话人而说，这"格"字也可说成"该"字。

在英、法等语里，表面上是两分法（如英语的 this 和 that），其实也可说是三分法，因为所谓有定冠词（difinite article）其实就是指示代词的变相。叶氏说 the 可认为 that 的弱式[1]；所谓弱式就是不像用手指出那样吃力，只是对于上面说及的人物或某一定的人物，作一种指称的表示而已。因此在英语里，咱们可以说 this 是近指的指示代词，that 是远指的指示代词[2]。而 the 则是非远非近的普通的指示代词。叶氏把这三个词都归入有定代词（definite pronouns）一类[3]，确有道理。

由此看来，吴语和安南语的指示代词，可说是和英语的同一模型，英语的 he，多半可译为吴语的"格个"、安南语的 ây；若译为官话的"这"或"那"，却又多半是不可通的。这就因为三分法和两分法不同的缘故。

近指和远指的分别——近指和远指，似乎很容易分别。其实除非远近二物都说得出来，才有了比较；否则所谓远或近是没有标准的。因此，甲族语用远指代词的地方，乙族语却用近指；甲用近指的，乙却用远指。试看下面英语和中国语比较的例子：

（A）That is true.（这是真的。）

（B）Is that all?（这就全了吗？）

（C）Don't roll your eyes like that!（别这样转你的眼睛。）

---

① 《英语语法纲要》161 页。

② 英语里还有最远指的一个指示代词，就是 yon（yonder），因为现代罕用，故不叙及，参看叶氏《英语语法纲要》156 页。

③ 《英语语法纲要》161 页。

　　法语的 cela,理论上是远指,因为它是和近指的 ceci 对立的,但是,多数用 cela 的地方,译成中国语都只是"这"不是"那"。在这一点上,法语比英语更和中国语离开得远了,例如:

　　（A）Prends cela(prends ça). （你拿这个。）

　　（B）Donnez-moi cela.（请你给我这个。）

　　（C）Cela est trop fort(ça c'est trop fort).（这太厉害了。）

　　（D）Vous ne devez pas me traiter comme cela(commeça).

　　　　（你不应该这样对待我。）

　　英、法语里,若非用手指出,又非远近两者比较,都往往于下文将说及的事物用近指代词,于上文已说及的事物用远指代词。关于这一点,连现代欧化的文章也没有模仿到;咱们通常在这种地方都只用"这"字不用"那"字,例如①:

　　（A）This above all,to thine owne selfe be true.(Shakespeare)

　　（B）To be,or not to be,that is the question.(Shakespeare)

　　（C）This is what he said,"How could he be such a fool!"

　　（D）"How could he be such a fool!" That was what he said.

　　由"彼、此"至"那、这"——很粗地看起来,"彼、此"就是"那、这"的前身。但"此"和"这"的用途已经不十分相同,因为"此"字可单用于目的位,"这"字不能单用于目的位(必须说成"这个")。"彼"和"那"的用途相差更远了,至少有两点是大不相同的:

　　(1)"彼"字比"此"字的用途狭得多,而"那"字和"这"字的用途大致相等;

　　(2)"彼"字罕见用于次品②,"那"字则以用于次品为常。

　　"彼"字用为指示代词时,往往和"此"字相对,例如:

　　（A）彼一时也,此一时也。(《孟子·公孙丑下》)

　　（B）春秋无义战,彼善于此,则有之矣。(《孟子·尽心下》)

---

① 　例子采自《英语语法纲要》158 页。

② 　《论语·季氏》:"危而不持,颠而不扶,则将焉用彼相矣。"这恐怕是唯一的例子。

（C）以德若彼，用力如此，盖一统若斯之难也。（《史记·秦楚之际月表序》）

（D）陛下患使者有司之若彼，悼不肖愚民之若此。（《史记·司马相如列传》）

（E）由是观之，在彼不在此。（《史记·酷吏列传》）

这也是"彼"字罕用的原因，但最大的原因还是因为古人喜欢多用近指，少用远指。

和"此"同义或差不多同义者，有"斯、兹"诸字。"此、斯、兹"也许是方言上的分别；《论语》没有"此"字，只有一个"兹"字，其余都用"斯"，《孟子》里"此"字很多①。《书经》里喜欢用"兹"字。"是"与"此"，在先秦有细微的分别：当其指物时，"此、是"都可用；但当其指人时，则多用"是"字（例见下文），罕用"此"字②。

古代人称第三身没有主格（见第四章第一节），遇主语须用代词时，就用指示代词"是"或"彼"。若以现代语相比，就等于用"这人"或"那人"替代"他"，例如：

（A）齐侯围郕，孟孺子速徼之。齐侯曰："是好勇，去之以为之名。"（《左传·襄公十六年》）

（B）左史倚相趋过，王曰："是良史也，子善视之。是能读《三坟》《五典》《八索》《九邱》。"（《左传·昭公十二年》）

（C）是食言多矣，能无肥乎？（《左传·哀公二十五年》）

（D）陈良楚产也，悦周公仲尼之道，北学于中国。北方之学者，未能或之先也。彼所谓豪杰之士也。（《孟子·滕文公上》）

方式的指示——方式的指示，有用仿语者，如英语的 like this、

---

① 《论语》虽称为《鲁论》，而孟子又是邹人，但当时交通不便，百里外就可能生出方言的差异。

② 《左传·庄公二十二年》："陈衰，此其昌乎。""此"指陈敬仲是例外。——专用于次品者，又有"该"字，它是近代公文上行下所用的指示代词，必须有先词，等于法语的 ledit 或 ladite，最近书报上"该"字的用途又扩充了，不限于上行下，且不限于公文。

like that,中国古语的"如此、如是、若斯、如彼"等;有用单词者,如英语的 so,中国古语的"然、尔"等。下面是中国古语的例子:

（A）此之谓三有礼焉。如此则为之服矣。(《孟子·离娄下》)

（B）伯夷、伊尹于孔子,若是班乎。(《孟子·公孙丑上》)

以上系用仿语指示方式。

（C）其然,将具敝车而行。(《左传·襄公二十三年》)

（D）故君子之于学也,藏焉,修焉,息焉,游焉。夫然,故安其学而亲其师,乐其友而信其道。(《礼记·学记》)

（E）七十者衣帛食肉,黎民不饥不寒,然而不王者,未之有也。(《孟子·梁惠王上》)

（F）相曰:"王自使人偿之。不尔,是王为恶而相为善也。"(《汉书·田叔传》)

（G）未能免俗,聊复尔耳。(《世说新语·任诞》)

以上系用单词指示方式。

现代语里,"这样、那样"该认为仿语,因为是这个样子、那个样子的意思。这种仿语用于末品,就是第一章第七节里所谓关系位。至于"这么、那么"却该认为单词,因为"么"字不是单词,只是"这、那"的后附号。

古今的指示代词和指示性仿语的比较,可如下表:

方式 $\begin{cases} 近指的 \begin{cases} "如此"用于句末="这样" \\ "如此"用于谓词前="这么、这样" \\ "然"字替代整个谓语="这么着、这样" \end{cases} \\ 远指的 \begin{cases} "如彼"用于句末="那样" \\ "如彼"用于谓词前="那么、那样" \\ "然"字替代整个谓语="那么着、那样" \end{cases} \end{cases}$

程度的指示——程度的指示(表示夸张)在古代和方式的指示没有分别。因为所用的指示性仿语完全相同,例如:

（A）管仲得君,如彼其专也;行乎国政,如彼其久也;功烈如彼其卑也。(《孟子·公孙丑上》)

（B）以德若彼,用力如此,盖一统若斯之难也。(《史记·秦楚之际月表序》)

到了宋代以后,有"如许"的说法,似乎专用于程度的指示,例如：

（A）吾头颅如许,报国无路,惟有孤愤。(《宋史·杨万里传》)

（B）臞儒枯木形,受用侈如许。(范成大《壬辰三月十八日石湖花下作》)

到了现代北京语里,程度和方式的指示就大致分开了。用于末品者,虽也可用"这么、这样",然而有"这等、那等"专为指示程度之用;用于次品者,就和方式的指示完全不同,而且分为质的表示和量的表示,前者用"这么个"和"那么个",后者用"这么些"和"那么些"：

（A）怎么这等高兴?（50）

（B）谁知他家那等荣贵,却是个富而好礼之家。(2)

以上是末品。

（C）花的银子,照样也打出你这么个的银人儿来了。(45)

（D）我见他们吓的那么个样儿。(101)

以上是次品之用于质的方面者。

（E）倒像是客,有这么些套话。(85)

（F）床底下堆着那么些(钱),还不够你输的?（20）[1]

固然,"这么个"和"那么个"可认为"这么一个"和"那么一个"的省略,但"这么、那么"加于"一个"之上,也正是程度的指示的特征。"这么些"和"那么些"里,"些"字由少数的意义变成多数的意

---

[1] 　(文集本)编按:人民文学出版社本(C)作"花的银子,照样打出你这个银人儿来了"。(D)"么个"作"那个"。(F)作"床底下堆着钱,还不够你输的"。

义,则又不可认为"这么、那么"和"一些"的结合了。

英语的 such a 和中国语的"这么个"的词序很相近似;如 such a doctor 等于"这么个医生",such a kind man 等于"这么个好人"。这是很巧的偶合,咱们不可因此就认为世界语言都是这样的;法语里就没有指示代词放在无定冠词前面的说法。从坏的方面说,法语用形容词 pareil,如"这么个医生"说成 un méde cin pareil;从好的方面说,法语用 si 放在形容词的前面,如"这么个好人"说成 un homme si aimable,都和中、英语的词序不同。

处所的指示——关于处所的指示,英语有一种专用的单词。"焉"字似乎是专用的词了,例如:

（A）制,岩邑也,虢叔死焉。(《左传·隐公元年》)

"焉"颇像 there。

（B）……必死是间。余收尔骨焉。(《左传·僖公三十二年》)

"焉"颇像 here。

有些地方虽似指人,其实也可算是指处所,例如:

（C）三人行,必有我师焉。(《论语·述而》)

　　　（……必有我师于此三人之中。）

（D）项羽由是始为大将军,诸侯皆属焉。(《史记·项羽本纪》)

　　　（……诸侯皆属于项羽之部队。）

依中国人的语象,"有"字总包含着处所的意思(英语的 there is,法语的 il y a,也包含有处所的指示代词),所以由"有"字做谓词的句子也就可以用"焉"字煞句,例如:

（E）有民人焉,有社稷焉,何必读书,然后为学。(《论语·先进》)

（F）十室之邑,必有忠信如丘者焉,不如丘之好学也。(《论语·公冶长》)

但是，"焉"字并不是纯粹的指示代词；它原是一个语气词，不过常带指代的性质而已。因此，凡带"于此"意义的"焉"字必须用来煞句，并非处处可用的。

古代"彼、此、斯"等字，可以兼作指示处所之用，例如：

（A）息壤在彼。(《战国策·秦策》)

（B）今王鼓乐于此。(《孟子·梁惠王下》)

（C）有美玉于斯。(《论语·子罕》)

现代官话关于处所的指示，近指用"这里"，远指用"那里"，乃是指示性仿语，因为它们的意义等于"此中"之类。苏州话的"该搭、规搭"，广州话的"呢处、个处"也都是仿语，因为"该、规"和"呢、个"都等于"这、那"而"搭"则与"处"义同。只有北京俗语里的"这儿、那儿"才是真正专用于处所指示的单词。

英语的 here 和 there 虽被认为副词，有时也可用于首品，例如 from here、from there 之类。中国的"这里、那里"则以用于首品为常，所以英语的 here 和 there 译成中国语往往是"在这里、在那里"；偶然不用"在"字，并且用于末品，例如"这里贾母喜得逢人便告诉"(56)，也只该认为关系位。总之，中国语的"这里、那里"绝对不该认为副词。

时间的指示——英语的 now 和 there 是所谓代名性副词。依我们的主张，可以简单地称为代词。关于 there，中国没有相当的单词，只有"其时、那时候"一类的仿语；关于 now，中国则有"今"或"现在"和它相当。

英语的 today、yesterday 和 tomorrow，普通认为有名副两性[1]。而法语的 aujourd'hui hier 和 demain 则普通只认为副词[2]。其实也都该认为代词。

它们合于代词的性质，因为它们是没有定义的；它们所指的时

---

[1] 参看 Webster's Academic Dictionary。

[2] 参看 Nouveau Petit Larousse。

间,并不是一定不变的时间。我说话的时候是三十年七月二十九日,则所谓今天就是三十年七月二十九日;至于翌日所谓今天,则又该是三十年七月三十日了。这和"他"字可指张三,又可指李四,是一样的道理。

还有一层应该注意的:咱们现在的一年叫做"今年",现在的一日叫做"今日"(或"今天"),然而现在的一个月却叫做"这个月"。可见在理论上"今年"也可称为"这年"(英、法语就是这样),"今日"也可称为"这日","后日"或"前日"也可称为"那日"(安南语便是这样)①,可见"今、昨、明、去、前、后"字确有代词的性质了。

指示代词用如无定代词——"这、那"或"彼、此"互相照应,可以有无定代词的用途②;在这种情形之下,它们颇像英语的 some、others(some like it, others dislike it),例如:

(A)众声不一,这一个如此说,那一个又如彼说。(9)

(B)哄着我替你梳头,洗脸,做这个,弄那个。(32)

第四节　疑问代词

疑问代词所代的是什么?——疑问代词既是表示疑问,还能替代什么呢?严格地说,疑问代词并不是一种代词,它只是一种求代词;它要求对话人把名词代词等等去替换说话人所说的"谁、什么"等等。其替换的情形如下:

(1)要求名词者:他是谁? 他是张三。你吃什么? 我要吃花生米。

(2)要求代词者:哪一个是张三? 他是张三。你买哪只? 我买这一只。

(3)要求修饰次品者:张三是怎样的人? 张三是好人。

---

① 安南语称"前日"为 hom kia,"后日"为 ngày kia,直译都是"那日",因为 hom 和 ngày 都是"日"的意思,而 kia 则是"那"的意思。

② 参看《中国现代语法》第四章第二节,《王力全集》第七卷。

（4）要求末品者：你怎么来的？我坐汽车来的。

疑问代词和他种代词的关系——疑问代词另立一类,和其他各种代词对立,这是不很妥当的办法,因为疑问代词如果是要求以代词作答的话,它所要求的显然是两种不同的代词：

（1）要求以人称代词作答者：谁？我、你或他。什么？它①。

（2）要求以指示代词作答者：哪一个？这一个或那一个②。怎么样？这样。

因此,可见疑问代词实是人称代词和指示代词的疑问式：它既是它们的疑问式,就不该和它们并为另一种代词；它既然和两种代词相当,也不该合成一种。不过,这是西洋沿用已久的归类法,我们又想不出更好的办法,也只好暂时沿用下去了。

上古疑问代词的位置——中国上古的疑问代词,如果居于目的位,必须放在叙述词的前面,例如：

（A）寡人有子,未知其谁立焉。（《左传·闵公二年》）

（B）吾谁欺？欺天乎？（《论语·子罕》）

（C）王者孰谓？谓文王也。（《公羊传·隐公元年》）

（D）人而无止,不死何俟？（《诗·鄘风·相鼠》）

（E）客何好？……客何能？（《战国策·齐策》）

（F）问臧奚事,则挟策读书；问谷奚事,则博塞以游。（《庄子·骈拇》）

（G）居恶在？仁是也。路恶在？义是也。（《孟子·尽心上》）

（H）泰山其颓,则吾将安仰？（《礼记·檀弓上》）

这种词序和否定句的人称代词倒置于叙述词前面的情形相似

---

① "它"字是欧化的人称代词,实际上答复"什么"的是名词,不是代词。但是在理论上,用"它"字去比配"什么"是可以说得通的。

② 问"哪一个"时,亦可答复曰"他"（哪一个是张三？他是张三）,但是这种"他"是带指示性的,因为它没有先词。

（参看第三章第一节）。它们是中国古时语法中的两个大特征。

"谁、什么"和"哪一个"——依原则说"哪一个"（或"哪一种、哪一件"等）是要求对话人在某一定的数量中指出一个；至于"谁"和"什么"则是浮泛地发问。这样，"哪一个"等于英语的 which，"谁"等于 who、whom，"什么"等于 what，例如：

（A）谁叫你跑了去讨这没意思？（20）

（B）砚台下是什么？（63）

（C）你看这三个字，哪一个好？（8）

但是"谁"和"什么"虽不能侵入"哪"的范围，"哪"有时候却可以侵入"谁"和"什么"的范围，就是它可以浮泛地发问。这因为有些人或物并不是可以用"谁"和"什么"发问的，例如[1]：

（A）那一位是衔玉而诞者？久欲一见为快。今日一定在此，何不请来？（14）

"谁"字不够客气，故用"那一位"，因为"位"字是礼貌式。

（B）那一天不跌两下子？（40）

什么的活用法（没有"什么天"的说法）[2]——什么用于次品时，共有三种活用法，都不是表示要求答复的。

（1）对于某事物知道得不很清楚，就加上"什么"，例如：

（A）只有一位小姐名字叫什么若玉。（39）

（B）是个什么知府家，家资也好，人才也好。（89）

这种"什么"很像英语、法语的 certain（there was a certain John Smith）。但是 certain 是所谓 indefinite adjective，而"什么"则本来是疑问代词；就来源而论，却是不同的。

（2）要数说几样东西，先说一个"什么"，或插进一个"什么"，例如：

---

[1] 更多的例子见于杨树达先生《高等国文法》101—107 页。又黎锦熙先生《比较文法》53 页。

[2] 编者注：中华书局 1954 本没有括号中的内容。

（A）还有什么丹椒,靡芜,风莲,见于《蜀都赋》。(17)

（B）鸡蛋,豆腐,又是什么面筋,酱萝葡炸儿。(61)

这种"什么"只是一种赘词,因是一时说不出,先用个"什么"来搪塞。有时候单说一种事物也用"什么"。

（3）用于否定语或反诘语里表示坚决的否认,或强烈的辩驳,例如:

（A）从来没听见有个什么金刚丸。(28)

（B）罢呀! 还说什么拜谢不拜谢? (68)

这种"什么"用于否定语里的时候,颇像英语的 any 和法语的 aucun,但是咱们仍旧该注意它们来源上的分别。

这三种活用法都是中国古语所没有的。现代文言文虽可写成"不闻有何金刚丸"一类的句子,然而这恐怕只是由现代口语硬译成为文言的。

"怎么"的活用法——"怎么"本是对于方式的疑问,如"你怎么办?"但是,它也用于询问原因,其意义等于"为什么",然而它比"为什么"更常用,更合于口语的习惯,例如:

（A）怎么他们都凑在一处? (49)

（B）你怎么不和他们去? (20)

原因和方式的相通,是颇自然的道理。"这是为什么"在英语里可说成 how is that? 在法语里用 comment("怎么")替代 pourquoi（"为什么"）的地方更是不少①,例如:

（A）Comment cela? （为什么?）

（B）Comment se fait-il que...? （为什么这样?）

（C）Comment ne lui avait-il pas écrit depuis trois mois qu'il etait sans nouvelles? （A.Daudet,Jack）

　　（他三个月没有消息他为什么不写信给他呢?）

———————

① 参看 Brunot, La Pensée et la Langue, p.805。

但是,法语用 comment 替代 pourquoi 仍算是例外,而中国语用"怎么"替代"为什么"则不该认为例外,因为前者用途比较后者的用途还更普遍的缘故。

"怎么"等于古代的"如何"或"何如",但古代的"如何"或"何如"只是对于方式的询问,并不兼及原因的询问。古代对于原因的询问,虽系用"何以、何故"等,但在汉代以前则以借用"何、奚、胡"等字为常。若以现代语相比,等于以"什么"兼作"为什么"的用途,例如:

（A）夫子何哂由也?（《论语·先进》）

（B）天下之刖者多矣,子奚哭之悲也?（《韩非子·和氏》）

（C）秦奚贪夫孤国而与之商于之地?（《史记·张仪列传》）

（D）同始异终,胡可常也?（《左传·昭公七年》）

（E）子胡不相与尸而视之,社而稷之乎?（《庄子·庚桑楚》）

（F）且轸欲去秦而之楚;王胡不听乎?（《史记·陈轸列传》）

在否定语里,"何、奚、胡"等字都是当"为什么"讲的(在否定语里的"怎么"也都当"为什么"讲)。古代的"盍"字,往往是"何不"的意义,所以"盍"字是专用于询问原因的,例如:

（A）盍各言尔志?（《论语·公冶长》）

（B）盍彻乎?（《论语·颜渊》）

现代吴、粤等语并不像官话的方式询问可以兼用于原因询问,例如苏州话里,问原因时只能用"为啥"或"做啥",不能用"哪亨";广州话里问原因时只能用"点解"不能用"点样"或"点"。

"哪里"的活用法——"哪里(那里)"的本义是什么地方,但是,当它用于反诘的时候,往往没有什么地方的意思,只是否认某事的可能性,或否认某种判断的真实性,例如:

（A）那里就醉死了?（28）

（B）那里就穷到如此?（53）

（C）我那里等得?（55）

以上是否认某事的可能性。

　　（D）那里是请我做监察御史？（45）
以上是否认某种判断的真实性。

　　关于否认某事的可能性，中国古代也用"何、奚、安、焉、乌、胡"等字，例如：

　　（A）斗筲之人，何足算也？（《论语·子路》）

　　（B）余发如此种种，余奚能为？（《左传·昭公三年》）

　　（C）暴而不戢，安能保大？（《左传·宣公十二年》）

　　（D）鹤实有禄位，余焉能战？（《左传·闵公二年》）

　　（E）秦乌能与齐悬衡？（《战国策·秦策》）

　　（F）同始异终，胡可常也？（《左传·昭公七年》）

　　吴、粤等方言里，在这种情形之下，却不像官话借用处所询问；它们只借用方式询问。譬如上面（A）（B）（C）三例译成苏州话就是：

　　（A）哪亨就会醉煞呢？①

　　（B）哪亨就会穷到实梗一日呢？

　　（C）我哪亨等得呢？
译成广州话就是：

　　（A）点样就会醉死呢？②

　　（B）点样就会穷到咁嘅地步呢？

　　（C）我点样等得呢？

　　在这种地方，吴、粤语较近于西洋语言，因为英语也有 how can 的说法。至于拿处所询问词来否认可能性，像官话那种办法，却是很少见的。

　　疑问代词替代说不出的事物——中国古代疑问代词是专用于疑问或反诘的；到了现代，它们的用途扩充了，有时候并不表示疑

---

① "哪亨"等于官话"怎么样"，"啥场化"或"陆搭"才等于官话的"哪里"。
② "点样"等于官话"怎么样"，"边处"或"边度"才等于官话的"哪里"。

问或反诘了。像本条和下面三条所论,都是这一类特别用途。

替代说不出的事物,有时候是真的说不出,有时候是不愿意说出,这一类还可以细分为三小类:

第一类是所替代的事物也许只有一种,不过因事情尚未实现,所以事物的名称也不能确定指出来,只好用疑问代词来代替,例如:

(A)想什么,只管告诉我。(35)。

(B)要拿什么,好歹等太太到家。(61)

第二类是所替代的事物不止一种,没法子分别叙述,就用疑问代词作一种含糊的说法,例如:

(A)没人记得清楚谁是谁的亲故。(59)

没人记得某甲是某乙的亲戚,某乙是某丙的亲戚,某丙是某丁的亲戚等。

(B)你只监察着我们里头有偷安怠惰的,该怎么罚他就是了。(45)

某甲该怎么样罚,某乙该怎么样罚等等。

第三类是当时说话人本来把事物说得清清楚楚的,而叙事的人偏要用疑问代词去替代,有时候因为没有说出的必要,有时候因为要避免繁冗,例如:

(A)又说给他这是什么树,这是什么石,这是什么花。(41)

这等于说:"……这是某树,这是某石,这是某花。"树花石的名字,叙事的人觉得没有说出的必要。

(B)安老爷这才把此番公子南来,十三妹在荏平悦来店,怎的合他相逢,在黑风岗能仁寺怎的救他性命,怎的赠金联姻,怎的弹弓退寇……从头至尾,说了一遍。(《儿女英雄传》16)

这是叙事人避免繁冗的办法。

这三种说法都是中国古代(至少是上古)所没有的。古代对于这些地方,或不用目的格,如"想吃什么"在古代只须说"思食";或

用"所"字,如"要拿什么"在古代可说成"欲有所取";或用别的
说法。

疑问代词替代任何事物——疑问代词替代任何事物的时候,
往往有"凭他、任凭、不管"一类的字在它们的前面,例如:

(A)凭他谁叫我裁,也不管二爷的事。(28)①

(B)宝姐姐有心,不管什么他都记得。(29)

(C)二嫂子凭他怎么巧,再巧不过老太太。(35)

这种"谁"字颇像英语的 whoever,"什么"像 whatever,"怎么"
像 however,英语这里几个字虽不被认为疑问代名词和疑问副词,然
而他们显然是由疑问成分构成的(法语里的情形大同小异)。话稍
有不同罢了。Brunot 把这种句子的末品句子形式叫做变动式(la
variable)②。

上文所说的说不出的事物的第一类,和这种说法颇相近似。
"想什么吃,只管告诉我",说得重些就是"随便你想什么吃都只管
告诉我"。但是,其间毕竟有些细微的分别:前者的"什么"略等于
英语的 something,后者的"什么"则等于英语的 whatever。

有时候,不用"凭他、任他、不管、随便"之类,只在疑问代词的
后面加上"都"字或"也"字,也能有"任何"的意义,例如:

(A)谁都喜欢他。

(B)谁也不敢惹他。

(C)这两天什么事都不能做。

(D)怎么留也留不住。

这一种说法似乎是最后起的,《红楼梦》里还没有它。除了(D)例
可认为两个句子形式的紧缩外,其余三例就都可认为简单句。复
合句和简单句在这种地方对于西洋语言颇有关系:在复合句里,

---

① "凭他"可认为一个单词,因为"他"字也失掉人称代名词的意义。试看它和"谁"字
可以相连便知。

② Brunot,La Pensée et la Langue,p.883。

whoever、whatever 和 however 之类可认为一种联结成分①,但在简单句里,西洋语言却不用这联结成分,而用一种无定代词,譬如英语里,遇肯定句(如 A 例)就用 everything、everybody 之类;遇否定句(如 B、C 两例)就用 nobody、nothing 之类。

　　东方有些族语在这一点上和中国现代语相同,简单句也可用疑问代词替代任何事物或一切事物。下面是安南语里的几个例子:

　　　　(A)Ai cūng só nó.

　　　　　　谁都怕他(ai 谁,cūng 都,só 怕,nó 他)

　　　　(B)Bây giờ hàng nào cūng cao rôi.

　　　　　　现在什么货物都涨价了(bây giờ 现在,hàng 货,nào 什么,cao 涨价,rôi 了)

　　　　(C)Thé nào cūng được.

　　　　　　怎么样都行(thé nào 怎么样,được 行,可以)

　　中国古代也没有这种说法。在这种地方,古代或索性用反诘句,例如:

　　　　(A)谁能执热,逝不以濯?(《诗·大雅·桑柔》)

　　　　　　(凭他是谁,拿了热的东西总是要洗手解热的。)

　　　　(B)谁能出不由户?(《论语·雍也》)

　　　　　　(凭他是谁出去总得经过门户的。)

或索性用无定代词"人"字后面跟着"皆"字,例如:

　　　　(A)人皆谓我毁明堂。(《孟子·梁惠王下》)

　　　　　　(谁都劝我毁了那明堂。)

　　　　(B)人皆有不忍人之心。(《孟子·公孙丑上》)

　　　　　　(谁都有一种不忍人的心理。)

────────────

① 　法语里和这些词相当者有 quiconque、qui que、quor que、quel que 等,Grammaire Larousse du XXe Siècle 就把它们称为无定关系词(relatifs indéfinis),见 209 页。

　　疑问代词很像代数字的功用——在"谁偷东西谁就是贼"的一类话里，我们认为疑问代词有代数字的功用：因为 X 偷东西，X 就是贼；今知 X 是张三，故知张三是贼。

　　这种疑问代词也有联结成分的功用，因为两个相同的疑问代词互相照应，就等于把两个句子形式联络住了。有两点应该注意：(1)这种句子虽多近似条件式，但是决不能用"若、如"一类的字，说成"谁若偷东西，谁就是贼"一类的话；(2)前后的两个代词必须是同一的，例如前面用"谁"，后面不能用"他"，"谁偷东西，他就是贼"是不成话的。

　　法语里有颇相似的说法，例如：

　　（A）Lui vivra verra.（谁活着，谁就会看见。）

　　（B）Amène qui tu voudras.（你喜欢谁来，就带谁来。）

但是，有两点却不相同：(1)法语里，这种 qui 被认为没有先词的关系代名词（pronoms relatifs sans antécédent），中国语里的"谁"却不能认为关系代名词；(2)法语里，这种 qui 只有一个，中国语里这种"谁"字必须有两个互相照应。

　　再说，法语这种 qui 字确可认为省略了先词，因为若对物而言，则必须说成 ce que，例如"你要什么就拿什么"在法语里只能说 prends ce que tu veux，而不能说 prends que tu veux；中国的"谁、什么"之类决不能认为省略了先词。在这一点上，可以证明法语那种说法和中国语这种说法的相似性只是表面的，实际上却是大不相同的了。

　　这种说法可以有两种意义：系指任何一人而言，例如"妹妹说谁妥当就叫谁在这里"（68）；系指某一类的人的全体而言，例如"谁偷东西，谁就是贼"。但无论属于哪一种意义，它们都有一个共同之点，就是第一个"谁"是无定的，第二个"谁"是比较地有定的，因为第二个"谁"已经是具有某种德性的了。上面所举的两个例子，第二个"谁"字可以换为另一种说法，以见它是具有某种德性的：

（A）妹妹说谁妥当，就叫这妥当的人在这里。

（B）无论是谁偷东西，这偷东西的人就是贼。

"谁偷东西谁就是贼"译成古语是："窃物者为盗。"但是，咱们应该注意，现代这种说法只有一些是可以译成"者"字的，另有一些则该用别的译法，例如：

（A）谁先得了谁先联。（49）

　　（先得者先联。）

（B）谁和我好，我就和谁好。（27）

　　（与我善者，吾亦与之善。）

（C）心里有什么，口里说什么。（34）

　　（口之所言即心之所思，或"言如其所思"。）

（D）我什么时候叫你，你什么时候到。（67）

　　（吾召汝其即来。）

（E）爱怎么添怎么添。（55）

　　（一如汝意增益之。）

（F）要多少银子给他多少。（48）①

　　（赐之白金，如其所请之数。）

疑问代词帮助委婉语气——英、法等语对于否定语，都有一种委婉或有分寸的说法，例如英语 I have little time for you 比 I have no time for you 委婉些，there are few mistakes in his papers 比 there is no mistakes in his papers 有分寸些。英语这种委婉说法，表面上没有否定词；至于法语，则用否定词 ne 和 gue're 字相应，如 je n'ai gue're d'argent，——cet écolier n'est gue're studieux 等。

在这种地方，现代中国语借用疑问代词来表示委婉或有分寸。譬如下面所举英、法语的四个例子，译成现代中国语就都是包含有

---

① 在这种地方，安南语对于上一个"多少"用疑问代词 hao nhieu，对于下一个"多少"却用非疑问代词 hay nhieu，后者专用于和前者相照应。这一点可以证明我们上文所说第二个疑问代词比较地是有定的。

疑问代词的：

　　　（A）I have little time for you.

　　　　　（我没有什么功夫帮你的忙。）

　　　（B）There are few mistakes in his papers.

　　　　　（他的卷子上没有什么错误。）

　　　（C）Je n'ai gue're d'argent.

　　　　　（我没有什么钱。）

　　　（D）Cet ècolier n'est gue're studieux.

　　　　　（这个学生不怎么用功。）

　　这种说法，在形式上和英、法等语不大相同（尤其是英语），然而它所表示的委婉或有分寸的语气却是一样的。

第五节　基数、序数、问数法

　　以上四节讲的是替代法，本节及下面三节将讲称数法（numeration）。

　　我们把替代法和称数法合为一章，并非完全为了篇幅分配的关系。它们二者之间确有极相似之处。我们在第一章第二节里面已说过，拉丁语法里，数词被认为和代词同类；叶氏也说它们确有共同之点。依现代中国语本身来看，有种特性是数词和指示代词所同有的：它们二者都可以带着单位名词，如"三个人、这个人"之类。有些族语如法语、安南语，次品本该置于首品之后的，然而指示代词和数目字用为次品时则置于首品之前，更可见它们几乎可认为同类了。

　　称数法在语法中的重要性——凡语言的结构方式在世界族语中各有不同者，一定是语法中的重要部分。语法书中如果没有叙述到称数法，这一定不是完全的语法书；因为称数正是随族语而异的一种语言形式，不能略而不提的。中国语里的称数法，因为系统简单，所以中国人认为当然的道理；其实系统简单也正是它的特色。至于现代中国语里，称数常带单位名词，这是东方语言特色，更是值得讨论的。

称数法在各种族语中的歧异——咱们如果多研究语言，就可以发现称数法在各族语中的歧异往往是很大的，咱们所认为当然的道理，在别的民族看来并不是一定当然。即以十进法而论，咱们总认为是当然的，因为人有十个手指，屈指计数，当然以十进为方便。但是吉蔑语（Khmer）里却用五进法（参看下文）。凯尔特语（Celtic）却是用廿进法，十个手指屈两次不是二十吗？假使将来咱们发现某一民族用十二进法或别的方式，也没有什么值得大惊小怪的，因人类计数不一定非以手指的数目为根据不可的啊！

下面我们将从数目的名称上讨论各民族语的称数法的歧异之点。

专称——在用十进法的族语里，从一至十都是用专称的。从十以上，就有利用加法或乘法的可能，譬如中国语的"十一"就是十加一的意思。就二十而论，希腊语从十一至十二用隐加法（见下文），十三至十九用明加法，二十用专称；英语从十一至十二用专称，十三至十九用隐加法，二十用专称；法语从十一至十六用专称①，十七至十九用明加法，二十用专称②。以上几个族语都在二十上和中国语的称法不同。

"百、千、万"在中国语里都是专称。"亿、兆"之类也是专称，但是不大用。万的专称拉丁语和英、法等语里是没有的；咱们所谓"一万"，他们只称为"十千"（乘法）。希腊语却有万的专称，即murioi。

加法——在一般人看来，利用加法以称数者，要算吉蔑语为最特别的了。因为它用五进法，以致"六、七、八、九"等数都没有专称，于是六称为"五一"（pram muy），"七"称为"五二"（pram pil），

---

① 法语的"十一"至"十六"系从拉丁语的隐加法变来，但若不问语源，单就法语本身而论，它们该认为专称。

② 参看 G.Maspéro, Grammaire de la Langue Khmère, 第九章第一节。

"八"称为"五三"和 phei，但对于零数仍用五进的加法①。

像吉蔑语这种加法，我们叫做明加法，因为被加的两项是很明显的。中国语里整数后面加零数，都用的是明加法。英语的 twenty four、fifty six 等，法语里 dix-sept、dix-huit、dix-neuf 等，都归此类。法语里还有个很有趣的加法，就是把"七十"称为"六十十"（soixante-dix），"七十六"称为"六十十六"（soixante-seize），"七十九"称为"六十十九"（soixante-dix-neuf）等。

明加法还有更明显的方法，就是在两项之间加上一个联结词，例如希腊语的 treis kai deka（"三与十"，即"十三"）、tettares kai deka（"四与十"，即"十四"）；法语的 vingt-et-un（"二十与一"，即"廿一"）、soixante-et-onze（"六十"与"十一"，即"七十一"）等。中国上古有"十有五"（《论语·为政》）、"二十有八"（《书·尧典》）一类的说法，"有"字也是联结词。

被加的两项，依西洋现代语看来，是整数在前，零数在后。但在希腊语和拉丁语里，这次序往往是不拘的，例如二十一在希腊语里可说成"一与廿"，也可说成"廿一"或"廿与一"；在拉丁语里可说成"一与廿"，也可说成"廿一"（只不能说"廿与一"）。

和明加法相反的有一种隐加法，就是把被加的两项合成一体，不复分为两词，例如德语的 dreizehn（"十三"）、funfzehn（"十五"）等，隐加的形式不一定和未加时的形式完全相同，例如希腊语称"二"为 duo，称"十"为 deka；但"十二"并非 duodeka，而是 dodeka；拉丁语称"三"为 tres，称"十"为 decem，但"十三"并非 tresdecem，而是 tredecim；英语称"五"为 five，称"十"为 ten，但"十五"并非 fiveten，而是 fifteen；德语称"七"为 sieben，称"十"为 zehn，但"十七"并非 siebenzehn，而是 siebzehn②。

---

① 为了避免繁冗，不引原文。

② 英、德语这种隐加法却是零数在前，整数在后，和希腊、拉丁语相似，和法语"十七"（dix-sept）之类不同。

乘法——以乘法为称数法,其中最特别的要算是法语对于八十,称为"四廿"(quatre vingts)。这是受了凯尔特语廿进法的影响。17 世纪法语还有"六廿、十五廿"一类的说法,现在只剩"四廿"的说法了。

乘法往往是和加法同时并用的,例如中国语的"三十六"就是三乘十加六,法语对于九十称为"四廿十",就是四乘廿加十。又有一种叠乘法,例如拉丁语称百万为"十百千",就是十乘百乘千的意思,中国语"三百万、四千万"之类也都是叠乘法。

乘法还有更明显的办法,就是在字面上表示倍的意思,例如希腊语的十是 deka,万是 murioi,但是十万并非 deka murioi,而是 dekakis murioi,因为 dekakis 是十倍的意思。

试拿上面所论各族语的称数法和中国的称数法相比较,则见后者实在是最简单、最整齐的一种。中国对于整数用乘法,对于零数用加法,而且一律以十进。从一至十各有专称。此外每一位数都各有专称。十十为"百",十百为"千",十千为"亿",十亿为"兆",十兆为"京",十京为"垓"。古代"亿、兆"等字不大用得着。《左传·哀公二年》说士田"十万"。后来渐有"百万"的说法(崔骃《七依》"回顾百万,一笑千金"),现代更有"千万、万万、十万万、百万万"等等,则是以万为最高的专称,万以上就完全用乘的办法了。

双数——有些族语,对于双数认为特殊的一个数目。梵语和古希腊语的名词有双数的变化,拉丁语有一个双字(ambo)和二字义近。在古代凡同类之物仅有二者,然后可谓之"两"("两汉、两晋、两仪、两端、两庑、两造")①,后来渐渐和"二"的意思相混,如"两枝笔"等于"二笔","两匹马"等于"二马"。但是,它们的意义虽混,它们的职务在现代都是有分别的,例如"二枝笔、二匹马"或

---

① 这里所说"二、双、两"的分别,是指中古而言。上古的"二、双、两"的用途颇混,例如《左传·襄公二十八年》"公膳日双鸡",《成公十六年》"与之两矢",都和"二"的意思相同。

"两笔、两马"在口语里都是不通的。它们混用的地方虽也有,但是不混用的地方多,其详见于《中国现代语法》第四章第五节。

数量名词——某一民族中,习惯上或制度上,常以某数量的人或物认为一个集体,而用为名词(首品)者,这种名词可称为数量名词。数量名词不能认为数词,而且常受数词的修饰。它常被用为单位名词。

中国现代的数量名词只有"对"字和"双"字,如"一对花瓶、一双鞋子"等。这种"双"字和"双亲"的"双"字不同词性:"双亲"的"双"是数词,用于次品;"一双鞋子"的"双"是名词,用于首品(但"一双"在这里却变为次仍)。

中国古代五人为"伍"(《周礼·夏官序》"五人为伍,伍皆有长"),四马为"驷"(《论语·季氏》"齐景公有马千驷")之类也是数量名词。不过,我们疑心"伍"与"五"、"驷"与"四"都只是写法上的不同,口语里是一样的。如果这一种猜测不错,则他们不能算是纯粹的数量名词。

有些族语里,数量名词颇多。"对"的意义最为常见,例如英语里有 pair,十二件在西洋叫做"打"(dozen),英语里每二十叫做一个 score,法语里每五十公斤叫做一个 quintal,安南语里,买蔬果喜欢论十,每十个叫做 chục,和数目字的十(mười)不同。吉蔑语里,买蔬果喜欢论四,每四个叫做 dambar,每四十个叫做 phlaun,每四百个叫做 slek,也和平常的数目字不同。

"零"字——中国现代语于数的空位加"零"字,如"一百零八",甚至加两个"零"字,如"三千零零五",这也许是受了珠算的影响。古代没有这种说法,只说"百一诗、八百钟、一百三家集"等。

这种说法也许是很特别的,据我们所知,加"零"一类字以表示数的空位①,在各族语里实在罕见,例如法语对于一百零一,就只说

---

① "零"的前身是"单"字。《平话三国志》卷上:"展开看之,乃二百单五年事。"

"百一"，对于一千零一，就只说"千一"；安南语也是这样。

现代中国语另有一种说法也是颇特别的，就是以"三百四"代表三百四十，以"一千四"代表一千四百之类①。这一种说法更促成前一种说法的必要性，因为如果不用"零"字，三百零四和三百四十就有相混的可能了。

数目字的变音——"廿"和"卅"在最初的时候本是合口字，"廿"该读为"入"，"卅"该读为"飒"（见《广韵》）。到了现代，据我们所知，只有客家话对于"廿"字仍读为"入"，吴语"廿"为"念"，粤语"廿"读为[ja]或[pa]，"卅"读为[sa]。客家话和吴语对于三十仍称为"三十"不称为"卅"。官话口语里非但没有"卅"，而且没有"廿"。

吴语大多数对于十五念成变音，念成[soŋ]。除了二十五念成"念五"之外，其余凡遇十五都念这种变音，例如三十五念成[se soŋ]。吴语的十字本该念[zaʔ]，但有时也念[saʔ]，例如苏州话六十念成[loʔ saʔ]。

数目字念变音，并非中国语所独有，例如法语的 dix（"十"），单念时是[dis]，在 dix-sept（"十七"）里头念[dix]，而在名词前面则只念成[di]。安南语二十的合音是 hăm（hai mươi），三十的合音是 băm（ba mươi），只是必须带零数才如此说。五在安南语是 năm，但十五却是 mười lăm；十在安南语是 mười，一是 một，但四十一却是 bôn mươi mốt。

分数和倍数——中国古代对于二分、三分、十分与十倍等，都有特别的写法，都是写作"两、参、什"，例如：

（A）以两之一卒适吴，舍偏两之一焉。（《左传·成公七年》）

（B）大都不过参国之一。（《左传·隐公元年》）②

---

① 安南语也有这种说法，但只限于一数和四数。一百零一说成 một trăm một，二百零四说成 hai trăm bôn，二百四十说成 hai trum，故不相混。
② 《论语·泰伯》："三分天下有其二。"皇疏本"三"作"参"。

　　（C）其实皆什一也。(《孟子·滕文公上》)

　　（D）或相什百。(《孟子·滕文公上》)

　　分数带名词时,古代以名词置于分母之后,分子之前,例如:

　　（C）大都不过参国之一。(《左传·隐公元年》)

　　（D）太初历法,一月之日,二十九日九百四十分日之四百九十九。(《史记·历书》索隐)

按现代流行的说法,则是"一国的三分之一"或"二十九日又九百四十分之四百四十九日"①,和古代不同。

　　大概的数目——大概的数目可以是从数目字加上词头或词尾,如法语的 dizaine("十个上下")、quinzaine("十五个上下")、vingtaine("廿个上下")等。中国语里类似这种办法的有"上"字和"来"字,如"上千的人"和"十来个"。

　　又可以用别的话来描写这种大概性,例如英语的 some ten、about fifteen 之类。中国语里类似这种办法的有"五十上下、三十岁光景"之类。

　　但是,中国又有一种颇特别的说法,就是说出相近的两个数目,以表示大概性,例如"两三个、七八年"等。在西洋语里,这两个数字的中间非加一个"或"字不可。中国又有"三五"的说法,大意是表示从三至五的数目,例如"三五年、三年五载"等。"两"字有时也可当"几"字讲,例如:

　　（A）越发该会个夜局,赌两场了。(45)

　　（B）明日接迎春家去住两日。(77)

　　东方各族语毕竟和中国语近似些,譬如安南语,它就有"三四、六七"一类的说法。"三五"说成"五三"(见下文),此外另有"五十"(năm mười)和"九十"(chín mười)的说法。"五十"即五或十的意思,"九十"即九或十的意思②。

---

① 　编者注:四十九日,疑当为"九十九日"。
② 　至于数目的"五十"和"九十"则字的声调又不同,不至相混。

安南语里又有 vài 字和 giăm 字，专用于大概的数目。vài 可说是不定的"二"，một vài 和 vài ba 略等于中国的"一两"和"两三"，vài lần 并不确定是两次，意思只是很少的几次。giăm 可说是不定的"五"，giăm ba ngày 恰等于中国所谓"三五日"或"三五天"，不过数目字的次序倒过来罢了。

满数和歉数——尽量往多里说，叫做满数；尽量往少里说，叫做歉数。

满数和十进法大有关系，所以中国语以"十、百、千、万"为满数，如"十分、百足、千星、万事"等。法语因受了廿进法的影响，有以"廿"为满数的说法，"廿次"就表示很多的次数。

"三十六"也可用为满数。中国俗谚有云"三十六计，走为上计"，法语也有这种说法，例如"他三十六次打断了我的话"，此外，中国语里可用为满数的数目还很多，例如"季文子三思而后行"（《论语·公冶长》）、"肠一日而九回"（司马迁《报任安书》）等等，这里不能尽述。

歉数用"一"这是很自然的道理；大约各族语都有这种说法。至于用"半"，例如"一知半解、一男半女"，就是中国语里颇特别的情形了。

年月日的序数——中国语里，普通的序数是用"第"字加于基数之上①，但对于年月日的序数则不加"第"字。这一点和法语颇有相似之处，例如法语对于七月十四日只叫做 le quatorze juillet，而不叫做 le quatorzième juillet。

在中国现代语里，年月日的基数和序数不会相混。"公元一千九百三十九年"是序数，"距今一千九百三十九年了"是基数，"九月"是序数，"九个月"是基数。"今天是十二"是序数，"他来了十二天了"是基数。关于年，加"乾隆、光绪"字样的是序数，不加的是

---

① 基数之后也有再加"一"字的，如"第三一批"。

基数;关于月,不用"个"字的是序数,用"个"字的是基数;关于日,单说数目字的是序数,加"天"字或"日"字的是基数。

从前,纪元的第一年叫做"元年",每年的第一个月叫做"正月",每月的第一旬加"初"字,如"初一、初十"等。自从改历以后,才废了"正"字和"初"字,但"元"字仍保留。有些方言里对于月日还有别称,例如吴语对于阴历每月十五日不称"十五"而称"月半";云南对于阴历十一月以后称"冬月"为常,对于十二月以称"腊月"为常①。

吴语称基数的时候,"二十"合音为"廿";但它对于阴历每月二十日不念合音,只说"二十"。

排行——排行是中国很特别的风俗②。这种风俗不很古,大约靠近唐代才有的。《旧唐书·刘祎之传》:"刘四虽复骂人,人都不恨。"唐宋人的诗题喜欢用排行称其友人。

排行的方法,在中国各地不尽相同。也有只就同胞的弟兄排的,也有连堂兄弟甚至比堂兄弟更疏的人都排在一起的。大家庭制度容易产生后一种办法,这样可以排到百数以上。就普通说,弟兄和姊妹不同排行,但也有人喜欢把儿女排在一起的。

排行虽是序数,也不用"第"字。排行第一的不称为"一",而称为"大",如《红楼梦》里的焦大、《水浒传》里的武大郎。

问数法——古代的问数法是用"几"字。称数的"几"字有两种意义:等于英语里的 how many 或 how much;等于英语的 some,从语源上看来,前者比后者更古,例如:

（A）畏首畏尾,身其余几?（《左传·文公十七年》）

（B）上问车中几马。（《史记·万石君列传》）

---

① 安南受中国习惯的影响,亦有"正月（tháng giêng）、腊月（tháng chạp）"的名称,但对于十一月却称为"一月"（tháng một）。

② 西洋"路易十四、乔治第五"之类,只是第十四世、第五世的意思,像胡亥之称为"二世皇帝",和排行无关。

关于距离、衡量及时间的询问,古代用"几何"或"几许",例如:

（A）唯之与阿,相去几何?（《老子》）

（B）卫灵公问孔子居鲁得禄几何?（《史记·孔子世家》）

（C）民生几何?谁能毋偷?（《汉书·五行志》）

（D）河汉清且浅,相去复几许。（《古诗十九首·迢迢牵牛星》）

（E）柳巷还飞絮,春余几许时。（韩愈《二十一咏·柳巷》）

现代官话对于问数法,往往用"多少"二字,若在形容词的前面,北京话就只说一个"多"字,如"多大、多远、多久、多长、多高、多重"等。但"几"字仍旧可用,例如"多大年纪"也可说成"几岁了","多远"也可说成"有几里路","要住多久才走"也可说成"要住几天才走"等等。至于询问序数,则专用"几"字,不用"多少",例如"第几次了、排行第几"等等。

吴、粤等语不用"多少",仍旧沿行"几"字而稍加变化,例如吴语普通用"几多"①。"几化"和"几多"等于英语的 how many 或 how much,但粤语"几天、几重"之类不用多字。至于吴语单用"几"字时就只有 some 的意思了。

多么——北京话里的"多么"专用于感叹。但"多么"大约是由"多少"变来的。吴、粤等语也有类似的说法,例如吴语"几化阔气"等于北京的"多么阔气";粤语"几架势"略等于北京的"多么漂亮、多么精致"或"多么好看"。

这种借用问数法来表示感叹的说法,是近代才有的。古代只用疑问代词"何"字,或"一何"。上节说过,"何"字用于末品,可以表示方式的询问。由此看来,感叹的"何"字颇像英语的 how（how beautiful）②,例如:

（A）何彼襛矣,唐棣之华!（《诗·召南·何彼襛矣》）

---

① "几多"的来源颇古,李商隐诗:"百年知是几多时?"

② 但西洋语言也有不借用方式询问来表示感叹的,例如法语就用 comme 或 que（comme c'est beau! que c'est beau!）。

（B）明月何皎皎！照我罗床帏。（《古诗十九首·明月何皎皎》）

（C）上有弦歌声，音响一何悲！（《古诗十九首·西北有高楼》）

（D）吏呼一何怒！妇啼一何苦！（杜甫《石壕吏》）

第六节　一、一个

（一）一

我们在这里并不想把"一"字所有的意义都加以叙述；只想叙述它所有近似的代词、副词或虚词的用途，因为在这种情形之下它该认为一种语法成分。

"一"等于"每一"——"一"字有时候等于英语的 every，但是，"一"字后面必须有一个数目字和它相应，例如：

（A）我就死了，魂也要一日来一百遭。（30）

（B）一个月分出二两银子来给他。（37）

这种用途的来源颇古，至少在汉代就有了的，例如：

（A）我于天下亦不贱矣；然我一沐三握发，一饭三吐哺。（《史记·鲁世家》）

（B）肠一日而九回。（司马迁《报任安书》）

（C）王生一日千里，王佐才也。（《后汉书·王允传》）

（D）回顾百万，一笑千金。（崔骃《七依》）

"每"字本来包括有"一"的意义；英语 every 的意义就是 each one of a whole，因此，中国古语就借"一"来表示"每一"①。非但"每一"可以只用"一"字，就是"每十、每百、每三、每五"等等，也是不用"每"字的：

（A）泽雉十步一啄，百步一饮。（《庄子·养生主》）②

（B）五日一风，十日一雨。（《论衡·是应》）

---

① "每一"是宋以后的话。古代只说"一"或"每"，不说"每一"。

② 这种地方英语用 every ten steps 之类，但法语却用 tous les dix pas。

（C）三日一小宴,五日一大宴。(《平话三国志》卷中)

"每一"的意义如果后面没有数目字相应,古代只用"每"字不用"一"字,例如:

（A）每射,抽矢菆纳诸厨子之房。(《左传·宣公十二年》)

（B）三入三出。每出,齐师以帅退。(《左传·成公二年》)

（C）王每见之必泣。(《左传·襄公二十二年》)

（D）公与夫人每日必适华氏食公子而后归。(《左传·昭公二十年》)

（E）平子每岁贾马,具从者之衣屦而归之于乾侯。(《左传·昭公二十九年》)

现代这种地方也有用"一"字的,例如:"一来就叨扰。"

"一"等于"同一"——"一"字又可以有英语 same 字的意义,例如:

（A）咱们两个人一样的年纪。(9)

（B）一个桌子上吃饭,一个床儿上睡觉。(28)

这种地方,古代人不用"一"字,而用"同"字,例如:

（A）年同爵同,故纪子以伯先也。(《公羊传·隐公二年》)

（B）美恶不嫌同辞。(《公羊传·隐公七年》)

今北京话所谓"一块儿",普通话所谓"一起",吴语所谓"一道(一淘)",粤语所谓"一齐",皆系表示同一动作的末品。古人对于这一类也用"同"字,例如:

（A）君命寡人同恤社稷之难。(《左传·隐公五年》)

（B）同讨不庭。(《左传·襄公十六年》)

但是,古代判断句谓语里,"一"字却当"一样"或"同一"讲,例如:

（A）春秋伯、子、男,一也。(《公羊传·桓公十一年》)

（B）夫举无他,唯善所在,亲疏一也。(《左传·昭公二十八年》)

（C）国君一体也。（《公羊传·庄公四年》）

（D）臣子一例也。（《公羊传·僖公元年》）

"一"表示满或整——这一类的"一"字颇像英语的 whole，都是用于次品的，例如：

（A）我的一心要留下你。（19）

"一心"等于"满心"。

（B）昨夜听见一夜的北风。（50）

"一夜"等于"整夜"。

这一个用途也是来源很古的，例如：

（A）一国谋之，何以不亡？（《左传·宣公十四年》）

（B）一心以为有鸿鹄将至。（《孟子·告子上》）

（C）一家哭何如一路哭。（《宋名臣言行录》）

（D）子龙一身都是胆也。（《三国志·赵云传》）

"一"表示一切或完全——这一类的"一"字颇像英语里的 all，它和前一类的界限是不很清楚的。

"一切"本来只是一律的意思。《史记·李斯列传》："请一切逐客。"即请一律逐客之意。后人译佛经，才借用"一切"当 all 讲。

"一概"本作"一槩"，只是一端的意思。《诗·邶风·载驰》疏："一槩者一端，不晓变通。"近代才当"一切"讲。

"一应"的来源更晚。大约宋以后的小说才有它。《水浒传》第一回："所有一应合属公吏，卫将……马步人等，尽来参拜。"

"一切"的意义在上古只用"每"字，例如《论语·八佾》："子入太庙，每事问。"《大学》："壹是皆以修身为本。"或解作一切皆以修身为本，如果所解不差，则"壹是"当是"一切"的前身。

古代"一"字用于末品者，往往有"皆"字的意思。这种"一"字等于英语的 all 之居于次品或首品者，例如：

（A）不言"公"，外内寮一，疑之也。（《穀梁传·庄公十六年》）

（B）其曰"出"，上下一，见之也。（《穀梁传·成公十二年》）

现代计数时所谓"一共",其中的"一"也有全的意思,例如:

(A)再添上凤姐儿和宝玉一共十三人。(49)

(B)跟随的一共大小六个丫鬟。(59)

"一定、一早"之类,其中的"一"字可认为带夸张性的末品。它有点儿像英语的 all 在 all right、all the same、all important 里;它更像法语里 tout neuf、toutes fraiches、tout de suite 等。

"一"表示快或容易——"一"字和它所修饰的名词用于末品,往往可以表示事情进行得很快或很容易,例如:

(A)一脚跨进门去。(《儿女英雄传》7)

(B)不等他说我便一口道破。(《儿女英雄传》16)

"一手包办、一笔勾销",都可归入此类。这种用途是近代才有的。

"一"表示连续——"一向、一直、一径、一叠"等都是表示连续的,例如:

(A)你这一向病着,那里有什么新鲜东西?(75)

(B)贾母那边听见,一叠连声问。(38)

这也是近代才有的一种用途。

"一"表示单独——"一个人"或"一人"用于末品时,等于英语的 alone,例如:

(A)他一个人在这里做什么?(57)

(B)只剩下晴雯一人在外间屋内爬着。(77)

这种用途,在古代可以用"一"字。《汉书·李陵苏武传》:"毋随我,丈夫一取单于耳。"

"一"字用于次品的时候,为上下文义所影响,可以有夸张的意思,若以英语比较,"一"字实在有 only one 之意,例如:

(A)人尽夫也,父一而已。(《左传·桓公十五年》)

(B)且吾不以一眚掩大德。(《左传·僖公三十三年》)

"一"表示突然——凡行为之经过时间很短,突然而动,突然而止者,也可用"一"字表示,例如:

（A）黛玉将头一扭道。（29）

（B）三人吓了一跳。（46）

这种用途是近代才有的。

"一"表示时间修饰——"一"字可以表示时间修饰,颇像英语的 once,法语的 une fois,例如:

Once married, you will find a new life.

Une fois marie, vous trouverez une vie nouvelle.

你一经结了婚,就会发现一种新的生活。

下面是《红楼梦》里的两个例子:

（A）大约一到家中就要过去的。（82）

（B）一听贾琏要同他出去,连忙摘下剑来。（66）

（C）这个话一传开了……谁不要去?（29）

上文说过,时间修饰是和条件式相通的(见第一章第九节)。"一"字既能表示时间修饰,也就能表示条件,例如:

（A）奶奶一喜欢,赏我们三二万银子,那就有了。（45）

（B）太太这么一想,心里便开豁了。（120）

这种"一"字的来源很古,《左传》《史记》里都有这一类的例子:

（A）蔡、许之君一失其位,不得列于诸侯,况其下乎?（《左传·成公二年》）

（B）匹夫一为不信,犹不可。（《左传·襄公二十七年》）

（C）此鸟不飞则已,一飞冲天;不鸣则已,一鸣惊人。（《史记·滑稽列传》）

"一"表示很空虚的意思——古代有些"一"字所表示的意思是很难翻译的。不过,它总带着夸张的语气,例如:

（A）范叔一寒如此哉!（《史记·范雎列传》）①

———————————

① "一贫如洗"可归此类。

（B）上有弦歌声,音响一何悲!（《古诗十九首·西北有高楼》）

"一"和"一"相重——一一,在古代只有"逐一"的意思,略等于英语 one by one,例如《韩非子·内储说》:"宣王死,湣王立,好一一听之,（南郭）处士逃。"

在现代,"一"字后面往往带着单位名词。我们仍旧认为"一"和"一"相重,因为单位名词可认为数词的附属品。

现代"一"和"一"相重,虽往往也有逐一的意思,但有时候"一个个"却是人人的意思,等于英语的 everybody,例如:

（A）这里贾母带着众人一层一层的瞻拜观玩。（29）

（B）命人上去开了缀锦阁一张一张的往下抬。（40）

以上是"逐一"的意思。

（C）一个一个烧煳了的卷子似的。（51）

（D）一个个闲着没事办。（56）

以上是人人的意思。

"一"和"一"相应——"一"和"一"相应,可以有三种用途:

（1）第二个"一"字是另一的意思。这种"一"和"一"相应,略等于英语的 one...another,例如:

（A）赎金凤是一件事,说情是一件事,别绞在一处。（73）

（B）背着父母私娶一层罪,停妻再娶一层罪。（68）

这种用途来源甚古,例如:

（A）围一事也,纳一事也。（《穀梁传·僖公二十五年》）①

（B）舍一事也,赗一事也。（《穀梁传·文公五年》）

（C）兄弟三人,一者之齐,一者之鲁,一者之晋。（《公羊传·文公十一年》）

（D）一人门于句鼆,一人门于戾丘,皆死。（《左传·文公十

---

① 后人为求更明显起见,在第二个"一"字前面加"又"字,例如:"围一事也,纳又一事也。"

五年》)

有时候,并不一定要"一"和"一"相应,也能有另一的意思,例如:

(A)所谓伊人,在水一方。(《诗·秦风·蒹葭》)

(B)佳人远于隔,乃在天一方。(庾肩吾《有所思》)

"一方"者,"另一方面"也;"一涯"者,另一涯际也①。必须作"另一"解,方足以见其远。

(C)一曰,就贤也。(《穀梁传·文公十八年》)

"一曰"者,"另一说云然"也。

(2)利用"一"和"一"相应,表示每一都如此,没有例外,例如:

(A)可知男人家见一个爱一个也是有的。(12)

(B)就算你比世人好,也不犯着见一个打趣一个。(20)

西洋语里,在这种地方往往用关系代名词,例如 Men love every woman that they meet(英语);Les hommes aiment toutes les femmes qu'ils rencontrent(法语)。

中国古代没有这种说法,只用"每"或"辄"来表示这种意思②。非但"一"字,连别的数目都可以这样,例如:

(A)王每见之必泣。(《左传·襄公二十二年》)

　　(王看见他一次哭一次。)

(B)左师每食击钟。(《左传·哀公十四年》)

　　(左师吃一次饭,先打一次钟。)

(C)张角女五嫁而夫辄死。(《史记·陈平世家》)

　　(张角的女出嫁五次,死了五个丈夫。)

(3)两个"一"字中间夹着描写语,表示累进的情形,例如:

(A)一天大似一天,还这么涎皮赖脸的!(30)

(B)贾琏的亏空一日重似一日。(107)

---

① 编者注:未见"一涯"例。

② 字典里说:"辄,每也。"其实"辄"和"每"用途不同。"每"字用于第一个句子形式,"辄"字用于第二个句子形式。"每、辄"可同时并用,例如"每战辄败"。

中国古代也没有这种说法,只用"日"或"日已、日益"之类来表示这种意思,例如:

(A)为学日益,为道日损。(《老子》)

(B)相去日已远,衣带日已缓。(《古诗十九首·行行重行行》)

(二)一个

现代的称数法里,除了特殊情形之外,"一"不复独用,而须说成"一个"之类。"一个"又可省称为"个",如"扶着个小丫头"(49)。

"个"字的来源——"个(個)"字在上古作"个"或"箇"。"个"和"箇"的用途在上古似乎并不相同:

(1)"个"指人,"箇"指物;

(2)"个"只用于单数("一个"),"箇"则可用于复数。下面是上古的几个例子:

(A)又弱一个焉,姜其危哉。(《左传·昭公三年》)

(B)君亦不使一个辱在寡人。(《左传·昭公二十八年》)

(C)庙门容大扃七箇。(《周礼·考工记·匠人》)

(D)负服矢五十箇。(《荀子·议兵》)

"一个"和"一介"通用("个"客家话即念成"介"音)。《书·秦誓》"如有一介臣",《大学》引作"一个";《左传·襄公八年》注:"一介独使也。"依我们的见解,"个"和"介"都有独的意思①,所以只能用单数。

然而"个"很早就用为"箇"的意义了,例如:

(A)俎释三个。(《仪礼·特牲馈食礼》)②

(B)鹿皮四个。(《国语·齐语》)

(C)竹竿万个。(《史记·货殖列传》)

"一个"的活用法——数目字当中,以"一"的用途为最广(见

---

① 《书·秦誓》释文云:"一介,耿介一心端懿者,字又作个。"疑非是。

② 也许原文仍是"箇"或"個",故郑注云:"今俗皆谓枚曰個。"注中不用"个"字。

上文);单位名词当中,以"个"的用途为最广。因此,"一个"有许多活用法是别的数目字和别的单位名词所没有的。兹分述如下:

(1)本该用别的单位名词的,但若数目是"一",尤其是颇像西洋的无定冠词(indefinite article)的时候,可以称"个",例如:

(A)一个药也是混吃的。

不说"一剂"。

(B)远看像个马。

不说"一匹"。

(2)无形的事物也可称为"一个",例如:

(A)还要特治一个东儿。(26)

(B)题奏之日,谋了一个复职。(3)

(3)大概的数目可称为"个"(但不说"一个"),例如:

(A)生个一男半女。(46)

(B)这会子再发个三五万的财就好了。(72)

(4)专名之前可用"一个(个)"表示所说的人或物对于对话人是陌生的,例如:

(A)这阊门外有个十里街,街内有个仁清巷。(1)

(B)到一个悼红轩中,有个曹雪芹先生。(120)

(5)"一个"表示偶然或万一,这种用途颇像"一"字用于时间修饰(见上文),例如:

(A)一个不留神,就掉在水里。

(B)一个不信,你嘴里只管答应着,心里别主意。(《儿女英雄传》19)

(6)"有个、没个"表示一种道理,但不说"有一个、没一个",例如:

(A)听了这话,他有个不奉承去的?(46)

(B)没个娘才死了,他先弄小老婆的。(46)

(7)"一个(个)"表示一种极度形容语,例如:

（A）将冯公子打了个稀烂。(4)

（B）等我家去，打你一个知道！(83)

（C）我乐得去吃一个河落海干。(45)①

（D）湘云只伏在宝钗怀里笑个不住。(50)

以上七种活用法除了(1)(2)两种之外，都是西洋语法里所没有的。在这种地方吴、粤等语和官话也不相同。吴语里，只有(1)(2)(3)(4)(5)五种用法，粤语里连第(3)种也不大听见说。

第七节　人物的称数法

我们所谓单位名词(unit nouns)，从前的中国语法称为"量词"②。我们之所以把它们叫做单位名词者，一则因为它们本身是名词，或从名词演变而成，一则因为它们的用途在于表示人物的单位。"丈、尺、斤、两"之类固然是单位的名称，"个、只、张、把"之类也未尝不是单位的名称，咱们买鸡可以论"只"不论"斤"，买梨可以论"个"不论"斤"，可见"只、个"之类乃是天然的单位③。

单位名词的起源很早，非但度量衡的单位，连集体单位和天然单位在古代也都有了④，例如：

（A）羔羊之皮，素丝五紽。(《诗·召南·羔羊》)

（B）皆赐玉五瑴，马三匹。(《左传·庄公十八年》)

（C）子产以帷幕九张行。(《左传·昭公十三年》)

（D）负服矢五十箇。(《荀子·议兵》)

（E）二枚为一朋。(《汉书·食货志》)

---

① （文集本）编按：人民文学出版社本作"我乐得去吃个河落海干"。

② 参看黎锦熙先生的《新著国语文法》108—109页。但是黎先生说："量词就是表数量的名词。"又说："ㄅ夂两项是专用来表质料通名之单位量的，ㄇ项是专用来表个体通名之单位量的。"可见我们的意见和他的意见颇相近。

③ 关于单位名词应属何品，参看《中国现代语法》第四章第七节，《王力全集》第七卷。

④ 《说文》："员，物数也。"段注："本为物数，引申为人数。数木曰枚曰梃，数竹曰箇，数丝曰紽曰总(總)。"

（F）马、牛、羊、驴、橐驼，七十余万头。(《汉书·西域乌孙传》)

但是，有很重要的一点咱们必须注意到的：天然单位名词在古代并不是数目字的必要附属品；恰恰相反，单位名词和名词相连，如"一个人、千箇竹、十头牛"之类，是汉以前的史料所未见的，汉以前的天然单位名词只在两种情形之下出现：

（1）名词承上而省，即以单位名词替代上面的名词，如"二枚为一朋"即等于说"二贝为一朋"；

（2）名词在数目字之前，数目字后面加一个单位名词，使语气更畅，如"负服矢五十箇"即等于说"负服五十矢"（但并不等于"负五十箇矢于菔"）。

六朝以后，数目字及其单位名词渐渐可以放在其所修饰的名词的前面，例如：

（A）吾不能为五斗米折腰。(《晋书·陶潜传》)[1]

（B）偶依一株树，遂抽百尺条。(白居易《有木诗》之七)

及至元明的小说，才大量地运用单位名词，而且往往和名词相连，例如：

（A）臣启陛下，依臣三件事，黄巾贼自灭也。(《平话三国志》卷上)

（B）我王向檐底抬头看，须不是九间长朝殿，仲相抬头觑见红漆牌上书着簸箕来大四个金字"报冤之殿"。(《平话三国志》卷上)

（C）三杯酒罢，三人同宿昔交。(《平话三国志》卷上)

（D）言吕布只待捉十八镇诸侯。(《平话三国志》卷上)

（E）三十八骑马打过阵。(《平话三国志》卷上)

（F）兄弟百万军中，取一颗人头，如观手掌。(《平话三国志》卷中)

---

[1] 《晋书》是唐人作品。陶潜的话是否完全如此，尚无法证实。故《晋书》只能认为唐代语法的史料。余仿此。

（G）元帅使三个官人，引五万军暗过柴桑渡口。(《平话三国志》卷中)

（H）又鲁肃头尾三个月，令人体探荆州事。(《平话三国志》卷中)

（I）曹操当夜使三千军数员将，没一个时辰，把马腾皆斩了。(《平话三国志》卷下)

（J）吕凯当夜骑马与三五个知心人南走云门关。(《平话三国志》卷下)

（K）诸葛与夫人言别，东出岐山，前后一百辆车。(《平话三国志》卷下)

（L）右手把印，左手提剑，披头，点一盏灯。(《平话三国志》卷下)

到了《红楼梦》里，叙述到会话的时候，差不多每一个数目字的后面都带着一个单位名词。但是，咱们不能因此说这种新称数法直到《红楼梦》时代方才完成；只因《红楼梦》比元、明小说更白话化而已。依我们的推测，口语里数目字和单位名词的不可分性，大约是宋代以后的事。

单位名词，一般语言学书叫做称数词(numeratives)①。这种称数词乃是东方语言的特色②。在现代的俚俚语里，称数也必须用单位名词；不过它的词序近似中国古代的词序，"马四匹"不能称为"四匹马"。现代暹罗语，关于称数法的词序，和俚俚语相同，"船两只"不能称为"两只船"，现代安南语里，称数也必须用单位名词，但它可以同时有冠词的性质，例如：

　　　hai con chó 两只狗　　　　　　　　con chó 狗

---

① 参看柏氏《语言论》200页。但柏氏把称数词认为 individual 的意思，也和我们所谓"单位"差不多。

② 柏氏把 some、all 之类也都叫做称数词(205—206页)，其实它们和"个、只"之类的词性相差很远，我不赞成这种混合法。

tám cái chén 八个杯子 　　　　cái chén 杯子

một bức thư 一封信 　　　　　　bức thư 信

如果咱们承认冠词也带指示性,那么中国语在这一点上也有几分和安南语相似,因为中国中古时代的"箇"也曾可用为指示代词,例如:

(A)箇小儿瞻视异常。(《唐书·李密传》)

(B)箇里多情侠少年。(王维《同比部杨员外十五夜游有怀静者季》)

可惜我们对于傈傈、暹罗、安南等语的古代称数法未能考证出来,不知道它们的单位名词称数法是否也像中国一般地是后起的现象。

这种称数法是英、法等语所没有的。这并不是说它们没有单位名词;除了度量衡的单位之外,还有 piece、pair、couple 之类。若溯至古代的英语,还有牛羊之类的单位名称 head(恰和中国所谓"牛几头、羊几头"相当),又野鸟每双叫做 brace①。但是,现代中国口语除了极少数的例外(如"三年、五天"),每一个数目字必须借单位名词的介绍,然后能修饰一个名词(三个人、五棵树),西洋语言却不受这种拘束。

英、美人喜欢把"个"字译为 piece,其实是非常勉强的,piece 的意义比"个"的意义狭得多,"三个人"决不容译为 three pieces men,"一杯酒"虽可译为 one cup of wine,但语言的结构上大不相同;中国语"酒"是首品,"一杯"是修饰成分;英语里却是 of wine 被认为 cup 的修饰成分,至少在形式上应如此解释。法语里这种情形更多:pièce 和 cuillerée(spoonful)都不能直接放在名词之前,必须说成 une pièce de drap、une cuillerée de sirop 之类。

总之,现代西洋语言对于集体单位(如 couple、pair)和人工单位(如 piece)虽也有些名词来表示,然而对于天然单位,如"人、马、狗、树"之类,是完全不用单位名词的。因此,西洋现代的称数法和

---

① 参看 O.Frankfurter, Elements of Siamese Grammar, 论 descriptive words 一节。

中国古代很相似，而和中国现代不大相同。

中国单位名词和名词的配合，是没有绝对的标准的。虽说物之可把握的东西称为"把"，功用在平面上的称为"张"等等，这都只能说明名称的由来，却不能以为用名的定律。椅子在《红楼梦》里称为"张"（如今粤语），现代北京语却称为"把"。船在官话及吴语里称为"只"，而在粤语里称为"张"。人力车，北京称"辆"，上海称"部"，长沙称"把"，昆明称"张"，粤语普通称"乘"。水果，官话称"个"，吴语称"只"。甚至于人也有称为"只"的（三只人），如今广东西南部和广西南部。追溯字源，"只"并不比"个"更不合理："个、箇"既可由竹的单位名称扩充至人类，"只"又何尝不可由鸟的单位名称扩充至人类呢？

普通的人物称数必须用单位名词，这是中国各地的方言所共有的现象。但是，如果是总和的称数法，如"夫妇俩[①]、弟兄五个"之类[②]，各地的说法却又不一样了。关于这个，官话和吴语是一派，闽、粤、客家是一派。前一派是用单位名词的，而且数目字及其单位名词必须放在其所修饰的名词的后面，和普通的次序不同，例如苏州话"夫妻两个、弟兄五个"[③]；后一派是不用单位名词的，数目字即放在其所修饰的名词的前面，例如广州话"两夫妇、五兄弟"[④]。

古今单位名词的异同，亦有可得而言者："箇、匹、张、只、双"之类是从上古就有了的（见上文）。"幅、疋（匹）、枚、片、枝、朵、粒、颗、锭"之类的来源也颇古（"幅、疋、枚"古到汉代），而且也是多数由名词变来，如"幅"本是布帛的边缘，"枚"本是树干，"片"本是判

---

① "俩"即"两个"的简称，见《中国现代语法》第四章第七节，《王力全集》第七卷。

② 兄和弟的总数才是五个，所以称为总和的称数法，这称总和的称数法只限于人伦的结合。

③ 官话一部分和吴语一部分还有一种很特别的说法，如"娘儿俩"可以只称为"娘两个"，"儿"字省略（如昆明、苏州），父母和子或女共三人，苏州称为"夫妻三家头"，北京称为"爷儿三个"。《儿女英雄传》第九回："人家爷儿三个呢？""娘"字省略。

④ 闽、粤、客家所谓"兄弟"，等于官话、吴语所谓"弟兄"，参看第五章第二节。

木，"枝"本是树枝，"朵"本是花朵，"粒"本是米粒，"颗"本是小头，"锭"本作"铤"，即金银之成块者。最后起者要算"一条街、一根簪子、一顶轿子、一把剪子、一套衣裳、一副对子、一刀纸、一贴膏药"之类了。

上面所说"一条街"，也许古代只称为"一街"，并没有别的单位名词。但是，有些事物在古代却是有单位名词的，只是古今的称谓不同罢了，例如：

人，今称"个"，古称"人"：《左传·襄公二十八年》："武王有乱臣十人。"《公羊传·文公十一年》："兄弟三人。"

物，今称"件"，古称"事"：李清照《金石录·后序》："三代鼎彝十数事。"

树或木本植物，今称"棵"，古称"章、株、本、梃"：《史记·货殖列传》："山居千章之材。"《三国志·诸葛亮传》："成都有桑八百株。"苏轼诗："雅杉戢戢三千本。"《魏书·李孝伯传》："甘蔗百梃。"①

衣被之类，今称"套"或"副"，古称"袭"：《汉书·昭帝纪》："赐衣被一袭。"

单位名词共有两种活用法，都不是为称数而用的：第一，是单位名词前面没有数目字，后面又加"子、儿、头"等字，例如"个子很大、只儿不大、件头小"。这又是从单位名词转成普通名词，在意义上略等于法语的 taille、英语的 size 之类了。第二，是普通名词后面紧跟着单位名词，也没有数目字，例如：

军队	官员	贼伙	物件	事件	地带	人口	牲口
马匹	车辆	船只	房间	书本	纸张	钢条	布疋
盐斤	银两						

这是复音词的倾向所使成，"马"字要演为复音，并没有同义的字，所以借它的单位名称来做它的后附号。

---

① "梃"也许等于今所谓"根"，不等于"棵"。

这两种用法都是很后起的。尤其是第一种,《红楼梦》里还没有它,直到《儿女英雄传》里才有很少的例子(第四回"你瞧不得那件头小")。而且除一部分北方官话之外,现代各地方言里也没有它。第二种的起源大约在宋代以后,元、明小说已有"官员、船只、马匹、车辆"一类的说法,例如:

(A)吾手下官员皆不似翼德。(《平话三国志》卷上)

(B)却说周瑜用帐幕船只,曹操一发箭,周瑜射了左面。(《平话三国志》卷中)

但是,这第二种活用法和第一种恰恰相反:第一种是纯粹口语,第二种则偏于文言,其中并有新名词如"事件、人口"等。由此看来,若就中国大多数方言的语法而论,可以说单位名词并没有这两种活用法。

第八节　行为的称数法

西洋的行为称数法——西洋语言对于行为的次数有两种说法:第一种是有专用的副词,如英语的 once、twice;第二种是用仿语,如英语的 three times、ten times 等。德语的 einmal、zweimal 之类是介于两种之间的。若就行为的单位名词而论,也可分为两种:第一种是专用于次数及倍数的,如法语的 fois;第二种是从"时间、记号"一类的字引申而来的,如英语的 time 和德语的 mal。

中国的行为称数法——中国的行为称数法也可依上文所论的条理而加以分析。对于行为的次数,有专用的副词,如古代的"再"字,等于英语的 twice;有仿语,如近代所谓"两次、三次"等。若就行为的单位名词而论,也可分为两种:有专用于次数的,如现代的"趟"字;有从别的意义引申而来的,如"次"由次序的意义引申,"遍"由周匝的意义引申等等。

古代的行为称数法——中国古代,除了两次的意义用"再"字之外,其余关于行为的称数,一律用数目字加于动词或叙述语的前

面,例如:

(A)赵孟欲一献,子其从之。(《左传·昭公元年》)

(B)子三困我于朝。(《左传·襄公二十二年》)

(C)公四不视朔。(《左传·文公十六年》)

(D)五就汤,五就桀者,伊尹也。(《孟子·告子下》)

(E)凡六出奇计。(《史记·陈丞相世家》)

(F)又与之遇,七遇皆北。(《左传·文公十六年》)

(G)九顿首而坐。(《左传·定公四年》)

(H)宋殇公立十年十一战。(《左传·桓公二年》)

(I)百战百胜,非善之善者也。(《孙子·谋攻》)

(J)千变万化,不可穷极。(《列子·周穆王》)

"壹"字——一般人以"壹、一"为通用,然而古代对于行为的称数往往用"壹"。朱骏声《说文通训定声》云:"《仪礼》凡'壹拜、壹揖、壹让',《聘礼》'壹食再飨',古文本皆作'一'。"其实所谓古文本,恐怕反是后人改过的,上古于一次的意义多数用"壹"字。今试以《春秋三传》为例:

(A)王壹动而亡二姓之帅。(《左传·昭公二十四年》)

(B)于仇者将壹讯而已,故择其重者而讯焉。(《公羊传·庄公四年》)

(C)诸侯壹聘九女。(《公羊传·庄公十九年》)

(D)壹战不胜,请再。(《公羊传·成公二年》)

(E)请壹战,壹战不克,请再。(《穀梁传·成公二年》)

但是,"壹"和"一"是同音字,也许只是写法上的不同,所以它们的界限不很分明。该用"壹"的地方也偶然用"一",如"赵孟欲一献"之类。

"再"字——"再"和"二"的分别,就不仅是写法上的不同了。行为称数的"再"字和事物称数的"二"字完全不同来源;比之英语的 once、twice 和 one、two 同一来源者又不相同①。"战两次"在古代必须说成"再战",不能说成"二战"或"两战",其余由此类推,例如:

　　(A)再宿为信。(《左传·庄公三年》)

　　(B)诸侯五年再相朝。(《左传·文公十五年》)

　　(C)是晋再克而楚再败也。(《左传·宣公十二年》)

　　(D)吾父再奸王命。(《左传·昭公十三年》)

　　(E)取邑不日,此何以日? 一月而再取也。(《公羊传·隐公十年》)

　　(F)再战不胜,请三;三战不胜,则齐国尽子之有也。(《公羊传·成公二年》)

　　(G)八日之间,再有大变。(《榖梁传·隐公九年》)

　　现代"再"字有两种意思:(1)表示事情的重复,略等于英语的 once more 或 again,例如:"已经来了三次,打算明天再来一次。"(2)表示事情的顺序,例如"等撤下饭桌子来再回话去"(55)。第一种意思大约起源于宋以后②;第二种大约更为晚出,参看第三章第三节和《中国现代语法》同节。

　　现代的行为称数法——中国现代的行为称数法和人物称数法是平行发展的。人物的称数法从不用单位名词发展到必须带单位名词("五马"→"五匹马");行为的称数法也从没有单位名词发展到非有不可("三考"→"考察三次")。其间只有一点不同:前者的数目字及其单位名词放在其所修饰的名词之前;后者的数目字及其单位名词放在其所修饰的动词之后③。"看两回朋友、打一次仗"之类,仍该认为"两回、一次"是修饰"看"和"打",或"看朋友"和

---

①　Once 出于盎格鲁撒克逊语的 áns,是 one 之用于副词者;twice 也出于盎格鲁撒克逊语的 twiges,和 two 同源。

②　《平话三国志》卷中:"有人再言不起军者,与此案同。"

③　在元、明时代还是放在动词之前;见后面所引《平话三国志》诸例。

"打仗",而不是修饰"朋友"和"仗",因为"三回朋友"和"一次仗"是不成话的。

古代的行为称数法,因为没有单位名词的缘故,只能纯然表示次数;现代有了行为的单位名词,就表示得更细微些。有纯然表示次数者,如"次、遭、趟"等;有兼表示历时之久者,如"阵、顿、番、场"等;有兼表示历时之短或突然者,如"下"或"下子"等。我们将在下面分别讨论这些单位名词的来源和用途。

"次"字——上文说过,称数的"次"字大约系从次序的意义演变而来。但起于何时,则未能切实考证。大约最晚当在宋、元以后。《平话三国志》卷下:"国舅带酒慢骂众官,一连三次。"又:"其笛声不响三次。"

"回"字——"回"字用于称数比"次"字更早。孟郊的诗里已有"一日踏看一百回"的说法。这种"回"字大约是由转的意义变来。《说文》:"回,转也。"《离骚》"回朕车以复路",现代吴语多称"一回"为"一转"。但"回"在粤语一部分及客家话又转音如"会"。

"遭"字——"遭"字的来源不很容易明了,也许是从遭遇的意义转到经过的意义,故俗称事经几遍曰"几遭"。后来差不多专用于旅行一方面,而且未经过的事也可称"遭",如"我也同去走一遭"。

"趟"字——"趟"字最为后起,来源不明,它比"遭"字更严格地限于行的一方面。

"面"字——"面"字只用于见面的次数,见面一次就称为"一面",这是颇自然的办法,但是,"见他一面"和"踢他一脚"的结构不同:"面"是人家的"面","脚"是自己的"脚"。

"遍"字——遍,尽也,周匝也,大约因为有些事情是须把若干事物一一做完方可认为一次的,后来"遍"字就引申为普通"次"的意义了。粤语的"遍"完全和"次"同义。官话的"遍"却往往只指语言方面而言,并且往往是颇多的话(历时颇久)才叫做"一遍",

例如：

（A）便总依贾母素喜者说了一遍。（22）

（B）向这个门生尽情据实告诉了一遍。（《儿女英雄传》36）

阵、顿、番、场——这四个字有一个共同之点：它们在最初的时候都用如事物的单位名词，就是放在名词或首品的前面，例如：

（A）一阵东风扫暗霾。（刘克庄《扶胥三首》）

（B）欲乞一顿食耳。（《世说新语·任诞》）

（C）今日有一顿饱食，欲残害我儿子。（《南史·徐湛之传》）

（D）始梅花，终楝花；共二十四番花信风。（《荆楚岁时记》）

（E）江南自初春至初夏，五日一番风候。（《岁时广记》）

（F）内翰昔日富贵，一场春梦！（《侯鲭录》）

但是，"阵、顿、番、场"表示一种动态，实在和一般的事物单位名称不同，所以很容易演变为行为称数的单位名词。

一阵——"阵"本是战阵的意思。元、明小说里，冲杀一次叫做"一阵"，例如：

（A）马超三万军拦住杀一阵。（《平话三国志》卷下）

（B）姜维、魏延杀魏军一阵。（《平话三国志》卷下）

但是"阵"字很早就扩充为一种行为的集体单位名词了。凡事之来势急骤，连续至若干时始止者，叫做"一阵"。最初是由冲杀的事引申到风雨一类的事，是以战事譬喻天文。后来人事也可称为"一阵"，例如：

（A）笑一阵，说一阵。（31）

（B）薛蝌此时被宝蟾鬼混了一阵。（91）

（C）连忙用手拂落了一阵。（《儿女英雄传》4）

（D）哭一阵，笑一阵，骂一阵，拜一阵。（《儿女英雄传》8）

一顿——"顿"的来源颇古，《世说新语》里就有了。它共有两种意义：第一种是指食而言，如上文所举；第二种是指打骂而言，如《唐书》："宜付所司决痛杖一顿处死。"这两种意义是相通的：古代所谓"一顿食"有狼吞虎咽的意思,和"痛杖"的"痛"字正相近似。现代吴语谓被打为"吃生活",亦可见打骂和吃在民众心理上有相通之处。

"顿"字也是表示集体单位的,因为关于打,是一下一下地积成一顿;关于骂,是一声一声地积成一顿;关于吃,是一口一口地积成一顿,例如:

　　(A)他倒骂了彩明一顿。(45)
　　(B)饿了一天,各各饱餐一顿。(《儿女英雄传》9)

一番——一般人认为"一番"即等于"一次",这是错误的看法。其实"番"的意义和"阵"字颇相近似,所以当初它也只用于风雨之类,如"二十四番花信风"和"几番风雨"等。现代的一般用法,也以历时颇久的行为叫做"一番",可见这是直接由古义演变而来的,例如:

　　(A)又将这病无妨的话开导了一番。(11)
　　(B)忙另穿戴了一番。(46)
　　(C)左右前后乱找了一番。(49)
　　(D)因又把他方才的话度量一番。(《儿女英雄传》14)

这些"番"字都是不能由"次"字替代的,可见"番"和"次"大有分别。至于"三番两次"的说法,是硬把"番"字和"次"字配成骈语,只能认为例外了。

一场——"一场"是历时最久的"一次",它的来源也许和科举有关系。凡是参加过科举的人,都知道场屋的生活是很苦的。每考完了一场,如释重负,而觉得这一场特别长久,于是把长久的事叫做一场。"一场春梦"是很长的一个梦,因为他能象征人的一生。下面是《红楼梦》的两个例子:

　　(A)拿几吊出去给他养病,也是你姐妹好了一场。(77)
　　(B)日后或有好处,也不枉你跟着他熬了一场。(119)

"阵、顿、番、场"的界限是不很清楚的,用途全凭习惯而定。参看《中国现代语法》第四章第八节。

"下"或"下子"——行为称数的"下"是从"上下"的"下"演变而来的,故动作之向下者始可称为"下"或"下子",例如:

　　(A)狠命的又打了十几下。(33)
　　(B)众道士将旗幡一聚接下,打妖鞭望空打了三下。(102)
　　(C)踢一下子,唬唬也好。(30)
　　(D)那一天不跌两下子?(40)

"下"字表示行为的短暂或突然,和"阵、顿、番、场"的用途是相反的。"打几下"虽用复数,却是少的表示;"打一顿"虽用单数,却是多的表示。

"一下"又可以完全离开向下的意义,仅仅表示时间的短暂。这种"一下"不复属于行为的称数法,它只是一种时间末品,例如:

　　(A)请你来帮忙一下。
　　(B)一下子就作完了。

"上下"的"下"本是形容词,但"一下"的"下"却已变了纯粹的名词,故又可称为"一下子"。昆明的时间末品"一下"又可说成"一一小下",更显出"下"字的名词性。

称数"下"字的来源不甚可考,上古没有这种称数法,所以《左传·僖公二十八年》只说:"距跃三百,曲踊三百。"但元、明小说里已有这种"下"字,例如《平话三国志》卷下:"令人提木杵,打一下可行数步。"至于时间末品的"一下"恐怕是很后起的,《红楼梦》里还没有它。

短时貌的前身——短时貌"看看、想想"之类本是由"看一看、想一想"之类变来的①。但是,现代这两种说法同时存在,它们的用途不尽相同。前者往往有稍、略和尝试的意思,后者则表示历时很短的一次,例如:

---

① 我们立"短时貌"这个名称,一半因为它本来包含"一"字,而"一"字又是表示短暂之意的。

（A）便笑了一笑。（24）

（B）今儿当着人，还是我跪了一跪。（44）

（C）黛玉略自照了一照镜子。（94）

"笑一笑"的前身就是"一笑"，例如宋玉《登徒子好色赋》："嫣然一笑。"但是，从古代的"一笑"至现代的"笑一笑"，其演变的痕迹是很值得玩味的。现代"笑一笑"的第一个"笑"字等于古代"一笑"的"笑"字，它们都是叙述词；第二个"笑"字则是借来做行为的单位名称的。其余由此类推①。

"口、眼、指头"等——行为之用口、眼、指头之类者，就借它们来作行为的单位名词，例如：

（A）宝玉听了，啐了一口。（39）

（B）宝钗忙暗暗的瞅了黛玉一眼。（62）

（C）彩霞咬着牙，向他头上戳了一指头。（25）

注意，这种名词既被借为单位名词，就不能再加单位名词。"瞅了黛玉一只眼""向他头上戳了一个指头"之类是不成话的。

"板、棍、杖"等——行为所藉的器物也可借来做行为的单位名词。这种说法往往是用于刑罚方面，例如：

（A）发狠按倒打了三四十板。（12）

（B）明儿叫了他来，打他四十棍。（45）

（C）老头子气不过，在他踝子骨上打过一杖。（《儿女英雄传》39）

在这种情形之下，"板、棍"等字前面不能再加单位名词，理由和上面"口、眼"诸字相同。

*　　　*　　　*

以上所说，自"次"至"面"，是纯然表示次数的；自"遍"至"场"，是兼表示历时之久的；自"下"至"板、棍、杖"等，是兼表示历

---

① "让我看一看"在旧剧的道白里是"待我一观"。

时之短或突然的。行为的称数法,由古代的纯然表示次数演变到近代的三种说法,可说是一种很大的变化。

西洋语言里,对于"阵、顿、番、场"之类没有相当的名词。对于兼示历时之短暂或突然者,英语里有 slap、blow、stroke、clap 等,法语里有 tape、claque、gifle、coup 等。但是,它们这种名词是行为性的名词(action nouns),其意义等于中国动词和行为单位名词的总和,所以二者的性质也并不相同。

中国各地方言对于行为的称数法也不一律,例如苏沪一带方言谓"次"为"转",谓打一下为"打一记",又另有"瞎说一泡"一类的说法。粤语一部分谓"次"为"运";厦门一带谓"次"为"帮";梅县一带谓"次"为"摆";广西客家话谓"次"为"会"①。诸如此类,是一时说不尽的。

---

① "记、泡、帮、摆"都是译音,"运"和"转"也许是原字,"会"大约是"回"的转音。

第五章　特殊形式

第一节　叠字、叠词、对立语

在这一章里,我们将讨论中国语的特殊形式,所谓特殊形式,并不在于它多见或罕见,而在于它超出了常轨。就本章所述及的节目而论,这些特殊形式可以大别为五类:

(1)剩余①:

　　(A)叠字、叠词(第一节)

　　(B)拟声法、绘景法(第三节)

　　(C)复说法(第四节)

　　(D)插语法(第六节)

(2)不足:省略法(第五节)②

(3)凝结:

　　(A)对立语(第一节)

　　(B)并合语、化合语(第二节)③

(4)倒置:倒装法(第六节)

(5)外附:情绪的呼声和意义的呼声(第七节)

---

① 即指语言的剩余,如"妹"字已足达意而复叠为"妹妹"等,下仿此。

② 承说法归入省略法一类。

③ 和并合语、化合语同节者有成语,但成语不是特殊形式,不过它有造成特殊形式的可能而已。

语法学上有所谓构词法（word formation），我们不想特立一章来讨论它；但第三章第四节的记号，第五节的情貌和本节的叠字、叠词、对立语，下节的并合语、化合语，都是和构词法有关的。

（一）叠字（reduplicated syllables）

叠两字共成一名词——这一类名词普通只用于人伦的称呼。"姊姊、妹妹、爹爹、妈妈"之类，唐宋以后就产生了的。下面是古人诗文里的一些例子：

（A）姊姊教人且抱儿。（司空图《镫花诗》）

（B）呼妇为妹妹。（《北齐书·南阳王绰传》）

（C）如何比得爹爹富贵？（陆游《避暑漫钞》）

（D）见去岁亡过所生妈妈在旁。（《夷坚志》）

（E）对男人言必曰宗爷爷。（《宋史·宗泽传》）

（F）仁宗称刘氏为大娘娘。（苏轼《龙泉杂记》）

（G）日夜忧愁娘娘年高。（洪皓《使金上母书》）

（H）吕氏母母受婶房中婢拜。（吕祖谦《紫薇杂记》）

这种叠字的称呼以用于尊辈或平辈为限，卑辈就不能用了①。像上面所举唐宋的八个例子，除了（B）例的"妹妹"之外，都是用于尊辈或长辈的，由此可见叠字的称呼乃是一种尊称。即如"妹妹、弟弟"之类，也该认为客气的称呼。对卑辈用不着客气，也就不能再用叠字的称呼了②。

这种叠字的称呼并不是全国通用的，例如粤语和客家就只称"阿哥、阿姐"等，而不称"哥哥、姊姊"等。

另有些方言的叠字名词却特别发达，叠两字非但可成人伦的称呼，而且可成许多事物的名称。本来，北京话里就有"娃娃、饽饽、鸠鸠（髻）、蝈蝈儿、窝窝头"之类，但为数不多。西南官话如昆明一带，这种叠字名词的数量就不少了，例如：

---

① 这一点是李方桂先生首先注意到，对我说过的。

② 吴语有称儿女为"囡囡"的，却是亲亲之辞，而非尊称。

瓶瓶　　罐罐　　盖盖(指器物之盖)　　盒盒　　巴巴(即饽饽)

笋笋　　皮皮　　叶叶　　坷坷(坑也)

叠两字共成一动词——这一类的词非常少见。只有北京话把"痒"叫做"痒痒"可以归入这一类,例如:

(A)早起你说你头上痒痒,这会子没什么事,我替你篦头罢。(20)

(B)早已恨的人牙痒痒。(30)

注意短时貌和这种叠字的分别。这种叠字叠起来和不叠者同一意义,而短时貌则和简单的动词不同。短时貌不仅是叠两字,而且是叠两词,所以它应该属于叠词法,见下文。

叠两字共成一形容词或副词——形容词和副词都是可以叠起来的,但形容词叠起来往往用于末品,若两副叠字连用,才有些是用于次品的,例如:

(A)那一个不是老老实实守着多大碗儿吃多大的饭呢?(6)

(B)连忙收拾的干干净净收着。(28)

(C)大大的包一包袱衣裳拿着。(51)

(D)原该远远的藏躲着。(66)

以上是叠字形容词用于末品。

(E)刚刚的倒了一个巡海夜叉,又添了三个镇山太岁。(55)

(F)渐渐的神气清爽了些。(111)

以上是叠字副词。

形容词和副词的重叠,是一种夸张或加重语意的说法,其作用和叠字名词、叠字动词都不同,它们的作用是和拟声法、绘景法相通的。参看本章第三节。

(二)叠词(reduplicated words)

在本节里,凡叠字而不成为两个词的结合称为叠字;凡叠字亦即叠词者,称为叠词。至于双音词的重叠,自然也称为叠词。叠词可大别为两种:

名词重叠,表示每一或一切的意思——这种说法的来源很古,

例如：

（A）亦犹斧斤之于木也，旦旦而伐之，可以为美乎？（《孟子·告子上》）

（B）朝朝暮暮，阳台之下。（宋玉《高唐赋》）

（C）人人自谓握灵蛇之珠，家家自谓抱荆山之玉。（曹植《与杨德祖书》）

这种重叠，也是一种夸张法。"人人"重叠，表示一个一个数到完的意思。"人人"虽等于"每一个人"或"一切的人们"，但它的力量借词的重叠而显得更大。

动词重叠，在古代是表示重复貌（iterative aspect），例如：

（A）行行重行行，与君生别离。（《古诗十九首·行行重行行》）

（B）去去勿回顾，还君老与衰。（苏轼《别岁》）

重复貌也是一种夸张法，以两个"行"字表示连续不断地行。现代因为产生了短时貌（transitory aspect），恰和重复貌同一形式，所以后者便自然淘汰了①。但是如果两个动词叠成四个字相连，却仍是重复貌，例如：

（A）我还听见你天天在院子里和姐妹们玩玩笑笑。（81）

（B）说说笑笑，钻钻跳跳，十分亲热。（《儿女英雄传》19）

动词重叠在现代是短时貌，是一种夸张法：往少里夸张。关于短时貌和重复貌，参看第三章第五节。

叠字和叠词似乎界限不很清楚，但若就双音词看来，则它们的分别特别显明。"老老实实"是叠字，所以必须每一个字相重；"歇息歇息"是叠词，所以不能说成"歇歇息息"。

叠字和叠词在西洋不是完全没有。但西洋的叠字（叠音词）多系名词，且系拟声词和小儿语，像法语叫某一种糕为 baba 这种例是

---

① 只剩"谢谢"一个词在现代口语里。

很少的①。西洋的叠词也只偶然叠形容词,而且近似小儿女语,如英语 a long long way,long long ago 之类。由此看来,大量运用叠字叠词以表示各种的意义乃是中国语的一个特色。

(三) 对立语(opposite terms)

这里所要讨论的对立语,是指那些已变为复合词(compound words)者而言。

对立语所构成的复合词大致可分为六种:

(1)复合词的意义和原来的意义相差甚远者。此类只有"消息、东西、利害"等极少数的词。

"消息"本是消长的意思,《易·丰卦》:"天地盈虚,与时消息。"其后大约由消长的意义演变为情况的意义(近似今人所谓"动静"),再由情况的意义演变为音信的意义。但音信的意义起源也颇早。梁武帝诗:"欲觅行人寄消息。"杜甫诗:"因君问消息。"

"东西"的来历最为暧昧。《浪迹续谈》云:"《齐书·豫章王嶷传》:'上谓嶷曰:百年亦何可得? 止得东西一百,于事亦得。'似当时已谓物为'东西'。物产四方而约举东西,正犹史记四时而约言春秋耳。"《逌旃琐言》云:"世称钱物曰'东西',称男子曰'南北'。于好男子无钱使者,辄咤曰:'好南北,无东西。'"这些都是附会之辞。依我们的意见,约举东西以赅四方是可信的;但是为什么拿四方来替代什物,就很难索解了②。

"利害"的来历似乎较易考究。章炳麟《新方言·释言》:"今人谓病剧曰'利害',以古人败言'成败',失言'得失',急言'缓急'例之可也。至于齐给便利,虑事辄中,亦美之曰'利害',义不相应,乃借为'宪'字,读'宪'如'害',合于本音,'利宪'犹'敏利'也。"

---

① baba,原是波兰语。

② 《辞海》:"明思陵谓词臣曰:'今市肆交易,止言买东西,而不及南北,何也?'辅臣周延儒曰:'南方火,北方水,昏暮叩人之门户,求水火无弗与者,此不待交易,故惟言东西。'"这更是荒谬之论。

章氏以"成败、得失、缓急"比"利害",其说近是。至于以"敏利"的意义为出于"利宪",却是我们所不能赞同的。我们以为"利害"在最初是就坏的方面说,其后引申到好坏两方面都可以说。

"利害"因为字面上不容易了解,所以近来许多人写成"厉害"。这样,它的来源更被埋没了。粤语"利、厉"不同音,只说"利害",不说"厉害"。"五四"以前的书籍也只有"利害",没有"厉害"。

（2）借原来相反的意义以表示无论如何或在任何情形之下的意思者。此类有"横竖、反正、左右、好歹"等。

"横竖"和"反正"的来源未详。《红楼梦》里只有"横竖",没有"反正",也许"反正"是最后起的。"左右"比较地早,元曲《秋胡戏妻》:"左右这里无人。"《红楼梦》里也有"左右"的说法,"左右也不过是这么着"(64),但现代是不大用了。

在各地的方言里,"横竖"最为普遍,例如吴语、粤语里都有它（粤语变为"横直"）。"反正"就只有华北一带通行了。

"好歹"和"横竖、反正、左右"之类的意义并不相同。它只用于祈使句里,例如:

　　（A）只求姑娘好歹口内超生。(34)
　　（B）好歹别戳破这层纸儿。(65)

"好歹"在元代就有了。元曲《鸳鸯被》:"你好歹早些儿来回话。"但它并不能通行于多数的方言里。

（3）借原来两词相对的意义,如以"大小"表示大的程度,以"长短"表示长的程度等等,例如:

　　（A）那珍珠都有莲子大小。(72)
　　（B）这衣裳长短恰好。

对于英语 size、bulk、volume 一类的词,中国现代口语里没有相当的字。"大小"一类的复合词正是填补这一种缺憾的。但是,如果跟在度量衡的后面或比较物的后面,就不一定要用对立语,只用"大、长"一类的字就行了,例如:

（A）丈量了一共三里半大。（16）

（B）原来这梦甜香只有三寸来长。（32）

（C）接连下了几天雪，地下压了三四尺深。（39）

（D）只见腿上半段青紫，都有四指阔的伤痕高起来。（34）

（E）回手向怀内掏出一个核桃大的金表来。（45）

（F）见有二尺多高……约莫也有个二百四五十觔重。（《儿女英雄传》4）

这样从"大、长……"方面说，不从"小、短……"方面说，颇像法语的 grandeur（"大度"）、longueur（"长度"）、profondeur（"深度"）、largeur（"阔度"）、hauteur（"高度"）、grosseur（"粗度"）、epaisseur（"厚度"）等，英语的 length、depth、breadth、width、heigth、heaviness 等，不过英、法语里已由形容词转化为名词，而中国语里刚借用形容词，这一点上不相同罢了。

（4）以"多少"表示疑问的数量，例如：

（A）这一包银子共多少？（43）

（B）你认了多少字了？（92）

"多少"和"大小"之类，相似而不相同。其相似之点：它们都是以相对的形容词转成复合词。其不相同之点："大小、长短"之类所指者为大的程度、长度等，而"多少"之指并非多的程度，所以咱们不能说"这一担米有十石多"来替代"这一担米有十石的量"，"十石多"是十石余的意思，这种"多"字和"十斤重"的"重"字性质不同。

疑问词"多少"大约是由问德性（"多乎？少乎？"）转化到问数量（"几何？"），这是官话的语法（参看第四章第五节）。由"多"字构成问数词，在各族语各方言里是很常见的事实。英语的 how many 和 how much 直译就是"怎么样多"。粤语的"几多"就是多到什么程度的意思。安南语的 bao nhiêu（"几何"）其中的 nhiêu 和"多"（nhiêu）本是一个字。但是，以对立语"多少"转化为问数词，却仍该认为官话的特色。

（5）以"上下"或"来往"表示大概的数目，例如：

（A）今年方五十上下。（4）

（B）径圆也不过一尺来往。（《儿女英雄传》4）

在某一些方言（如粤语）里，是以"左右"替代"上下"的。"来往"似乎只在官话里通行。"五十来岁"一类的"来"字也许就是由"来往"的意义变来，因为二者都是表示大概的数量的。然而它们的位置却不相同，在用"来往"表示概数的方言里，也只说"五十来往岁"之类。

（6）以对立的两种事物表示比这两种事物范围更广或不同范围的一种事物，兹择其最常见者举例如下：

是非——《庄子》曰："此亦一是非，彼亦一是非。"可见"是非"是足以引起争端的。后人因此就以"是非"来表示争论上的麻烦，例如"倘或有人盘问起来，倒又是一场是非"（60）。又以"是非"代表挑拨离间的言语，如"搬弄是非"。

动静——有事则动，无事则静，因此现代语就以"动静"来代表情况，例如"假以寻袭人为由，来视动静"（29）。

长短——不幸之事如死亡之类是一般人所讳言的，所以借用"长短"来表示，例如"倘或因这病上有个长短，人生在世还有什么趣儿呢？"（11）注意，这类"长短"和(3)类的"长短"不同。

早晚——以"早晚"替代时候，是《红楼梦》里常见的，例如："你往那里去了，这早晚才来？"（43）但这种说法在中国是很不普遍的。

买卖——现代官话里，做生意也可说成"做买卖"，是"买卖"等于"生意"，变成一个名词了。

以上所说的六种对立语所变成的复合词，都是西洋语言里所罕见。法语里虽有 va-et-vient（reciprocating motion）一类的词，但是这说法是远不及中国现代语那样普遍的。

第二节　并合语、化合语、成语

(一) 并合语(unification by encroaching)

并合语的构成,是由于常相接近的两个词当中,有一个词特占优势,把另一个词的意义侵吞净尽。这样,实际上只剩一个词的意义,另一个词可说是等于赘疣却有助成双音化的好处。

为了说明的便利起见,我们把那特占优势的字叫做强成分,那意义被侵吞的字叫做弱成分。并合语大约可分为七类:

(1)本系平行的两个名词者。此类有"国家、兄弟、妻子、窗户"之类。

"国家"用为单词,来源最早。上古时代,诸侯的领土称为"国",大夫的采地称为"家"(《左传·昭公三年》"政在家门")。故上古史料或论述上古史事的书籍中,所谓"国家"皆兼指诸侯的国和大夫的家而言,例如:

(A)礼,经国家,定社稷,序民人,利后嗣者也。(《左传·隐公十一年》)

(B)政亡则国家从之。(《左传·成公二年》)

(C)出竟有可以安社稷利国家者。(《公羊传·庄公十九年》)

(D)古者立国家,百官具,农工皆有职以事上。(《穀梁传·成公元年》)

自从没有"大夫"的制度之后,除非论及上古政制,否则所谓"国家"就专指"国"而言了。

兄弟,在古代显然是兄与弟的意思。《诗·小雅·常棣》:"兄弟阋于墙,外御其务。"现代闽、粤语及客家话里,"兄弟"仍存古义。"兄弟"在官话和吴语里变为"弟"的意义,大约是很后起的事,"弟"之所以成为强成分,似乎不是偶然的。口语里代"兄"而兴的有"哥"字("哥"的本义是父亲),却没有代"弟"而兴的字,于是

"弟"字仍须应用。上文说过,叠字的称呼是表示尊敬的,对于"弟"用不着怎样尊敬,于是"弟弟"终不如"哥哥"那样常用,普通就只称"兄弟"了。《红楼梦》里只有"兄弟",没有"弟弟",例如"兄弟来请安"(65);"兄弟怎么说,我无不领命"(65)。

"妻子"在古代也显然是妻与子的意思。《左传·文公十三年》:"妻子为戮。"现代"妻子"变了"妻"的意思,正如"国家"变了"国"的意思,都是大的占了优势。但是"妻子"当"妻"字用,并不像"兄弟"当"弟"字用那样普遍。北京口语里,妻称为"媳妇儿"。《红楼梦》第十一回:"我先瞧瞧蓉哥媳妇儿去。"《儿女英雄传》第九回:"再要听见说媳妇儿,那更了不得了。"苏州称为"家小",上海称为"家主婆",粤语称为"老婆"等等,都不用"妻子"字样。"妻子"可说是普通官话里较文的说法。

"窗户"当"窗"字讲,只有很少的方言(如北京话)是这样的,例如"又跑出来隔着窗户闹"(21)。北京话又有"翅膀"当"翅"字讲,"云彩"当"云"字讲,和"窗户"颇相近似。

(2)本系平行的两个形容词者。此类有"干净、热闹、贤慧"等。

干净,当初大约是干而且净的意思,现此只当"净"字讲。"干净"这一个说法非常普遍,大多数的方言里都有它。但也有少数方言只说"净",不说"干净"的,例如广西南部。现代所谓"干净"不复有"干"的意思,故不干的东西也可说"干净",例如:"这水是干净的。"

热闹,当初大约是热而且闹的意思。《战国策·齐策》:"临淄之途,车毂击,人肩摩,连衽成帷,举袂成幕,挥汗成雨。""车毂击,人肩摩"是闹,"挥汗成雨"是热,古代但言"闹热",不言"热闹"。白居易诗:"红尘闹热白云冷。"现代有些方言如广西南部也只说"闹热",不说"热闹"。现代所谓"热闹"或"闹热"只是车马喧阗或肩踵相接的意思,不复有热的意思,例如:"冬天的上海也是热闹的。"

"贤慧"当"贤"字讲,例如:"你的太太很贤慧。"这是不很普遍的说法。"慧"也许当作"惠"。

(3)本系平行的两个动词。此类很少,常见的只有"欺负、睡觉"两个词。

《汉书·韩延寿传》:"接待下吏,恩施甚厚而约誓明。或欺负之者,延寿痛自刻责:'岂其负之?何以至此?'"按:这里的"欺"字是不以诚实待人的意思,针对上文"约誓明"而言;"负"字是对不住人的意思,针对上文"恩施甚厚"而言。后代"欺"字变了陵辱的意思,"负"字的原义也就被吞并了。

睡,寐也;觉,寤也。《庄子·大宗师》:"成然寐,蘧然觉。""睡"和"觉"本来是两件事。今吴语犹谓"寤"为"觉"(音如"告"),如苏州话"俚觉哉"即等于官话"他醒了"。有"睡"必有"觉",故"睡觉"常并用,后来"睡"义渐占优势,"觉"义终于消灭了。

一般人不觉得"睡觉"是由平行的两个动词变来,因为现代"觉醒"字读如"角","睡觉"字读如"教",不同音。其实古代寤义的"觉"字正当读如"教",《诗·王风·兔爰》"尚寐无觉"即读"教"音(与"罦、造、忧"为韵)。若就上古音而论,觉韵的"觉"和效韵的"觉"音极相近(如果不完全相同的话),更不生音读上的问题了。

(4)本系叙述词及其末品词,此类末品词,最常见者为"相"字、"见"字和"可"字。

"相"字本是 each other 的意思,故叙述词后面不该有目的位。然而在"相信、相帮、相看、相与"一类的话里,"相"字往往消失了它的意义而成为赘疣,例如:

(A)从此以后我不相信你的话了。

(B)相帮尤氏料理。(64)

(C)好容易相看准一个媳妇儿。(72)

(D)你没有听见薛大爷相与这些混帐人。(86)

注意:"相信"和"相帮"在这种地方是纯粹的并合语,"相看"

和"相与"则近似化合语,因为"相看"和"看"的意思并不完全相同,"相与"更和"与"的意思不同。参看下面化合语一段。

"见"字本是"被"的意思,例如《孟子·尽心下》"盆成括见杀",《韩非子·说难》:"甚者为戮,薄者见疑。"到了近代,"见"的原义渐晦,于是它后面的动词丧失了被动的意义而变为主动,可以有目的语(例A);当说话人要表示被动时,却又另加"被"字(例B),例如:

（A）太师欲取天下,何故以小过见责温侯?(《三国演义》8)

（B）怕他料理不起,被人见笑。(13)

"可"字本来大致等于英、法语的词尾 able,例如"可怜"等于英语的 pitiable(pitiful)、法语的 pitoyable。这样,"怜"字后面应该不能再有目的语。但是,"可怜"有时候却只当"怜"字讲,于是后面能带目的语,例如:"我很可怜他。"在这种地方,"可怜"只等于英语的 to pity、法语的 plaindre 了。这种赘疣的"可"字还不很多,常见的只有"可怜、可惜"等。

（5）本系叙述词及其目的语者。此类例子不多,常见的只有"讨厌"一词。"讨厌"本是讨人厌的意思,"讨"是叙述词,"厌"是目的语,例如:"你这人真讨厌。"但是,有时候"讨厌"只有厌恶的意思,例如:"我很讨厌他。"

（6）本系名词及其修饰品者。此类只有"笑话"等极少数的形式。

"笑话"本是可笑的话的意思,但北京话有时候把它只当"笑"字讲,例如:

（A）快别说这话,人家笑话。(20)

（B）错一点儿,他们就笑话打趣。(16)

（7）本系虚词及其所附着的词者。此类有"虽然、虽则、虽是、纵然、果然"等。

"虽然"本是虽如此的意思("然"就是如此),后来"然"字变了

弱成分,它的意义被"虽"字吞并了,于是"虽然"只当"虽"字讲了,例如:

（A）虽然如此,一个人既作了个女孩儿,这条身子,比精金美玉还尊贵。(《儿女英雄传》9)

（B）那时虽然见了面,这话还是说不成。(《儿女英雄传》19)①

"虽然"之用为并合语,来源颇早,至少在唐代已有了,例如罗邺《宫中》之二:"虽然自小属梨园,不识先皇玉殿门。"至于"虽则"和"虽是"的并合却只是最近代的事,例如:

（A）姐姐,妹子虽则念了几年书……有一个故典,心里始终不得明白,要请教姐姐。(《儿女英雄传》9)②

（B）华忠听了,口中虽是答应,脸上似乎露着有个为难的样子。(《儿女英雄传》14)

现代口语里,"纵然、果然"也成了并合语,只和古代的"纵、果"相当,例如:

（A）纵然遇见潘安子建一流人物,也只好发乎情,止乎礼。(《儿女英雄传》9)

（B）不想果然就把你姑娘引出去了。(《儿女英雄传》19)

以上所说的七种并合语,除了"国家"一词起于上古,"虽然"一词起于中古之外,其余都是最近代才产生的。除"国家"外,其余各词若用于文言里,可以说是不通。实际上,这种话在最初的时候确是"不通"的人说的;不通的人比通的人多,于是这种不通的话也就渐占势力,结果是连所谓通人的口语里也有它们了。自从白话文流行之后,它们更可以说是取得"市民权"了。

---

① 有时候还更进一步,把"虽然"当做联绵字看待,后面加一个"的"字,例如《儿女英雄传》第二回:"玉格这番话,虽然的是孩子话,却也有些儿见识。"

② "虽则"和"虽然"又颇有不同。"虽然"在文言里连起来是有意义的,"虽则"却从未出现于文言里,后者是一种假语源,是不通的人杜撰的词汇。

现代各地的方言里，并合语很多，例如苏州话以"头颈"表示头、以"勤俭"表示勤、以"欺瞒"表示欺等等。可惜还没有详细的调查。

有些并合语是颇难索解的，例如脸，吴语叫做"面孔"，"孔"字没有意义。在最初的时候，"孔"字是否有七窍的意思，就不得而知了。

（二）化合语（unification by agglutinating）

化合语和并合语的界限虽不十分清楚，但大体上它们是有分别的。并合语是一种吞并作用，化合语是一种凝结作用。前者是有一个词的意义被侵蚀了，后者是原来两个词的意义都保存着，只是溶化为一体，不再能为别的词所隔开。常用的化合语有"请教、请示、得罪"等，正在趋向于变成化合语者有"以为、认为、帮忙、请安"等。

"请教"和"请示"——"请教"是请求教诲；"请示"是请求指示。"教"和"示"的前面应该有一个主事者（次系的主语），但是习惯上总不把它说出。这样，就造成上下两字不可隔离的一种习惯。在"当面请教"和"呈报上司请示"一类的话里，咱们还看不出它们是化合语。但是，在下面的两个例子里，它们却显然是一种化合语了：

（A）还要等人请教你不成？（17）

不说"请你教"。

（B）请示老太太，晚饭伺候下了。（88）

不说"请老太太示"。

得罪——"得罪"在上古已经是一种熟语，"得"是叙述词，"罪"是它的目的语，例如：

（A）申侯由是得罪。（《左传·僖公五年》）

（B）子华由是得罪于郑。（《左传·僖公七年》）

（C）子臧得罪而出。（《左传·宣公三年》）

(D)吾得罪于君。(《左传·襄公二十年》)

(E)由是得罪。(《左传·哀公十一年》)

但是,到了现代,非但意义变了(由获罪变为冒犯),连词性也变了,因为"得罪"两字只有一个动词的用途,等于英语的 offend,例如:

(A)谁又没疯了? 得罪他做什么? (20)

(B)若得罪了我醉金刚倪二的街邻,管教他人离家散。(24)

乍看起来,"请教你"似可认为"请教于你"的省略(正如"求救于楚"),"得罪他"似可认为"得罪于他"的省略(正如"得罪于郑")。但是"于"字的省略虽是古代语法所容许的,而"于"字后面所省略的往往是地名(《史记·晋世家》),至于人名前面"于"字省略的就很罕见,人称代词前面的"于"字更不能省。依现代的语法,表示处所的关系位普通是放在叙述词的前面的,何以独有"请教、请示"和"得罪"必须认为单词,即由化合而成的一个动词,然后在语法的说明上得到很多的便利。

在欧化的词汇里,像"得罪"这种化合语更是不少,例如 to mobilize 译为"动员",于是有"动员民众"的说法;to land 或 to disembark 译为"登陆",于是有"登陆北海"的说法。参看第六章第一节。

"以为"和"认为"——依古代语法,"以为"该是"以……为"的省略。下面的几个例子应认为不省略的例子:

(A)赐也,女以予为多学而识之者与? (《论语·卫灵公》)

(B)于是诸将乃以太尉计谋为是。(《史记·绛侯周勃世家》)

(C)鲍叔不以我为贪。(《史记·管晏列传》)

(D)以《春秋》所讳为美谈。(张衡《东京赋》)

下面的两个例子则是省略的例子:

(A)寡人之圃,方四十里,民犹以为大。(《孟子·梁惠王下》)

(……民犹以此圃为大。)

（B）工师得大木，则王喜，以为能胜其任也。（《孟子·梁惠王下》）

（……以此大木为能胜任。）

但是，现代口语就承用这种省略的"以为"来表示一种意见，于是"以为"只等于英语的 think。"以为"二字不复能被隔开了，而原来"为"的地位却用"是"字替代，例如"鲍叔不以我为贪"，译成现代口语则是："鲍叔不以为我是贪心。""民犹以为大"，译成现代口语则是："人民还以为是太大。""为"字本来被一般人认为"是"字的前身①，现在有"为"又有"是"，足见"为"字已和"以"字化合为一体。不过，"以我为贪"一类的话仍旧是有人说的，尤其是仍旧见于现代的文章里，所以我们只说它趋向于变成化合语。

"认为"是现代的说法，用来替代"以为"的。"认为是"三个字可以相连，和"以为是"的情形相同。

帮忙——"帮忙"是一种很特别的结构。"忙"字不能认为目的位，只能认为关系位。不是"帮助"那个"忙"，只是因为人家"忙"而去"帮助"人家。依这关系位的说法，"帮他忙"或"帮他的忙"都是通的，只有"帮忙他"不通。若要连"帮忙他"也认为通，就必须把"帮忙"认为一个单词（动词）。既然"帮他忙"和"帮忙他"正在竞争之际，我们不能在现在就断定"帮忙"是化合语，它只是正在向这一条路进行而已。

请安——"请安"的"请"字如果当"问"字讲（恭敬地问），则"安"可认为目的位。这样，"请老太太的安"一类的说法是通的。但近来渐渐有人说成"请安老太太"，却又走上化合的路了。

(三) 成语（idioms）

我们并不想在这里讨论成语的发生及其性质，只想大略地说明它对于语法的影响。许多特殊的形式，甚至于是很费解的，都因

---

① 但这是一种误解，参看第三章第一节，及《中国文法学初探》，《王力全集》第十九卷第一册 186—236 页。

为它们是成语而在语法上不被认为错误。在西洋语言里,这种例子真不少,现在姑且举出一两个如下:

英语:

I have to be at the office at 4 o'clock.

(我须得在四点钟到办公室去。)

He will not have me do that.

(他不愿意我这样做。)

法语:

Tu as beau faire,tu ne me retiendras pas.

("你怎样留我也是徒然的。"直译该是:"你有美丽做,你将留不住我。")

Il l'a échappé belle.

("他是死里逃出了。"或:"他总算是脱了大难了。"直译该是:"他逃脱了它美丽。")

中国语里运用典故,许多在语法上说不过去的,都因它们是成语的缘故,大家承认它们是"可通"的了。其中最显明的例子就是虚字变为化合语的成分,例如:

(A)陛下隆于友于,不忍遏绝。(《后汉书·史弼传》)

(B)侍者方当而立岁。(苏轼诗)

(C)会稽山阴人,少爱居永兴。(《三国志·钟离牧传》)

下面这几个成语也是常见的:

于归,替代"出嫁"。

于飞,替代"夫妇的和谐"。

刑于,替代"对于妻的感化或教导"。

式微,替代"衰微"。

居诸,替代"光阴"[①]。

————

[①]　据注疏家言,《诗·邶风》"日居月诸",其中的"居、诸"都是语助词。

斯文,替代"文雅、文弱"等①。

其次,就是虽不包含虚字,然而按字面讲不通,必须追求典故的来源,然后讲得通的。

（A）足下之年,甫在不惑。(应璩《答韩文宪书》)

（B）今寿过耳顺,幸无病苦。(白居易《序洛诗序》)

下面这几个成语也是常见的:

关雎之化　　觅人庖代　　年逾花信　　罗掘俱穷

在这种地方,咱们应该辨别语法上的费解和意义上的费解②。在"关雎之化"里,语法上是费解的,因为"关关"不该省作"关","雎鸠"不该省作"雎";若在"陟岵之悲、鼓盆之戚"一类的话里,咱们如果不懂它们的典故,就不明白陟岵何以能有悲、鼓盆何以能有戚,然而它们在语法却是说得过去的。

自从白话文盛行之后,典故的运用渐渐不合时宜,只有极少数的成语如"斯文"之类混进了口语里。这样,费解的话自然少见了。然而成语对于现代语法仍有抵触的地方,因为古代语法里某一些事实显然是过时了的,却能跟着成语保存在现代口语里,例如"其"字已经为"他的"所替代了,而"莫名其妙"并不改成"莫名他的妙";"此"字已经为"这"字所替代了,而"岂有此理"并不改成"岂有这理"。现代称数必须用单位名词,然而"三教九流、千方百计、三心两意"仍旧是数目字直接地修饰名词的。古代语法残留在现代语里,也可认为一种特殊形式。因此成语也是造成特殊形式的原因之一。

第三节　拟声法和绘景法

拟声法(onomatopoeia)和绘景法都是属于修辞学的范围的,我

---

① 《论语·子罕》:"天之将丧斯文。"斯,此也。

② 所谓费解,是说不追究典故就讲不通。这里没有排斥运用典故之意。

们在本书里必须叙述它们者,因为它们和中国语的构词法、造句法都大有关系。中国有所谓联绵字,就是声音相同或相近的两个字,叠起来成为一个词①。联绵字大致可分为三种:叠字,即"关关、呦呦、凄凄、霏霏"之类;双声联绵,即"丁当、淋漓"之类;叠韵联绵,即"仓皇、龙钟"之类。联绵字不一定是用于拟声法和绘景法的,"猩猩、鸳鸯、螳螂"之类都只是普通的名词;但是拟声法和绘景法却大半是由联绵字构成的。

我们把"呦呦、丁东"之类叫做拟声法,因为说话人的用意在于模仿一种声音。至于模仿得像不像,和语言没有关系。所谓拟声法,只是某一些人听起来觉得是这样,于是在某一族语或某一方言里相沿用这一个词,并没有客观的标准。因此,同是一物之声,在各族语里可以译成种种不同的语音②,例如鸭声在英语里是 quack,在法语里是 couin couin,在意大利语里是 qua qua,在德语里是 gack gack,在丹麦语里是 rap rap 等等。中国各地的拟声法也不尽相同,例如狗叫的声音在官话和吴语里是"汪汪",在粤语里却是[ŋuŋ ŋuŋ]③。

我们又把"凄凄、仓皇"之类叫做绘景法,因为说话人的用意在于很生动地描绘一种情景,令对话人或读者俨然如见。中国的绘景法,虽也利用别的描写手段,但它的主要的而且最普通的办法就是利用联绵字。联绵字是否真的能把情景描绘出来,恰像它们是否真的能把声音模仿得逼真,一般地和语言没有关系。

原来拟声法和绘景法之所以能给予人们一种生动的印象,完全是因为人们凭着已往的经验去体会。"喈喈"虽不很像鸡声,但当人们念到"鸡鸣喈喈"一句话的时候,自然会回忆到平日所听见

---

① 声音不近的,如"淹留"之类,我们只认为双音词,不认为联绵字。我们对于联绵字所下的定义和前人不尽相同。

② 参看《中国语文概论》(后更名《汉语讲话》,见《王力全集》第二十卷第一册)第四章第一节。

③ 编者注:粤语,中华书局1954本作"广西的粤语"。

的鸡声;同理,"凄凄"虽不能真地绘出风雨的情景,但当人们念到
"风雨凄凄"一句话的时候,自然会凭着已往的经验去体会大风雨
的那种寒凉之意。中国向来以联绵字来作生动的描写,尤其是在
韵文里。一部《诗经》不知用了多少拟声绘景的联绵字,在"喓喓草
虫,趯趯阜螽"和"坎坎鼓我,蹲蹲舞我"里,上一句是拟声,下一句
是绘景;在"风雨凄凄,鸡鸣喈喈"里,上一句是绘景,下一句是拟
声①。由此可见联绵字在中国诗歌上的重要性。下面是双声叠韵
的一些例子:

双声:

(A)参差荇菜,左右流之。(《周南·关雎》)

(B)厌浥行露,岂不夙夜?(《召南·行露》)

(C)何有何亡,黾勉求之。(《邶风·谷风》)

(D)击鼓其镗,踊跃用兵。(《邶风·燕燕》)

(E)爱而不见,搔首踟蹰。(《邶风·静女》)

(F)町畽鹿场,熠熠宵行。(《豳风·东山》)

叠韵:

(A)窈窕淑女,君子好逑。(《周南·关雎》)

(B)陟彼崔嵬,我马虺隤。(《周南·卷耳》)

(C)蔽芾甘棠,勿翦勿伐。(《召南·甘棠》)

(D)燕燕于飞,差池其羽。(《邶风·燕燕》)

(E)狐裘蒙戎,匪车不东。(《邶风·旄丘》)

(F)隰有苌楚,猗傩其枝。(《桧风·隰有苌楚》)

由上面的例子看来,双声叠韵是以用于绘景为常的;但是,拟
声并不是不能用双声叠韵,不过较为少见罢了,例如:

(A)我家公相家,剑珮尝丁当。(杜牧《冬日寄小侄阿宜家》)

(B)夜来江雨宿篷船,卧听淋铃不忍眠。(韦庄《宿篷船》)

---

① 后人做诗有模仿这个办法的,例如李群玉诗:"方穿结曲崎岖路,又听钩辀格磔声。"
上一句是绘景,下一句是拟声。

以上是双声。

　　（C）钟鼓铿鍧。（班固《东都赋》）

　　（D）优人管弦铿锵。（《汉书·张禹传》）

以上是叠韵。

　　单字拟声和单字绘景,在《诗经》里也是常见的,例如:

　　（A）击鼓其镗,踊跃用兵。（《邶风·击鼓》)

　　（B）有女仳离,慨其叹矣。（《王风·中谷有蓷》)①

以上是拟声,拟声词在"其"字的后面或前面。

　　（C）未见君子,惄如调饥。（《周南·汝坟》)

　　（D）赫如渥赭,公言锡爵。（《邶风·击鼓》)

绘景词在"如"字的前面。

　　（E）嘒彼小星,三五在东。（《召南·小星》)

　　（F）毖彼泉水,亦流于淇。（《邶风·泉水》)

　　（G）泛彼柏舟,在彼中河;髧彼两髦,实维我仪。（《鄘风·
柏舟》)

绘景词在"彼"字的前面。

　　（H）兄弟不知,咥其笑矣。（《卫风·氓》)

　　（I）有女仳离,啜其泣矣。（《王风·谷风》)

绘景词在"其"字的前面。

　　（J）宴尔新昏,如兄如弟。（《邶风·谷风》)

绘景词在"尔"字的前面。

　　（K）野有蔓草,零露漙兮。（《郑风·野有蔓草》)

绘景词在"兮"字的前面。

　　（L）潸焉出涕。（《小雅·大东》)

绘景词在"焉"字的前面。

　　（M）北风其凉,雨雪其雱。（《邶风·北风》)

---

① 注:慨,叹声。

（N）我来自东，零雨其濛。（《豳风·东山》）

绘景词在"其"字的后面。

（O）不我以归，忧心有忡。（《邶风·击鼓》）

（P）有洸有溃，既诒我肄。（《邶风·谷风》）

绘景词在"有"字的后面，以上是绘景法。

战国以后，单字拟声和单字绘景往往带着后附号"然"字，成为双音词①，例如：

（A）砉然响然，奏刀騞然。（《庄子·养生主》）

（B）砰然闻之，若雷霆之声。（《列子·汤问》）

以上是拟声。

（C）曾西艴然不悦。（《孟子·公孙丑上》）

（D）良愕然欲驱之。（《汉书·张良传》）

以上是绘景。

单字拟声法，所拟的往往是短促或突然的声音，直到现代仍旧如此，不过拿"的"字替代"然"字罢了，例如：

（A）正发呆时陡听得当的一声。（6）

（B）哇的一声，都吐出来了。（29）

由此类推，凡两个短促的声音相连，就用两个单字（例 A、B）；同样的声音相连，就用叠字（例 C、D）；先短促而后连续，就用双单字加叠字（例 E、F）；如果是连续不断的一串声音，就用双叠字（例 G 至 J），而双叠字又往往是由双声变来的（例 G、H），例如：

（A）宝玉和袭人都扑嗤的一笑。（31）

（B）只听咯噔的一声门响。（51）

（C）听得吱吱的笑声。（91）

（D）便哈哈的笑道："是了！是了！"（116）

（E）只听豁啷啷满台的钱响。（53）

---

① 若叠字再加"然"字，则成三音词，例如《孟子·梁惠王下》："举欣欣然有喜色。"

（F）听得房上骨碌碌一片响声。（87）

（G）只见秋纹、碧痕啼啼哈哈的笑着进来。（24）

（H）大清早起，就咭咭呱呱的玩成一处。（70）

（I）口内嘟嘟囔囔的又咒诵了一回。（25）

（J）凤姐带病哼哼唧唧的说。（105）

单字绘景法在现代口语里可说是渐趋消灭了。至于叠字绘景法，除了用如普通末品，像"香菱怔怔答道"（48）之类外，还有一种后置的末品附于形容词的后面。这是最富于绘景的力量的一种说法，在古代只有极少的例子①，例如：

（A）穆眇眇之无垠兮，莽芒芒之无仪。（《楚辞·九歌》）

（B）藐曼曼之不可量兮，缥绵绵之不可抒。（《楚辞·九歌》）

至于现代某一些方言里，这种说法就很多了，例如：

（A）只见黑魆魆的进来一个人。（12）

（B）出去了冷清清，没有什么玩的。（43）

（C）怪道寒浸浸的起来。（54）

（D）那脸上红扑扑儿的一脸酒气。（100）

（E）并一大碗热腾腾碧莹莹绿畦香稻粳米饭。（62）

这种后置的绘景词在各地并不一律，例如昆明话里，"黑测测、红通通、黄呼呼、白沙沙、绿蝦蝦、清汪汪、俏生生、花绿绿"，都和北京话不同。另有些方言里却没有这种后置的绘景词，例如苏州话只说"测黑（漆黑）、血红、腊黄、雪白、碧绿、碧清"等。

也像拟声法一样，现代的绘景法演进到一种双叠字法，例如：

（A）兴兴头头往里来找龄官。（36）

（B）只许你们偷偷摸摸的哄骗了去。（73）

（C）初时黛玉昏昏沉沉，吐了也没细看。（82）

（D）这里弯弯曲曲的，回去的路头都要迷住了。（87）

———————

① 相传为舜所作的《卿云歌》："卿云烂兮，糺缦缦兮。"也可归入此类。

　　但是现代的绘景法却有两种说法超出了联绵字之外,而且不是拟声法所能具备的。现在分别叙述如下:

　　第一种是骈语法。这里所谓骈语法和骈体文里的骈偶句不同。骈体文里最忌上联和下联意义相同,然而绘景法里的骈语却正要上联和下联的意义相同,或实际上同指一事,例如:

　　　　(A)七手八脚,都忙着拿出来。(29)

　　　　(B)他娘倒欢天喜地。(72)

　　　　(C)我近来看着云姑娘的神情儿,风里言,风里语的。(32)

　　　　(D)人家牵肠挂肚的等着。(23)

　　　　(E)我们姑娘年轻的媳妇儿,也难卖头卖脚的。(6)

　　　　(F)只是我愁宝玉还是那么傻头傻脑的。(99)

　　骈语法在意义上有一个特性,就是不着实。"七手"和"八脚",似乎意义不同,然而"七手"所表示的并不是七只手,只是一种忙态,"八脚"所表示的并不是八只脚,也只是一种忙态,所以实际上是同指一事。

　　第二种是赘语法。最显明的例子是"糊涂"之衍为"糊里糊涂","胡说"之衍为"胡说八道","乱"之衍为"乱七八糟"。赘语的部分正是最富于表现力的部分。这种语言事实在各地的方言里很不少,值得作详细的调查。譬如北京土话形容人的傻,叫做"傻不机机的";南方官话谓"郎当"曰"吊儿郎当"。吴语里的例子更多,例如"龌里龌龊(脏)、一想情愿(瞎想)、一场刮子(完全地)、神气活咤现(神气)、瞎三话四(胡说)①、瞎说一泡(胡扯)、眼疵格辣搭(眼角积污)",等等。

　　骈语法和赘语法虽和联绵字不同,然而它们在一点上极端相似,就是用比平常更繁的语言来达到生动有力的目的。在逻辑上说,这是不通;在语法上说,这是修辞学影响而成的一种特殊

---

① "瞎三话四"不算骈语,因为是"瞎话"的衍长。"瞎"字不是动词。

结构。

＊　　　＊　　　＊

西洋语言对于拟声法，有些颇似中国语的结构，例如德语模仿鸭声的 gack gack 是叠字，英语模仿表声的 tick tack 是双声。

然而它们对于绘景法，就和中国语相差很远了。在英语里，虽偶然也有副词重述的例子 long long shall I rue thee (Byron)，然而只有极少数的字（如果不是唯一的）能如此重叠，并不是常轨的说法。而且这只是加重语气，而不是描绘情景。大量地运用联绵字乃是西洋语言所没有的。至于绘景法里的骈语更非西洋语言所能有；这是单音语的特性，复音语是很难办得到的。赘语法最为特别，西洋语言里如果有它，也该被认为一种语病。我们不把它认为语病，因为它有它的特殊功能。再者，凡是语言习惯的结晶，都没有什么病可言的。

第四节　复说法

复说法（repeating speech）可以大别为两种：第一种是意复（repetition of idea）；第二种是词复（repetition of word）。意复是古今中西所同有的；词复却只是现代中国的产品，除了第一类词复法之外，中国古代语和西洋语言里都非常罕见。现在分别讨论于下：

（一）意复

意复者，字面上并不重复，只是用代词复指。一个首品词或首仍放在句子之外，孑然独立，然后由一个代词来代表它担任句中的职务。叶氏把这种首品认为居于外位（extraposition）[1]，是同位的变相。下面是英语的几个例子[2]：

---

[1]　《英语语法纲要》95 页。
[2]　例子采自叶氏《英语语法纲要》95 页。

（A）Charles Dickens, he was a novelist.

（B）He was a great novelist, that Charles Dickens.

（C）It is unexampled, I think, that calm creative perspicacity of Shakespeare.

（D）That woman that cannot make her fault her husband's occasion, let her never nurse her child.

（E）That priest who entered, do you know his name?

中国语在这种地方，和英、法等语稍有不同：中国语里，外位的首品通常只放在代词的前面，不放在后面。像上面（B）（C）两例，中国语里是非常罕见的。下面是《红楼梦》里的几个例子：

（A）你珍大嫂子的妹妹三姑娘，他不是已经许定给你哥哥的义弟柳湘莲了么？（67）

（B）有和你素日嘻皮笑脸的那些姑娘们，你该问他们去。（30）

（C）这个老命还要他做什么？（74）

（D）跟宝姑娘的莺儿，他妈就是弄这个的。（56）

这种复指的代词只限于第三人称。中国古代第三人称代词没有主格，故用以复指首品者只有领格的"其"字和目的格的"之"字，例如：

（A）梓匠轮舆，其志将以求食也。（《孟子·滕文公上》）

（B）齐晋秦楚，其在成周，微甚。（《史记·十二诸侯年表序》）

（C）高者抑之，下者举之，有余者损之，不足者补之。（《老子》）

（D）老者安之，朋友信之，少者怀之。（《论语·公冶长》）

（E）百亩之田，匹夫耕之。（《孟子·尽心上》）

（F）三里之城，七里之郭，环而攻之而不胜。（《孟子·尽心上》）

在后四个例子里，咱们不必认为目的格倒置，因为既然有代词在叙述词的后面，就不算倒置了。此外，还有像下面的一种结构：

（A）戎狄是膺，荆舒是惩。（《诗·鲁颂·閟宫》）

（B）殷受命咸宜，百禄是何。（《诗·商颂·玄鸟》）①

（C）今周与四国服事君王，将唯命是从。（《左传·昭公十二年》）

（D）昔我皇祖伯父昆吾，旧许是宅。（《左传·昭公十二年》）

（E）我周之东迁，晋、郑焉依。（《左传·隐公六年》）②

（F）朋酒斯飨，曰杀羔羊。（《诗·豳风·七月》）

咱们可以认"是、焉、斯"之类为复指的代词，并且可以说复指乃是目的语倒置的条件之一。

（二）词复

词复和叠字叠词都不相同；叠字叠词都是紧相连接的，词复却是有别的词隔开。

大致说起来，词复可以有九种方式③。我们把九种词复法放在一节里讨论，纯然因为它们在形式上相似（都是有重复的词）；其实它们的作用是各自不同的。因此，我们非分别讨论不可。

（1）主语和判断语相同——就逻辑的观点而论，主语和判断语相同是没有意义的。"山是山、张三是张山"之类都等于没有说话④。但是，既然说"是"，就把反面的"不是"排斥在判断范围之外，因此，主语和判断语相同就能表示对于别的判断的排斥。这种说法，是叫人家把问题辨别清楚，别把不相干的事混为一谈。它在一般人心理中是那样自然，所以中西语言里都有它，例如英语 East is East, and West is West（Kipling）；法语 les affaires sont les affaires（"事业是事业"）⑤。下面是《红楼梦》的例子：

（A）他是他的，我送的是我送的。（60）

---

① 《左传·隐公三年》引作"百禄是荷"。

② 《国语·周语》作"晋、郑是依"。

③ 编者注：文中列举了八种，但第八种含"各"和"自己"。

④ 编者注：张山，疑当为"张三"。

⑤ 米尔波（Mirbeau）有一部剧本，即以此为名。

（B）顽是顽，笑是笑，这个事非同儿戏，你可别混说！（94）

中国古代虽没有完全相同的结构，但若认"为"字和"是"字有几分相似的话，那么，《孟子·公孙丑上》"尔为尔，我为我"也和上面的两个例子有几分相似。甚至《论语·颜渊》"君君，臣臣，父父，子子"，虽不是判断句，然而它们以极拙的说法来表示一种道理，却是一样的。

（2）目的语就是主语加"的"字——例如：

（A）咱们只管乐咱们的。（8）

（B）你只管睡你的去。（42）

（C）我死我的，与你何干？（30）

（D）你只受用你的就完了。（45）

（E）你也不必合他们一般见识，你且细细搜你的。（74）

（F）只好尽他闹他的，人家过人家的。（《儿女英雄传》27）

我们说那复说的部分是目的语，这是就形式而论的。因为它们居于目的语所常在的地位，而且，如果是及物动词（例 E），就必须把原有的目的语除去，而以"你的"之类填补，所以在形式上它们是十足的目的语。但是，若就意义上说，它们却很像是居于关系位，因为这种地方的叙述词往往是不及物动词（例 A、B、C），或可认为不及物者（例 D、F）。咱们对于这一点，犯不着多加讨论。

至于这种说法的用途，则在于表示别的事和某人没有关系，或某某和别人没有关系。在意义上，它们颇像英语的 do your part 之类。"你的、我的"等等，系表示此种行为不属于他人，或他种行为不属于自己。

（3）主语就是谓语加"的"字——例如：

（A）陪过来的一共四个，死的死，嫁的嫁。（65）

（B）走的走，跑的跑，还顾主子的死活吗？（106）

（C）他们姊妹们病的病，弱的弱。（71）

（D）他们以后越发偷的偷，不管的不管了。（61）

咱们对于这种词复法,应该注意两件事:第一,就形式上说,它们必须是两个以上的平行谓语形式;第二,就意义上说,它们所指的往往是不好的事情。

"死的死,嫁的嫁"等等,在字面上是讲不通的。就普通说,动词用为修饰次品者,总是表示事情已成过去,例如"死人"的意思是已死的人。西洋语言在这种地方就用过去分词。"死的死,嫁的嫁"若直译为法语则是 les mortes sont mortes, les mariées se sont mariées,其不通可想而知。但是,现代中国语容许这种说法,因为它在修辞学上有它的地位。

很粗地说起来,这种说法可认为积累式(cumulative form)的变相。然而它那种夸张的力量却是普通积累式所没有的。上面(B)(C)两例最足证明这种说法的主要作用在于夸张,因为"走"和"跑"、"病"和"弱"的意义相差不多,凑成骈语,无非为的是加强叙述的力量而已。

(4)目的语的修饰品就是主语或主语的修饰品——例如:

(A)穷也有穷的好处。(35)

(B)不大说话的又有不大说话的可疼之处。(35)

这种说法总是就价值立论。西洋语言在这种地方就用领格,譬如(A)例译成英语该是 poverty has its advantage,法语该是 la pauvreté a son avantage。中国现代语不避词复,用名词加"的"字而不用代词。

(5)谓语里先提出那将要论及的事情——这好像先来一个小题目,再加论断。此类又可细分为三小类:

(甲)容许式的变相

"虽"和"然而"一类的话,只是士大夫口里所有的;一般民众对于容许式(concession)另有一种说法,就是把谓词复说,再把"却"字或"是"字插进在复说的谓词的中间,例如:

(A)妙却妙,只是不知怎么个变法。(19)

（B）有却有了,只是不好!（62）

（C）奴才说是说了,还得太太告诉老太太,想个万全的主意才好。（96）

（D）我给是给你,你若得他的谢礼,可不许瞒着我。（26）

（E）咱们走是走,我就只舍不得那姑子。（112）

（乙）夸张

在夸张的语句里,往往把叙述词复说,例如:

（A）听见秦氏有病,连提也不敢提了。（10）

（B）好妹妹你去只管去。（75）

（A）例有甚至于的意思,极力形容不敢的心情达到最高的程度。（B）例只是简单地加重语气,和（A）例又稍不同。

（丙）包括"若论……"的意思

在"不"字或"不成"的前后,各置同一的形容词或名词,则在前的一个词很像包含有 as for,或 with regard to 的意思,例如:

（A）况且我长了这么大,文不文,武不武。（48）

　　　（若论文,却不文,若论武,却又不武。）

（B）才来了几个女人,气色不成气色。（75）

　　　（若论气色,实在不成气色。）

（6）及物动词目的位后面复一个及物动词——就普通说,末品补语是必须和叙述词紧黏在一起的,例如"我吃完了它"不能说成"我吃它完了"。这样看来,叙述词和末品补语合成一体,因此,即使那叙述词是该带目的位的,也不能让那目的位把它们隔开。同时,有些动词却又是和目的语合为一体的（如"淘气、挺尸"）,不能让那末品补语隔开。在这双重障碍之下,唯一的补救办法就是把叙述词复说,使两方面都不致于被隔,例如:

（A）你办事办老了的还不记得,倒来难我们!（55）

（B）从小儿淘气淘了这么大。（51）

（C）一个个黑夜白日挺尸挺不够!（73）

（7）两个谓语形式中，末品互相照应——此类常见的只有"也好"或"也罢"复说，表示无论如何的意思，例如：

（A）死也好，活也好，我非见他一面不可。

（B）亲也罢，热也罢，和气到了儿，才见得比别人好。（28）

（A）例在意义上很像所谓 alternative in hypothesis①，例如英语 dead or alive，法语 mort ou vif，等等。（B）例的意义很空虚，其作用只在于表示无论如何的意思，所以和（A）例又稍有不同。

（8）"各"和"自己"的复说——在现代中国语里，"各"和"自己"常常复说。我们试把"各"和"自己"分别讨论如下：

①"各"或"各人"居于主位，而在下文又居于领位的时候，领位不能用代词来替代，例如：

（A）各有各的好处。

（B）各人付各人的账。

这种说法和英、法等语不同；英、法等语在这种地方必须用代词居于领位，例如：

Every man has his hobby.

Every man is master in his own house.②

Each of them returned to his own home.

Each in his turn.

Every one has his own.

但是，中国古代语在这一点上却和英、法等语恰相符合，而和中国现代语不同，例如：

（A）百濮离居，将各走其邑，谁暇谋人？（《左传·文公十六年》）

（B）各顾其后，莫有斗心。（《左传·成公十六年》）

（C）三人各毁其乘。（《左传·襄公十一年》）

---

① 参看 Brunot, La Pensée et la Langue, p.880。

② 有 own 字的地方稍为近似中国现代语。

（D）隶人牧圉各瞻其事。(《左传·襄公三十一年》)

②"自己"居于末品，而在下文又居于领位的时候，中国现代语里不能用"他的"之类于末位，例如：

（A）岂不是自己糟蹋了自己身子？（67）

（B）他自己住自己的房子。

中国古代却该用"其"字，例如：

（A）自毁其家，以纾楚国之难。(《左传·庄公三十年》)

（B）雍子自知其罪，而赂以买直。(《左传·昭公十四年》)

英语在这种地方，也是用 his 或 his own…之类，只是法语里却有一种特别的形式：凡领有物是身体部分者，则不用代词领位而用有定冠词，不过动词须用反身式而已，例如：

　　Il s'est coupé le doigt.（He has cut his finger.）

　　Je m'en lave les mains.（I wash my hands of the business.）

"自己"居于末品，而在下文又居于目的位，也可构成一种复说法，例如："他自己打自己。"这种复说法是中国古代所没有的（见第三章第四节）。英语里也不如此（he beats himself）。但是，法语里有一种加重语气的反身式，却和中国现代语颇相近似；不过后者是词复，而前者是意复罢了[①]，例如：

　　Tu ne me trompais pas, tu te trompais toi-même.

　　（你没有骗着我，却是你自己骗了自己。）

　　Je m'approuve moi-même.

　　（我自己赞成自己。）

以上所说的九类词复法又可总括为两类：

（1）属于修辞学的。它的作用在于加强语言的力量，和多数的叠字、叠词、骈语相似。上面所说的 1、2、3、4、5、7 都可认为这一类。

---

① 参看 Brunot, La Pensée et la Langue, p.330。

（2）属于语法的。中国现代口语里没有别的说法，只好如此说。上面所说的 6、8 都可认为这一类。

现代中国的词复法大多数是古代所没有的；但是，古代也有某一些词复法是现代所没有的。其中比较常见的就是叙述词和它的目的位同其形式，例如：

（A）故人不独亲其亲，不独子其子。（《礼记·礼运》）

（B）老吾老，以及人之老；幼吾幼，以及人之幼。（《孟子·梁惠王上》）

（C）乐民之乐者，民亦乐其乐；忧民之忧者，民亦忧其忧。（《孟子·梁惠王下》）

（D）物物而不物于物。（《庄子》）

（E）人其人，火其书，庐其居。（韩愈《原道》）

当名词用为叙述词的时候，它们的意义的转变并不一律。咱们试看（A）例的"亲其亲，子其子"是以其亲为亲，以其子为子的意思；（B）例的"老吾老，幼吾幼"是以待老之道待吾老，以待幼之道待吾幼的意思；（D）例的"物物"是役物或使物的意思；（E）例的"人其人"是以为人之道改造其人的意思。当叙述词本系动词的时候，如（C）例，就很简单了，只把目的位的动词一律认为带"所"字，如"乐其所乐、忧其所忧"就是了。

注意，这种复说法和英、法语法书里所谓 cognate object（类似目的位）不同，例如[1]：

I dreamt a curious dream.

Mowgli laughed a little short ugly laugh.（Kipling）

I would die a dry death.（Shakespeare）

先说，英语里动词有时的变化，和名词不同其形式；尤其是像 die，death；live，life；sing，song 等，更不能认为词复。再说，英语在这

---

[1]　例子采自叶氏《英语语法纲要》109 页，又 Curme 的 Syntax 里还有 to sleep the sleep of the righteous，to fight a good fight，to live a sad and lonely life，to sing a song 等（99 页）。

种地方,动词的形式上意义上都是及物的,尤其是名词用为叙述词的时候,多半包含有使动的意义,更和英语的 cognate object 不同了。

第五节　承说法和省略法

每一个族语里都有它的省略法(ellipsis or omission)。所谓省略,就形式上说,是比常态的结构缺少了某一部分;当这缺少的某一部分被补出了之后,至多是嫌繁些,却不至于违反该族语的习惯。就意义上说,省略必须令人不至于误会原来的意义。

承说法(continued speech)在大多数的情形之下,是省略法产生的原因。承说可分为自语承说和他语承说两种①,但无论是属于前者或后者,都能使省略法得以成立,而没有不能索解的危险。更进一步说,如果在承说的语言里,仍旧处处依照常态的结构,有时候会弄成繁冗可厌的语言或文章,因此省略法也是属于修辞学的。

由承说而生的省略,它是那么自然,所以各族语里都有相似的说法,例如:

英语:

(A)When did she arrive? —Yesterday.

(她什么时候到的? ——昨天。)

(B)Are you cold? —No, and you?

(您冷不冷? ——不,您呢?)

(C)What do you think of that? —Admirable.

(你以为怎么样? ——好极了。)

(D)Can you do that? —Certainly(or Sure).

(你能做这事吗? ——当然。)

---

① 关于自语承说和他语承说,《中国现代语法》(《王力全集》第七卷)第五章第五节里有说明,并有举例。

法语：

　　（E）Pourquoi n'êtes-vous pas venu?　—Parce que j'é-tais malade.

　　（你为什么没有来?　——因为我病了。）

　　（F）Le crime fait la honte et non pas l'échafaud.

　　（只是罪恶可耻,不是断头台。）

以上（A）至（E）五例都是答语,答语就是他语承说之一种。（F）例则是自语承说。

　　除由承说而生的省略之外,还有习惯上的省略。这习惯上的省略就往往是某一族语的特征了。

　　替代法的省略——代词往往是有先词的,因此,它们大多数是用于承说的语言里的。依中国语的习惯,承说语里的代词,无论居于主位、目的位、关系位,都可以省略,例如:

　　（A）贾母道:"……凤丫头呢?"凤姐……赶忙走到跟前说:"（我）在这里呢!"（110）

　　（B）主上又问:"贾范是你什么人?"我忙奏道:"（他）是远族。"（104）

以上是主位的省略。

　　（C）宝玉道:"今儿老太太喜喜欢欢的给了这件褂子,谁知不防,后襟子上烧了一块! ……"麝月道:"这怎么好呢? 明儿不穿（它）也罢了。"（52）

这是目的位的省略。

　　（D）我问他今天俱乐部里遇见了什么人,他说:"（那里）遇见了二表兄。"

这是关系位的省略。

　　至于表位的省略,如果在表位的是专名,当然可认为代词的省略。如果是通名,依某一些族语看来,也许亦可认为代词的省略,因为有些族语的代词是可以替代通名而居于表位的,例如法语 Etes-vous reine?　—Je le suis.（你是不是皇后? ——我是的。）但是,

单就中国语的本身而论,咱们不能这样说,只能认为省略了名词或首仇,例如:

（A）探春笑着问道:"可是山涛?"李纨道:"是。"(50)

山涛是专名,故"是"字可认为"是他"的省略。

（B）主上又问:"苏州刺史奏的贾范是你一家子么?"我又磕头奏道:"是。"(104)

"一家子"是通名,故"是"字只能认为"是一家子"的省略。

"我"和"你",普通是没有先词的,但是,因为自称和对称是最容易弄得清楚的,所以在不至于误会的情形之下,也往往可以省略,例如:

（A）一时,只见丫头们来请用点心。贾母道:"(我)吃了两杯酒,倒也不饿。"(41)

（B）只见贾蓉捧了一个小黄布口袋进来。贾珍道:"(你)怎么去了这一日?"(53)

在英语里,第一人称单数主语也有省略的,例如 thank you, hope to see you again。至于第二人称,就很少省略;虽然普通都认为祈使句是省略了主语 you①,但这是我们所不愿意采用的学说,因为祈使句不用主语正是英语的常态。

称数法的省略——在英语 You have three apples, I have two 里,普通认为 two 的后面省略了名词 apples,或可认为 two 在这里用如实体词(used substantively)②。译成法语 vous avez trois pommes, j'en ai deux,意思虽同,结构却不相同。有了代词 en (of them),则决不能再谈省略。中国现代语在这种地方可说是英语一派;古代则是法语一派。所谓一派,只是说它们相似,不是说完全相同。

中国现代语里,承说的称数常常省去事物的名称,例如:

---

① 参看 Curme, Syntax, p.18。

② 参看 Curme, Syntax, p.530。

（A）因后来吃独参汤,代儒如何有这力量,只得往荣府里来寻。王夫人命凤姐秤二两给他。（12）

（B）若是别的戏子呢,一百个也罢了。（33）

（C）贾母笑道:"这酒也罢了,只是这笑话儿有些难说。"众人都说:"老太太的比凤姑娘说的还好,赏一个,我们也笑一笑。"（54）

（D）……指着风筝,说道:"要不是个美人儿,我一顿脚踩个稀烂。"黛玉笑道:"……再取一个来放罢。"（70）

这和英语有相同处,就是省略了事物的名称。但是,有一点却不相同:英语省略之后,只剩一个数目字,所以说者谓这数目字用如实体词;中国现代语省略之后,还有一个单位名词黏附于数目字的后面,这样,在这意义上虽有所省略,在形式上却像无所省略。

至于中国古代,则用代词领格"其"字,例如:

（A）吾先君文王克息,获三矢焉,伯棼窃其二。（《左传·宣公四年》）

（B）宣子有环,其一在郑商。（《左传·昭公十六年》）

（C）蔡昭侯为两佩与两裘以如楚,献一佩一裘于昭王。昭王服之以享蔡侯,蔡侯亦服其一。（《左传·定公三年》）

（D）食之,舍其半。（《左传·宣公二年》）

这种"其"字,实有 of them 的意思,"其二"就是 two of them,这样看来,它和法语的 en 是多么近似。所不同者,"其"字是领格代词,故须置于数目字之前;en 字是所谓副词性代词（pronoun adverbial）,故须置于叙述词之前而已。"其"字后面的数目字应该认为首品,和法语 en 字后面的数目字词性相同。

称数法还有一种习惯的省略,最常见的是日子的序数和年龄的基数,后面都不带名词,例如:

（A）二十一是薛妹妹的生日。（22）

（B）今年方四十上下。（4）

关于日子的序数,依英、法等语的习惯也是以省略为常。"二十一"

在英语里是 the twenty-first，而不是 the twenty-first day。法语更和中国语相似，只说 le vingt-et-un，而不说 le vingt-et-unième jour。关于年龄的基数，英、法等语就以不省略为常了。然而东方诸族语关于年龄往往省略了"岁"字，例如安南语 năm nay tôi lên mười bảy（今年我十七）。

　　谓词的省略——谓词省略，在中国语里，常见的只有两种情形：

　　（甲）在能愿式里，"能、敢"等字替代了谓词的用途，例如：

　　（A）此刻竟不能。（79）

　　（B）这是二爷的高兴，我们可不敢。（89）

　　（C）你不会，等我亲自让他去。（44）

　　英、法等语里也有这种说法。这因为"能、敢"等字有的是由动词变来，有的本身就是动词，当它们居于谓词的地位的时候，竟可认为一种不及物动词用为谓词。不过，被省略的部分既然可以补出，咱们也不妨认它们为一种省略罢了。

　　（乙）在答语里，"没有"（"不曾"也）后面的叙述词可省；若在古代，则是"未也"，但"未也"不限于答语，例如：

　　（A）黛玉道："你上头去过了没有？"宝玉道："都去过了。"黛玉道："别处呢？"宝玉道："没有。"（82）

　　（B）晋侯问于史赵曰："陈其遂亡乎？"对曰："未也。"（《左传·昭公八年》）

　　（C）将立州吁，乃定之矣；若犹未也，阶之为祸。（《左传·隐公三年》）

　　（D）筮虽吉，未也。（《左传·昭公十二年》）

　　英语在这种地方不用 have not，而用 not yet，和中国古代语较相近似。至于像 Have you done it? —Of course, I have. 这种说法却是中国所没有的。

　　以上所说的各种省略法，自然不算完备。还有一种最常见的省略就是问语,尤其是接着人家的话来发问,例如"为什么?""什么时候?""谁?""哪一个?""哪儿?""你呢?""张三呢?""别处呢?"等等。古代的"何也?""何故?"也是这一类的。

＊　　　＊　　　＊

叶氏说:"语法学家应该常常谨慎,除非在绝对必要的地方,否则还是不谈省略为佳。"①语法学家谈省略,并且补出所缺的部分,这已经是一种反自然的说法;当说话人这样说的时候,并不感觉到它缺少了些什么,恰恰相反,倘使加上那所谓缺少的成分,倒反觉得累赘可厌。由此看来,所谓省略,只是语法上一种便利的解释而已。然而这种便利的解释亦自有其限度:若勉强补出了其所谓省略部分之后,完全违反该族语的习惯,成为一种没有人说的说法,那么,这省略的理论便不能成立。在"君子固穷,小人穷斯滥矣"和"山高月小"一类的句子里,我们不承认是省略了系词,就因为加上了一个系词反而不像中国话。在语法上,只有从事实生出理论来,决不能拿另一族语的事实做论据,来证明本族语所没有的语言事实②。这是我们所不惮再三说明的。

根据这种说法,中国语言有几种结构虽然颇似有所省略,我们并不认为省略。现在分别讨论如下:

(甲)本来不用谓词的。这一类又可分为两小类:

第一,是在表示每一或同一的时候。表示每一者,有时候是表示价值(例A、B),有时候是表示分配(例C、D)。表示同一者,就是表两个以上的人或物属于同一的状况(例E、F),例如:

---

① 《语法哲学》307 页。

② 以多见的例子为变例,少见的例子为正例,也是不合理的。杨树达先生说(《高等国文法·序例》):"又马氏不明省略,但据类例之多少,以关系内动字与转语之间无介字者为常,有介字者为变,不合于理论。"其实马氏据类例之多少是对的,只有据类例之多少才能生出合理的理论来。在语法学上,没有一种理论是可以适用于全世界的语言的。

（A）一千银子一把，我也不卖。（48）

（B）今年鸡蛋短得很，十个钱一个还找不出来。（61）

（C）宝玉笑道："每人一吊。"（17）

（D）你家的三位姑娘，每位两枝。（7）

（E）咱们两个人一样的年纪。（9）

（F）便知宝玉同凤姐一车。（15）

关于价值与分配，英、法等语也有类似的说法。关于同一，英、法等语往往用系词，譬如（E）例译成法语则是 nous sommes du même âge。

第二，是在表示年龄的时候。"我今年二十岁"，若依英语而论①，该说省了一个"是"字（I am twenty years old）；若依法语而论，该说省了一个"有"字（J'ai vingt ans）②。但是，就中国语本身而论，它并非有所省略，只是本来如此。"二十岁"整个仿语含有叙述性，所以不必另加叙述词。

（乙）本来是不合逻辑的。如果改为合逻辑，倒反不合中国语的习惯了。这一类又可分为三小类：

第一，是关于事物的比较，例如：

（A）怎么我的心就和奶奶一样。（21）

不说"……和奶奶的心一样"。

（B）眼泪却像比旧年少了些的。（49）

不说"……比旧年的眼泪少了些的"。

在英语 He is bigger than me 里，传统的语法书硬以为该说成 than I，并且以为是 than I am 的省略。这是一种空中楼阁的说法。事实上，正如叶氏所说，than 渐渐倾向于用如介词，非但很普通，很合口语，而且连著名的作家也这样用了③。在中国语里，"他比我

---

① 德语和英语的结构相同。

② 安南语不用"是"或"有"，而用"上"，可见各族语互相不同。

③ 《英语语法纲要》133 页。

大"更没有人认为有所省略的。只有像上面的(A)例,在西洋人的眼光看来,简直会以为是不通。试看下面一些英、法语的例子:

英语①:

> And pity from thee more dear than that from another.(Shelley)
>
> The dialects of America are not so widely apart as those spoken in the mother country.

法语:

> Ses raisons sont meilleures que celles de ses adversaires.
>
> (他的理由比他的对头的理由更好。)
>
> Ma faille est plus grande que celle de mon père.
>
> (我的身材比我的父亲的身材更大。)

而我国自古就没有这种说法。《孟子·梁惠王上》"王如知此,则无望民之多于邻国也",并没有说成"……则无望王之民多于邻国之民也"。但是,这是避免繁重的说法,在修辞学上自有其地位。咱们知道,拉丁语里这种地方正是和上面所举《孟子》的例子相同②。法语之演变为更合逻辑的说法,若就修辞学的眼光看来,其得失正未易言。

至于(B)例("眼泪却像比旧年少了些的"),我们认为,如果以省略解释,该说是"旧年"后面省略了名词"眼泪"。这是专就中国语本身而论的。若拿英、法等语来比较,却该说省略了整个句子(主语及谓词),因为…than last year该认为 than they was last year。这也是中西语法的不同(至少是解释上不同),不能混为一谈的。

第二,是关于事物的原料,例如:

(A)像你上回买的那柳枝儿编的小篮子儿,竹子根儿挖的香盒儿,胶泥垛的风炉子儿,就好了。(27)

---

① 例子采自叶氏《英语语法纲要》158 页。

② 参看 Brunot, La Pensée et la Langue, p.732。

（B）那小牛是木头做的。

这一个问题很简单：如果不拘泥于逻辑，竟于认为（A）例的"柳枝儿"是"编"的主事者（actor），"竹子根儿"是"挖"的主事者，等等。这样，在形式上竟是毫无省略了。

第三，是某一些成语，或类似成语的话，例如：

（A）林姐姐那样一个聪明人，我看他总有些瞧不破，一点半点儿都要认起真来。（82）

（B）有砸他的，不如来砸我。（29）

"瞧不破"也许是"瞧事情不破"的省略，"有砸他的"也许是"有砸他的工夫"的省略，然而这种猜想是不算数的。它们的本来面目就是"瞧不破"和"有砸他的"，若替它们再寻一个本来面目，就等于捏造了。

第六节　倒装法和插语法

倒装法

要知道某一族语的倒装法（inversion），必须先知道该族语的常态的词序（word order）。中国语的词序，最重要的是下面的两个规律：

（1）主语先于其谓语；

（2）目的语后于其叙述词。

本节所谓倒装，就是指违反这种常态的词序而言。至于次品补语和末品补语等，我们以为不必认为倒装，只为如第二章第七节所论，有些次品和末品本来该放在其所修饰的成分之后的，就无所谓倒装了。

在印欧语里，因为有屈折形式，词序可以不拘，自然无所谓倒装。英、法等语词序固定后，才有所谓倒装，然而有些倒装法乃是用来表示一种语言的姿态的，例如疑问句。疑问句的倒装法是中国所没有的，因为中国的疑问句或用语气词，或用语调来表示就够了。

中国语的倒装法，多半由于夸张，或由于加强否定的语气①。这样，中国的倒装是偏于修辞的；纯粹语法关系的倒装，咱们只有递系式的一种（见下文）。

我们把倒装法分为两种：必要的倒装（necessary inversion）；自由的倒装（optional inversion）。

（1）必要的倒装乃是若不倒装便不成话。首先我们要提及的就是：递系式中，叙述词后面有"得"字（"的"字）者，依习惯不能再带目的语，所以目的语必须放在叙述词的前面，例如：

　　（A）这谣言说的大家没趣。（9）

　　（B）他棋下得很好。

若要不倒装，只好用复说法，说成"他说这谣言说得大家没趣""他下棋下得很好"等。见本章第四节。

　　其次，是"连"字和"也"或"都"相应的句子，例如：

　　（A）嫂子连我也不认得了。（11）

　　（B）你从来不是这样铁石心肠，怎么近年来连一句好好儿的话都不和我说了？（11）

这种"连"字是由动词变为副词性。它表示行为扩充到某一范围或某一程度，所以它适用于夸张语。但是这最后起的一种说法，《红楼梦》里很少见。普通只用"也"字就够了，例如：

　　（A）一碗茶也争。（15）

　　（B）饭也懒得吃。（29）

　　（C）晚饭也不曾吃。（30）

　　（D）马也会骑，何况于驴？（《儿女英雄传》10）

这种"也"字的前身是"犹"，汉以前不大见用于倒装句。普通和"况"字相应的只有一个"不"字，有时候"不"字前面再加一个"且"

---

① 其实加强否定的语气也是一种夸张。

字,例如:

　　(A)一夫不可狃,况国乎?(《左传·僖公十五年》)
依后代的说法,该是"一夫犹不可狃"。

　　(B)死且不避,卮酒安足辞?(《史记·项羽本纪》)

　　其次,反诘语里,"什么"和"不"字相应,也必须用倒装法,例如:

　　(A)这十来个人,从小儿什么话儿不说,什么事儿不做?(46)

　　(B)你在家里什么事作不得?(88)

　　古代似乎没有这种句法。但咱们可认为它是被"何草不黄?何日不行?何人不将?"(《诗·小雅·何草不黄》)一类的结构所同化而成的。

　　又其次,凡表示目的语系全称的时候,有"一应"或"都"等字样者,也用倒装,例如:

　　(A)凡一应东西皆置办妥当。(66)

　　(B)前儿的丸药,都吃完了没有?(23)

　　在古代,这种句法也是罕见的。偶然把受事者移到叙述词的前面,也往往用"之"字复指,如《史记·项羽本纪》:"珍宝尽有之。"代词复指之后不算倒装,见下文。

　　末了,说到"可惜、难得"之类。它们常居于一句之首,例如:

　　(A)可惜这新衣裳也沾了。(44)

　　(B)可恨我小几岁年纪。(16)

　　(C)可喜尤氏又带了佩凤偕鸾二妾过来游玩。(63)

　　(D)可怜绣户侯门女,独卧青灯古佛旁。(5)

　　(E)难得你多情如此。(45)

　　(F)怪不得他们拿姐姐比杨妃。(30)

　　(G)少不得写信来告诉你。(16)

　　(H)何苦来操这心?(61)

在意义上,"可惜"可比英语的 it is a pity that…,"可怜"可比 it is pitiful that…,"难得"可比 it is rare that…,"少不得"可比 it is indispensable that...等等,但是,就语法上说,它们却和英语这些结构不同:因为不像英语有 it 做主语,所以"可惜、难得"之类不能不认为谓语倒置,而下面的句子形式也该认为全句的主语,这种倒装法在中国古代也很少见。

(2)自由的倒装并不是非倒装不可,只是习惯上喜欢倒装,因为可以加重语意。第一章第八节里所说的"判断句的形式当叙述句用",就往往是倒装的,例如:

(A)你的评阅,我们是都服的。(37)

(B)胡道长我是知道的。(92)

这是最后起的一种说法。非但上古没有它,直到近代也还没有它。

否定语的目的位最容易被倒装,例如:

(A)现成主子不做去。(46)

(B)便是在家,我也一口酒不吃。(《儿女英雄传》33)

古代的否定语也有倒装的,但往往是一些平行的句子,例如:

(C)成事不说,遂事不谏,既往不咎。(《论语·八佾》)

(D)危邦不入,乱邦不居。(《论语·泰伯》)

两种以上的事物,须分别处置,或分别说明者,此事物虽在目的位,也可提至句首,或叙述词的前面,例如:

(A)荷包你拿去,这个留下给我罢。(42)

(B)我深知你们软的欺,硬的怕。(68)

叙述词如果是"来、去、死"一类的不及物动词,而且所叙述的是过去的事情,往往放在它的前面,例如:

(A)可巧来了个史湘云。(49)

(B)只见恍恍惚惚又来了一个女人。(116)

(C)刚刚去了一个巡海夜叉,又来了三个镇山太岁。(55)①

(D)村子里又死了一个人。

①　(文集本)编者按:人民文学出版社本"刚刚去了"作"刚刚的倒了","又来了"作"又添了"。

注意,"叫他们去三个人""叫他们来饭罢""他去年死了父亲"之类
却不认为倒装,因为这种"去、来、死"都是及物动词的性质,其意义
近似于"派三个人去""送饭上来""丧失了父亲"等。

自由的倒装是很难陈说得尽的。大约当说话人着重在目的语
的时候,都可以把它提到叙述词的前面,或句首。现在试再举出几
个例子:

(A)今儿甄家送了来的东西,我已收了。(7)

(B)两句话说了,你听不听呢?(28)

(C)这个小东道儿我还孝敬得起。(35)

(D)那灯笼叫他们前头点着。(45)

上面所说的各种倒装法,多数是古代所没有的。但是,古代也
有些倒装法是现代所没有的,现在分别叙述如下:

(1)否定句和疑问句之目的语为代词者,此代词须置于叙述词
之前。这在上古时代可说是必要的倒装,如《左传·僖公二十八
年》"莫余毒也已",又《闵公二年》"未知其谁立焉"之类,已分别见
于第三章第二节和第四节。

有史以前,也许一切代词目的格都在它的叙述词之前,后来非
疑问的肯定句的词序发生了变化,而否定句和疑问句未变,所以成
为参差的情形。但是,非疑问的肯定句在上古也偶然有代词目的
格前置的例子,这也许可认为史前语法的残留①。

(A)民献有十夫予翼。(《书·大诰》)

(B)赫赫师尹,民具尔瞻。(《诗·小雅·节南山》)

(C)葛之覃兮……是刈是濩。(《诗·周南·葛覃》)

(D)尔贡包茅不入,王祭不共,无以缩酒,寡人是征。昭王南
征而不复,寡人是问。(《左传·僖公四年》)

(2)在表示咏叹的描写句里,有咏叹语气词"哉、乎、矣"等字

---

① 　例子采自黎锦熙《比较文法》52页。

者,主语倒置,又往往再加"也"字煞句,例如:

(A)贤哉,回也!(《论语·雍也》)

(B)野哉,由也!(《论语·子路》)

(C)小人哉,樊须也!(《论语·子路》)

(D)富哉,言乎!(《论语·颜渊》)

(E)直哉,史鱼!(《论语·卫灵公》)

(F)大哉,尧之为君也!(《论语·泰伯》)

(G)巍巍乎,舜禹之有天下而不与焉!(《论语·泰伯》)

(H)宜乎,百姓之谓我爱也!(《孟子·梁惠王上》)[①]

(I)甚矣,鲁侯之淑,鲁侯之美也!(《公羊传·庄公十二年》)

(J)甚矣,汲黯之戆也!(《史记·汲郑列传》)

(F)至(J)五例的主语,因为有"之"字,可认为只有一个连系。如果没有"之"字,就该认为递系式了(参看第二章第五节),例如:

(K)甚矣,吾衰也!久矣,吾不复梦见周公!(《论语·述而》)

(3)在表示疑问的判断句里,上古也有倒装的例子,例如:

(A)何哉,尔所谓达者?(《论语·颜渊》)

(B)何哉,君所谓逾者?(《孟子·梁惠王下》)

(C)谁与,哭者?(《礼记·檀弓上》)

(D)子邪,言伐莒者?(《吕氏春秋·重言》)

(4)目的语后面有代词"之、是、斯"等字,或带代词性的虚词"焉"字者,亦可提至叙述词的前面(参看本章第四节)。例如:

(A)吾以子为异之问,曾由与求之问。(《论语·先进》)

(B)父母唯其疾之忧。(《论语·为政》)

(C)君亡之不恤,而群臣是忧。(《左传·僖公十五年》)

(D)朋酒斯飨。(《诗·豳风·七月》)

[①] 这一个例子和上面"怪不得他们拿姐姐比杨贵妃"那一个例子很相似。所不同者,是这里的咏叹语气重些。

　　（E）晋郑焉依。（《左传·隐公六年》）

　　以上四种倒装法在上古语里是常见的。至于像下面的几个例子，就是很罕见的例外了：

　　（A）巧言令色，鲜矣仁。（《论语·学而》）

　　（B）死矣盆成括！（《孟子·尽心下》）

　　（C）赫赫南仲，玁狁于襄。（《诗·小雅·出车》）

　　（D）王贪而无信，唯蔡于感。（《左传·昭公十一年》）

　　此外，另有一些句式，往往被人误认为倒装，其实并非倒装。现在只提出五种加以批评：

　　（1）像"下雨了、打雷了"一类的句子，只能认为无主句，不能认为"雨下了、雷打了"之类的倒装。参看第一章第五节。

　　（2）以"有、无"为谓词的句子并非倒装。法语的 il y a 恰和中国语的结构相似。以英语的 there is 比中国的"有"字，可谓"拟不于伦"。参看第一章第七节。

　　（3）"自"字和"相"字只是一种代词末品，不必认为倒装①。参看第三章第四节。

　　（4）处置式的"把"字仍带动词性，所以处置式的叙述词在目的语后面虽也可认为倒装，却和普通的倒装法大不相同。参看第二章第三节。

　　（5）凡用代词复指如"老者安之"之类不能认为倒装，因为目的语仍然在叙述词的后面，"老者"之类只是句子外面的附加物而已。参看本章第四节。

＊　　　＊　　　＊

插语法

　　插语法是在必需的语言里插进一些似乎多余的话。在英语语

---

①　关于"相"字，我们的意见和刘复先生的意见相同。参看刘复《中国文法讲话》172 页。

法书里不大见讨论到。法语语法书里有所谓 incise,恰可译为"插语法",但是,它所指的只是"他说、我想、我希望"一类的补充意义的话,恰巧是中国语原来所缺乏的;我们所谓插语,在定义上虽极像 incise,而其所指的语言事实则多超出法语语法书所指的范围之外。现代中国的插语法之中,有呼名法(例 A、B)、撇开法(例 C、D)、推进一层法(例 E、F)、先自辩护法(例 G、H)、断定法(例 I)、反诘法(例 J)、统括法(例 K)、感喟法(例 L)等。它们能使语言变为曲折,或增加情绪的色彩,例如:

(A)他一翻脸,嫂子你吃不了兜着走。(59)

(B)若少迟延,哼!哼!尹其明!只怕我这三间小小茅檐,你闯得进来,叫你飞不出去。(《儿女英雄传》17)

(C)抬头看时,不是别人,却是他父亲。(33)

(D)别的没有,我们家折腿烂手的人还有两个。(57)

(E)好亲姐姐,别说两三件,就是两三百件,我也依的。(19)

(F)我这一辈子,别说是宝玉,就是宝金宝银宝天王宝皇帝,横竖不嫁人就完了。(46)

(G)不是我说没能耐的话,要像这么着,我竟不能了。(72)

(H)好姐姐——不是我说,你又该恼了——你懂得什么呢?懂得也不传这些舌了。(90)

(I)我们大姑娘不用说,是好的了。(65)

(J)说声恼了,什么儿子?竟是审贼?(45)

(K)若论这些丫头们,共总比起来,都没晴雯长得好。(74)

(L)老太太、太太不在家,这些大娘们,嗳,那一个是安分的?(64)

古代似乎没有这许多的插语法,但是,撇开法却是常用的,例如:

(A)夫举无他,唯善所在,亲疏一也。(《左传·昭公十二年》)

（B）寡君之命无他，纳卫君而已。（《左传・哀公二十六年》）

（C）古之人所以大过人者，无他焉，善推其所为而已矣。（《孟子・梁惠王上》）

关于插语法的辨认，咱们可以试把插入的话去掉，看那句话是否仍旧不丧失它的意思。如果是的，就可说是插语了。西洋的副词性仞语（adverbial phrases）插入叙述词和目的语之间、助动词和主要动词之间、末品句子形式和主要句子形式之间，都是常事，所以不必认为插语法。至于中国语里，这种情形太少了，不能不认为特殊的形式，所以我们特立插语法的名称。现代欧化的文章里，插语法更多了。请参看第六章第七节论新插语法一段①。

第七节　情绪的呼声和意义的呼声

我们所谓呼声（outcries），就是普通所谓感叹词或叹词（interjections）。我们之所以不把它们称为"感叹词"或"叹词"而称为"呼声"者，共有两个原因：第一，这种呼声并不一定表示感叹，它们又可以表示恐惧、惊讶，甚至可以表示承认、赞同、满意等等。依语源而论，interjection 乃是投入其间的意思。从前有人译为"间投词"，在语源上是不错的；但是，中国的 interjections 差不多都是放在句子的外面的，译为"间投词"，未免名实不符。第二（这是更重要的原因），这种呼声不足以称为词。所谓词者，该是一种意义单位（见第一章第一节），而呼声则多数表示一种很简单的情绪；有时虽有意义可言（如意义的呼声），而其意义也只等于很简单的一种姿势（gesture）。再者，词乃是句子的一个成分，单词成句的情形是很少见的②；呼声则恰恰相反，它们从来不在句子里担任什么职务。由此看来，即使咱们承认呼声是语言的一种成分，它们无论在意义

---

① 另有准插语，请参看《中国现代语法》第五章第六节，《王力全集》第七卷。
② 祈使句用单词成句的较为常见，但是，正因此故，它是近似于呼声的。见下文。

上或职务上,都是和其他的语言成分不能相提并论的。

关于呼声不能算词这一点,我们大致采用了 Brunot 和房氏的理论。Brunot 说:"人类往往像动物一般地,用反应的或非反应的一些呼声来表现自己,这些呼声所表现的特别是人类的感觉和情绪。它们当中,有些是真的呼声,如 bah! pst! hop! 等;另有些却是词,如 halte! 等。常常有些词被这样应用之后,渐失其本义,也就变了呼声的性质。"[1]Brunot 这一段话,把呼声和词分得很清楚。

房氏说:"无论感叹词在实用上是怎样重要,它本身总有某种特性,使它和别的词类不能相提并论;它不能和它们排在同一的分类法里。因此,它并非永远依照语音的规律;甚至于往往能有它所独有的音素,例如现代许多族语里的吸音(clics),和法语里的塞擦音 pfi 等。就普通说,它和形态学毫无关系。它代表着语言的一种特殊形式,就是感触语,或偶然是主动语[2]。总而言之,它是在理智的语言之外的。"[3]

我们根据这两位语言学家的学说,不把呼声认为词,所以不曾把它归入语言成分一章里(第三章)。又根据房氏和柏氏的话,把它归入特殊形式一章。房氏的话已见于上文所引"它代表着语言的一种特殊形式"一句。至于柏氏则在他的《语言论》第 156 页上说:"最足为特征的一种强有力的形式就是感叹语。关于这个,咱们在英语里非但有一种特殊的次音素[!],而且还有一种特殊的语言形式,即感叹词,如 oh! ah! ouch! 等。"我们用不着繁言,已可说明它是一种特殊形式,因为如上文所说,它是站在句子以外的。

呼声和语调是不能分离的,例如"啊"字,如果是低降调,就表示慨叹;如果是平升调,就表示追问;如果是低而渐升,是一个长音,却又表示诧异。这种语调,往往超出声调的种类之外,例如表

---

[1]　La Pensée et la Langue, p.3.

[2]　关于感触语和主动语的解释,见下文。

[3]　《语言论》136 页。

示诧异的"啊",它的语调是和各地的平上去入都不相同的。

　　呼声的音段和音素,也往往超出每一方言的普通语音之外。上面所引房氏的话已说到了这一层。就中国语而论,例如北京话没有[Ei]音的字,而答应的声音却是[Ei](或写作"唯"或写作"誒");北京话没有用喉塞音收尾的字,而叱驴马的声音是[taʔ]。

　　呼声,有些是和人类的生理有关系的。情绪的呼声(sentimental outcries)往往是元音或复合元音,或[h-];意义的呼声(significative outcries),除了元音和复合元音之外,还常常有些带辅音的字,甚至于单用辅音。慨叹的呼声[a],差不多是全世界所共有的,正因为它是最普通、最容易发的音,张口平舌,声带颤动一呼声,就是它。它的后面往往带着尾声[hhh…],这也是很自然的。此外,笑声[ha ha]也是全世界所同的,因为人类最自然的笑声就是这样。

　　但是,咱们不能把这理论推得太远;人类的呼声毕竟还是不相同的居多,例如[o]音,北京话用它来表示恍然(念阴平),或诧异(念阳平),而苏州话用它来表示允诺。英、法等语往往用它来表示赞赏、快乐、痛苦之类,这却是中国语所罕见的。

　　我们把呼声分为情绪的和意义的两种。所谓情绪的就是属于房氏所谓感触语(langage affectif)的,也就是柏氏所谓"强烈的刺激(violent stimulus)的反映"①。当我叫一声"嗳哟"的时候,和我说"我觉得很疼"大不相同。前者反映着强烈的刺激,后者只是对于这一种事实作纯粹的叙述而已。至于意义的呼声,它和情绪的呼声的界限虽不十分清楚,而大致说来是确有分别的。"嗳哟"和"喂"虽同属呼声,然而前者充满了强烈的情绪,后者只唤起对话人的注意,非但没有强烈的情绪,甚至可以丝毫无动于衷。

　　下面是一些情绪呼声的例子②:

---

① 《语言论》156 页。
② 更多的例子和更详细的分类见于《中国现代语法》第五章第七节,《王力全集》第七卷。

　　(A)哎！这也是做奶奶说出来的话！(38)

　　(B)呀！这么说，就得三年的工夫。(7)

　　(C)哦！他小子竟会喝酒不成人吗？(72)

　　(D)啐！我当是谁，原来是这个狠心短命……(28)①

　　(E)呸！成日家听见你在女孩儿们身上做工夫，怎么今儿个就发起趄来了？(77)

　　上文说过，情绪的呼声往往是元音或复合元音，或[h-]，(A)(B)(C)三例可以为证。至于(D)(E)两例的"啐"和"呸"，它们却有一个特别的来源。以吐唾沫表示生气，在中国是自古而然(《左传·僖公三十三年》"先轸怒……不顾而唾")。后来不必真的吐唾沫，只作为吐唾沫的姿势，于是变了一种表示生气的呼声。表示吐得有力，就用唇音而成为"呸"；表示吐得文雅，就用齿音而成为"啐"。此外，情绪呼声之中还有一种吸音，系由吸气而成，口齿破裂的吸音在中国是用于赞赏和忧虑，齿摩擦的吸音用于畏寒的表示。《水浒传》第六十六回"啧啧叹赏不绝"，"啧啧"就表示赞赏的吸音。这也是超出于元音范围之外的。

　　有些字，是由实词变为情绪的呼声，例如：

　　(A)好！好！如猜镜子，妙极！(22)

　　(B)罢！罢！我不敢惹爷。(31)

　　在这上头，应该可以加上那些骂人的话。Brunot 的意见很对，法语里骂人的话如 coquin! canaille! salaud! 咒人的话如 le diable t'emporte 之类，都没有确切的意义，只等于一种呼声而已②。中国下流社会里有一些很流行的粗话，上流人听见了觉得不堪入耳；其实在他们的口里往往只有一种愤怒的呼声。即使没有人在跟前，他们生起气来仍旧可以骂那种骂人的话；有时候，他们所骂的话恰恰骂着自己。这都可以证明那种话的意义已变空虚，整个句子形式

────────────

① 　(文集本)编者按：人民文学出版社本"啐！我当是谁"作"呸！我打量是谁"。

② 　La Pensée et la Langue, p.556.

或谓语形式所包含的只有一种愤怒的情绪罢了。

下面是一些意义呼声的例子：

（A）喂！你悠着点儿。（《儿女英雄传》38）

（B）答应了一声"唯"！（《儿女英雄传》37）

（C）嗳！真话么！（《儿女英雄传》8）

（D）咻！也不是咱庄儿上的呀！（《儿女英雄传》17）

（A）例是招呼，（B）例是答应，（C）例是赞同，（D）例是否认；前二者是纯粹的意义呼声，后二者是意义呼声之带有情绪者。

柏氏把 yes 和 no 称为特别的 completive interjection，我们觉得很有道理。其实它们也是一种意义的呼声。中国有一种不客气的是认呼声，就是[y]；吴语里有一种颇像 yes 的说法，就是[ɦɛ]。至于"是的"和"不"却只算承说的省略（见本章第五节），不算是呼声。

普通的呼声，都是单独地放在一个句子形式的前面：呼声表示一种情绪或很简单的意义，句子则对于这种情绪或简单的意义加以说明。只有三种呼声是例外：第一种是表示慨叹的"啊"字，它可以附于一个称呼的后面，如"儿啊，不要这样"（《儿女英雄传》7）；第二种是表示追问的 a?，它的意思是"我没有听懂你的话，请你再说一遍"，它的后面不能再有句子形式；第三种是表示叮咛的 a!（平升调）①，它是在祈使句的后面的。在这三种呼声当中，后二者是意义的呼声。

凡呼唤家畜或驱使家畜的声，也都可认为意义呼声的一种。西洋字典和语法书把这种字认为 interjection，很有道理。但是，在这一点上，咱们不可误会，以为有一种禽兽的语言。这完全是一种反应罢了，例如叱马使走的呼声，在英语是 gee!，在法语是 hue!，在北京语是[taʔ]；叱马向左的呼声，在英语是 hoy!，在法语是 dia!，

---

① 这在昆明话是[kɔ]，例如："你明日要来 kɔ!"

在北京语是[i]。彼此之间差得这样远,可见这上头并没有所谓自然的呼声了。

由驱使家畜的呼声,令我们想到一两个字的祈使句也是近于意义呼声的性质。广西博白驱使家畜前进就叫"去! 去!",而这种"去"字的作用完全等于英语的 gee!,当英语 silence! 一个词成为一个祈使句的时候,它的作用也等于一个意义呼声 hush!,房氏把简单的祈使句和表示命令的感叹词一律归入主动语(langage actif),并且说感触语和主动语应该和逻辑的语言分别清楚①。这意见是我们所赞同的。

中国上古的呼声,也往往是由元音或复合元音[h-]构成。最普通的"呜呼",依上古音应该是 aha!。之部字特别多,如"噫、嘻、譆、誃、唉"之类,它们的韵母虽未能考定,但也许不会是高本汉所拟的[-əg]。"嗟"和"咨"也许是一种齿吸音,不过没有法子证实。

现在各地的方言里,呼声也不尽相同,例如苏州话里有一种指示的意义呼声[noɤ],又有一种叫人拿东西的意义呼声[nak]都是别的方言里所罕见的;单就北京话的呼声而论,我们也不能叙述得完全。我们在《中国现代语法》里所叙述的,只不过是一个大略罢了。

有一个原因足以增加咱们研究呼声的困难,就是书本上呼声的缺乏。无论情绪的呼声和意义的呼声,有许多都是有音无字的,例如答应的[Eik]、是认的[aɤ],都无字可表②。《红楼梦》叙述对话,非常生动;然而呼声太少,未免减色。《儿女英雄传》在这一点上实在胜过它,然而有时候借用古代词汇如"唯、咄"之类,也是美中不足的。

拟声法中,非但像"嗳呀、哈哈"之类被认为感叹词,连禽兽的呼声和各种器物受击的声响,如"哞、当"之类,也被一般语法书认

---

① 　《语言论》162 页。
② 　西洋文字大约因是拼音的缘故,呼声都有字可表。

为感叹词(后面可加感叹号,如"咩!""当!")。在归类的便利上,未尝不可以这样办,只是咱们须知,禽兽的呼声已经和人类的呼声大有分别,前者所表示的情绪和意义是极端模糊的(如果说禽兽能表示情绪和意义的话),后者却是相当清楚的;至于器物受击的声响,就更和感叹无关了。

第六章　欧化的语法

第一节　复音词的创造

　　欧化的语法应该和欧化的词汇分别清楚,譬如"这种工作太机械","机械"二字是欧化的词汇,然而这上头并没有欧化的语法。欧化的语法又应该和欧化的风格分别清楚,譬如"书籍是人类的精神食粮","食粮"有所谓精神的,这是欧化的风格,然而这对于语法也没有丝毫的影响。现在文章的欧化,词汇和风格所占的成分最多,语法的成分较少。本节论复音词的创造,稍稍涉及词汇的范围,以下各节就专论语法上的欧化了。

　　严格地说,欧化的语法并不能认为中国现代的语法,因为它只是知识社会的一种特殊语法,而且这种特殊语法也往往只出现于文章里。知识分子在四万万七千万人当中只占一个极小的百分比,他们的特殊语言决不能代表大众的语言。一般大众对于欧化的词汇还容易接受,像"摩登、生活"一类的新词已经侵入了大众的口语里;只有语法的欧化最难。这和历史上词义的变迁大、语法的变迁小,是一样的道理,咱们明白了欧化语法不足以代表现代中国语法之后,就可以明白,现在一般所谓国语文法、白话文法一类的书把欧化语法和大众口语的语法杂糅,是一桩极不合理的事。

　　事实上,依现在一般中国语法书的做法,自然是以欧化的文章为对象来得方便些,因为它是以西洋语法书为蓝本的,欧化的文章更适宜于比附。可惜这样做去,中国语言的本来面目就晦而不彰,而这种语法也就近似于一种模范语法,是和现代语言学不相容的。但是,我们如果把欧化的语法完全撇开不提(我们曾经这样做过),却又未免矫枉过正,因为它早已在文人的笔下占了很大的势力,现在它虽然不够资格代表中国现代语,谁也不敢担保它永远不或多或少地侵入民众的口语里。单就它在文坛上的势力而论,至少它是侵入了文法的领域了的,我们也就不该绝口不提了。

提及是应该的,提及而让它和大众的语法杂糅,仍旧是不应该的,所以我们为它另立一章。现在一般知识青年,生活在欧化语言里,很少能够辨别哪一些语言形式是中国固有的,哪一些是舶来品。这在文章的实用上,固然毫无关系;而在文法的研究上,却是缺乏历史的眼光。从民国初年到现在,短短的二十余年之间,文法的变迁,比之从汉至清,有过之无不及。文法的欧化,是语法史上一桩大事。咱们对于这一个大转纽,应该有一种很清楚的认识。现在我们把欧化的语法(文法)另立一章,就是帮助读者辨别中国语法的本来面目和欧化的语法(文法)有什么歧异之点,这种辨别,在语法学上是必要的。

语法欧化的趋势是极自然的,正如生活的欧化一样。一切反对的力量都遏不住这一个潮流。但是,基于文人对于西洋语言涵泳的浅深,和他们的个性同化的难易,而他们的文章的欧化程度也有高低的不同,例如鲁迅的文章欧化程度浅,而徐志摩的文章欧化程度就深多了。其中又有变质的欧化,就是不通西文或西文程度很浅的人只知道从中国的欧化文章里去模仿,久而久之,渐渐失真。词汇和风格的失真最多,而语法的失真也未尝没有。本章对于那种变质的欧化语法,只好存而不论了。

某一族语之受外族语言的影响,亦自有其限度。尤其是语法一方面,必须这族语本来有某种可能性,然后能容许某种变化。自民国初年到现在,文章欧化的程度渐渐增高,例如“咱们不能,也不必这样办"，这种欧化的语法只是最近三五年才有的（翻译的文章不在此例）。但是，到了某一限度之后，似乎是不能更进一步了，例如中国决不能创造一种关系代名词，和西洋的 relative pronouns 相当。因此，所谓欧化的语法，往往只是中西语法的杂糅；彻底欧化是不可能的。再者，中国原有的语法有时候也发生一种反动力，对于欧化的趋势成为一种平衡锤（counterbalance），譬如每句必有主语乃是看重逻辑和倾心欧化的人所遵守的一种法则；然而在别的条件不能完全和欧语相同的时候，这种法则往往会使文章呆板，于是自然有人仍旧利用中国语法所容许的自由，在不失明显性的条件之下，博得更简洁的好处。

我们研究语法的人并不愿意对于欧化的语法表示赞同或反对（事实上，现在中年以下的人做起文章来，总不免或多或少地采用了些欧化的词汇和语法），只想根据既成的事实，作一个系统的叙述。本章里所叙述的欧化语法，大致系依照前五章叙述中国固有语法的次序；不过，前面本来分为几节叙述的，在本章里往往归并在一节里叙述就是了。

＊　　　＊　　　＊

复音词的创造，就词义上说，是词汇的欧化；就语音上说，是语法的欧化，把意义相同或相近的两个字合成一个词，中国自古就有这种办法，例如：

（A）椒聊之实，蕃衍盈升。（《诗·唐风·椒聊》）

（B）虽无老成人，尚有典刑。（《诗·大雅·荡》）

（C）为命，裨谌草创之，世叔讨论之，行人子羽修饰之，东里子产润色之。（《论语·宪问》）

（D）乃属其耆老而告之曰："狄人之所欲者，吾土地也。"（《孟子·梁惠王下》）

现代的人翻译西洋的词，就利用这一种老办法，例如：

society 社会　　　　right 权利　　　　reason 理由

action 行为	happy 幸福	proud 骄傲
silent 静默	patient 忍耐	work 工作
excuse 原谅	attack 攻击	attempt 企图
consider 考虑		

这种复音词有一个好处，就是比单音词的意义更明显些，不会有两可的意义，例如"行"字有行为、行走诸义，"虑"字有考虑、忧虑诸义，故以"行"译 action 和以"虑"译 consider 都不如"行为、考虑"来得明确。然而流弊所及，有些词本该一个字就能明确的，也有人写成复音词了，例如：

进——进入　　　写——书写　　　怕——惧怕

唱——歌唱　　　睡——睡眠

这种复音的动词，如果用于首品（"书写上的便利、睡眠不足"等），还可帮助节奏上的谐和；若只用为普通的叙述词，有时候就显得太繁，例如本该说"进学校的目的是读书"，却说成"进入学校的目的是阅读书籍"，就几乎不成话了。

这种复音词的构成，可以称为意复法（reduplication of meaning）。但是，意复亦自有其限度，当某词缺乏同义字的时候，就没法子构成复音词。名词如"风、雨、马、牛"，动词如"来、去、吃、喝"，形容词如"高、低、厚、薄"之类，都不大看见有人把它们复音化；偶然复音化了，也是很生硬不上口的。

除了意复法之外，还有一种拐弯法（periphrasis），就是把西洋的一个单词译成中国的一个仿语①，例如：

animal 动物	circumstance 环境	spring 发条（弹簧）
instinct 本能	truth 真理	piano 钢琴
instrument 工具	absolute 绝对	relative 相对
international 国际	whole 整个	improve 改善（改良）

---

① 中国人又喜欢用"洋、番"等字翻译舶来品，如"洋钱、洋线、洋火、洋油、番茄"等。这在翻译西洋书籍的时候，会弄出不妥来。在洋人口中，怎会称本国的东西做洋货呢？

realize 实现　　　　appreciate 欣赏　　　mobilize 动员
bless 祝福

这种仿语实际上已经变了单词,因为运用这种欧化词汇的人往往在脑子里有西文原词的影子。由于这种拐弯法,就产生了两种很特别的现象:

第一,在西洋原文里并没有词复的现象,在中文里却变了词复,例如:

银行的行长　　　教育部的部长　　　邮政局的局长
火车站的站长　　　国立学校的校长　　　伤兵医院的医生
著名作家的作品　　邮政局里买邮票　　　圣诞节读圣经
学生进学校　　　儿童看童话

第二,就中文本身看来是不通的,若译成西文却是通的,例如:

动员民众　　　　上帝祝福你
我军撤退武昌　　敌军登陆北海①

第四章第五节里的化合法,和这里第二种现象颇相近似,只有一点不同:就是前者系由于语言自身的演变,后者却由于一种欠妥的翻译。

此外还有一种音译法(transliteration)。最早的欧语音译恐怕要算是"金鸡纳"之类。"金鸡纳"大约系从法文 quinquina 而来(法文又来自秘鲁语),现在有人从英文 quinine 音译,又变了"奎宁、规宁"等字了。食品如"咖啡、咖喱",度量衡名如"米突、加仑、盎斯",币制如"先令、辨士、佛郎、马克"之类,也都来源颇早。有些词,意译和音译并存,只是含义不同,如 model 译为"模型"或"标本",则指一般的模型或标本而言,又译为"模特儿",则专指画家或雕刻家所描刻的对象(普通专指人体)而言。又如 modern,译为"现代的",则系普通的含义,又译为"摩登",则往往带讥讽或戏弄的语

---

① 动员＝mobilize,祝福＝bless,撤退＝evacuate,登陆＝land 或 disembark。

意。又有些词,是音译之中杂有意译,如 tank 译为"坦克车",ice-cream 译为"冰淇淋"之类①。又有些词,似乎是音译之中兼顾到汉字的意义,如 logic 译为"逻辑",humor 译为"幽默"等。这最后一种译法是不值得提倡的,因为汉字的意义并不能和西文原字的意义恰合,倒反容易令人望文生义,生出误会来。这是得不偿失的。

最有趣的音译乃是"台风"二字。从前闽粤人航海遇着飓风,只称为"大风"(客家话[tʻai fuŋ],广州话[tai fuŋ]),后来英美人听见了,以为中国人把菲律宾南洋一带的飓风叫做"大风",于是音译为 typhoon,音译自然不能很像,中国人听了不知道它本来是中国字译成的,于是重新给它一个音译,就成了"台风"。这样,"大风"出洋回国,非但语音变了,连意义也变狭了。

大致说来,中国是不大喜欢走音译的路的。许多舶来的词,起初是音译的,后来都被改为意译了,例如:

butter 白塔油② ──→ 黄油　　　cholera 虎列拉 ──→ 霍乱

boycott 杯葛 ──→ 抵制　　　violin 怀娥铃 ──→ 提琴

meter 米突 ──→ 公尺　　　kilogram 启罗格兰姆 ──→ 公斤

然而粤语区域的人大约因为受了香港、新加坡等地的英语的影响,音译的词特别多,许多在国语里是意译的字,在粤语里都是音译,例如:

stamp 士担　　　cents 仙士　　　film 飞林

cheese 芝士　　　shirt 恤衫　　　mark 唛头(或单称"唛")

cap 呦帽　　　quarter 骨(刻)

意译时,咱们倾向于复音;音译时,咱们却又倾向于简音,例如 dozen,起初似乎是翻为"打臣",但很快地就缩短为"打"字了。pound 也只译为"磅",不译为"磅特"。meter 虽被改称为"公尺",然而"八百米赛跑"还未改称为"八百公尺赛跑"。"米突"省称为

---

① 以"淇淋"译 cream,大约是根据粤音。

② 这是上海的音译,至今犹有人用它。

"米",也是单音化了。广东人对于英语的尾音-p、-t、-k,向来只当它们是等于粤语入声字的尾音,所以 cap 只译为"呦",shirt 只译为"恤",mark 只译为"唛"。最有趣的是 quarter 只译为"骨",woollen 只译为"冷"(念阴平),毛线衣称为"冷衫"。

在本节里,我们没有辨别日本的译名和中国自造的译名,因为大致说起来,日本也是利用汉字(至少,中国所采的日译是用汉字的),而且大半也是用拐弯法,和中国的翻译方法并没有什么分别,例如"银行",咱们如果不追究它的来历,几乎要说它是中国自造的一个译名。不过,其中也有和中国字源学不合的,例如"经济",本是经世济民的意思。日本把 economy 译为"经济",若凭中国人去创造译名,不会得到这种结果的。至于 affirmation 之译为"肯定",negation 之译为"否定",positive 之译为"积极",negative 之译为"消极",在中国语里可说是费解。不过现在大家用惯了,也就不觉得了。

中国古语里,名词可以用为叙述词,动词可以用为首品,因此,中国一个名词抵当西文的名、动两式(如 symbol 和 symbolize 都译为"象征"),或一个动词抵当西文的名、动两式(如 decide 和 decision 都译为"决定"),都可说是合于中国固有的语法的。又形容词用于首品,在中国也是常事,所以中国一个形容词抵当西文的名、形两式(如 silence 和 silent 都译为"静默"),也是说得通的。只有西文从名词转化为形容词(或形化为名),再由形容词转化为副词的时候,中文的翻译就穷于应付,例如 instinct 译为"本能",subconsciousness 译为"下意识",因而 instinctive 译为"本能的",subconscious 译为"下意识的",已经和 of instinct、of subconsciousness 相混[①];至于 instinctively 译为"本能地",subconsciously 译为"下意识地",更和中国固有的语法不合,因为就普通说,中国的名词是不能用为方式末品的("豹变、兔脱"之类是譬喻,又当别论),在这一点上,对于中

---

① 　有人为求分别起见,前一类写成"本能底"和"下意识底",后一类写成"本能的"和"下意识的",见本章第四节。

国语法是一种改革。可惜这一种办法并不能普遍地应用,例如 his-torically、socially、grammatically 若译为"历史地、社会地、语法地"等,就不成话了。

数千年来,中国语虽颇有复音的倾向,然而复音词毕竟不多。近代有了后附号"儿、子、头"等,复音词是比古代多了许多;但如果比之欧化后的复音词,仍然望尘莫及。由此看来,中国语自从欧化之后,由某一意义说,它已经失了单音语的资格了。但是,由另一意义说,中国的复音词除了音译法之外,究竟和西洋的复音词不同;意复法仍然是很清楚的两个词,不过合成一个意义罢了;拐弯法若就中国语本身而论,仍该认为仂语,不该认为单词。依这种解释,中国的复音词充其量只能像英文 sunshine、landlord 之类,由两三个词合成一词;无论如何,决不能像 echo、honour 那样从原始就是复音的(希腊语 êkhô,拉丁语 honor),每一个音段分开来就没有意义的,这一个道理,咱们非辨别不可。

第二节　主语和系词的增加

在传统的逻辑里,每一个命题(proposition)都应该包括着三项:主语;系词;谓语。主语和系词在中国语里并不是必需的。我们在第一章第五节和第八节里已经说得颇详尽了。现代欧化的文章里,有些人喜欢在每一句话里都安放一个主语;若遇描写句,也喜欢变为判断句(如"梨花不红"变为"梨花是不红的")。这种办法,与其说是关心逻辑,不如说是喜欢模仿西文;因为西文叙述句里没有系词,中国人也就不依照传统的逻辑,硬给它加上一个系词。但是,模仿西文的动机,却什九为的是把西文看做更合逻辑;这上头就存着好不好或对不对的见解。一般学过西文的人,往往以为没有主语的句子是不通的;没有 verb 的句子也是不通的,所以欧化文章里的主语和系词就比非欧化的文章增加了许多。

　　试拿中国古文和西文相比,则见主语多少的相差,实在惊人。尤其在韵文上,中国由于字数和节奏的限制,主语比散文更少;西文却不曾因为这种限制而牺牲了他们所认为必不可缺的主语。咱们先看下面杜甫和陆游的两首诗,其中加[　]号的都是省略了主语的地方:

杜甫　《闻官军收河南河北》

剑外[　　　]忽传收蓟北,[　　　]初闻涕泪满衣裳。

[　　　]却看妻子愁何在?[　　　]漫卷诗书喜欲狂。

[　　　]白日放歌须纵酒,青春作伴[　　　]好还乡。

[　　　]即从巴峡穿巫峡,[　　　]便下襄阳向洛阳。

第一句的主语该是"人",其余各句的主语该是"我"。

陆游　《柳林酒家楼》

桃花如烧酒如油,缓辔郊原[　　　]当出游。

微倦[　　　]放教成午梦,宿醒[　　　]留得伴春愁。

远途[　　　]始悟乾坤大,晚节[　　　]偏惊岁月遒。

[　　　]记取晴明果州路,半天高柳小青楼。

有[　　　]号的地方都可以添上主语"我"字。

　　再看下面雪莱(Shelly)和兰多尔(Landor)的两首诗:

Here, oh, here

We bear the bier

Of the Father ef many a cancelled year!

Specter we

Of the dead Hours be,

We bear Time to his tomb in eternity.

(Shelly, Prometheus Unbound)

这里,唉,这里

咱们抬着无数的

被勾销了的岁月之父的灵輀。

咱们是

死去的晷刻的幽魂，

咱们把时间送入无终之墓。

I strove with none, for none was worth my strife,

Nature I loved, and next to Nature, Art;

I warmed both hands before the fire of life,

It sinks, and I am ready to depart.

(Landor, On his Seventy-fifth Birthday)

我没有和谁相争过，因为没有谁配和我相争，

我爱自然，其次就是艺术；

我曾将这双手向生命之火取暖，

现在它快要灭了，我也预备走了。

两相比较之下，咱们可以看见中西的语法在主语的应用上几乎是各走极端。我们也不必再举西洋散文的例子，因为韵文既未受字数和节奏的影响而牺牲了主语，一般的散文里更没有省略主语的理由了。至于中国的诗，主语的缺乏是由于诗律的限制，那么，散文里是不是主语多些？就普通说，散文里的主语自然是多些，但是并没有达到每句必有主语的程度，例如：

(A)楚文王伐申过邓。邓祁侯曰："[　　　]吾甥也。"[　　]止而享之。(《左传·庄公六年》)

(B)吾与回言终日，[　　　]不违，如愚。[　　　]退而省其私，[　　　]亦足以发。回也不愚。(《论语·为政》)

(C)孟子将朝王。王使人来曰："寡人如就见者也；[　　]有寒疾，不可以风。[　　]朝将视朝，[　　]不识[　　]可使寡人得见乎？"[　　]对曰："[　　]不幸而有疾，不能造朝。"(《孟子·公孙丑下》)

(D)王子猷居山阴。夜大雪，[　　]眠觉。[　　]开室命酌酒，[　　]四望皎然。[　　]因起彷徨，咏左思《招隐》诗。

［　　］忽忆戴安道。时戴在剡，［　　　］即便夜乘小舟就之。
［　　］经宿方至，造门不前而返。（《世说新语·任诞》）

直到现代语里，主语也是常常可以不用的，例如：

你们听听。我说了一句，他就说了两车无赖的话。［　　］真
真泥腿光棍，专会打细算盘，分金掰两的！你这个东西，亏了还
托生在诗书仕宦人家做小姐，又是这么出了嫁，还是这么着；
［　　］要生在贫寒小门小户人家，做了小子丫头，还不知怎样下
作呢！天下人都叫你算计了去！［　　］昨儿还打平儿，亏你伸
得出手来！那黄汤难道灌丧了狗肚子里去了？［　　］气的我只
要替平儿打抱不平儿。［　　］忖夺了半日，好容易狗长尾巴尖
儿的好日子，［　　］又怕老太太心里不受用，因此［　　］没来。
究竟气还不平，你今儿到招我来了。［　　］给平儿拾鞋还不要
呢！（45）

现代新文学家的作品，因为欧化的缘故，主语自然大大地增加
了。但是，除了极少数的人着意叫每句必有主语，此外一般的作家
仍不能完全摆脱中国数千年的老习惯，偶然也写些没有主语的句
子，例如：

（A）今天［　　］请何先生来，给你诊一诊。（鲁迅《狂人
日记》）

（B）长子弯了腰，要从垂下的草帽檐下去赏识白背心的脸，
但［　　］不知道为什么［　　］忽又站直了。（鲁迅《示众》）

（C）黑暗的园里，［　　］和华同坐。［　　］看不见她，也更
看不见我，我们只深深的谈着，［　　］说到同心处，［　　］竟不
知［　　］是我说的，还是她说的；［　　］入耳都是天乐一般。
（冰心《往事》）

（D）［　　］住了些时，太太看了你先生甚么都好，她也就不
管了。（丁燮林《压迫》）

固然，有些句子缺乏主语，会使意义变为隐晦；但是，当主语显

然可知的时候,若拘泥于主语的安插,有时候倒反显得累赘,所以主语的用和不用,应该完全由修辞学的眼光来判定,如果认为主语是句子的要素,而说一个句子里没有主语就是不合语法或文法,那么,倒是走入魔道了。

＊　　　＊　　　＊

上文说过,欧化的文章喜欢把描写句变为判断句,如"梨花不红"变为"梨花是不红的",但是,除非把中国语彻底改造,否则这种欧化是没法子普通应用的。因为这样一来,竟是想要取消了中国语里三类句子之中的一类——描写句,和中国的语言习惯太不相容了。像下面这些例句,如果加上系词,变为判断句,就不成话,或非常不像一句中国话:

（A）这园子好不好?（40）

（B）如今一年的假也太多,一月的假也太少。（42）

（C）如今天又凉,夜又长,越发该会个夜局,赌两场了。（45）

（D）药气比一切的花香还香呢!（51）

（E）重名重姓的多着呢!（54）

（F）众人看他面目黄瘦,便知失于调养。（55）

（G）环哥娶亲有限,花上三千银子;若不够,那里省一抿子就够了。（55）

（H）妻贤夫祸少,表壮不如里壮。（68）

除了"是……的"式的判断句,还有人造出一种和西文更相似然而和中国语法更冲突的一种形式,就是把"的"字取消了,单加上一个"是"字,例如把"中国的地方很大"写成"中国的地方是很大"。这种不自然的结构,有时候比"是……的"式更不妥当,例如"梨花不红"若说成"梨花是不红"或"梨花是不是红",听起来非常不顺耳,若写入文章里,看起来也非常不顺眼。

只有整个描写语都欧化了的时候,再添一个"是"字,看起来才是极顺眼的,例如:

（A）一丝发抖的声音，在空气中愈颤愈细，细到没有，周围便都是死一般静。（鲁迅《药》）

（B）英国的天时与气候是走极端的。冬天是荒谬的坏。（徐志摩《我所知道的康桥》）

然而咱们的现代文学家也不大有勉强增加系词的句子，凡遇不应该用系词的地方，他们仍旧是不用的，例如：

（A）这一年的清明分外寒冷。（鲁迅《药》）

（B）花也不很多，圆圆的排成一个圈，不很精神，倒也整齐。（鲁迅《药》）

（C）她们很敏捷。（徐志摩《我所知道的康桥》）

（D）啤酒如太浓，苹果酒姜酒都是供你解渴润肺的。（徐志摩《我所知道的康桥》）

在英文里，描写句虽然以用系词为原则，但偶然有些感叹句也可以不受这个原则的拘束，例如：

Who so smooth and silky as Mr.Murdstone at first！（Dickens）

法语里也偶然有省略系词的描写句，例如 Heureux les pauvres en esprit！（"聪明的穷人是幸福的！"）Heureux ceux qui sont en bonne santé！（"健康的人是幸福的！"）等等。

我们对于系词的勉强增加，比之主语的勉强增加更不以为然。主语的勉强增加，只是把语句弄得累赘些而已，并未违反中国固有的语法；系词的勉强增加就是把数千年的语言习惯推翻。再说，主语的增加还可以得到明显的好处，系词的增加对于语言的明显性并无裨益①，简直是一种无谓的更张。咱们应该明白两层道理：第一，甲族语所必须遵守的规律，在乙族语里尽可以是自由的（如主语的有无），甚至是违反它的个性的（如描写句里的系词）。第二，逻辑和语法并不是一件事，而且，即使就逻辑而论，主语在思想的

---

① 只有整个描写语都欧化了的时候，系词的增加是应该的。见上文。

剖析上也许是必需的,系词却没有这种必要性;描写语之可以直接粘附于主语,正如叙述语可以直接粘附于主语,这在思想的表现上毫无缺陷可言。我们虽不反对欧化,但是对于语法理论上的误解,是不能不加以矫正的。

第三节　句子的延长

西文长句的构成,大致由于下列的四个方法:

(1)用关系代词(或关系副词)把几个句子形式合成一句①:

(A)People who have enjoyed good educational opportunities ought to show it in their conduct and language.

(B)The book which I hold in my hand is an English grammar.

(2)用连词:

(A)No man will take counsel, but everybody will take money; therefore money is better than counsel.(Swift)

(B)The Englishman is peculiarly proud of his country's naval achievement, not that he undervalues its military exploits, but simply because England is essentially maritime.

(3)在动词的形式或位置上表示某一个句子形式用如末品:

(A)He being absent, nothing could be done.

(B)My task completed, I went to bed.

(C)Woe to the man, were he the Emperor himself, who dares lay a finger on her! (Shaw)

(D)Mr. Darnley has offered us his assistance, should any be needed.

(4)用许多补充的话,如由形容词转成副词,末品仿语,末品句子形式等等。

---

① 其关系代词省略者(即叶氏所谓 contact-clauses)亦归此类。

（A）It were well if the English, like the Greek language, possessed some word to express, simply and generally, intellectual proficiency, or perfection, such as "health", as used with reference to the animal frame, and "virtue", with reference to our moral nature.（Newman, The Idea of a University）

（B）Many people, if not most, look on literary taste as an elegant accomplishment.（Bennett, Literary Taste）

中国欧化的长句多半是受(1)(2)(4)三种句法的影响。至于(3)，因为中国动词没有变化，所以译成中文以后就和(2)相混。这(1)(2)(4)三种之中，要算(1)显得最长，因为(2)和(4)在中文里都可用逗号，只有(1)在中文里不能用逗号。(2)和(4)里头的连词、介词等，中文里大致都可以找得出一个字来勉强翻译，只有(1)里的关系代词，在中文里是没有的，一般翻译的人只知道把subordinate clauses译成次品谓语形式或次品句子形式，往那被修饰的名词前面堆积(参看第一章第六节)。这只能算是受西文影响而产生的一种新风格，若就语法而论，它和西文原来的结构并不相同。先说，西文的subordinate clauses是有相当的独立性的，所以它的前面和后面往往能有语音的停顿；中文里缺乏关系代词，不能有语音的停顿，只好一口气念下去，更显得是一个长句子。再说，西文每一个subordinate clause都有主语，中国的译者把它移在它所修饰的名词前面之后，往往取消了它的主语(参看第一章第六节)，成为一种比较简单的结构。这种长句子越长越不顺口。其实，在不失原意的条件之下，咱们未尝不可以把句法稍为变更，使它较合于中国语的习惯。譬如上面(1)类的(A)例，可以有欧化和非欧化的两种译法：

欧化的译法①：

---

① 所谓欧化是相对的。因为如上文所论，这种句法和西文的结构并不相同，所以它并非彻底欧化。

已经享受过良好的教育机会的人们应该在他们的行为语言上表现它。

非欧化的译法①：

一个人享受过良好的教育机会,应该在行为和语言上表现出来。

又如下面所抄的一句话,也可以有两种译法：

People who regard literary taste simply as an accomplishment, and literature simply as a distraction, will never truely succeed either in acquiring the accomplishment or in using it half-acquired as a distraction.（Bennett, Literary Taste）

欧化的译法：

那些把文学兴味认为纯然一种才艺,把文学认为纯然一种消遣品的人们,将永远不能真的获得那种才艺,也不能把这种半获得的东西用做消遣品。

非欧化的译法：

一个人如果把文学兴味认为纯然一种才艺,把学文认为纯然一种消遣品,将永远……

由此可见,任何复杂的思想都不是一定要带着长的加语的长句子才能表达的。这种长句子的运用,多半是由于一时的风尚。

至于（4）类,又和（1）类稍有不同。补充的话,往往是省去也无损于大意的；加上了它,显得语言和文章更加谨严,令人无懈可击。这种句法是涉及修辞学的。中国从前的文章,只着重于风格和韵味之类；依现代的眼光看来,字里行间往往有许多破绽。所以古人主张"不以辞害意"。西人的行文却是希望不给读者以辞害意的机会。下面这一类常用的补充语,都是为着"说话有分寸"的：

As a rule, in general, generally　　就普通说

---

① 所谓非欧化也是相对的,并不是说这里能完全保存中国原有的语法。

For the most part　就大多数言之，大致说来

At least　至少

For example, for instance　例如

On the other hand　从另一方面说

On the contrary　相反地

On one sense　就某一意义说

From one point of view　就某一观点而言

Should that be necessary, if necessary　如果需要的话

Hitherto　截至现在为止

As far as I know　据我所知

Considered in itself　就它本身而论

In its ordinary sense　就普通的意义说

In the true sense of the word　就这字的真意义说

Taking in its bare idea　就它本身的意义说

Strictly speaking　严格地说

If I may use the term　如果我可以用这种说法

To use a familiar word　让我用一个家常惯用的字

有时候，用 if 或 or 来补充前面的话，以弥补可能的漏洞，例如：

（A）Many people, if not most...（Bennett, Literary Taste）

（B）There are certain things that a man ought to know, or to know about, and literature is one of them.（Bennett, Literary Taste）

此外，有些副词或末品语却是用来增加语气的力量的，例如：

Undoubtedly　无疑地

Of course　当然

At any rate　无论如何

In fact　实际上，事实上

Indeed　真的，不错

I may say　我可以说

I repeat it 我反复地说

这些补充语非但在译文里可以见到，连中国人自己的作品里也差不多完全采用了，甚至在文人的口语里尤其是演讲之类，也渗入了不少。

由上文看来，中国现代文章里句子的延长，显系受了西文的影响。试拿现代的文章和清代以前的文章相比较，就可见句子长短的相差是很大的了。但是，西文毕竟有些长句是不容中国模仿的。大致说来，可以分为三类：

（甲）关系代词或关系副词的重叠，例如：

（A）He was of a Protestant and Saxon family which had been long settled in Ireland, and which had, like most other Protestant and Saxon families, been, in trouble times, harassed and put in fear by the native population. (Macaulay, Oliver Goldsmith)

这是同一关系代词的重叠。

（B）Know ye the land where the cypress and myrtle. Are emblems of deeds that are done in their clime? where the rage of the vulture, the love of the turtle, Now melt into sorrow, now madden to crime? (Byron, Know Ye the Land?)

这里同一的关系副词 where 重叠之外，还加上一个关系代词 that。

这种地方，若把 subordinate clauses 都变为加语，堆积在它们所修饰的名词的前面，一定是非常拖沓可厌的。

（乙）在非限制的次品句子形式里[①]，例如：

（A）I have a daughter, who is dead.

不能译为："我有一个死了的女儿。"

（B）He handed it to John, who passed it on to James.

不能译为："他把它交给那个传递它给詹姆士的约翰。"

---

① 参看叶氏《英语语法纲要》357 页。又本书第一章第六节。

像下面一个例子的次品句子形式，也有非限制的性质：

（C）Many people,…look on literary taste an elegant accomplishment, <u>by acquiring which</u> they will complete themselves, and make themselves finally fit as members of a correct society.（Bennett, Literary Taste）

（丙）subordinate clause 被另一个 subordinate clause 所修饰，例如：

After replying to the old man's greeting, he showed no inclination to continue in talk, <u>although</u> they still walked side by side, <u>for</u> the elder traveller seemed to desire company.（Galsworthy, Return to the Native）[1]

这一段话如果译为：

他答复了那老人的问好之后，就表示不愿意继续谈话下去，虽则他们仍旧并肩地走着，因为那年长的行路人似乎希望有一个伴侣。

就完全不像一句中国话。所以必须分为两句：

他答复了那老人的问好之后，就表示不愿意继续谈话下去，但是那年长的行路人似乎希望有一个伴侣，所以他们仍旧并肩地走着。

这可以证明我们在本章第一节里所说的话：某一族语之受外族语言的影响，亦自有其限度；到了某一限度之后，似乎不能更进一步了。

*　　　*　　　*

句子的长短，和思想综合的程度有关。普通人脑子里所构成的句子总是相当简单的；等到作文或预备演讲的时候，才有功夫把两个或几个本来简单的话综合起来，成为较大规模的组织，因此，

---

[1]　编者注：该例实出自 Thomas Hardy 的作品 The Return of the Native（《还乡》）。

议论文里的句子往往比剧本里会话的句子长;小说里叙事的部分的句子也往往比记述口语的部分的句子长。如果记述口语也用长句子,就欠自然而不够生动了,例如 Edgeworth 的 Early Lessons 里说:I have a pair of buckles,I don't want another pair 就很自然,如果写成:Having a pair of buckles,I don't want another pair 就显得矫揉造作。

在这一点上,中国语也和西洋语言不同。中国人作文虽讲究炼句,然其所谓炼句只是着重在造成一个典雅的句子,并非要扩充句子的组织。恰恰相反,中国人喜欢用四个字的短句子,以为这样可以使文章遒劲。由此看来,西洋人做文章也把语言化零为整,中国人做文章几乎可以说是化整为零。取径虽然不同,而其语言在入文之前必须经过一番陶镕,则无二致。

然而西洋文章里的句子也渐渐简单化了。试把西洋 17 世纪的文章和现代的相比,就很明显地看得出这一种倾向[①]。关系代词的运用,以接近口语的习惯为主,颇忌勉强把句子拉长。甚至有些西洋人看见了中国作品的译文,觉得简短可爱。固然,现代的思想已经不是四字短句所能表达的了;但是我们希望顺其自然,适可而止。如果把句子勉强拉长到和中国的语言结构不能相容的地步,就未免太过了。

第四节　可能式、被动式、记号的欧化

(一)可能式的欧化

中国的"可"字,只有 feasible、praticable 一类的意思,所以它只能用于叙述句里(参看第二章第一节)。描写句和判断句是不适宜于用它做末品的。英文的 may 意义较广,它包括一切的 possibility,所以非但可用于叙述句,并且可用于描写句和判断句。像下面的

---

①　参看 Brunot,La Pensée et la Langue,p340。

几个英文句子,直译下来就只是欧化的可能式,中国本来没有这种说法:

（A）You may be right.

　　　（你可以是对的。或:你可能是对的。）

（B）It may be true.

　　　（这可以是真的。或:这可能是真的。）

（C）He now feels that he may be mistaken about it.

　　　（他现在觉得,他对于这事可能是弄错了的。）

（D）The doctors do not yet know whether there may be any change in his condition during the night.

　　　（医生们还不知道夜里他的情形是否可能有什么变化。）①

　　即使在叙述句里,西洋有些可能式也不是中国原来所能有的。中国所谓"可",是指为环境所容许或道德所容许而言,至于猜想事情发生的可能性,中国却向来不用"可"字。像下面的例句,直译出来也只是欧化的可能式:

（A）It may rain today.

　　　（今天可能下雨。）

（B）He may miss the train.

　　　（他可能错过了火车。）

（C）I have heard that he may return soon.

　　　（我听说他可能很早就回来。）

（D）I am going to pursue this course, whatever it may cost, whatever sacrifice it may demand.

　　　（我将必选习这一门功课,无论它可能值任何代价,无论它可能需要任何牺牲。）

　　至于过去虚拟式（past subjunctive and past perfect subjunctive）

---

① 原文是判断句,译文变了叙述句。

里头的 might，更不是中国本来所能有的，例如：

(A) We <u>might</u> miss the train if we walked slower.

（假使我们走得慢一点儿，我们就可能错过了火车。）

(B) He <u>might</u> have succeeded if he had tried.

（假使他试做一做看，他可能已经成功了。）

注意：西洋各族语对于这最后一种意思也有不相同的说法。法语在这种地方就不用可能式。上面(B)例译成法文该是 Il aurait réussi s'il avait essayé。

此外，有几种欧化的说法也是可能式的变相，例如：

(A) 很可能地他明天就回来了。

(B) 他有在明天回来的可能。

(A) 例似乎是模仿 It is possible that...，但是拿它来翻译 He <u>may</u> come tomorrow 也比译作"他可能明天回来"顺口些。(B) 例倒恐怕是受了日语的影响。

(二) 被动式的欧化

中国的被动式所叙述的只是不如意或不企望的事，我们在第二章第四节里已经说过了。西洋的被动式的范围自然是宽得多了，然而各国对于此点也不完全相同，譬如英语里有些被动式译成法语却只能为主动式：

it is said = On dit.

It is known = On sait.

It is supposed = On croit.

I have been told = On m'a dit.

在这上头，中国语和法语较相近似。"人家说、人们都知道、人家告诉过我"，虽然不是纯粹中国话的味儿，念去仍旧顺口，如果说成"它被说、它被知道、我被告诉过"就完全不成话了。

此外，有<u>些</u>被动式虽然是西洋许多族语所同有的，译成中文后也就变了主动式，例如：

I was obliged to＝我迫不得已……

I was surprised to＝我很奇怪……

I was accustomed to＝我习惯了……

I was tempted to＝我很想要……

（A）Elizabath was too much embarrassed to say a word.（Austen，Pride and Prejudice）

（爱利沙白太窘了，说不出话来。）

（B）He was quite determined on going.（Austen，Persuasion）

（他完全决定要走了。）

以上的被动式，依西文本身看来，和描写句没有什么分别，因为过去分词很像普通的形容词。至于下面这几个例句，其中的过去分词并不像形容词，译成中文时，非但往往变为主动句，而且还得把原文的主语变为目的语，另添上一个无定代词做主语：

（A）My real name is Thady Quirck，though in the family I have always been known by no other than‘honest Thady’.（Edgeworth，Castle Rackrent）

（我的真名字是泰弟·桂尔克，虽然在家里人们只知道我叫做忠厚的泰弟。）

（B）The coach was calculated to carry six regular passengers.（Scott，The Antiquary）

（人家算好那车子只载六个常规的旅客。）①

（C）The door accordingly was opened.（Scott，Ivanho）

（于是人家把门开了。）

由此看来，西洋的被动式并未完全为中国所采用。但是，中国语法受了西文的影响，被动式的范围毕竟扩充了不少，在现代的欧化文章里，非不如意的事也可以用被动式了。像下面这几个英文

---

① 　或：那车子是算好了只载六个常规旅客的。

句子,译成中国的被动式,老年人虽然看不惯,一般青年却觉得毫不足怪了:

　　　(A)He was elected President.

　　　　　(他被举为主席。)

　　　(B)He is considered by everybody as a good man.

　　　　　(他被大众认为好人。)

　　　(C)The art of roasting…was accidentally discovered.(Lamb,Essays of Elia)

　　　　　(烤肉的法子……是偶然地被发明的。)

　　　(D)Earth is yet on the upgrade of existence,the mountain top of man's life not <u>reached</u>.(Galsworthy,American and Briton)

　　　　　(世界仍然向着生存之路步步上升,人类生活的极峰还没有被达到。)

(D)例如果译为"没有达到"则较近于中国的语言习惯;如果译为"没有被达到",欧化的程度就很高。后者的说法,近来书报上渐渐多见了。将来被动式的范围也许会更加扩充,但若要扩充到和西文相同的程度,恐怕还是不可能的。

　　(三)记号的欧化

　　"们"字——"们"字表示复数,除用为人称代词的后附号之外,只能用于人伦的称呼(参看第三章第四节)。所以从前只说"姊妹们、丫头们",不说"和尚们、神仙们"。自从欧化之后,"们"的用途渐渐扩充至于行业,例如"作家们、工人们、农夫们"等。又"人们",泛指一般人,常用为无定代词。这样,欧化的中国语似乎倾向于把人的复数都加"们"字,但是这种用途至今还不很普遍,例如"好人们、委员们"都还不大听见说。不过,说不定三五年后就会达到那一个程度的。至于物类的复数,却还没有人试加过一种后附号。

　　"的"字——次品的后附号"的"字,和末品的后附号"的"字,在宋代的文章上是有分别的。前者写作"底",后者写作"地"。前

者宋人语录中甚多,后者例如:

(A)今言道无不在,无适而非道,固是;只是死搭搭地。惟说鸢飞鱼跃,则活活泼泼地。(《朱子语录》)

(B)义理尽无穷,前人恁地说亦未必尽。(《朱子全书·学》)

"的"字比"底、地"为后起,大概元曲里才有它(《玉镜台》"若不恁的呵,不济事")。但是,明以后的小说,就专用"的"字,不用"底、地",于是它们的界限就混乱了。现代文章受了西文的影响,有人觉得形容词和副词应该有不同的记号,于是恢复了"地"字的用法,凡副词和末仿后面的"的"字一律写作"地"。若依这个办法,下面两个《红楼梦》的例句中,"的"字是应改为"地"字的:

(A)今日大远的(地)来请安。(6)

(B)凤姐宝玉果一日好似一日的(地),渐渐醒来。(25)

由此类推,西文的副词或副词性仿语,译成中文时,也该用"地"字:

totally 完全地	suddenly 忽然地
awfully 可怕地	undoubtedly 无疑地
on the contrary 相反地	as...as...can 尽可能地[①]

我们在本章第一节里说过,instinctive 和 of instinct 译成中国语都是"本能的",没有分别。"五四"以后就有人注意到这一点了[②]。于是有人提倡利用宋人用过的"底"字和"的"字对立。但是,"底"字并没有"地"字那样好的命运,现代书报上仍旧不大看见它。即以提倡"底"字的人而论,他们的用法也还未能一致。有些人拿"底"字做形容词和形容性仿语的后附号(如把 instinctive 译成"本能底"),拿"的"字做领格的后附号或翻译英文的 of(如把 of instinct 译成"本能的"),例如:

(A)照刘姥姥的看法,贾母凤姐等都本来是聪明能干底,天

---

① Come as early as you can:你尽可能地早来。
② 参看黎锦熙《新著国语文法》63—64页。

生应该享福底。(冯友兰《新事论》43页)

(B)理智底活动与理智的活动不同。理智底活动,是人的活动受理智的指导者。理智的活动,是理智本身自己的活动。(冯友兰《新世训》23页)

按:理智底活动是 reasonable activity,理智的活动是 activity of reason。

另有些人恰恰相反,拿"底"字做领格的后附号或翻译英文的of,拿"的"字做形容词和形容性仿语的后附号,例如:

(A)当欧洲文艺复兴底大师们借中世纪底因袭的千幅一律的《圣母像》来赋形给他们底倾慕和梦想时,亦不仅把他们底情感和生命去燃照那些凝滞呆木的图像,他们实在创造了一种可以获得更柔和的线条,更圆润的色泽,和更美妙的光彩的技巧。(梁宗岱《屈原》18页)

(B)从艺术底观点,《九章》大部分是比较不成功的。(梁宗岱《屈原》28页)

这两种办法是没有优劣可言的。虽然也许有人觉得后一种办法更顺眼些。因为"底"字在宋人语录中似乎是不用于句末的,但是这完全是习惯的问题。我们只希望将来如果多数人采用"底、的"对立的办法的时候,在用法上取得一致就好了。

我们说过,欧化的语法往往只能出现于文章里,和口语没有关系。在"的、底、地"的分别上,我们的理论更得了一个证据,它们也像"他、她、它"一般地,口语里的读音是一样的,只在书写上有分别罢了。

"着"字——"着"字本是表示进行貌的(见第三章第五节)。在现代欧化的文章里,往往有些滥用"着"字的地方。只要是一个动词,就可以随着作者行文的便利而加上一个"着"字,不问其是否进行貌。在最初的时候,也许是因为南方人不很了解国语"着"字的用途。后来相习成风,连北方人也有这样做的了,例如:

　　关于这问题,还是留待以后再讨论,同时希望着别人能有新
颖的意见发表。(《今日评论》四卷十二期)

　　此外还有一种说法是最新兴的,同时又是最显得滥用"着"字
的,就是拿"着"字做"有"字的后附号。情貌记号"着"字本是从附
着的意义变来,所以它必须跟在动作性颇重的动词的后面。"有"
字虽可认为动词,然而它的动作性甚轻,所以从来没有"有着"的说
法。最近三五年来,居然也有这种说法了,例如说:"这事是有着它
的重要性的。"甚至说:"他有着两个妹妹。"这种滥用"着"字的地
方,并不能说是真的欧化,只能说是变质的欧化,因为它在西洋语
法中是没有什么根据的。

　　"化、性、度、品、家、者"等——这些字都可认为新兴的记号。
"化"字翻译英文的词尾-ize,例如 idealize 译为"理想化",
standardize 译为"标准化",generalize 译为"普遍化"等。"性"字翻
译英文的词尾-ty、-ce 或-ness,例如 possibility 译为"可能性",impor-
tance 译为"重要性",mysteriousness 译为"神秘性"等。"度"字略
等于英文的词尾-th,表示测量上的程度,例如 depth 译为"深度",
length 译为"长度"等①。"品"字略有不同,它并不等于英文的词
尾,只是中文里把它和动词合成一个名词,去翻译英文的某一名
词,例如 work 译为"作品",food 译为"食品",production 译为"出
品"等。"家"字翻译英文词尾-ist、-ian、-er 等,表示一种专门学问
的人,例如 psychologist 译为"心理学家",historian 译为"历史学
家",astronomer 译为"天文学家"等。"者"字大概用来翻译由动词
转成的名词,等于英文词尾-er 或-or,例如 reader 译为"读者",
creator 译为"造物者"等。

　　这些字当中,要算"家、者"二字来源最早,中国本来就有"法
家"和"学者"一类的说法。"化、性"二字最为后起,譬如在《英华

---

① 　但 height 虽不以-th 收尾,也译为"高度"。

合解辞汇》里，idealise 只译为"成为理想"和"赋以完美之性"，standardize 只译为"使合标准"，generalize 只译为"使成普及"和"使皆可引用"，并未用"化"字来译词尾-ize；possibility 只译为"能有、或有、能成"等，importance 只译为"重要、有关系"等，mysteriousness 只译为"神秘、玄妙"等，也并未用"性"字来译词尾-ty、-ce、-ness 等。

实际上，"化、性"等字简直可称为词尾（suffixes），因为它们是和西洋的词尾相当的。但是，为了避免多立术语起见，我们认为记号也可以包括词尾而言。

有了这些新兴的记号之后，中国人尽可创造一些新词，不一定都要从西文中找根据，譬如近人著作中有"人间化"一词，又有"具体性"一词，英文常用字中似乎没有和它们相当的，然而咱们并不觉得生硬，因为语法上容许有类推法（analogy）的缘故。

第五节　联结成分的欧化

本节里所谓欧化的联结成分，是指为了模仿西文的连词和介词而用的虚词或实词而言。

中国的复合句多用意合法（parataxis），这是第一章第九节里说过的。其实，西洋语言的形合法（hypotaxis）也是后起的现象。试看印欧语里的连词是那样贫乏，就可以想象当时的意合法是多么常见的事。直到古英语里，意合法仍是颇占优势的[①]。即以现代英语而论，它仍旧不是不可能的。试看下面的两个例子：

（A）Hurry up；it is getting late.（申说式）

（B）The crops were very poor this year；the prices of food are high.（结果式）

但是，若拿现代英语和现代中国口语相比较，咱们仍旧觉得后者的意合法多了许多。虽然现代中国语里的连词比古代的较为常

---

① 参看 Curme，Syntax，pp.170—171。

见,然而在欧化的脑筋里还是显得很不够的。因此,许多意合法的句子在现代文章里都变了形合法了。

英文 and 字,如果它联结两个以上的名词成为等立仂语,译成中文该是"和"或"与"(the father and the son);如果它联结形容词(a good and handsome boy),或副词(he worked hard and fast),或两个以上的句子形式(the one received the prize,and the other was promoted),则译成中文该是"而且"或"而"。至于 both 和 and 相应,或为了加重语意而用两个以上的 and 在同一句子里,则以译成"又"字较为相宜,例如 he can both sing and dance 可译为"他又会唱,又会跳舞";we have ships,and men,and money,and stores(Webster),可译为"我们有船,又有人,又有钱,又有铺子"。

现代欧化的文章对于积累式的连词,虽未达到完全模仿英文的程度,例如"父子"并不一定要改为"父与子","吃喝"并不一定要改为"吃和喝",但是,用"与"和"而且"的地方总比从前多了几倍。"年轻貌美的女子"已经渐渐倾向于变为"年轻而且貌美的女子"。"他欢喜音乐美术"也渐渐倾向于变为"他欢喜音乐和美术"了。

这上头只有模仿的事实,没有逻辑上的是非(差不多一切欧化的语法都当作如是观)。在拉丁语里,"妇孺奴仆"可以有三种说法:(1)pueri et mulierculæ et servi;(2)pueri mulierculæque et servi;(3)pueri,mulierculæ,servi。前两种说法译成中文都该是"儿童和妇女和奴仆",每一个名词都需要一个连词和上文相连[1];后一种的说法却是"儿童,妇女,奴仆",其中没有一个连词。至于像英语 children,women and slaves 一类的结构倒反是拉丁语法所不容许的。

or 和 either...or 都译为"或",但有时候后者又可译为"若

---

[1]　第二种的 -que 也算是一种连词。

不……就是"之类,or 当 otherwise 讲的时候,则译为"否则"。nei-
ther...nor 译为"既不……又不","或"字在这种地方欧化性颇重,第
三章第八节里已说过了。"否则"是否定词加连词;"若不……就
是"和"既不……又不"也都不是简单的连词。

but 可译为"但是"或"然而",惟两个相反的形容词并列时,只
能用"然而"或"而",例如 a small but strong man 只能译为"一个短
小而强壮的人",这是以连词译连词。

for 和 because 译为"因为",since 译为"既然",是以关系末品
译连词。therefore 译为"所以",是以连词译连词。

though 和 although 译为"虽",是以关系末品译连词。

以上从"但是"至"虽"本来在中国现代就比古代多用,文章欧
化后就更多用,甚至于滥用了。

时间连词最难欧化,因为中国本来没有这种东西。有人拿
"当"字去抵当 when 和 as,但若说成"当……的时候",仍旧只是一
种谓语形式,因为"当"仍有它的动词性("适当其时")。如果要把
"当"字造成一个纯然欧化的连词,应该避免在后面加"时"字或
"的时候"字样,例如 when I looked again I saw nothing 只该译为"当
我再看,我看不见什么"。但是截至现在为止,欧化还没有达到这
一个阶段,至少大多数的情形是如此。

条件连词 if 可译为关系末品"如、若"等。但是,在西洋古谚语
里,条件式也可以是意合法,例如 out of sight,out of mind("如果眼
睛里看不见了,心里也就不去想它了")。直至现代,也有只用别的
方式,不用连词的,例如 Born in better time, he would have done
credit to the profession of letters,又如:Had he been faithful, eveything
would have been all right。不过,现代英语里条件式总是具有条件
连词的占大多数,而现代中国语,尤其是非知识社会的口语里,却
是以不用"如、若"等字为常。自从文章欧化之后,"如、若"等字就
更为常见了。

　　unless 和 if not 的意义大致相同，不过前者表示例外，语意较重而已。中国把 unless 译为"除非"，倒可以说是以连词译连词①。"除非"是近代才有的（或说成"除了"），古代但言"苟不"之类，末品句子形式在前。

　　总之，西文的连词，大多数是和中国的联结成分（联结词和关系末品）相当的。不过，中国语里多用意合法，联结成分并非必需；西文多用形合法，联结成分在大多数情形下是不可缺少的。所谓连词的欧化者，就是由随便变为必需，如此而已。

*　　　*　　　*

　　英文的处所介词译成中文总不免带着"在"字，而名词后面还得有表示方位的字眼和"在"字相应，例如：

in＝在……里	on＝在……上
before＝在……前	after＝在……后②
upon、over、above＝在……上	
under、beneath、below＝在……下	
beside＝在……旁	beyond＝在……外
between＝在……间	within＝在……内
among＝在……当中	around＝在……周围

　　这种翻译，和"当……时"之译 when 一般地不能彻底欧化。"在"字在中国语里只是动词，不是介词（见第一章第六节）；而且名词后面再跟着另一个首品，更不是西文所有的。"在桌子下"重译为英文该是 exist（on the）table is under-side，如果咱们要不失原文的词性的话。由此看来，中国现代语里没有一个字是和西文的处所介词相当的。古代的"于"字是粹纯的介词，所以它和西文的处

---

①　我们把"除非"认为连词（联结词），因为它并无别用。像"除了"就不是纯粹的连词，因为它又用为叙述词。

②　before 和 after 用为时间连词或时间介词时，仍旧译为"在……前"和"在……后"。至于时间介词 during 和 pending 则译为"在……的时候"等。

所介词的性质较相近似。在某一些情形之下，"于"字竟可以和 in
或 on 相当，例如"人居于室"和"鱼跃于渊"。不过，着重在方位的
介词如 under 之类仍不是一个简单的"于"字所能译的。总之，
"于"字比西文的处所介词更虚①，而"在"字却比它们更实，所以中
国语里没有适当的字来译它们。

　　表示趋向于介词 to、into、towards、at、through、by 之类②，译成中
文往往是"到、进、向、过、沿"等，都是动词。from 译为"从"或
"自"。"从"也有动词性；"自"字才近于介词。

　　for 用为介词时，多数译为"为"或"给"，例如：The mother is
sewing for her boy；she is making a new coat for him，可译为："那母亲
在为她的儿子做针线；她在做一件新的外套给他。""为"字虽本是
动词（"夫子为卫君乎？"），有时候颇与西文的介词相像（"为渊驱
鱼"）。至于"给"字，在这种地方仍旧该认为动词。

　　of 译为"之"或"的"，大致还相像。有些地方不能译为"之"或
"的"，就只好借用动词，如 he is of a christian family 译为"他是属于
基督教的家庭的"。

　　with 的目的语指人时，译为"与"或"和"，虽似乎是拿连词译介
词，然而实际上相差无几（见第三章第八节）。指物时，译为"以、
用"或"拿"。"以"字在古代可算为介词，"用"和"拿"却是动词。

　　according to 译为"依"或"依照"，仍旧用的是动词（但原文也
不是纯粹的介词）。as for 译为"关于"或"至于"，其中也有动词；至
于 with regard to 译为"就……说"或"就……而论"，在词性上越发
不相似了。

　　由此看来，所谓欧化的介词当中，其实有大部分不是真的介
词，只是靠着西文的反映，就显得它们有介词性能了。

---

① 　西文的处所介词系由副词变来，故较实；"于"字非由副词变来，故纯虚。
② 　编者注：趋向于介词，疑当作"趋向的介词"。

＊　　　＊　　　＊

咱们不要误会，以为西文每一个连词或介词都可译成中国的一个联结成分。如上所论，许多欧化的连、介词已经是很不合式的了。然而英语里还有一种很特别的现象，就是动词和介词合为一体，例如"听"等于 listen to，"看"等于 look to，"找"等于 look for，"等候"等于 wait for，"嗤笑"等于 laugh at，"遣人邀请或寻找"等于 send for 之类。咱们当然不能再找出一些中国介词来译这些英文的介词。

此外，西洋语言里有些连词和介词，中文里是没有相当的字可译的。非但没有真正的联结成分去译它们，而且虽欲借用动词去译它们（如以"用"译 with）亦不可得。在这种情形之下，译者只好把句子的组织改变，曲折地把原文表达出来，关于应该怎样翻译，不是这里所宜讨论的事，而且十个人译起来也可能有十个样子。我们只愿意在这里举出几个英文的例句来证明我们所陈说的事实：

（A）She is diligent, while(or whereas)he is lazy.

（B）I am really very cross with you for sticking to your work, when you ought to be away having a change and a good rest.

（C）He must irrevocaly lose her as well as the inheritance.

以上是连词和连词性仿语。

（D）They sailed against wind and tide.

（E）The children never played together without getting in fight.

（F）I should be his prisoner instead of he being mine.(Doyle)

（G）He dit it in spite of me.

以上是介词和介词性仿语。

西文联结成分的模仿，很难有确定的标准，譬如中国语的处所末品可以不用介词（"雪下吟诗"），和西洋古代的副格（dative case）相似。如果"这一担米是城里买回来的"一类的话被认为不够欧化，意思只是说它的结构不像现代的西文。然而只就现代西文而论,时间介词也有可以不用的地方。I met him the day (that) our committee met,译成中文只是"我们的会开会那一天我遇见他",并无介词。由此看来,咱们非但不能说"探春湘云才要走时……"(83)一类的句子是不通,甚至不能说须改为"在探春湘云才要走时……"才算欧化,又如"当我做完了我的工作之后,我就睡觉去",也不一定是比"我做完了我的工作,就睡觉去"更欧化些,因为前者虽是和 After I had finished my task I went to bed 相当,后者也未尝不可说是和 Having finished my task...相当。若不从修辞上着眼而只斤斤于模仿,有时候就免不了呆板繁冗的弊病了。

第六节　新替代法和新称数法

(一)新替代法

替代法的欧化,最显著的是人称代词的性别。第三人称单数"他"字变为"他、她、它";复数"他们"也变为"他们、她们、它们"。

关于阴性"他"字的写法,起初的时候,人们徬徨于"伊"和"她"之间。结果是"她"战胜了"伊",大约因为"伊"字不合口语的读音的缘故。关于中性的"他",似乎是先有人造"牠"字,后来才有人提倡用"它"。"牠"字左边的意符可以说是从物省,造字的用意是和"她"字相似的。现在"牠"虽和"它"并驾齐驱,却似乎是"它"占优势。也许因为"它"是中国原有的字,笔画又比"牠"少得多;同时,"牠"字的"牛"旁也很少人懂得是物的意思,所以"牠"的命运就赶不上"它"字了。

人称代词之有性别,大约是 1917 年以后的事①。初创始时,似乎非但要改造文法,而且想同时改造话法,因此有人主张"她"字念如"伊"音,"牠"字(或"它")念如"拖"音。这两种念法是有相当的根据的。上海一带谓"他"为"夷",有人附会说"夷"就是"伊",

---

① 　胡适之在刘半农(复)追悼会上,说及人称代词之有性别是刘半农创始的。林语堂在《开明英文文法》(113 页)说"她"字创造于 1917 年,谅必有所据。

恰巧《诗经》里"伊人"又当"彼人"讲，所以"她"字念"伊"音是从吴语或复古；"他"字古音当如"拖"，所以"牠"字念"拖"音也是复古，现在许多人写作"它"，似乎更可依照"它"字的原音了。实际上，这些理由对于口语的改造都不能有丝毫的帮助。中国语法里向来没有性别的观念，人称代词之分为三性，在一般民众应该觉得是多么奇怪的事！何况本是一个字，为什么会变出三种声音来？这种欧化的要求，已经超过了中国语法所能容许的限度，所以非但现在不能成功，将来也不会成功的。在一般读书人看来，"他、她、它"的分别，对于中国语法似乎算是一种大改革；但若就纯语言学的观点看来，凡对于口语不生影响的事实，即使能在文章上发生作用，它所能引起的语言学的兴趣也就很微了。

　　"他、她、它"的分别，与其说是欧化，不如缩小范围，说是英化。德语的名词有阴阳中三性，物类并不一定属于中性，而且人称代词的性必须和它所代的名词的性相同，例如 stuhl（"椅子"）和 stein（"石头"）属于阳性，其代词必须是 er（"他"）；pflance（"植物"）和 nase（"鼻子"）属于阴性，其代词必须是 sic（"她"）。法语的名代两种词都没有中性，只有阴阳两性；但是，人称代词的性也必须和它所代的名词的性相同，例如 chaise（"椅子"）、pierre（"石头"）、plante（"植物"）属于阴性，其代词必须是 elle 或 la（"她"）；nez（"鼻子"）属于阳性，其代词必须是 il 或 le（"他"）。现代英语的名词大多数没有性的标记，于是人称代词并不受名词性别的拘束，大致是人类称 he、him 或 she、her（依照实际的性别），物类（尤其是不属于动物的）称 it。中国现代欧化文章里，"椅子、石头、植物、鼻子"之类都称"它"，显然是由模仿英语而来的。

　　至于复数有"他们、她们"和"它们"的分别，却不是由于模仿英语。咱们知道英语里第三人称复数主格只有 they，领格只有 their，目的格只有 them。现在中国文章里对于"他"和"她"各有其复数形式，却是和法语相像（il、ils、elle、elles）；而对于"它"又另有其复数形式,和阴阳两性的不同,这简直可说是上追拉丁(nom、illi、illæ、illa、acc、illos、illas、illa)。但是,这并不是中国人存心要模仿法语和拉丁语,只因造词不受实际语言的约束,就索性在这一点上造出一个比英语更分别得细、更整齐的局面来。

此风一开,自然有人变本加厉,譬如近年报纸上有人用"妳"和"妳们",作为第二人称的阴性。既然离开实际语言而希望"自我作古",又何难再造"娥"和"娥们"之类呢? 但是,这在西洋语法中是毫无根据的。即使上溯印欧语,也不会见有这种办法。再者,在应用上也并无好处;说话人和对话人的性别显然可知,文字上强生分别实在是多余的。

英语对于动物,除了 bull 之类在名词上本有性别者外,大都视为中性。但是,在习惯上也可以有例外,譬如"骆驼"和"龟"可称"他","黄蜂"和"蜜蜂"可称"她"。至于不动之物,虽然原则上是称"它",但是也有称"他"或"她"的。大致说来,是因为模仿法语或拉丁语名词的性别,譬如 ship 之为阴性,是由古法语 nief 类推;vertue、nature、earth、moon、church、country、university 之被称为"她",vice、sun、time、love 之被称为"他",也是由法语或拉丁语来的,关于国名或地名如 England、Oxford 之类,习惯上也称为"她"。中国人在这些地方,还没有达到完全模仿英语的地步,然而有些人对于轮船和国家已经称为"她"。我们以为这上头并没有呆板地依照英语的必要。咱们不必把"船"和"国"称为"她",正像咱们不必把"婴儿"称为"它"①。咱们如果把人类一律称为"他"或"她",物类一律称为"它"②,就更有一个容易遵循的标准。德语就称"船"和"国"为"它",不称为"她";咱们为什么一定要完全模仿英语呢?

中国现代语里不大用得着中性的"它",尤其是对于非动物。

---

① 英语"婴儿"也可称为"他"或"她",当说话人着重在性别的时候。

② 除非母牛、公鸡之类,说话人着重在性别上,才称为"她"或"他"。又用拟人法的时候,日、月、星之类亦可称"他"或"她"。

草木什物之类,若在主位,就往往用名词复说,例如:

(A)当初田家有荆树一棵,弟兄三个因分了家,那荆树便枯了;后来感动了他弟兄们,仍旧归在一处,那荆树也就荣了。

若在目的位,就更以不说出为常,例如:

(B)宝钗因笑道:"这是我的不是了。我昨儿一支曲子把他这个话惹出来……"说着,便撕了[　]个粉碎,递[　]给丫头们,叫快烧了[　]。黛玉笑道:"不该撕了[　]。等我问他。"(22)

(C)翠缕笑道:"是件宝贝,姑娘瞧[　]不得……!"湘云道:"拿[　]来我瞧瞧。"(31)

古代的代词"之"字,非但可指物,而且可指事,例如:

(A)学而时习之,不亦说乎?(《论语·学而》)

(B)天下诸侯有相灭亡者,桓公不能救,则桓公耻之也。(《公羊传·僖公二年》)

(C)易王母,文侯夫人也,与苏秦私通。燕王知之。(《史记·苏秦列传》)

(D)及帝欲废太子而立戚姬子如意,大臣固争之,莫能得。(《史记·周昌传》)

现代却没有这种说法。譬如(C)例译成现代语只该是"燕王知道了",不是"燕王知道了它"①。因此,英语里有许多 it 字译成中国语的"它"都非常不顺口。非但 it is John, it wanted but a few days, it is necessary that…, he takes it for granted that…, if you are found out, you will catch it 里,这些 it 字不是可以译为"它"字的,就是像下面这些例句,其中的 it 和 them 如果译为"它"和"它们",也完全不是中国话的味儿:

(A) But…, 'tis your own fault if you suffer it. (Sheridan, The School for Scandal)

---

① 冯友兰先生的文章里,于目的位的"它"改用"之"字,不是没有理由的。

（B）"Mutton", answered she, "so I don't ask you to eat any, because I know you despise it." (Burney, Diary and Letters)

（C）A gardener who had just come from the king's gardens at Kew gave me such a description of them… (Cobbett, Letter to the Evening Post)

（D）I want you to think for yourself; you will have time enough to consider about it. (Edgeworth, Early Lessons)

（E）Do it, you'll never regret it.

（F）I am not sure of it.

由此看来，"她"字只是写法上的小改革，而"它"字却影响及于句子的构造。念书念到"她"或"她们"的时候，旁人听了丝毫不觉得奇怪；至于把上面诸例句直译出来，念给人家听，人家对于那些"它"和"它们"很不容易了解，至少是觉得非常刺耳。因此，咱们对于"它"和"它们"（尤其是后者）以谨慎运用为佳，如果希望读者不讨厌的话。

人称代词有了性别之后，自然地产生了两个难题：第一是未知的性；第二是混合的性。前者例如说"一个人对于他自己的行为应该常常检点"，这里所谓"一个人"，可以是男人，也可以是女人，该用"他"字呢，还是该用"她"字呢？后者例如说"张先生和他的太太都来了，他们是坐飞机来的"，这里所谓"他们"，包括着一男一女，用"她们"固然不妥，用"他们"也未必说得通。关于前者，英语里有说成"他或她"的，例如：The reader's heart——if he or she has any (Fielding)。然而在讲究的英语里应该只说"他"[①]。法语里更没有"他或她"的说法，只能说"他"。关于后者，英语第三人称阴阳性的复数同形，自然不生问题；至于法语里，也只说"他们"，不说"她们"。这样，很难解决的问题终于由约定俗成而得到了解决。

---

① 见 Curme, Syntax, p.552。

中国对于这种地方,只须依照英、法语的习惯就行,也不必寻求更合逻辑的办法了①。

　　泛指一般人的代词,中国古代用"人"字。现代写成"人们",可以说是翻译英语的 one,或法语的 on,德语的 man 等。但是,英、法等语里又有用第一人称复数来做这种无定代词的,例如 We live to learn。在中国古代,这种说法也是有的,例如《韩非子·说难》:"凡说之难,非吾知之有以说之之难也,又非吾辩之能明吾意之难也,又非吾敢横失而能尽之难也。"上古第一人称单复数都用"吾",这里的"吾"字可解作"我们"。近代这种说法渐渐少见,到了现代欧化文里,它又渐渐盛行了。这种称呼是连读者包括在内,本可以说成"咱们";但是中国大多数方言里没有"咱们"和"我们"的分别,所以普通只用"我们",例如:

　　(A)从大自然,我们取得我们的生命。(徐志摩《巴黎的鳞爪》)

　　(B)我们处世有两种态度。(朱光潜《无言之美》)

　　此外还有一种所谓 editorial we,就是作者喜欢用第一人称的复数来替代第一人称的单数②。有时候,是作者把读者拉来凑成复数,例如:"咱们在上文第四章里,已经知道了中国语里的替代法是怎样的了……"有时候,是作者自谦,以为这不是他一个人的意见,而是团体的意见,例如报纸社论里所说的"我们认为……",可算是主笔把报馆全体人员拉来凑成复数③。又有人解释这种自谦的说法是由于作者不敢自夸有许多发明,只是承继先贤的见解而已④。但是,这种风气一开,有时候甚至不能透于团体的意见而又毫无抄袭前人的地方者,也称起"我们"来了。这种"我们"的说法发

①　咱们未尝不可以另造一个"地"字表示阳性,留下"他"字来表示未知性和混合性。但是这样过求分别近于庸人自扰。

②　此外祈使句可以用 us 代 me,例如 Radcliffe,The Mysteries of Udolpho:"Let us go,said Emily faintly,the air of these rooms is unwholesome." 中国还没有这种欧化语法。

③　参看 Curme,Syntax,p.14。

④　参看 Grammaire Larousse du XXe siècle,p.171。

源于古典拉丁语,盛行于现代西文,中国人也多模仿①,有些西洋
的作家又喜欢自称为"作者"(author),下文的动词用第三身,代
词也用第三身。中国也有人模仿这个,自称为"作者"或"笔者",
可惜有时候在下文又自称为"我"。这种变质的欧化是不值得鼓
励的。

　　代词的位置在它的先词之后,这是常例。但是西文里也偶然
有居于先词之前的,例如周作人所译 Pascal 的一句话"但即使宇宙
害了他,人总比他的加害者还要高贵"(《散文钞》),这里的"他"字
替代"人"字,却在"人"字的前面,又如:

　　　Strangely enough, staunch Royalist though he was, Thomas
Chicherly must in early life have been brought into contact with
Oliver Cromwell.(Lady Newton,Lyme Letters)
这种说法,除译文外,中国现在还不多见。但是,像 John went to bed
as soon as he came home 一类的句子,译成中文时,往往须把末品句
子形式移前,若非同时把先词也移到句子形式里,就会译成"他回
家后,约翰即刻就睡觉"一类的句子了。

　　西洋语言里的人称代词,无论在主格或领格,都比中国话所用
的多。像下面的两个例子,在主张欧化的人看来是必需的,在中国
语言习惯上说却是多余的:

　　(A)中国人的毛病就是他们太聪明了。(西滢《闲话》)

　　(B)爱热闹的少年们携着他们的女人……(徐志摩《巴黎的
鳞爪》)

　　西洋语言是非如此不可的,(A)例的"他们"不可省,是因为每
一个 clause 里必须有一个主语;(B)例的"他们的"不可省,是因为
有它才可以不用冠词。这两种拘束都不是中国语法里所有的,模
仿西文实在是不必要的事。况且这种模仿也不能彻底实行。有些

①　在本书里,作者如果把读者包括在内,则称"咱们";如果自谦,则称"我们"。

地方倒反生出暧昧的意义来，例如上文所举，John went to bed as soon as he came home，如果译为"约翰回家后，他即刻就睡觉"，中国人读起来很容易误会"约翰"和"他"是两个人，倒不如译为"约翰回家后即刻就睡觉"，在意义上明确得多了。

中国的代词，除了"者"字之外，前面都不能有修饰品。"故吾、故我"之类是仅有的例外，而且这种"吾、我"也近似于名词。至于像鲁迅《狂人日记》里说的"有了四千年吃人履历的我"，乃是中国原来语法所没有的。这种新语法恐怕只是日化，不是欧化。但若说是欧化，也可以说得通。法语里 moi qui…, toi qui…之类也是常说的。英、法等语里，系词用于同位时，译成中文也可以使代词受修饰，例如 I thought you would know, being a friend of the family，可译为："当时我以为和那家有交情的你，一定会知道这事的。"又如：Having been sick so much, I have learned to take good care of my health，可译为："这样常常害病的我，已经学会了好好地当心我的健康了。"这样翻译，可以和原文的结构更相似些，本身的结构也紧凑些。

欧化文章对于西文的无定冠词尽量模仿（见下文），然而对于有定冠词却模仿得不到家。固然，有些指示性颇重的冠词，译成中文往往是相当于"那"字或"这"字的，例如：The man who just came in is my brother，可译为"刚才进来的那人是我的兄弟（或哥哥）"，又如上文所译的"和那家有交情的你"也可归入这一类。但是，像 he is the mayor of New York 之类，咱们就没法子模仿那些有定冠词了。实际上，西洋各族语对于有定冠词的运用，也各不相同。大致说来法、德语的有定冠词比英语用得多，例如 Owls cannot see well in the daytime，译成法语该是：les hibous ne voient pas bien dans la journée；又如 he is giving up medicine and going to study law，译成法语该是 Il renonce a la médecine et va étudier les droits，德语在这种地方和法语近似①;但是,德国人对于自己家中的约翰、玛丽等都加有定冠词②,却又比法语更进一步了。咱们如果想要模仿西文的有定冠词,将有无所适从之感。事实上咱们既然没有这种需要,希望大家安于现状就好了。

英语的指示代词 former 和 latter,中国本来没有什么词和它们相当。在译成中文时,普通总把 former 译为"前者",latter 译为"后者",例如:

(A) John and William both spoke well, only the <u>former</u> spoke a little too long and the <u>latter</u> didn't speak quite long enough.

（约翰和威廉俩人都讲得很好,只是前者讲得稍为长了些,后者不很够长。）

(B) I prefer milk to coffee; the <u>latter</u> is more pleasant to the taste, but the <u>former</u> is more wholesome.

（我欢喜牛奶胜过喜欢咖啡;后者味道可口些,但是前者更合卫生些。）

(C) I am going either today or tomorrow; the <u>latter</u> is more likely.

（我或者今天走,或者明天走;后者的可能性大些。）

(D) The struggle between Alfred and the Danes resulted in the overthrow of the <u>latter</u>.

（阿尔佛烈和丹麦人竞争,结果是后者失败了。）

这种说法,在现代文章里非常流行,以致许多人不知道它是舶来品了。

相反地,西洋有一种近似替代法的说法,是中国现代文章里还不大采用的。这就是我们所谓名称替换法,例如:

After replying to the <u>old man's</u> greeting he showed no inclination

---

① 英语 man is mortal 等于德语的 der mensch ist sterblich;英语的 one must strive for honesty 等于德语的 <u>der</u>(<u>dative</u>) reblichteit soll man nachstreben。

② 参看 Curme, Syntax, p.512。

to continue in talk, although they still walked side by side, for the
<u>elder traveller</u> seemed to desire company.(Galsworthy, Return of the
Native)①

这里的 old man 和 elder traveller 都是指上文的已提及姓名的人而
言。这种一再变换名称,目的在于避免常常复说那人的姓名。中
国语里的各称变换,只能像"他的父亲、他的妻子"之类,决不会像
上面的例子,把"那老人"和"那年纪较大的旅行者"去替代前面已
提及姓名的人的。这种说法,和中国的语言习惯距离颇远,直到现
在还不大有人模仿它;但是,这究竟不是绝对不可能的事,恐怕在
不久的将来也会有许多人依样欧化起来了。

(二)新称数法

称数法的欧化远不如替代法的欧化。现在咱们只采用了一些
西洋度量衡的名称,如"码、哩、磅、吨"之类,西洋的数量名词如
"打"之类。咱们并未把"一万"改称为"十千",也没有把"三千万"
改称为"三十兆"。

只有英文的无定冠词 a 和 an 是中国人模仿的目标。无定冠词
比有定冠词容易翻译,因为后者在中国没有相当的字,而前者在中
国却有"一"字和它相当,例如:the merchandise of <u>a</u> shop 只能译成
"一个商店的货物",不能译成"一个商店的那货物"。法、德语里,
无定冠词和数目里的"一"字是同一形式的。英语里的 an(a) 和
one,译成法语却是 un(une),译成德语却是 ein(eine)。若拿法、德
语和中国语相比,更觉得"一"字译无定冠词是最恰当的了。

中国现代语里,数目字后面必须跟着单位名词,所以英文的 a
和 an 又该译成"一个、一只、一枝、一张"之类。对于无形的事物,
如道德、品性等,中国向来是不大用单位名词的,欧化文章在这种
地方往往用"一种"。"一种"的说法虽是中国原来有的,然而它的

---

① 　编者注:该例实出自 Thomas Hardy 的作品 The Return of the Native(《还乡》)。

大量应用却是欧化以后的事。在欧化开始不久的时候，"一种"和"一个"的界限还不很分明，例如徐志摩《我所知道的康桥》有"一个工作、一个愉快"等语，依现在的人看来都应该写成"一种"。依现在的风尚，是有个体的东西称为"个"，没有个体的东西称为"种"。但是，这也不能说有很确定的标准，譬如"一个机会"虽然没有个体，仍称为"个"。又如"一个好消息"虽不大有人称为"种"，然而"一件惊人的消息"却是书报上常见的。

　　长时期涵泳在西文里的人，总觉得说"他是好人"不如说"他是一个好人"来得通顺，于是凡遇西文里应该用无定冠词的地方，中文里也给它添上才算满意。像下面几个《红楼梦》的例子，依欧化的眼光看来是应该加上无定冠词的：

　　（A）姑娘又是［一位］腼腆小姐。（55）

　　（B）只伏在［一块］石头上装睡。（46）

　　（C）门上挂着［一张］葱绿撒花软帘。（41）

　　（D）给他们做［一个］花样子去倒好。（41）

　　（E）他自己也怕成了［一种］大症。（55）

　　（F）真真［一种］膏粱纨袴之谈！（56）

　　（G）耳内早隐隐闻得［一种］箫管歌吹之声。（43）

　　除了无定冠词之外，"之一"也是欧化的说法。在西文，这种说法往往用于比较式的最高级（superlative），因为一方面要极力颂扬，一方面又要说得有分寸，例如说"天文学是最有功于文化的学问"，就显得别的学问都不如它，未免太夸大了；如果说成"天文学是最有功于文化的学问之一"，就没有语病了。下面是两个法国的例子：

　　（A）这是您的朝廷中最可爱的妇人之一。（Sardou）

　　（B）事实是：我们决不能脱去我们自己。这是我们的最大不幸之一。（France）

　　此外，不在比较式的最高级里也可用"之一"，例如"这是他所

编的剧本之一"，表示他所编的剧本不止一部；"这是他的别墅之
一"，表示他的别墅不止一所。但是，咱们不能把这种欧化的说法
推得太远了。法国人常说的 hier soir un de mes amis est venu me
voir，直译该是"昨天晚上我的朋友之一来看我"。如果咱们在创作里
也模仿这种说法，就未免太不顺口。当我说"昨天晚上我有（或"我
的"）一个朋友来看我"的时候，又何尝令人误会我只有一个朋友呢?

第七节　新省略法、
新倒装法、新插语法及其他

（一）新省略法

谓词的省略，在中国语里是非常罕见的；第五章第五节里已经
说过了。至于西洋语言里，如果相连的两个句子形式里，主语不同
而谓词相同者，则第二个谓词可以省略，例如英语：I belong to you
and you to me，又如法语 Voltaire 所说的：Il faisait la guerre avec ad-
resse，et les deux rois avee vivacité（"他智巧地作战，而两王则暴躁
地"）。这种省略法，现在已偶然看见有人模仿了，例如林徽因《窗
子以外》："此刻，就在我眼帘底下坐着是四个乡下人的背影：一个
头上包着黯黑的白布，两个退色的蓝布，又一个光头。"

这是和中国语言习惯相差很远的，譬如《论语》里只说"仁者乐
山，智者乐水"，却没有说成"仁者乐山智者水"；只说"君子喻于义，
小人喻于利"，却没有说"君子喻于义，小人于利"。即以西文而论，
这种谓词的省略也是很随便的，不能说是如果不省略就犯了修辞
学上的大忌。尤其是第一个句子形式的主语和第二个句子形式的
主语有单复数的不同的时候，近代的西洋作家更倾向于复说谓
词①。因此，现代的文章在这一点上欧化得不多，也不必认为可惜
的事了。

---

① 　参看 Brunot，La Pensée et la Langue，p.224。

　　西文里的简称法（abbreviation）和省略法（omission）是有分别的。但是，在某一意义上说，简称也就是省略之一种。为陈述的便利起见，我们也就混为一谈。

　　在西洋语言里，简称可分为两种：第一种是嫌某一个词太长（这种长词往往出于希腊语或拉丁语），就省去了后半截。下面是法语里的一些例子：

原语	简称
photographie（相片）	photo
kilogramme　（公斤）	kilo
automobile　（汽车）	auto
métropolitain（地道车）	métro
pneumatique（气送信）	pneu
stylographe（自来水笔）	stylo
cinématographe（电影院）	cinéma 或 ciné

　　英语里除了和法语类似的情形（photo、auto、cinema）之外，仿语也有用简称的，moving picture 省为 movie，talking picture 省为 talkie等。又有省去前半截的，例如 omnibus 省为 bus，telephone 省为phone。中国最初似乎采用过这种简称法，因为它和中国原来的语言习惯较相近似。"基督教青年会"之省为"青年会"，正和"翰林院庶吉士"之省为"翰林"相仿，不过一则省去前半截，一则省去后半截罢了。

　　第二种简称是字头式（initials），例如 United States of America省为 U.S.A.，Young Man's Christian Association 省为 Y.M.C.A.，Consul General 省为 C.G.，tuberculosis 省为 T.B.，pour prendre congé（to take leave）省为 P.P.C. 等。普通所谓简称，总是指这第二种而言。中国的字不用字母，无所谓字头；然而有一种勉强的模仿，就是把四五个字的名称分为两节或三节，取每节的头一字为简称，例如"教育部长"称为"教长"，"军事委员会"称为"军委会"等。名称超过五个字的时候,简称仍旧以不超过三个字为限,例如"中国左翼作家联盟"简称"左联","粮食管理委员会"简称"粮管会"等。

这第二种简称法是中国本来所罕见的。从前的简称还有意义可言,例如"同平章事"省为"平章","权知府事"省为"知府"等①。只有物名的简称是没有意义可言的,例如"四川黄连"之省为"川连","南方乳腐"省称为"南乳"等。总之,像"军事委员会"之省为"军委会","苏维埃联邦"之省为"苏联",这是最近十余年来的事。假使这种风尚远在清代就很盛行,那么,"基督教青年会"都应该简称为"基青会","美利坚合众国"也应该简称为"美合"或"美联"才对呢。

现代中国语里,一方面努力增加复音词,一方面大量运用简称法;既要它长,又要它短,这是很有趣的一种矛盾。实际上,简称法是很容易产生流弊的,所以西洋的正式文件或重要演讲里忌用简称。近来中国政府也明令不准滥用简称了②。

(二)新倒装法

依中国语法,动词(叙述词)必须在它的目的语之前,例如"杀人"不能倒过来说成"人杀"。若要把这种谓语形式转成首品,必须加上一个"之"字,例如"爱莲"可以转成"莲之爱";单说"莲爱"是不成话的。自从欧化以来,这种拘束是被打破了。西文里有 action-nouns,而中文没有,于是那些 action-nouns 译成中文就变了动词或动词性仂语,例如 administration of industry and commerce 只能译为"工商管理"。这种倒装的名称,以用于机关名称或官名为最常见,例如"粮食管理委员会、火柴公卖处、烟酒统销处、盐务稽核所、伤

---

① 像"行中书省"之演化为"行省",再变而为"省",这可以说只是历史上的名称的变迁,并不是简称,因为前两种名称在现代已经被废除了。

② "中大"既可以是中央大学又可以是中山大学,"北大"既可以是北京大学又可以是北洋大学,"南大"既可以是南洋大学又可以是南开大学,"东大"既可是东南大学又可以是东北大学。又如"省立地方行政干部训练团"简称为"省训团",省略太多,原意全晦,所以此风不可长。

兵疗养院"等。由此类推,《周礼》里的"司民"和"司稼",欧化起来
该是"户籍调查委员"和"农事督察委员",而宋代的"参知政事"也
该是"政事参知大臣"了。

主从句,如时间修饰、条件式和容许式之类,依中国语法,从属
部分总是放在主要部分的前面的,例如"应侯之用于秦也,孰与文
信侯专?"(《史记·甘茂列传》)不能说成"应侯孰与文信侯专,当
其用于秦也?""公子若反晋国,则何以报不穀?"(《左传·隐公十
一年》)不能说成"公子将何以报不穀,若反晋国?""其卒虽多,然
而轻走易北"(《史记·张仪列传》),不能说成"其卒轻走易北,虽
多"。但若依西洋语法,就原则说,在这种地方,从属部分是前置后
置均可的,例如 he stole my watch <u>while</u> I was asleep,也可以说成
<u>while</u> I was asleep he stole my watch;we must start, <u>even if</u> it isn't fine
也可以说成:<u>even if</u> it isn't fine,we must start。实际上,在某一些情
形之下,从属部分只是后置,不能前置,例如 Charles Lamb 的 Essays
of Elia 里有云:... and verdict about to be pronounced, <u>when</u> the
foreman of the jury begged that...如果中国人模仿这种从属部分后置
的说法,就是欧化了;依中国原来的语法而论,就该算为倒装法了,
例如:

(A)中国人最初不管他人邻家瓦上霜,久而久之,连自己门
前的雪也不管了,如果有人同住的话。(西滢《闲话》)

(B)兰花烟的香味频频随着微风,袭到我官觉上来……虽然
那四个人所坐的地方是在我廊下的铁纱窗以外。(林徽因《窗子
以外》)

但是,在另一些情形之下,从属部分却只能前置,不能后置,例如:

(A)<u>When</u> a man is out of job, he will do anything for a living.

(B)<u>If</u> the person who wrote the book is not wiser than you, you
need not read it, if he be, he will think differently from you in many
respects.(Ruskin)

　　因此，这种地方的欧化切忌过火。依现在的欧化情形看来，从属部分的倒装，往往在一段话的结尾，以免读者把它连着下句念。而且这种倒装的部分又往往是不很重要的追加语，如果咱们说"他偷了我的表，当我睡着的时候"，已经是很不顺口了；倘再说成"他偷了我的表，当我睡着的时候，所以我不觉得"，就更和中国语的习惯差得太远了。甚至有些从属部分在西文里是以后置为常的，译成中文却非前置不能显出原文的力量，例如：

　　（A）She was despondent when I spoke with her last.

　　（B）He deserted her when she most needed.

只能译为：

　　（A）当我最近一次和她谈话的时候，她颓丧得很。

　　（B）当她最穷困的时候，他抛弃了她。

　　中国语里的末品，除了时间关系位和处所关系可以处于句首之外，其余只能紧贴着叙述词。在西文里，有所谓 sentence adverbs，它们并非修饰谓词，而是修饰整个句子。它们的位置可以在句首，可以在句中，也可以在句末，例如：Unfortunately, the message never arrived. The message, unfortunately, never arrived. The message never arrived, unfortunately. 中国人模仿这种说法，于是由西文方式副词译成的末品也可以放在句首或句末了，例如：

　　（A）无疑的他们已经走了许多路。（林徽因《窗子以外》）

　　（B）这是极肤浅的道理，当然。（徐志摩《巴黎的鳞爪》）

　　西洋的介词及其目的语当末品用者，往往放在其所修饰的叙述词（及其目的语）之后，例如 I wrote a letter before breakfast. The mother is making a new coat for her boy John，译成中文该是"我在早饭以前写了一封信"和"那母亲正在为（给、替）她的孩子约翰做一件新的外衣"，末品的位置是和西文不同的。但是，近年来也有欧化的说法了，例如说成"我写了一封信在早饭以前"和"那母亲正在做一件新的外衣，为了她的孩子约翰"。尤其是"为"字后面跟着并

行的几个动词性仿语,例如:

> 曾经有多少个清晨我独自冒着冷去薄霜的林子里闲步——为听鸟语,为盼朝阳,为寻泥土里渐次苏醒的花草,为体会最微细最神妙的春信。(徐志摩《巴黎的鳞爪》)

有时候,为了增加语句的力量,西洋的副词或副词性仿语往往提至句首,例如:<u>Gladly</u> would he now have consented to the terms which he had once rejected.<u>To me</u> he never made such excuses.中国人也颇有模仿这种句法的,例如:

(A)惭愧的你说,你就是住在一个磨坊里面。(林徽因《窗子以外》)

(B)倚在栏杆上,你在审美的领略。(林徽因《窗子以外》)

此外,西洋语里,描写语在前、主语在后的描写法,却是中国所难模仿的,例如:

(A)<u>Big</u> though he was, he was not ashamed to learn.

(B)<u>Of greater value</u>, however, than this prescriptive grammar is a descriptive grammar.(Jespersen, Essentials of English Grammar)

(三)新插语法

西文在直接援引语(direct quotation)里,所谓主要命题(principal proposition)依习惯是插入援引语的中间或放在它的后面的。当它插入援引语中间的时候,就是一种插语法,例如:

(A)"Holy Cierk", said the knight, when his hunger was appeased, "I would gage my good horse yonder against a zecchino."(Scott, Ivanho)

(B)"I will make the signal of recall", said he to his captain, "for Nelson's sake."(Southy, Nelson's Life)

现在中国人模仿这种插语法是非常普遍了。但是,这种欧化语法,似乎还只以插语前面为呼格(例 A)或句子形式(例 B)者为限。如果插语前面为意义未完的话(例 C、D),或仅有一个主干(例

E），中国人模仿的还很罕见，例如：

（C）"I don't know, sir", said Dr. Johnson, "anything about the subject."（Burney, Diary and Letters）

（D）"And I'll promise you", said the stranger, returning the grasp with a equal firmness, "that when we next meet, I will lay your head as low as it lay even now…"（Scott, Old Mortality）

（E）"Your stable", said he, "is there—your bed there."（Scott, Ivanho）

中国语的副词总是和它所修饰的谓词紧贴着的。西洋的副词和副词性仂语，有些是帮助语气，或修饰全句的，往往插入主语和谓语之间，或系词和判断语之间；插语前后都有一个停顿（逗点），例如：

（A）A London merchant, who I believe, is still alive.（Sydney Smith, Moral Philosophy）

I believe 在这里是一种 incise，是用来减轻语意的①。

（B）Sir Walter, indeed, though he had no affection for Anne, and no vanity flattered, to make him really happy on the occasion, was very far from thinking it a bad match for her.（Austen, Persuasion）

indeed 是帮助语气的，though-clause 和 to-phrase 是修饰全句的，都插入主要部分的主语和谓语之间。

（C）I am, in plainer words, a bundle of prejudices—made up of likings and dislikings—the variest thrall to sympathies, apathies, antipathies.（Lamb, Essays of Elia）

in plainer words 是帮助语气的插语，在系词和判断语的中间。make up 至 dislikings 等于夹注，却不必认为插语。

---

① 越是说"我相信"，越是不敢确定的意思。在这种地方，译成"我以为"似乎较妥。

　　这种插语,中国人模仿的虽还不多,却也不是没有。尤其是在译文里,更容易有这种欧化的语法,例如:

　　(A)我们最好,依我看来,是从容的承认了这可怕的环境。(周作人《文艺批评杂话》)

　　(B)《离骚》并不是,像梁任公所说的,《九章》底缩影,而是,在某一意义上,它们的结晶。(梁宗岱《屈原》)

(四)其他

　　其他的欧化句法还很多,我们不能一一备举①。现在姑且举出一段法文为例:

　　　　Autour de la table,sous la pauvre lumière d'une lampe,ils forment une petite société d'amis…Paysage charment et singulier que cette table de prètres,de frères et de nones,un tres vieux paysage.(Barres,La Colline Inspirée)

　　　　(在桌子的周围和可怜的灯光之下,他们聚成了一个小小的朋侪社会……神父和教兄教姊同桌的,奇特而动人的景象,一种很旧式的景象。)

这一段话里,有两点和中文的句法不同:第一,是首品仿语能有句子的用途。中国原来虽有这种办法,但只限于很短的赞叹语("好主意"),并不是一切首仿都能这样。模仿这种语法者②,例如:

　　(A)瑰丽的春光,这是你野戏的时期。可爱的路政。这里不比中国,那一处不是坦坦荡荡的大道?(徐志摩《巴黎的鳞爪》)

第二,是名词的复说。名词无论在目的位、表位,或无所谓位,都可以替换或加添修饰品而把它复说。像上面例子里的"景象"一共出现两次,可以称为新复说法,模仿这种语法者,例如:

―――――――――――

① 参看《中国现代语法》第六章,《王力全集》第七卷。

② 读者勿误会是模仿法文,大概西洋各族语都有这种说法,而一般人往往是由英语模仿而来,例如 Galsworthy,Over the River;My own fault,I always knew it was thin ice,and I've popped trough,that is all.

（B）你诅咒着城市生活，不自然的城市生活！（林徽因《窗
子以外》）

欧化的语法可以说是没有限制的。虽然有些地方恐怕是不能
欧化的，但是我们不敢说现在的欧化已经到了止境。因此，我们所
叙述的欧化语法决不能没有遗漏：等到这书出版的时候，欧化很可
能地又进步了。再者，有些地方是欧化语法和欧化词汇杂糅的，例
如 in other words 之化为"换言之"或"换句话说"，more or less 之化
为"多少间"或"或多或少地"，前者有联结的作用，后者有副词的性
质，都不能说是与语法无关，然而词汇上的关系更大。这种地方更
不能详细讨论了。

$$*\qquad*\qquad*$$

本书从第一章至第五章，尽可能地依照描写语法学（descriptive
grammar）的法则，对于中国语法只说明它有没有某种形式的存在，
而不讨论应该或不该有那种形式，在本章里，我们就不严守这一个
法则了。因为中国原来的语法是自然的，所以没有是非可言；至于
欧化的语法却是人造的，取舍是否得当，它和中国的语言习惯是否
能够相容，都是有批评余地的。此外还有变质的欧化，更不妨明白
指出，以免将来把中国语言弄得四不像。这是我们要声明的第
一点。

我们在本章里，谈欧化往往同时谈翻译，有时差不多竟把二者
混为一谈。这也难怪，本来欧化的来源就是翻译，译品最容易欧
化，因为顺着原文的词序比较地省力：这是显而易见的事实。有些
留学生自著的书和自撰的文章，实际上也是大部分根据西文书籍；
有时候不免把西书整段地逐字照抄下来，只不曾声明是译文而已。
至于那些真正自己心血的结晶，并没有抄袭西书一句话的，其中也
不乏和翻译相等的作品。一般和西洋语言结不解缘的人们，当执
笔抽思的时候，竟是用西洋语言去想，等到下笔时，才把脑子里的
西文译为中文写下来！次焉者，虽不会用西洋语言去想，却喜欢用

他们所知道的西洋语法去做他们的文章准绳。这种人往往以为西文比中文更好或更合理，所以一篇文章写下来之后，虽是用中文写的，也必须依照西洋的眼光看来没有"语病"然后满意。上述的三种文章——译品、准译品和以西语为腹稿的作品——实在是欧化语法的来源；青年们的欧化文章都是从它们里面辗转学来的。因此，我们不妨把欧化和翻译混为一谈。这是我们要声明的第二点。

参考书

(一)主要参考书

Bloomfield, L., Language. London, 1935

Curme, G.O., A Grammar of the English Language, Vol. 2, Parts of Speech and Accidence; Vol.3, Syntax. New York, 1931

Jespersen, O., The Philosophy of Grammar. London, 4th ed., 1935

Jespersen, O., Essentials of English Grammar. London, 1933

Vendryès, J., Le Langage. Paris, 1921

(二)次要参考书

Brugmann, K., et Delbrück, B., Abrégé de Grammaire Comparée (法译本)

Brunot, F., La Pensée et la Langue, Paris, 3e éd., 1936

Edkins, A Grammar of Colloquial Chinese as Exhibited in the Shanghai Dialect

Frankfurter, O., Elements of Siamese Grammar. 1900

Gaiffe, F., Jahan, S., Maille, E., Wagner, L., Breuil, E., et Marijon, M., Grammaire Larousse du XXe Siècle. Paris, 1936

Gaspermant, Etude de Chinois

Guillaume, G., Temps et Verbe. Paris, 1929

Havet,L.,Abrégé de Grammaire Latine.Paris,1886

Henry,V.,Eléments de Sanscrit Classique.Hanoi

Jespersen,O.,Growth and Structure of the English Language. Leipzig and Oxford,4th ed.,1923

Jespersen,O.,A Modern English Grammar on Historical principles. Heidelberg,1909

Karlgren,B.,Grammata Serica：Script and Phonetics in Chinese and Sino-Japanese.Stockholm, 1940

Maspéro,H.,Sur Quelques Textes Anciens de Chinois Parlé,B.E. F.E.O.Tome XIV,No.5

Nesfield,English Grammar Series

Riemann,O.,et Goelzer,H.,La Première Grammaire Grecque. Paris,1925

Sweet,H.,The History of Language.London,1900

Weil,H., De L'Ordre des Mots.Paris

Whitney,W.D.,A Sanskrit Grammar.Boston,3rd ed.,1896

马建忠,《马氏文通》,商务印书馆

刘　复,《中国文法通论》

刘　复,《中国文法讲话》,北新书局,二版,1933

杨树达,《高等国文法》,商务印书馆

黎锦熙,《新著国语文法》,商务印书馆,三版,1925

黎锦熙,《比较文法》,北平著者书店,1933

林语堂,《开明英文文法》,开明书店,三版,1938

陆志韦,《国语单音词词汇》,北平燕京大学,1938

王 力,《中国文法学初探》,商务印书馆,1940。又载于《王力全集》第十九卷第一册,中华书局,2015

王 力,《中国现代语法》,国立西南联合大学出版,1938。又载于《王力全集》第七卷,中华书局,2014

(三)工具书及引用书(举要)

Cassell's French-English English-French Dictionary , London , 1931

Nouveau petit Larousse.Paris , 1924

Webster's Academic Dictionary

《辞源》

《辞海》

《中西字圣经》

《红楼梦》:(1)亚东书局程乙本,十五版,1939;(2)广益书局排印本,1937;(3)普通石印本①

《元曲》

《平话三国志》(元至治本)

《水浒传》

《儿女英雄传》

《九尾龟》

---

① (文集本)编按:引例核对是采用的人民文学出版社 1957 年整理的《红楼梦》本。该书是以程乙本为底本进行整理的,与《中国语法理论》原书的引例出入较大。例句后的数字为《红楼梦》回数。

附　录

语　音

西洋一般语法书,对于语音(sounds),往往加以叙述,而且往往居于第一章。中国的语法书,自《马氏文通》以来,都不曾有这种办法。这事没有绝对的是非可言,只看陈说上的方便而已。关于某一族语的语音,如果要说得详细,就可以自成一部书;如果只大略说一说,又嫌它和别的部分比起来,详略太不相称。这是语法书里兼叙语音的难处。假使我们用外国文写一部中国语法给外国人看,也许应该先大略地谈一谈语音;现在这一部书的主要目的是给中国人阅读,我们以为不妨把它列为附录。本来有些语言学家把语音和语法分为截然的两件事,例如房氏的《语言论》的序里说:"语言有三个不同的成分,就是语音、语法和词汇。"根据这一种学说,我们也有权利把语音放在语法的范围之外的。

关于国音(北京音)的大略,我们已经在《中国现代语法》附录一里叙述过了。我们不曾叙述声母、韵母和声调的性质,因为怕占篇幅太多;读者要知道这一点,可以参看国音的专书①。在本书这一节里,我们也不打算叙述国音的历史,因为关于这方面也有音韵学的书可读②。我们在这里只想讨论关于国音的学习一方面。中

---

① 　参看王力《汉语音韵学》第四编第二章第一节,《王力全集》第十卷。
② 　参看同书第四编第二章第三节。

国的方音是那样复杂,怪不得非华北的人学习国音是那样困难。我们把国音的特点和华东、华西、华南各地学习国音应注意之点,作一个概略的叙述,对于一般人也不无小补。其中有些音韵学上的名词,不能一一加以诠释,请读者参看拙著《中国音韵学》(即《汉语音韵学》)。

*　　　*　　　*

就声母方面说,国音的最大特点乃是尖团字的相混①。所谓尖字,就是精清从心邪的齐齿呼和撮口呼;所谓团字,就是见溪群晓匣的齐齿呼和撮口呼。下面这些例子中,每一对的上字是尖字,下字是团字,中国大多数方言里是不混的,可是在北京话里却相混了。

| 精京 | 将姜 | 鎗腔 | 湘香 | 西希 | 煎坚 |
| 齐期 | 济计 | 箭见 | 线献 | 就旧 | 贱件 |

此外,有些字的声母是和字典不合的,例如"况"字,依字典该念ㄏㄨㄤ,吴语就是这样念的,然而北京念ㄎㄨㄤ;"铅"字依字典该念ㄑㄢ,南方官话及粤语就是这样念的②,然而北京念ㄑㄧㄢ;"容、荣、融"等字,依字典该念ㄩㄥ,差不多全国都这样念,然而北京土话却念ㄖㄨㄥ③。至于"完、丸"该念ㄏㄨㄢ而念ㄨㄢ④,"昆"该念ㄍㄨㄣ而念ㄎㄨㄣ,"捐"该念ㄩㄢ而念ㄐㄩㄢ之类,差不多是全国同有的现象,不必细说了。

就韵母方面说,国音的最大特点乃是入声韵的白话音。依普通官话的情形,屋沃等韵收音于ㄨ,药铎等韵收音于ㄛ,陌锡等韵收音于ㄧ,现在北京的读音还大致是这种情形。只有白话音对于古代收[-k]的字很有些特别的念法。现在分别举例如下:

---

① 有人把尖团字分为两种:例如"三"尖而"山"团;例如"湘"尖而"香"团。罗华田先生告诉我,戏剧界只认后者为尖团,这里从罗先生的说法。
② 吴语白话"铅"字念[k'e]。
③ 天津更进一步,连"用"字也念ㄖㄨㄥ。
④ 粤语"完、丸"读与"袁"同,与"桓"异。

屋烛韵:粥ㄓㄡ　熟ㄕㄡ　肉ㄖㄡ　绿ㄌㄩ　六ㄌㄡ

药铎觉韵:剥ㄅㄠ　薄雹ㄅㄠ　杓芍ㄕㄠ　弱ㄖㄠ
　嚼ㄐㄠ　觉角脚ㄐㄠ　雀鹊ㄑㄠ　削ㄒㄠ　学ㄒㄠ(动词)

陌麦职德韵:白ㄅㄞ　百柏ㄅㄞ　拍ㄆㄞ　麦脉ㄇㄞ　宅择
　翟ㄓㄞ　窄ㄓㄞ　拆ㄔㄞ　册ㄔㄞ　色ㄕㄞ　北ㄅㄟ　得
　ㄉㄟ　勒ㄌㄟ　肋ㄌㄟ　黑ㄏㄟ　贼ㄗㄟ　塞ㄙㄟ

就等呼方面说,北京音有些字也和字典不合,因此也和许多方面的系统不合。现在分别举例如下:

齐齿念撮口①:剧ㄐㄩ(非ㄐㄧ)　角觉脚爵ㄐㄩㄝ(非ㄐㄧㄛ)　确悫雀鹊ㄑㄩㄝ(非ㄑㄧㄛ)　壻ㄒㄩ(非ㄒㄧ)　学ㄒㄩㄝ(名词,非ㄒㄧㄛ)　削ㄒㄩㄝ(非ㄒㄧㄛ)　略ㄌㄩㄝ(非ㄌㄧㄛ)　薛ㄒㄩㄝ(非ㄒㄧㄝ)　轩ㄒㄩㄢ(非ㄒㄧㄢ)　癣ㄒㄧㄢ(非ㄒㄩㄢ)　淋(淋湿)ㄌㄩㄣ(非ㄌㄧㄣ)　寻ㄒㄩㄣ(非ㄒㄧㄣ)

撮口念齐齿:沿ㄧㄢ(非ㄩㄢ)　铅ㄑㄧㄢ(非ㄑㄩㄢ)　弦ㄒㄧㄢ(非ㄒㄩㄢ)　倾ㄑㄧㄥ(又读)顷ㄑㄧㄥ(非ㄑㄩㄥ)　营茔ㄧㄥ(非ㄩㄥ)　颖ㄧㄥ(非ㄩㄥ)　县ㄒㄧㄢ(非ㄒㄩㄢ)

合口念开口:风蜂封丰ㄈㄥ(非ㄈㄨㄥ)　冯逢ㄈㄥ(非ㄈㄨㄥ)　讽凤奉ㄈㄥ(非ㄈㄨㄥ)　蒙ㄇㄥ(非ㄇㄨㄥ)　梦ㄇㄥ(非ㄇㄨㄥ)　甫ㄅㄥ(非ㄅㄨㄥ)　蓬篷ㄆㄥ(非ㄆㄨㄥ)　捧ㄆㄥ(非ㄆㄨㄥ)　碰ㄆㄥ(非ㄆㄨㄥ)

戈ㄍㄜ(非ㄍㄨㄛ)　科棵ㄎㄜ(非ㄎㄨㄛ)　禾和ㄏㄜ(非ㄏㄨㄛ)

雷累赢ㄌㄟ(非ㄌㄨㄟ)　垒磊耒ㄌㄟ(非ㄌㄨㄟ)　类泪累(疲也)ㄌㄟ(非ㄌㄨㄟ)　馁ㄋㄟ(非ㄋㄨㄟ)　内ㄋㄟ(非ㄋㄨㄟ)　谁(语音)ㄕㄟ(非ㄕㄨㄟ)　杯ㄅㄟ(非ㄅㄨㄟ)　倍辈背ㄅㄟ(非ㄅㄨㄟ)　培陪赔裴ㄆㄟ(非ㄆㄨㄟ)　配佩

---

①　"角、觉、脚、雀、鹊、削"都是读书音,它们的白话音已见于上文。

沛斾夂乀(非夂ㄨㄟ)　梅枚媒煤ㄇㄟ(非ㄇㄨㄟ)　每ㄇㄟ
(非ㄇㄨㄟ)　妹寐昧ㄇㄟ(非ㄇㄨㄟ)①

开口念合口:多ㄉㄨㄛ(非ㄉㄛ)　铎ㄉㄨㄛ(非ㄉㄛ)　拖
ㄊㄨㄛ(非ㄊㄛ)　驼沱驼ㄊㄨㄛ(非ㄊㄛ)　托饦ㄊㄨㄛ(非
ㄊㄛ)　挪傩ㄋㄨㄛ(非ㄋㄛ)　罗萝ㄌㄨㄛ(非ㄌㄛ)　洛
落ㄌㄨㄛ(非ㄌㄛ)　桌ㄓㄨㄛ(非ㄓㄛ)　着酌卓ㄓㄛ(非
ㄓㄛ)　绰ㄔㄨㄛ(非ㄔㄛ)　朔槊ㄕㄨㄛ(非ㄕㄛ)　若弱
ㄖㄨㄛ(非ㄖㄛ)　左ㄗㄨㄛ(非ㄗㄛ)　作凿ㄗㄨㄛ(非
ㄗㄛ)　搓磋ㄘㄨㄛ(非ㄘㄛ)　娑ㄙㄨㄛ(非ㄙㄛ)　索
ㄙㄨㄛ(非ㄙㄛ)　庄装妆桩ㄓㄨㄤ(非ㄓㄤ)　壮状撞ㄓㄨㄤ
(非ㄓㄤ)　窗疮ㄔㄨㄤ(非ㄔㄤ)　床幢ㄔㄨㄤ(非ㄔㄤ)
双霜孀ㄕㄨㄤ(非ㄕㄤ)　爽ㄕㄨㄤ(非ㄕㄤ)

合口念撮口:逊巽噀ㄒㄩㄣ(又读)

撮口念合口:遵ㄗㄨㄣ(非ㄐㄩㄣ)　又以ㄓㄔㄕㄖ为声母的撮
口字,如猪ㄓㄨ　书ㄕㄨ　除ㄔㄨ　专ㄓㄨㄢ　传ㄔㄨㄢ
追ㄓㄨㄟ　吹ㄔㄨㄟ　水ㄕㄨㄟ　瑞ㄖㄨㄟ　春ㄔㄨㄣ　顺
ㄕㄨㄣ　闰ㄖㄨㄣ　等等。

齐齿念开口:即以ㄓㄔㄕㄖ为声母的齐齿字,如枝ㄓ　遮ㄓㄜ
招ㄓㄠ　州ㄓㄡ　蝉ㄔㄢ　沉ㄔㄣ　伤ㄕㄤ　升ㄕㄥ　然
ㄖㄢ　人ㄖㄢ　等等。

就声调方面说,国语的最大特点就是入声分派到阴阳上去四
个声调里去。西南官话里,入声完全和阳平相混,也还有一个整齐
的系统。北京入声字分属其余四声,系统最乱,因此也最难学习。
大抵以归入去声者居多,阳平次之,阴平和上声又次之。以《中原
音韵》来比较,我们知道元代入声字以归入上声者最多,后来大半
转入别的声调;念阴平的最为后起,元代入声字没有念阴平的②。

---

①　其余唇音字尚多,不具述。
②　参看王力《汉语音韵学》326—327 页,《王力全集》第十卷。

北京的入声系统这样紊乱,学习国音的人对于某一个入声字该念某声,只有靠硬记的一个办法了。

＊　　　＊　　　＊

大致说来,华北、华中各地的方音和北京音相近些,所以那些地方的人学习国音也容易些。本节的篇幅有限,我们打算只把苏北(指扬州、镇江一带)、皖北及长江以南学习国音应该注意之点,大略地说一说。未说之前,先要声明两点:

(1)这里所指的区域,是很粗的说法,例如说湘只指长沙一带而言,说滇只指昆明一带而言,说吴语区域只指苏沪一带而言。湘西的人看到说湘之处,滇西的人看到说滇之处,浙江的人看到说吴语之处,很可能的只有大部分和他们相宜,并非完全相宜。在这种情形之下,读者应该自己加一些判断。

(2)这里所说的应该注意之点,只是择那些最容易犯的毛病而言。并不是说除了那几点之外就和国音完全相同了。

(一)苏北人注意①:

(1)避免入声字。所有江北人念入声(促音)的字,别忘了归入阴、阳、上、去诸声。下列每一对字,在北京话里是同音的,勿念成不同音②:

毕闭	不布	迫破	僻譬	仆蒲	木暮
腹富	突屠	托拖	匿腻	诺懦	立吏
鹿路	律虑	割歌	郭锅	渴可	哭枯
合何	划话	或祸	激基	接嗟	戚妻
泣气	吸希	悉西	协鞋	只支	祝注
尺耻	出初	实时	涉射	述树	作做

---

① 苏北话即普通所谓江北话。南京、镇江虽在江南,而其语言仍属江北的系统。

② 更多的例子见于王力《中国语文概论》(后更名《汉语讲话》,见《王力全集》第二十卷第一册)。

凿座　　促醋　　撮挫　　撒洒　　肃素　　索锁
揖衣　　乙椅　　益意　　翼异　　鸭鸦　　叶夜
屋乌　　物务　　挖蛙　　握卧　　玉御　　域喻

（2）ㄣ勿与ㄥ混，ㄧㄣ勿与ㄧㄥ混。试分别下面每一对的字，上字念ㄣ或ㄧㄣ韵，下字念ㄥ或ㄧㄥ韵：

奔崩　　盆朋　　根羹　　痕恒　　珍征　　枕整
振证　　岑层　　尘成　　趁秤　　身升　　神绳
审省　　慎剩　　人仍　　森僧
宾兵　　殡并　　贫平　　民明　　敏茗　　林零
凛领　　齐令　　金经　　锦景　　禁敬　　近静
钦轻　　亲清　　琴檠　　寝请　　欣兴　　新星
信性　　因英　　银迎　　寅盈　　引影　　印应

若非追溯古音系统，就只好硬记。但有一层值得注意，就是ㄉ、ㄊ的后面只有ㄥ、ㄧㄥ（登丁腾庭），没有ㄣ、ㄧㄣ；ㄌ的后面只有ㄥ（冷）没有ㄣ。

（3）ㄧㄢ韵字勿念成[-ie]。注意"钱、连、延、烟"一类字的江北音和国音的分别。

（二）皖人注意①：

（1）ㄋ和ㄌ的分别。下面每一对字的上字念ㄋ，下字念ㄌ：

纳腊　　奈赖　　馁垒　　内类　　恼老　　褥漏
南兰　　赧懒　　囊郎　　能楞　　泥离　　难(灾难)烂
你李　　腻利　　溺历　　孽列　　鸟了　　牛刘
年连　　捻脸　　念练　　您林　　娘良　　宁零
佞另　　奴卢　　努鲁　　怒路　　傩罗　　诺洛
暖卵　　农龙　　女吕　　恧律　　虐略

（2）ㄢ和ㄤ的分别。下面每一对字的上字该念ㄢ韵，下字该念ㄤ韵，不可一律念ㄢ：

---

① 大致系指皖北而言。

班帮	盘旁	蛮忙	番方	单当	滩当
难囊	兰郎	干刚	刊康	含杭	毡张
缠长	衫伤	然攘	簪赃	餐苍	三桑

（3）ㄨㄥ和ㄣ的分别。下面每一对字的上字该念ㄨㄥ韵，下字
该念ㄣ韵，不可一律念ㄣ：

东登	同腾	农能	公根	孔恳	红痕
中真	虫陈	戎人	总怎	从岑	松森

（4）注意ㄣ、ㄣ和ㄥ、ㄩㄥ的分别。参看（一）2。

（5）ㄧㄢ韵勿念成[-ie]。参看（一）3。

(三)湘人注意：

（1）古全浊平声字勿念不吐气，例如：

排ㄆㄞ（非ㄅㄞ）　　彭ㄆㄥ（非ㄅㄥ）　　堂ㄊㄤ（非ㄉㄤ）

题ㄊㄧ（非ㄉㄧ）　　葵ㄎㄨㄟ（非ㄍㄨㄟ）桥ㄑㄧㄠ（非ㄐㄧㄠ）

长ㄔㄤ（非ㄓㄤ）从ㄘㄨㄥ（非ㄗㄣ）

（2）ㄈ母勿与ㄏ母合口相混。下面每一对字，上字属于ㄈ母，
下字属于ㄏ母，不可一律读入ㄈ母，亦不可一律读入ㄏ母：

非灰	肥回	匪毁	费会	夫呼	扶湖
父护	方荒	房黄	访谎	分婚	坟魂①

（3）佳皆删山咸衔诸韵中，见溪晓匣等母的字勿念ㄍ、ㄎ、ㄏ，
例如②：

街ㄐㄧㄝ（非ㄍㄞ）　　鞋ㄒㄧㄝ（非ㄏㄞ）　　蟹ㄒㄧㄝ（非ㄏㄞ）

懈ㄒㄧㄝ（非ㄏㄞ）　　间ㄐㄧㄢ（非ㄍㄢ）　　闲ㄒㄧㄢ（非ㄏㄢ）

监ㄐㄧㄢ（非ㄍㄢ）　　咸ㄒㄧㄢ（非ㄏㄢ）

（4）古舌上撮口字勿仍读撮口，例如：

---

① 　长沙方音于前七例往往一律念ㄈ母，后五例往往一律念ㄏ母。

② 　"街、鞋"等字在川、滇、黔、桂都念ㄍㄞ、ㄏㄞ。顺便在这里提一提。下面不再说"间、
　　闲、咸"等字，则川、滇、黔、桂却念像国音，不像湘音。

猪ㄓㄨ(非ㄐㄩ)　书ㄕㄨ(非ㄒㄩ)　除ㄔㄨ(非ㄑㄩ)

专ㄓㄨㄢ(非ㄐㄩㄢ)传ㄔㄨㄢ(非ㄑㄩㄢ)春ㄔㄨㄣ(非[ts'yan])

(5)废弃入声。湘音入声虽不是促音,却自成一类,和阴、阳、上、去共成五声。湘人学习国音时,应该把入声派入其余四声,参看(一)1。湘音入声的调值恰和国音阳平的调值相等,因此,这里所谓废弃入声只是废弃调类,不是废弃调值。

(6)分别ㄋ和ㄌ。参看(二)1。

(7)分别ㄢ和ㄤ,参看(二)2;ㄨㄥ和ㄥ,参看(二)3;ㄣ、ㄧㄣ和ㄥ、ㄧㄥ参看(一)2。

(四)川人注意:

(1)入声字勿一律念阳平。下面每一对字在国音里是不同声调的,不可使它们完全没有分别:

皮(阳):疋(上)　磨(阳):莫(去)　迷(阳):密(去)

扶(阳):腹(去)　提(阳):踢(阴)　途(阳):秃(阴)

离(阳):力(去)　炉(阳):鹿(去)　胡(阳):忽(阴)

齐(阳):七(阴)　渠(阳):曲(阴)　斜(阳):泄(去)

徐(阳):续(去)　厨(阳):出(阴)　池(阳):吃(阴)

时(阳):失(阴)　如(阳):辱(去)　徂(阳):促(去)

峨(阳):鄂(去)　移(阳):一(阴)　夷(阳):乙(上)

贻(阳):翼(去)　吾(阳):屋(阴)　无(阳):物(去)

鱼(阳):玉(去)　余(阳):欲(去)

(2)ㄋ和ㄌ的分别。参看(二)1。

(3)ㄣ、ㄧㄣ和ㄥ、ㄧㄥ的分别。参看(一)2。

(五)滇人注意:

(1)撮口和齐齿的分别。滇语没有撮口呼,下面每一对字,上字属齐齿,下字属撮口,该念出分别来:

李吕　利虑　基居　及局　结决　坚捐

检卷　金君　近郡　欺区　牵圈　钱泉

　　欠劝　　芹群　　希虚　　席徐　　喜许　　细叙
　　仙宣　　欣薰　　宜鱼　　椅雨　　艺御　　翼育
　　叶越　　业月　　烟鸳　　言元　　阎袁　　彦愿
　　掩远　　寅云　　荫运

（2）分别ㄢ和ㄤ。滇语对于ㄢ、ㄤ一律念［-a］,不收鼻音韵尾,学国语时应有分别。参看（二）2。

（3）分别ㄣ和ㄥ。滇语对于ㄣ、ㄥ一律念［-e］,不收鼻音韵尾,学国语时应有分别。参看（一）2。

（4）分别ㄧㄣ和ㄥ。参看（一）2。

（5）入声字勿一律念入阳平。参看（四）1。

（六）黔人注意：

除（五）2外,其余与滇略同。

（七）桂北的人注意①**：**

（1）日母勿与喻母混。桂林一带没有声母ㄖ,凡遇ㄖ母的字都发音于l或ㄩ。下面每一对字,应注意勿令相混：

　　日一　　若药　　饶尧　　柔尤　　然延　　人寅
　　忍引　　任印　　让样　　仍盈　　如余　　软远
　　闰运　　戎庸

（2）见溪群齐撮字勿念ㄍ、ㄎ,例如：

　　基ㄐㄧ(非ㄍㄧ)　　及ㄐㄧ(非ㄍㄧ)　　家ㄐㄧㄚ(非ㄍㄧㄚ)
　　今ㄐㄧㄣ(非ㄍㄧㄣ)　　讲ㄐㄧㄤ(非ㄍㄧㄤ)　　君ㄐㄩㄣ(非ㄍㄩㄣ)
　　洁ㄐㄧㄝ(非ㄍㄧㄝ)　　欺ㄑㄧ(非ㄍㄧ)　　欠ㄑㄧㄢ(非ㄎㄧㄢ)
　　去ㄑㄩ(非ㄎㄜ)②

（3）入声字勿一律念入阳平。参看（一）2

（4）入声字勿一律念入阳平。参看（四）1。

---

① 桂南另入粤语系统。

② "去"字念ㄎㄜ,湘、川、滇、黔皆然。

(八)吴语区域的人注意①：

(1)避免入声字。参看(一)1。

(2)避免浊音字。下面每一对字,在国音里是完全同音的,应该按照上字的音读,下字勿念浊音。

霸罢	拜败	贝倍	报暴	半伴	变辩
布步	判叛	贩饭	粪愤	讽凤	富父
戴代	到道	斗豆	旦蛋	当荡	凳邓
帝弟	钓调	订定	妒度	对队	断段
顿钝	冻洞	贵跪	耗号	汉汗	化话
记忌	救舅	建件	箭溅	进尽	

(3)ㄓ、ㄔ、ㄕ和ㄗ、ㄘ、ㄙ的分别。下面每一对字,上字念ㄓ、ㄔ或ㄕ,下字念ㄗ、ㄘ或ㄙ②：

知资	纸子	至字	札杂	折择	蔗仄
斋灾	债再	招遭	找早	照灶	兆造
周邹	肘走	咒奏	詹簪	占赞	枕怎
张臧	涨葬	争增	正赠	朱租	竹足
主祖	专钻	中宗	肿总	痴雌	迟祠
耻此	翅次	彻测	柴财	抄操	潮曹
炒草	臭凑	缠残	昌苍	长藏	呈层
初粗	处醋	吹催	串窜	春村	唇存
充聪	虫从	师私	史死	试四	烧骚
少嫂	收搜	手叟	瘦嗽	山三	申森
伤桑	疏苏	数素	水髓	睡碎	拴酸

(4)匣母字和喻母字的分别。下面诸例中,上字念ㄒ母或ㄏ母,下字念元音或半元音起头：

---

① 参看《江浙人怎样学习普通话》,见《王力全集》第十六卷。
② 这两组字的相混,在南方官话里也是常见的情形。

系异　　效耀　　贤延　　现艳　　形盈　　玄圆

炫院　　雄庸　　回为　　会谓　　黄王

（5）奉母字和微母字的分别。下面诸例中，上字念匚母，下字念ㄨ母：

肥微　　吠味　　饭万　　坟文　　愤问　　房亡

（6）避免屮与尸混，尸与厶混等，例如：

赵邵　　迟时　　陈神人　直实日　阵甚任　缠然

愁柔　　承绳仍　逐属辱

（7）有些撮口字勿与齐齿字混，下面诸例中，上字该念撮口，和下字不同音：

绝捷　　俊进　　菌尽　　泉钱　　全前　　徐齐

恤惜　　雪泄　　宣先　　选跣

（8）ㄞ、ㄟ和ㄢ勿相混①。下面每一组字，系按照ㄞ、ㄟ、ㄢ，ㄞ、ㄨㄟ、ㄢ，ㄨㄞ、ㄨㄟ、ㄨㄢ，或ㄟ、ㄢ的次序：

ㄞ、ㄟ、ㄢ：　　来雷兰　赖类烂　耐内难

ㄞ、ㄨㄟ、ㄢ：　待队蛋　胎推滩　台颓弹　态退炭

ㄨㄞ、ㄨㄟ、ㄨㄢ：桧愧○　○贵惯　怀回还

ㄟ、ㄢ：　　　　杯班　备办　　配盼　梅蛮　妹慢

（9）歌戈和虞韵合口字勿相混。下面每一组字，系按照ㄜ、ㄨㄛ、ㄨ，ㄛ、ㄨ或ㄨㄛ、ㄨ的次序：

ㄜ、ㄨㄛ、ㄨ：哥锅姑　哿果古　个过顾　贺祸护

ㄛ、ㄨ：　　婆蒲　　播布　　破铺

ㄨㄛ、ㄨ：　左祖　　错醋

（10）屋沃和铎勿相混。这种混淆的情形和（9）是平行的。下面每一组字，系按照ㄜ、ㄨㄛ、ㄨ，ㄛ、ㄨ或ㄨㄛ、ㄨ的次序：

ㄜ、ㄨㄛ、ㄨ：各郭谷　恪廓哭　涸镬斛

---

① 此以苏州音言之。上海ㄞ、ㄟ不全混。别的吴语亦有ㄞ、ㄢ不混者。

ㄛ、ㄨ：　　博卜　　薄仆　　莫木

ㄨㄜ、ㄨ：　　捉竹　　朔叔　　绰触　作足　索速

(11) ㄣ、ㄣ和ㄥ、ㄥ的分别。参看(一)2。

(九)闽语区域的人注意：

(1) ㄈ母勿与ㄏ母合口相混。闽语没有ㄈ音,学国语时又有人矫枉过正,连本该念ㄈ音的也一律改为ㄏ音。除参看(三)2外,还应注意下面每一组字的分别：

风蜂封丰：烘　　　　　冯逢缝：红洪鸿

(2) 照系字和精系字的分别。这和(八)3颇相近似,只有三点不同：①吴语知照精三系的开合字全混;闽语知系字多与端系混,不与照精混。②吴语混入ㄗㄘㄙ音,闽语则混入和[ts][ts‘][s]近似的音。③吴语照系齐齿字念成开口,故与精系齐齿不混;闽语照系齐齿仍念齐齿,故与精系相混,例如：

收羞　　帚酒　　烧消　　兽秀　　征精　　掌蒋

障酱　　厂抢　　毡煎　　战箭　　身新　　昌枪

章将　　只脊　　折接　　折节　　酌爵

(3) 福州一带的人注意,[-n]和[-y]勿相混。福州有[-y]无[-n],矫枉过正的人却又有[-n]无[-y]。参看(一)2和(二)2。

(十)粤语区域的人注意：

(1) 专心练习ㄗ、ㄘ、ㄙ三音。下列每一对的字,上字念ㄗ、ㄘ或ㄙ,下字念ㄐ、ㄑ或ㄒ,须有分别：

资基　　子己　　自忌　　雌欺　　此岂　　次弃

思希　　死喜　　四戏

下面的几个双音词和仇语,可以帮助练习：

自己　　字纸　　寄子　　四喜　　雌鸡　　子鸡

死鸡　　慈禧　　紫气　　此次　　瓷器　　细丝

四季

知照两系和精系的分别,也该注意。参看(八)3和(九)2。

（2）溪母和晓母的分别。粤语溪母字多混入晓母，下面每一对字，依国语读法，上字念ㄎ或ㄑ，下字念ㄏ或ㄒ，须有分别：

　　ㄎㄏ：刻赫　　开咍　　凯海　　口吼　　刊鼾　　堪酣
　　　　　恳很　　坑亨

　　ㄑㄒ：敲哮　　丘休①　　牵掀　　遣显　　钦歆　　轻兴

（3）微母字勿与明母字混②。下面每一对字，微母字在前，明母字在后：

　　无模　　武母　　务慕　　微眉　　尾美　　万慢
　　文民　　亡忙　　网莽

（4）禅母平声字与床母阳东韵字勿念ㄕ，邪母字勿念ㄐ、ㄑ或ㄗ、ㄘ，例如：

　　雏ㄔㄡ（非ㄕㄡ）　　　　　辰臣晨ㄔㄣ（非ㄕㄣ）
　　常尝偿ㄔㄤ（非ㄕㄤ）　　　成诚城丞承乘塍ㄔㄥ（非ㄕㄥ）
　　纯醇唇ㄔㄨㄣ（非ㄕㄨㄣ）　床ㄔㄨㄤ（非ㄕㄨㄤ）
　　状业ㄨㄤ（非ㄕㄨㄤ）　　　崇ㄔㄨㄥ（非ㄕㄨㄥ）
　　习袭席ㄒㄧ（非ㄐㄧ）　　　斜邪ㄒㄧㄝ（非ㄐㄧㄝ）
　　谢ㄒㄧㄝ（非ㄐㄧㄝ）　　　袖ㄒㄧㄡ（非ㄐㄧㄡ）
　　寻ㄒㄩㄣ（非ㄑㄧㄣ）　　　祥详翔庠ㄒㄧㄤ（非ㄑㄧㄤ）
　　象像ㄒㄧㄤ（非ㄐㄧㄤ）　　徐ㄒㄩ（非ㄑㄩ）
　　叙序ㄒㄩ（非ㄐㄩ）　　　　旋璇ㄒㄩㄢ（非ㄑㄩㄢ）
　　循旬荀巡ㄒㄩㄣ（非ㄑㄩㄣ）随ㄙㄨㄟ（非ㄘㄨㄟ）
　　遂ㄙㄨㄟ（非ㄕㄨㄟ）　　　松ㄙㄨㄥ（非ㄘㄨㄥ）
　　讼诵颂ㄙㄨㄥ（非ㄕㄨㄥ）　似嗣俟寺ㄙ（非ㄕ）

（5）有些匣母字勿与喻母字相混，例如：

　　魂ㄏㄨㄣ：云ㄩㄣ　黄皇ㄏㄨㄤ：王ㄨㄤ

----

① 广州"丘、休"一律念ㄏㄠ，"法"有些地方一律念ㄏㄠ。
② 闽语亦有类似的情形。

注意下面诸字的读音：

　　胡狐壶ㄏㄨ(非ㄨ)　　　　怀槐淮ㄏㄨㄞ(非ㄨㄞ)

　　回ㄏㄨㄟ(非ㄨㄟ)　　　　会ㄏㄨㄟ(非ㄨㄟ)

　　还环ㄏㄨㄢ(非ㄨㄢ)

　　(6)ㄈ母字勿与ㄎ、ㄏ合口字相混。下面每一组字,系依照ㄈ、ㄎ、ㄏ的次序：

　　府苦虎　　夫枯呼　　富裤户

注意下面诸字的读音：

　　阔ㄎㄨㄛ　快ㄎㄨㄞ　宽ㄎㄨㄢ　款ㄎㄨㄢ

　　(7)有些合口字勿与撮口字相混。下面每一对字,上字该念合口,下字该念撮口,多数字的韵也不相同：

　　尊专　　村穿　　存全　　寸串　　酸宣　　损选

　　罪聚　　催趋　　翠趣　　绥需　　遂绪

　　(8)有些梗摄的合撮字,在国语里该念入通摄,例如：

　　轰ㄏㄨㄥ(非ㄨㄥ)　兄ㄒㄩㄥ(非ㄩㄥ)　庸ㄩㄥ(非ㄨㄥ)

　　(9)有些鱼韵字勿念ㄛ韵,例如：

　　初ㄔㄨ(非ㄔㄛ)　疏ㄕㄨ(非ㄕㄛ)　阻ㄗㄨ(非ㄗㄛ)

　　(十一)赣人及客家的人注意：

　　(1)宕摄齐齿字勿念[-iong],例如：

　　江ㄐㄧㄤ(非 chiong)　　乡ㄒㄧㄤ(非 shiong)

　　良ㄌㄧㄤ(非 liong)　　　长ㄔㄤ(非 chong)

　　(2)寒韵字勿念[-on],例如：

　　干ㄍㄢ(非 kon)　　　　看ㄎㄢ(非 kon)

　　汉ㄏㄢ(非 hon)　　　　安ㄢ(非 on)

　　(3)哈韵字勿念[-oi],例如：

　　来ㄌㄞ(非 loi)　　　　ㄘㄞ(非 ts'oi)

　　菜ㄘㄞ(非 ts'oi)　　　台ㄊㄞ(非 t'oi)

　　(4)侯韵字勿念[-eu],例如：

后厂又（非 heu）　　　　楼ㄌ又（非 leu）

头ㄊ又（非 tʻeu）　　　　愁ㄔ又（非 tsʻeu）

（5）知照两系的字勿仍念齐齿，例如：

真ㄓㄣ（非ㄐㄧㄣ）　战ㄓㄢ（非ㄐㄧㄢ）　州ㄓ又（非ㄐㄧ又）

抽ㄔ又（非ㄑㄧ又）　收ㄕ又（非ㄒㄧ又）

（6）ㄈ母勿与厂母合口相混。参看（三）2 与（九）1。

以上所说各地的人学习国音应该注意之点，虽则很简略，如果留心比较研究，非但对于国音的学习能有益处，就是对于全国的方音系统，也可以得到一种大概的认识了。

文　字

英语的语法书在讲了语音之后，往往接着讲拼字法（spelling）。拼字法和中国《干禄字书》一类的正字法颇不相同，因为西洋的拼字法就是把语音记录下来（至少在原则上是如此），而中国的文字却不是纯然记音的，除了音符之外还有意符。西洋人学会了二十几个字母和拼音的法则之后，差不多就可以动笔写字，甚至于向来不曾写过的字，也可以跟着别人的语音写出而完全无误，或大致无误。至于中国人学写字，就几乎要字字硬记。这一层道理原是大家懂得的。

但是，这样就牵连到中国语法书里该不该谈及文字的结构的问题。西洋语法书里谈拼字法，可以谈到颇详尽。说明了拼音法则之后，再提及些不合常轨的拼字法，就完了。中国的文字却不是这样：同属一个意义范畴的字并不一定用同一的意符，如“唱”从口而“歌”从欠；同属一音的字也并不一定用同一的声符，如“胡”从古而“狐”从瓜。这样，咱们不能举出几条很简单的构字法使初学者遇字难推；所以中国语法书里如果不谈文字的结构，也是未可厚非的。

如果要谈呢，我们以为只能谈及文字结构的几个大原则；此外,为了提醒初学者勿写错字和别字,也不妨对于错字和别字略加批评。至于每一个字的俗、通、正三体(如果有的话),我们希望有一部《新干禄字书》出世,把它们详细讨论。本来,西洋的拼字法也不能把每一个字的正体(orthography)都加以叙述,因为那是字典里的事。咱们中国文字的结构是那样繁杂,语法书里更不适宜于把它们一一加以描写了。

＊　　　＊　　　＊

一般人以为六书之中,象形、指事、会意、形声四者是造字之法,转注、假借二者是用字之法。这种分别是大致可以承认的。只有一点咱们应该明白:古人并不曾因为造字或用字而先立下一些原则;只是后人对于古人所造的字的结构方式加以分类而已。明白了这个道理,则数千年哑谜的转注顿失了它的重要性[①];因为每一学者都可以依照他自己的意见来分类而不必为汉儒的学说所拘束了。

关于这一点,我们愿意大致采取高本汉的意见[②],把中国字分为独体和合体两类。独体字又分为:(1)具体意符,如"日、月"等;(2)抽象意符,如"上、下"等。合体字又分为:(1)意符加意符,如"男、集"等;(2)意符加声符,如"江、河"等。所谓转注和假借,我们不把它们列入,因为它们是从上述的四类字引申或假借而来,并非另有不同的结构方式。

大致说来,具体意符就是象形,抽象意符就是指事。小学家所谓象形兼指事,如"本、末、刃、寸"之类,大多数也是具体意符。所谓谐声兼会意,有些原来是独体字,后人再加一个偏旁,如"右"本作"又",后人加"口";"裘"本作"求",后人加"衣"。这类可以叫

---

① 　如果要找一个解释,我们比较地相信朱骏声的说法:"转注者,体不改造,引意相受,令长是也;假借者,本无其意,依声托字,朋来是也。"

② 　参看 B.Karlgren, On the Script of the Chou Dynasty;又拙著《中国语文概论》(后更名《汉语讲话》,见《王力全集》第二十卷第一册)第五章。

做后天的谐声。另有些则是许慎误解的，如"愚、忘"都是谐声，而不是谐声兼会意。总之，等到古文字学昌明的时代，大约分类会比清儒分得更简单的。

谐声字占中国字全数十分之九以上，值得较详细地讨论。谐声字中的意符，并非能表示那字的意义，它只能指出那字的意义是属于哪一个范畴的。当然，这里所谓范畴，只是初民所认为的范畴，咱们不能用逻辑的眼光去批评它。有些范畴是比较合理的，如"松"字从木，"菊"字从草之类，是把松认为木本植物，把菊认为草本植物。至于像"枝"字从木，并不是说它是木之一种，只是说它是木的一部分；"技"字从手，却又不是说它是手的一部分，只是说它是关于手的事情。这样看来，谐声字的意符的实际用途只是使同音的字有不同的写法而已，并不是由严密的分类法产生的。

谐声字的声符，在造字时代是否和它所谐的字完全同音，现在颇难考定。不过，若依传统的读法，则它们是不一定同音的①，例如"公"声有"翁"，有"松"，有"颂"；"登"声有"橙"，有"邓"，有"證"；"金"声有"欽"，有"銜"，有"錦"；"異"声有"冀"，有"翼"；"肅"声有"蕭"，有"繡"，有"嘯"；"亶"声有"檀"，有"氈"，有"顫"，有"擅"等等。

后代距离造字的时代既远，字义不免有变迁，然而字式并未跟着发生变化，以致意符不复为一般人所了解，例如：

算，从竹，因为古代的算筹是竹制的。

肯，从肉，因为它的本义是骨间肉（《庄子·养生主》"技经肯綮之未尝"）。

阻，从阜，因为它的本义是路不好走（《古诗十九首》"道路阻且长"）。

权，从木，因为它的本义是黄华木。

①　民众的一般心理是希望它们同音，因此产生了些俗字，如"蹤"俗作"踪"，"麯"俗作"曲"等。

精,从米,因为磨得最好的米叫做精(《论语·乡党》"食不厌精")。

教,从攴,攴,小击也。古代教育是着重体罚的。

检,从木,因为它的本义是木制的书签(今人为人题书的封面犹曰某某署检)。

派,从水,因为它的本义是分流的水。

校,从木,因为它的本义是木制的刑具,颇似后世的枷(《易·噬嗑》"何校灭耳")。

驳,从马,因为它的本义是马色不纯(《诗·豳风》"皇驳其马")。

题,从页(页,头也),因为它的本义是"额"的意思(《汉书·司马相如传》"赤首圜题")。

声符也有类似的情形。语音跟着历史变迁,而谐声字的声符不变,所以有些声符也是难于索解的,例如:

等,寺声,古韵"寺、等"同属之部,其后"等"字转入蒸部。古纽精系和端系音亦相近。

特,寺声,古韵"寺、特"同属之部。古纽精系和端系音亦相近。

治,台声,古韵"台、治"同属之部。古纽端系和知系音亦相近(甚或相同)。

池,也声,古韵"也、池"同属歌部。古纽喻母第二类(余母)和知系音亦相近。

叙,余声,古韵"余、叙"同属鱼部。古纽喻母第二类(余母)和精系音亦相近。

都,者声,古韵"者、都"同属鱼部。古纽照系和端系音亦相近。

儒,需声,古韵"需、儒"同属侯部。古纽精系和日母的音亦相近。

谐声所涉及的上古声母问题颇多有趣的，例如"路"从各声，"各、路"古韵都属鱼部，自然不成问题；至于它们的声母，依传统的读法则"各"为[k-]而路为[l-]，发音部位颇远，似乎不该相谐。高本汉、林语堂诸人因此都相信上古"路"字的声母是[kl-]。若拿"兼廉、监览、柬练"一类的谐声系统，和"角"有"觉、禄"两音一类的情形看来，这种假说似乎是可以成立的。只不可推得太远，譬如因为"海"从"每"声而拟测"海"的上古声母为[mh-]，例证不多，可信的程度也就不高了。

＊　　　＊　　　＊

错字和别字必须分辨清楚。所谓错字（incorrect orthography），是把字的笔画写错了，或多了一两画，或少了一两画，或误配偏旁，或滥加意符，结果是不成字。所谓别字（incorrect use of words），是误用乙字来当甲字的用途，结果是虽成为一个字，然而在意义上并不相符。前者是不会造字；后者是不会用字。前者由于平日不留心文字的结构，后者由于平日不留心文字的意义。

中国字之难写，由于它们的成分的复杂。甲字的成分受了乙字的成分的类化（analogy），于是产生了错字，例如"寻"为"筑"所同化，以致本该从"口"之处误作从"凡"；"厚"为"原"所同化，以致本该从"曰"之处误作从"白"；"奋"为"舊"所同化，以致本该从"田"之处误作从"臼"；"函"为"亟"所同化而从"口"从"又"；"慧"为"豐"所同化而中间加一竖；"臨"为"監"所同化而"品"上加一点。至于偏旁的字不为一般人所识者，就更容易被常用的字所替代，如"羡"字误从"次"，"達"字误从"幸"等。此类错字，历代皆有。"皇"字在古文字中本系从日从王，到了小篆变为从自从王，到了隶、楷却又变为从白从王。由篆变隶的时期当中，错字更多，例如"讀"字右边中间本该作"四"，"適"字上半本该作"啻"，现在没有人这样写了。

此外，另有一种类化法也可以弄成错字，就是：双音词中，某字的意符受另一字的意符的影响,例如"模糊"的"模"因受"糊"的影响而变为"米"旁。这是擅改意符。又如"仓库"的"仓"因受"库"的影响而于上面加"广"①。这是擅加意符。古人也有擅改或擅加意符的事,如"胡蝶"演变为"蝴蝶"之类。

还有第三种错字可以说是由于没有小学根柢的人们自作聪明。"乾燥"的"乾"左边下方作"干",以别于"乾坤"的"乾";"尝味"的"尝"左边加"口",以别于"未尝"的"尝"。这种风气的来源也很古。"瓜豆"的"豆"作"荳",大约数百年前就有了;"果实"的"果"作"菓",更远见于《汉书》②。"原"之演化为"源","尊"之演化为"樽",已是积重难返;至于"前"之演化为"剪",就更没有人愿意恢复本字了。这种字虽为小学家所排斥,然而它们对于大众的逻辑颇能相投,所以往往得到最后的胜利。

类化和自作聪明非但能产生错字,而且能产生别字。由于类化而生的别字,如"挑选"作"挑撰","石榴"作"柘榴","寿材"作"梼材","讲义"作"讲议","焦虑"作"憔虑"等;由于自作聪明的别字,如"包子"作"饱子","安电灯"作"按电灯"等。

但是普通所谓别字不是上述的两类,而是另外的两类:(1)形似而误,如"针灸"误作"针炙";(2)声似而误,如"前提"误作"前题"。当然,也有可以兼入两类的,如"成绩"误作"成积",乃是形声兼似而误。

别字的产生,主要原因是由于本字的意义难明。有时候,提起笔来一时想不出,就胡乱写一个;有时候,却是自作聪明,认为甲字是对的,乙字是不对的(实际上恰恰相反)。前者既是胡乱书写,写下来的别字往往是人人看得出来的(例如"医治罔效"误作"医治往效"),所以对于社会毫无影响;后者既是有所主张,一定因为别字

---

① 我看见一个大学一年级生的作文卷上这样写,这例子虽不普遍,然而类似的情形却是很多的。

② 《汉书·叔孙通传》:"古者有春尝菓。"

比本字更显得合理(例如"莫名其妙"误作"莫明其妙"),社会上的人毕竟是依常识判断者多,根据典籍者少,于是这种别字就能通行,甚至于取本字而代之。因此我们从前曾称前者为昙花一现式的别字,后者为鱼目混珠式的别字。

别字由形似而误的颇为少见,由声似而误的最多。但是,中国方音复杂,甲地同音的字在乙地未必同音,例如昆明有人误把"礼乐射御书数"写成"礼乐射艺书数",这是带地方色彩的别字,因为除了滇黔而外,恐怕没有别的地方把"御、艺"念成同音。幸亏有这种关系,甲地的别字往往被乙地的人矫正(至少他们不肯跟着学),连鱼目混珠式的别字也不容易为全国所采用,于是本字也赖以维持。现在试举官话的别字和吴语的别字为例如下:

(1)官话的别字,吴、闽、粤、客家诸方言区域的人不易致误者:

绝对：决对　驱使：趋使　迁就：牵就　兴趣：性趣
残忍：惨忍　观念：关念　附和：附合　脉搏：脉波
一斑：一般　造就：造究　无谓：无味

(2)吴语的别字,官话、闽、粤、客家诸方言区域的人不易致误者①:

职权：责权　陆续：络续　至少：止少　崇拜：从拜
警报：紧报　欣赏：兴赏　概不过问：概不顾问
这话固然不错,但是：这话果然不错,但是

此外,有官话、吴语、闽语、客家话里都同音而粤语里不同音者,例如"尊重"误作"遵重";有粤语里同音而官话、闽语、客家话里都不同音者,例如"澈底"误作"切底";有官话、吴语里都同音而闽、粤、客家不同音者,例如"致命伤"误作"制命伤"。诸如此类,难于尽述。

---

① 所谓不易致误,自然只是大概的说法,例如"崇拜"和"从拜",在官话一部分、粤语一部分和客家话里也都同音,自然也是容易致误的。

　　上文说及一种自作聪明而产生的字,实际上已经很近似于创造新字。不过造字的人并不自觉,误以为字典里本来就有它们,所以不是有意的创造。但是,那种爱好分别的心理是颇可赞美的;因此,另外有些文人就有意地造出一些新字来。最常见的如疑问代词"那"字改作"哪","念书"的"念"改作"唸","钟表"的"表"改作"錶",等等。欧化的"她、牠"也可归入此类。为了爱好分别,甚至于不避别字,例如借用"文质份份"的"份"来表示"部份"和"份子",以别于平声的"分";又如借用"呐喊"的"呐"来替代语气词"呢"字,以别于重读的"呢"(如"呢绒")。这些新结构(如"哪、唸")和新用途(如"份、呐")已经渐渐为一般所采纳了。

　　最后,我们想要谈一谈简体字。简体字的来源很古。上古文字中,同是一字,已有繁简的几种写法,现行的简体字如"乱、辞"左边从"舌"等,远在六朝的碑帖里早已有了。"尽"字从尺从二,至迟在宋代也有了[1]。"学"字从文从子,"圣"字从又从土,"灵"字从彐从火,"当"字从小从彐,"斋"字从文从而,"炉"字从火从户,"宝"字下半从玉,等等,非但通行全国,而且至少在数百年前已经传入安南。

　　然而有些简体字也是有地方性的,例如"價"字,上海人省作"价",而桂林人省作从人从云。凡是以同音字替代某字,或以同音(或近似)的声符替代某字的声符,以求简省者,最容易带地方色彩。官话"汉、汗"同音,于是以"汗"代"汉";吴语"杂、什"同音,"葉、叶"同音,于是以"什"代"杂",以"叶"代"葉";"選、先"同音(异调)于是"選"字省为从辵从先;广州"裤、夫"同音(异调),于是"裤"省为从衣从夫。这种带地方性的简体字,未尝不可以被别处的人采用(如以"汗"代"汉");但是,如果它们不是官话区域产生的,如以"叶"代"葉",以"袄"代"裤"之类,就比较地难于

---

[1]　杨诚斋校湖南试,见魁卷中有盡字作尽者黜之。见《履斋示儿编》。

通行全国了①。

标点和格式

标点(punctuation)似乎和语法更没有关系了。有些语法书完全不谈标点②；有些字典却附录着它③。但是，标点虽和话法没有关系，和文法却大有关系。它非但能使文章的意思变为更明白，更正确，而且有时候改变了标点也就完全改变了意思。因此，标点在现代文章里是很重要的。

现行的标点是和中国古代的标点大不相同的。中国原有的标点叫做句读，大约是起源于汉代。《礼记·学记》所谓"离经"，后人猜想是离开一二字写，那么，这只是格式，不是标点。何休《公羊传序》云："援引他经，失其句读。"这里所谓句读有两种可能：(1)汉代传经"多凭口授"，句读也许就是语音的停顿，长的停顿叫做句，短的停顿叫做"读"；(2)句读是汉代对于经书的一种标点法，句有句号，读有读号。仔细观察之后，我们比较相信后一说。《说文》有"√"字，说是钩识用的；又有"、"字，说是绝止用的。我们以为前者就是句号，后者就是读号。今所谓"勾"，古但作"句"，故《说文》"句"下云"曲也"，因为句号作钩形，故名为"勾"④。今安南白话犹谓"一句"为"一勾"。古音"句"在侯部，实读如"钩"。"读"字古音亦在侯部，实读如"豆"。"句"和"读"是双声字。"、"字的音是知庾切，古音亦在侯部，和"读"的声音相近，

---

① 在这里我们不愿意讨论简体字该不该提倡的问题。如果读者对于这问题有兴趣，请参看王力《汉字改革》第八节，《王力全集》第十九卷第二册。无论如何，在非正式的文件里，简体字总是可以写的。只有写稿子的时候，应该注意勿写另成一字的简体字。譬如你写"葉"为"叶"，排字的人就只知道排一"叶"字，因为铅字里有它。

② 例如叶氏《英语语法纲要》和 Curme 的 Syntax。

③ 例如《英华合解辞汇》。

④ 但钩形又作别的用途。读书到某处，作一钩形记号，以便下次再读。这种钩形，古谓之"乙"。《史记·东方朔列传》："读之止，辄乙其处。""乙"谓象"乙"字之形。

甚或相同。

如果我们的考证是对的,那么,读号直至清代还是一样,句号到了宋代(或较早)却由钩形而变为圆圈或点了,宋岳珂《九经三传沿革例》说:"监蜀诸本皆无句读,惟建本始仿馆阁校书式从旁加圈点。"《韵会举要》说:"凡经书成文语绝处谓之句,语未绝而点分之,以便诵咏,谓之读。今秘书有校书式,凡句绝则点于字之旁,读分则点于字之中间。"由此看来,句号有两种,读号亦有两种:句号作圈时,则读号作点;句号作点于字旁时,则读号作点于两字的中间。

除了句号和读号之外,评注古文的人有时还用别的符号,例如以"▁"记于字的左下侧,表示一小段;以"……"记于字的左下侧表示一大段。历史地理的书,有人用"＿＿"加于字的左边表示人名,用"＿＿"表示地名,等等。至于在句子的旁边浓圈密点,表示文章中的警句或扼要处,却又和现代的标点的性质大相违异了。

咱们首先应该注意的是:古人所谓句并不等于现代语法书中所谓句,凡句子形式、谓语形式或仂语,现在用顿号或分号的,古人都用句号,例如:

(A)举尔所知。尔所不知。人其舍诸。(《论语·子路》)

依新式标点该是:"举尔所知;尔所不知,人其舍诸?"

(B)一日克己复礼。天下归仁焉。(同上,《颜渊》)

依新式标点该是:"一日克己复礼,天下归仁焉。"

至于古人所用读号,并不是完全等于现在所谓顿号。有时候,它用于一种极短的复合句里,把主要部分和从属部分隔开。这是和顿号相似的,例如:

(A)邦有道、谷。邦无道、谷。耻也。(《论语·宪问》)

(B)齐、必变食。居、必迁坐。(同上,《乡党》)

有时候,它用于等立仂语里。这也是和顿号相似的,例如:

(A)克、伐、怨、欲、不行焉。可以为仁矣。(《论语·宪问》)

(B)子之所慎。齐、战、疾。(同上,《述而》)

有时候，它用于主语的后面。这就和顿号不同了，例如：

  （A）今之成人者、何必然。（《论语·宪问》）

  （B）民、可使由之。不可使知之。（同上，《泰伯》）

《马氏文通》里所谓句读却是参照西文的 sentences 和 clauses 而说的，和中国原来所谓句读又不相同了。

  其次，咱们应该注意的是：古人著书，从来没有人自己加上句读的符号。句读只是为读书而用的，不是为写文章而用的。因此，一般坊间的书都没有句读，读者买回家来，才随读随加句读的。偶然有些经书带着句读①，但是普通常见的书籍都不如此。

  现行的标点显然是模仿西法。但是，也有不相同的地方，兹分别讨论于下：

  （1）中国原来的句号是"。"或"、"。西洋的句号（period or full stop）只有"."，没有"。"。西洋的"."和《韵会举要》所谓点于字旁的"、"可认为同样的东西，不过钢笔宜于作"。"号，毛笔宜于作"、"号，遂致不同而已。但是，现在书报中的句号极少作"."者②；普通总是作"。"。这样，和"；？！"配起来颇不相当，因为分号、疑问号和感叹号里面的一点是和句号"."同性质的。为了迎合中国的习惯，这一点小疵自然不必指摘。

  像下面的一个例子，和西文的标点也是大不相同的。

  《红楼梦》一书，世传为明珠之子而作。……明珠子名成德，字容若。

注意：这里删节号的前面有句号。这自然是有理由的，因为是抄完了一句才加以删节。但是，西文里决不能这样办，因为西洋的句号不作"。"的缘故。

  （2）中国原来的读号是"、"（点于两字的中间或字旁）。西洋的顿号（comma）是"，"。伪教育部颁行的新式标点符号（即胡案）

---

① 例如宋相台岳氏本《五经》及某一些佛经。

② 有人用"·"来隔开西人的名和姓，例如"威廉·莎士比亚"。

认为二者可通用。但是,现在书报上的顿号只用",",不用"、"。有些人却利用"、"号来分开等立仿语的每一项,例如:

（A）贾蔷忙答应了,因命龄官做《游园》《惊梦》二出。(18)

（B）顶头见晴雯、绮霞、碧痕、秋纹、麝月、侍书、入画、莺儿等一群人来了。(27)

（3）私名号"___"是中国的老办法,至少在清代就有了的。西洋的专名第一字母用大写法;中国无所谓大写,所以只好另加符号。最初的私名号分为两种:一种是人名号,作"___";另一种是地名号,作"＝＝＝"。现在归并为一种。从前的私名号是加于字的右边的,现在多数的书报都把它放在字的左边了。私名号放在左边,好处是不致于被别的标点(如句号、顿号等)障碍了它所应在的地位。

（4）书名号"﹏﹏"是五四以后才有的;它的历史最短。西洋的书名系用意大利体排印;手写时,系在字的下面加一横线。中文无所谓意大利体,所以也只好另加符号了(关于意大利体,参看下文论格式)。

中西的语法不同,所以中文的标点也不能呆板地依照西文里的办法。有一个道理是咱们必须知道的:点句非但和文章的意思有关系,而且和语音的停顿也有关系。凡实际语音上有停顿的地方,咱们在文章上也必须点断;凡实际语音上没有停顿的地方,咱们在文章却不能勉强点断。根据这个理由,即使和西文的标点办法不合,或不很合,咱们也不必顾虑。譬如下面的两个例子,主语后面加顿号是可以的,甚至于是较妥的:

（A）凡远亲近友之家所见的那些闺英闺秀,皆未有稍及黛玉者。(29)

（B）况且园内你姐儿们起居所伴者,皆系丫头媳妇们。(73)

主语和谓语的中间,无故被顿号隔开,似乎是和西式标点相违反。其实若拿西文的包孕句相比,却也有人用顿号,例如莎士比亚所写的：who steals my purse，steals trash，其中就用一个顿号。中国对于复杂的主语向来就有点断的习惯；这种办法和语音的停顿也很相合，咱们不妨提倡。

依西洋的标点，在等立仿语里，若没有连词把等立的两项联结着，就必须用顿号把它们隔开。但是，中国有些等立仿语（或等立句子形式）是极短的，而且在口语习惯上，等立的两项之间并没有语音的停顿，如果用顿号把它们隔开，念起来倒反不顺口了，例如：

（A）虽为姊弟，有如母子。（18）

　　（欧化式："虽为姊，弟，有如母，子。"）

（B）又带着四五辆车。（24）

　　（欧化式："又带着四，五辆车。"）

（C）如今要说"悲愁喜乐"四个字。（28）

　　（欧化式："如今要说'悲'，'愁'，'喜'，'乐'四个字。"）

（D）又看了些邪书僻传。（29）

　　（欧化式："又看了些邪书，僻传。"）

（E）现在三茶六饭，金奴银婢的住在园里。（68）

　　（欧化式："现在三茶，六饭，金奴，银婢的住在园里。"）

（F）必定是他也要做诗填词。（30）

　　（欧化式："必定是他也要做诗，填词。"）

（G）自己反羞的心跳耳热。（71）

　　（欧化式："自己反羞的心跳，耳热。"）

有人在这种地方用中国原有的读号"、"来表示（见上文），其实在多数情形之下大可不必。像（D）（E）两例实际上并没有等立的两样东西，就更不能用顿号"，"或读号"、"了。

＊　　　＊　　　＊

标点的应用，在若干情形之下，是没有绝对的真理的。就西洋来说,时代的不同,可以生出标点方法的不同①。国度的歧异也可以生出标点方法的歧异(例如英文和法文的标点大同小异)。此外,作家的性癖和临文时的意向、脾气等,也是决定标点的因素;在同一情形之下,各家的标点也未必相同。因此,文法家对于标点所论的是非,有时候也未必是真是真非②。不过,十分不通的办法咱们仍旧应该避免。下面所说的就是一般人应该特别注意的地方。

句号　现在一般青年,句号用得太少,是对于句的终点辨认不清。他们往往为了一个联结词或关系末品,就把可以分离的两句并成一句。这样,句子就太长了。实际上,"因、故、但、且、况、又、也"之类并不一定是连上文为一句的标记。英语的 and 和 but,法语的 et、mais 和 car,都可用于句首。至于像英语的 therefore、however、moreover 之类,非但不表示它们所在的句子形式必须和上文合成一句,而且恰恰相反,它们往往是另起一句的表示。由此看来,像下面的几个例子,都是以点成两句较妥。

(A)我们原是亲戚,接到家里是真;并无娶之说。皆因张华拖欠我们的债务,追索不给,方诬赖小的主儿。(69)

(B)若再过几年,又不知怎么样了。故此,越想越不由的人伤心起来。(81)

(C)如今幸而卖到这个地方,吃穿和主子一样,又不朝打暮骂。况如今爹虽没了,你们却又整理的家成业就,复了元气。(19)

(D)见了明星月亮,他便不是长吁短叹的,就是咕咕哝哝的。且一点刚性也没有。(35)

(E)只是他在家里说着好听;到了外头,旧病复发,难拘束

---

① 参看 Grammaire Larousse du XXe,p.133。

② Fowler 的 The King's English 里批评许多名人的标点,其中有些是和一般习惯相反的。

他了。但也愁不得许多。(48)

(F)只是来了，也不用多说了。只是茅檐草舍，又窄又不干净，爷怎样坐呢？(19)

(G)前日娘娘所制，俱已猜着；惟二小姐与三爷猜的不是。小姐们作的也都猜了，不知是否？(22)

疑问号和感叹号 疑问号(question marks)和感叹号(exclamation marks)在多数情形之下是容易分别的；只有在反诘句里，有人喜欢用疑问号，有人喜欢用感叹号。依我们的意见，反诘句多数系和疑问句同一来源(所用的疑问代词相同)，应该以用疑问号为较妥，例如：

(A)今日回去，何不禀明，就在我们这敝塾中来？(7)

(B)你说有呢就有，没有就没有，起什么誓呢？(28)

但是，如果句中用的是反诘副词(专用于反诘的)，虽然我们仍旧赞成用疑问号，而用感叹号的人也不能说是没有理由，例如：

(A)连你妹妹都知道是你说的，难道他也赖你不成！(34)

(B)保不住日后倒要和自己也闹起来，岂非自惹的呢！(91)

我们所最不满意乃是两种符号并用，像"?!"或"!?"。这样徒然显得自己没主张，而且读者也得到一种含糊的感觉。

疑问号和感叹号与其说是句读的符号，不如说是情绪的符号。因此，有时候它们是可以和句读的符号不发生关系的。凡援引的话本有疑问或感叹者，疑问号或感叹号即可放在引号里面，不必顾虑到这里是否读断，有些人甚至于顾虑到它们和句读的符号相重，例如：

(A)便"嗳哟！"一声，仍旧倒下。(34)

(B)他问了一声"谁？"之后，不等答覆，就开了门。

(C)林放问礼之本，孔子先称赞他一句"大哉问！"然后答覆他的问题。

(D)"岂有此理？"的后面如果加上语气词，应该是"岂有此理吗?"呢,还是"岂有此理呢?"

现在我们引用两位语言学家的标点来证明我们的理论:

（A）"How do you do?" is generally a greeting that does not require an answer.（Jespersen, Essentials of English Grammar, p.308）

（B）Videnes（拉丁语）"Tu ne vois pas?" infléchi avec la nuance interrogative:"Ne vois-tu pas?", a pris de méme la valeur d'une interrogation que devait suivre une réponse affrmative:"Mais si."（Vendryès, Le Langage, p.411）

像（A）例的情形,作家们大概是一致的;至于像（B）例的情形,语言学家的标点也不能一致:有些人是避免顿号和疑问号（或感叹号）相重的;有了疑问号,则本该用的顿号也被取消了,例如:

（A）Note the double use of <u>when</u>:if your friend is out and you ask:"When will he be in?" the servant may say either:"He didn't tell me when he would be back"（interr.）or "He didn't tell me when he went out（rel.）（Jespersen, Essentials of Enghsh Grammar, p.356）

注意:when will he be in? 后面省去了一个顿号。

（B）In answer to the question <u>Would you like some fine, fresh cantaloupes?</u> The answer <u>How much are cantaloupes?</u> is perhaps more likely to be followed by a delay or aberration of response than the answere <u>How much are they?</u> （Bloomfield, Language, p.250）

注意:第一个疑问号后面非但省去了一个顿号,而且 the 字用大写,竟像另起一句。两相比较,我们觉得 Jespersen 的办法好些。

疑问号（或感叹号）该不该和句号或另一疑问号（或感叹号）相重? 依佛勒氏《英语正宗》（H.W.Fowler and F.G.Fowler, The King's English, p.268）的主张,它们是应该相重的,例如:

（A）他每天早上照例问我一声"昨天晚上睡得好吗?"。

（B）"岂有此理?"的后面如果加上语气词,应该是"岂有此理吗?"呢,还是"岂有此理呢?"?

但是,一般的作家都不这样不惮烦;如果援引语的疑问号恰在全句之末,就不再加别的符号了,例如:

（A）French says si in answer to negative question,such as"Isn't he comina?"but oui in answer to other,such as"Is he coming?"（Bloomfield,Language,p.177）

（B）In offering a glass of beer we may say either "Will you have a glass of beer?" or "Won't you have a glass of beer?"（Jespersen,Essentials,p.304）

感叹号的运用,自然要看作者的情绪而定;但是,许多人对于感叹号往往过于滥用了。例如下面的几句话,本来可以不用感叹号,而某书局所标点的《红楼梦》竟标点如下式:

（A）依我们想起,他是阳间,我们是阴间,怕他亦无益!（16）
感叹号该改用句号。

（B）你别怕! 我是不告诉人的!（19）
第一个感叹号该改为分号";",第二个该改为句号。

（C）好姐姐! 你把那汤端来我尝尝!（35）
第一个感叹号该改为顿号,第二个该改为句号。

滥用感叹号的结果,使感叹成分很少的句子和真正感叹得厉害的句子混而不分,于是有人造出"!!、!!!"一类的符号,结予那些真正感叹得厉害的句子。这是大可不必的。

破折号　破折号（dashes）是不得已而用的,不是为了时髦而用的,所以越能少用越好。多用了,有时候反而弄得意思不清楚①。

破折号可大别为两种:单破折号,表示停顿颇久;双破折号,差不多等于夹注号。这两种破折号的性质大不相同,不容混为

---

① 参看 Fowler,The King's English,p.282—283。

一谈。

(1)单破号又有许多用途,例如(A)表示忽转一个意思;(B)稍作停顿,再说出一个出人意外的字;(C)用于冒号(colon)的后面,领起一个援引语;(D)用于冒号的后面(或不用冒号),表示总结上文;(E)用于援引语的中间,表示说话的人的变换;(F)表示语句的中断:

(A)我没有钱——有钱也不给他。(44)

(B)长生不老的最好方法就是——死。

(C)倍根这样说来着:——报仇是一种野蛮的公理。

(D)往常间只有宝玉长谈阔论;今日贾政在这里,便唯唯而已。余者,湘云虽系闺阁弱质,却素喜谈论,今日贾政在此,也自拑口禁语。黛玉本性娇懒,不肯多话。宝钗原不妄言轻动,便此时亦是坦然自若。——故此一席虽是家常取乐,反见拘束。(22)

(E)你又禁不得风吹,怎么又站在那风口里? ——何曾不是在房里来着? 只因听见天上一声叫,出来瞧了瞧,原来是个呆雁。——呆雁在那里呢? 我也瞧瞧。——我才出来,他就忒儿一声飞了。(《红楼梦》改作)

(F)这章书是圣人勉励后生,教他及时努力,不要弄到——(82)(C)例可以单用冒号,(F)例可以改用删节号……。破折号是英文里多用些;法文里除(E)例外,非常罕见。譬如(A)(B)(F)三例在法文里就只能用删节号,不能用破折号。

(A)例和(F)例破折号的前面或后面该不该加句读的符号,作家们的意见也不一致。依《英语正宗》的主张,这种地方是不该用句读符号的,如(A)例不该标点为:"我没有钱,——有钱也不给他。"我们对于这种地方,觉得似乎可以听任每一作家的自由。

单破折号的用途并不止于上面所说的八种[①];但是,中国现在

---

① 参看《英语正宗》275—277 页。

常见的只有这些,其余的就不必讨论了。

(2)双破折号略等于夹注号(夹注号见下文),故须置于注释的话的两头,例如:

(A)男人只有贾芹贾芸贾菖贾菱四个——现在凤姐麾下办事的——来了。(53)

(B)刚走到沁芳桥那边山石背后——当日同宝玉葬花之处——,忽听一个人呜呜咽咽在那里哭。(96)

(A)例没有问题,因为"……贾菱四个"后面本来不该有句读符号的。(B)例却引起三个问题:"背后"的后面该不该用顿号?"葬花之处"的后面该不该有破折号?顿号该放在破折号的前面抑或后面?抑或取消?作家们对于这种地方,也没有一致的办法。就一般的书本而论,却不大依照上面(B)例的标点,而系依照下列的三个又式之一:

(又式甲)刚走到沁芳桥那边山石背后——当日同宝玉葬花之处——忽听……

完全不用顿号,只用双破折号。

(又式乙)刚走到沁芳桥那边山石背后——当日同宝玉葬花之处,忽听……

(又式丙)刚走到沁芳桥那边山石背后,——当日同宝玉葬花之处,——忽听……

这三种标点法都是《英语正宗》所反对的。《英语正宗》的作者认定双破折号既等于夹注号,就该完全依照夹注号的办法,所以不能只用单破折号(如又式乙);不能不用顿号(如又式甲);不能用两个顿号(如又式丙);顿号不能在破折号之前(如又式丙)。这种理论未尝不是,但也该斟酌习惯而定。依我们的意见,这三种又式都可用,而且比上面的(B)例更合习惯些(B例系依《英语正宗》);只是应该择定一式来用,以归一律就好了。

此外,有些符号在形式上和破折号相同,而用途完全不一样。

我们想在这里附带说一说:(1)援引语后面所附的书名可以用"——"号隔开,例如:岁寒,然后知松柏之后凋也。——《论语》。但是,这种办法并非通行于西洋各国的,像法文就把书名放在括弧里。(2)从某数至某数可以用"——"号连着,例如24—37,表示二十四至三十七之间诸数。

引号　引号(quotation marks)是很容易懂的(参看《中国现代语法》附录三),只有引号和句读符号的次序稍成问题。其实,在这种地方,一般的西书却颇能一致。这上头只有两个重要的规律:

(1)如果是叙述别人的会话,或援引古人的整句议论,则句读符号须放在引号之内①,例如:

(A)贾政陪笑道:"他能的。"(75)

(B)孔子说:"《诗》三百,一言而蔽之,曰:思无邪。"

(2)如果是特别提出的词句,或表示"所谓"的意思,或运用各人的成语,等等,则句读符号须放在引号之外,例如:

(A)亏了有我这凤丫头,是我个"给事中"。(85)

(B)那怕再念三十本《诗经》,也是"掩耳盗铃",哄人而已。(9)

夹注号　夹注号(parenthesis)的困难也是在于它和句读符号的关系。就一般西书看来,我们可以立出四个规律:

(1)如果所注的地方本来没有句读符号,则加注后也不能加上句读符号,例如:

(A)扫红、锄药(宝玉的两个小厮)手中都是马鞭子,蜂拥而上。(9)

(B)薛蟠更被这些话(夏金桂挑拨的话)激怒。(80)

(2)如果所注的地方本来已有句读符号,就把这个句读符号移在夹注号的后面,例如:

---

① 　虽然《英语正宗》反对这个办法,我们只能按照一般的习惯。

　　（A）不知怎么又惹恼了那一位（暗指黛玉），铰了两段。（32）

　　（B）只见贾琏拿着剑赶来（赶凤姐），后面许多人赶。（44）

这里另举一句英文的例子，以为证明：

　　（C）The Guard-house was a long, low, ugly building（removed in1787）, which to a fanciful imagination might have suggested the i-dea of a long black snail…（Scott, The Heart of Mid-Lothian.）

像下面的标点法，虽然是说得通的，却不是合于西文一般习惯的：

　　（A）不知怎么又惹恼了那一位（暗指黛玉，）铰了两段。

　　（B）只见贾琏拿着剑赶来，（赶凤姐，）后面许多人赶。

至于像下面的两种办法，我们认为极不合理的。在印刷工人知识不够的时代，有些书报这样误排了印出来，我们希望青年们不要跟着学样：

　　（A）不知怎么又惹恼了那一位，（暗指黛玉）铰了两段。

这样，夹注变了属于下文的。

　　（B）只见贾琏拿着剑赶来，（赶凤姐），后面许多人赶。

这样，夹注的括号外面共有两个顿号；若取消了夹注，两个顿号就聚在一处了。

　　（3）夹注里的最后一个字，以不加句读符号为原则[①]。但是，夹注如果颇长，则除了最后一字之外，别的地方应有的句读符号却不能取消，例如：

　　（A）他只管这样想（意思是说，赵姨娘以为探春和贾环是同胞姊弟，应该特别亲热些），我只管认得老爷太太两个人，别人我一概不管。（27）

　　（B）一则贾环羞口难开，二则贾环也不在意（不过是个丫头；他去了，将来自然还有），遂迁延住不说。（72）

　　（4）夹注里最后一个字也可以加句号。这有两种情形：注释的

────────────

[①]　有些文法书里，夹注号内最后一字永远不加句读符号，例如《英语正宗》。

话系在一句之末,尤其是正文为疑问或感叹句,或注语颇长的时候,可以在夹注号的前面先加一个句号,算是属于正文的标点,另在夹注最后一字另加一个句号,算是属于夹注的;注释只是作者的姓名,或书名,亦可用这一个办法,例如:

(A)你打园里来,可曾看见宝玉弟?(这是王夫人问宝钗的话。)(32)

(B)徒善不足以为政,徒法不能以自行。(《孟子·离娄章》)

这里我们也举西文的两个例子为证:

(A)"Giles Ballie,"he said,"have you heard that your son Gabriel is well?"(The question respected the young man who had been pressed.)—Scott,Guy Mannering.

(B)Les mêmes vertus qui servent à fonder un empire servent aussi à la conser ver.(Montesquien)—Grammaire Larousse.

注意:这只是可行的一种办法,并非必须如此。有许多作家仍旧喜欢依照上面所说的(1)条,夹注的最后一字不加句号,而正文的句号或疑问号之类移在夹注号的后面。这两种办法我们都认为合理的。

私名号　《红楼梦》里的"贾妃"和"王夫人"应该标点为"贾妃"和"王夫人"呢,还是"贾妃"和"王夫人"呢?若依西文的习惯类推,当以后者为是,因为像 Lady Nelson、Capt.Hardy 之类 Lady 和 Capt.也用大写法。不过,咱们既然用"＿＿"来替代大写,就不妨索性加以变通。"刘德明先生"似乎比"刘德明先生"好看些,因为旁边的直杠短些。对于这一点,我们并没有坚决反对哪一种办法的意见。

*　　*　　*

我们在这里,将要颇简略地谈一谈格式的问题。关于直行横行的问题、分段问题、附注问题等,请参看《中国现代语法》附录三。

我们这里只想略谈题目的标点问题,引用西文或夹注西文的问题,意大利体的替代和枚举法。这些是《中国现代语法》里不及详论,或完全没有提及的。

题目的标点问题　照中国向来的办法,题目是不加标点的。西洋作家则有三派:不加标点;加标点;大题目不加标点,小题目(即"子目")加标点。题目加标点时,办法如下:

(1)普通的单词或仿语做题目者,用句号,例如:

春。　　夜雨。　　读书的趣味。　　到民间去。

(2)仿语中该用顿号之处,则用顿号,例如:

亚历山大、凯撒与拿破仑。　　读书、种田、做生意的比较。

注意:大题目如果属于这一类,即使不用句号,其中的顿号也以加上为较妥。

(3)题下加副题者,用破折号加句号,例如:

受伤。——一个连长的自述。

(4)题目带疑问性或感叹性者,用疑问号,例如:

怎样写作?　　异哉所谓国体问题者!

现在报纸上的社论对于普通的题目不加句号,对于疑问性或感叹性的题目则加上疑问号或感叹号。这也是有理由的:疑问号和感叹号系一种情绪的记号,并非专为断句而用的,故句号可不用;疑问号和感叹号不可不用。

引用西文或夹注西文　一般人引用西文或夹注西文,都在西文第一字用大写法。这是不妥的。西文既插入中文里,就该认为全文的一部分;除非它居于一句之首,或系专名,依西洋文法确须大写(德文则普通名词亦须大写),否则应照西文通例,一律小写,例如:

(A)电话在英文是 telephone,这字是根据希腊文造出来的;tele 是"远"的意思,phone 是"人声"的意思。

(B)"以太"(ether)是物理学名词,或称"能媒"。

现在再引一位语言学家的写法,来作证明:

（A）腊丁文于 dative 格之外,又分出 ablative 格。（林语堂
《语言学论丛》,99 页）

英文中所引法文,和法文中所引英文,普通也都是小写的。这就是
我们主张小写的理由。例如:

（A）Coming in to an inn at night...what can be more delightful
than to find...two or three numbers of the Town and Country Maga-
zine,with its amusing têteê-à-tête pictures.（Lamb,Essays of Elia）

（B）Ainsi l'anglais oppose les plnriels men ou feet aux
singuliers man "homme", foot "pied."（Vendryès,Le Langage）

意大利体的替代　意大利体（Italic letters）在英法文里的用途
很广:(1)书名用它;(2)船名用它;(3)凡欲令人特别注意的语句
也用它;(4)援引单词,若不欲用引号,也可以用它。

中文无所谓意大利体,对于书名只好另造书名号"〰〰";对于
船名只用私名号"＿＿";对于援引单词,只好用引号。至于欲令
人特别注意的语句,咱们还没有一个好办法。本来,中国有所谓宋
体字,应该可以插入普通铅字里,等于西文意大利体的用途;只可
惜印刷家怕麻烦,不大肯这样办。在本书里,我们在字旁加·号①,
表示令人注意。这是聊胜于无的办法。

枚举法　枚举法（enumeration）有关于标点的,有关于格式的,
《中国现代语法》已有讨论②。现在,我们再就格式方面谈一谈枚举
法,以补《中国现代语法》所不及。

列举两种以上的事物的时候,并不一定要用数目字标明;但
是,有些人为了读者一目了然起见,喜欢加上数目字。有时候,(1)
(2)之类等于外加的,取消了它们仍旧无害于句子的完整,例如:

（A）读古文时应该注意的是(1)词汇,(2)语法,(3)风格和

---

① 编者注:原书为竖排本,故曰"字旁"。
② 参看《中国现代语法》附录三论分号一条和论分段问题一条。

（4）声律。

注意欧化的"和"字,等于英文的 and。

　（B）读古代文学作品的时候,咱们应该(1)追究作者的身世,
(2)探求时代的背景而且(3)欣赏作者的艺术。

注意欧化的"而且",也等于英文的 and。

　有时候,(1)(2)之类索性各占一行;但它们并不须要自成句
子,因为它们是可以和上文合成一句的,例如:

> 拉丁文里的叙述词可以放在
> (1)主语之后,目的语之前;
> (2)目的语之后,主语之前;
> (3)主语和目的语之后。

又如:

> 中文里应该不杂西文,除非
> (1)在专名和术语必须注明的时候;
> (2)在一时想不出适宜的译名的时候;
> (3)在应特别提出以便讨论的时候。

　注意:上面(A)例"是"字,(B)例"该"字,以及两个方框里的
"放在"和"除非",它们的后面都没有冒号":",因为它们应该连着
下文才成一句的缘故。但是,有些人受了别的枚举法的影响,也喜
欢在这种地方加上冒号。这也是说得过去的。

关于《中国语法理论》

　　胜利前后三年之内，我出版了三部书，共五册。《中国现代语法》上册初版期是卅二年十一月，下册是卅三年八月。《中国语法理论》上册初版期是卅三年九月，下册是卅四年十月。《中国语法纲要》（即《汉语语法纲要》）初版期是卅五年三月。第一、第二两部是由商务印书馆印行的，第三部是由开明书店印行的。前者是相辅而行的两部书，它们的目录完全相同，第一部讲法，第二部讲理，第三部只算是第一部的简编，但是非但目录不同，连内容也有小异。

　　在这动荡的时代，书籍传播不广，甚至同行的人也不一定能有机会见到这几部书，例如高名凯先生在《国文月刊》里连续发表了几篇关于文法的文章，其中援引及批评我的语法见解都只是根据战前出版的拙著《中国文法学初探》的。直到卅六年十一月，我才看见了《哈佛学报》十卷一期（Harvard Jounal of Asiatic Studies, Vol10, No1, June 1947）里面有杨联陞先生（lien-shen, yang 译音）对于我的《中国语法理论》上册的一篇书评，真令我有空谷足音之感。看完之后，我深深地觉得杨先生于语法有很深的修养。我这短短的一篇文章，与其说是对杨先生书评的答复，不如说是借此解释一般读者的疑问，并且顺便说说这书出版以后我自己主张上的一些小小的变迁。杨先生原评已由王鋆先生译出，载于本刊书评栏内①，读者可以参看。

首先我愿意指出杨先生一点小误会。《中国文法学初探》并非我在清华大学的硕士论文；当年清华国学研究院的论文是《中国古文法》，并未刊行；《中国文法学初探》的内容和《中国古文法》大不相同，著作的时期也差得很远。《中国古文法》著于1927年，《中国文法学初探》著于1936年。

杨先生提及《中国现代语法》的时候，只说是国立西南联合大学出版的讲义。其实《中国现代语法》共两种：西南联合大学出版的讲义只算是一本初稿，出版于1938年；其后1943年商务出版的《中国现代语法》对于讲义已大加修改，例如讲义里只把句子分为述句和表句两种（那是模仿拉丁文里名句和动句的区别），商务本却分为：陈述句；描写句；判断句了。讲义还有下册，共240页，比上册篇幅多一倍，杨先生因为远在美国，只看见讲义上册，至于讲义下册和商务本下册，杨先生都没有看见。杨先生说我谈被动句的时候对于"让"字和"叫"字一字不提。其实我在商务版《中国现代语法》里已经提到了"叫"字。我的原意是希望《语法》和《理论》相辅而行，因此，《语法》里叙述了的话，《理论》里尽可能避免重复。至于《语法》里漏"让"字，那确是疏忽了。

另一个误会之点乃是以"狗叫"为组合，以"叫的狗"为连系。叶斯泊生原书是以"叫的狗"为组合，以"狗叫"为连系，我是根据叶氏的。

杨先生说我毫无批判地接受了叶斯泊生的三品学说，这是最值得重视的一点。我接受了三品学说之后，有人说好，有人说不好。闻一多先生说："你的讲义我有许多地方不懂，但我懂的地方觉得的确很好，例如三品的说法。"黎锦熙先生说："好，咱们见面了，正好谈谈你的语法理论，我觉得三品的说法很不妥当。"我首先

---

① 　编者注：指《国立中山大学文学院研究所集刊》。

承认，叶氏三品学说的诱惑太大了，我当时很高兴采用它（吕叔湘先生在他的《中国文法要略》里也采用了叶氏的学说，把词分为甲、乙、丙三级，不过他没有像我那样处处提及）。这两年来，我常常反复考虑，觉得并非尽善尽美：第一，首品、次品和末品的定义很难下，因为正如杨先生所指摘，"首品用如末品"的话也是很讨厌的。又如拙著《中国语法纲要》（即《汉语语法纲要》）第 53 页说："在'摘了葡萄架下的一枝月季花'里，'摘'是次品，'葡萄架下的一枝月季花'是名词性仂语，有末品的性质。"这是词品说的必然推论，但是读者恐怕要很费精神去辨别它了。假使我重写语法，我将取消三品的名称，而保存三品学说的优点。我将把概念的范畴和功能的种类分别清楚。关于概念的范畴，名、动、形、副等名称仍被保存着。关于功能的种类，就是以词在句中的地位而论，我将把原来所谓首品取消，径称主词和宾词；原来所谓次品取消，径称为加词（adjunct）和描写词或叙述词；原来所谓末品取消，改称为附词（subjunct）。如果不止一词，就称为主语、宾语、加语、描写语、叙述语、附语等等。我们还可以有名物主词（如"人骑马"的"人"）、形容主词（如"大欺小"的"大"）、动作主词（如"生不如死"的"生"）、名物加词（如"海水"的"海"）、形容加词（如"清水"的"清"）、动作加词（如"流水"的"流"）、名物附词（如"风行"的"风"）、形容附词（如"慢走"的"慢"）、动作附词（如"飞奔"的"飞"），等等的术语。本来，叶氏所谓次品，有加词和叙述词的区别，而二者的性质又大不相同，不如分开来处理，倒反显得妥当些。

杨先生提出"关门、在中国"两例，以为首词、属性词和词品的观念混在一起，颇为可疑。这自然也是三品学说的一个缺点。依照三品学说，"关门"的"门"应该认为首品，因为有可能有"关大门"一类的说法，"大"既该为次品，"门"不能不认为首品。但是，对于"关"字而言，"门"字确只能算作末品。即以"关大门"而论，"门"对"大"而言虽是首品，但"大门"对"关"而言仍是末品。这样说来,叶氏的说法和柏氏的说法并没有什么冲突,不过三品学说仍易引起误会罢了。

杨先生说:"即使在现代中国的口语里,判断句不用系词的地方还是很普遍的。"于是杨先生怪我"除了在288页提过一笔,没有能强调这一点"。其实我提过一笔那是很重要的一笔,因为我请读者参看《现代语法》第三章的第一节。《现代语法》和《理论》是相辅而行的。在商务本《中国现代语法》第233页,我说:"现代不用系词的判断句很少,却不是没有。"我举的例子是"你哪儿(的)人?——我山东人。"和"这话谁说的!",恰好和杨先生所举的"他太太天津人"和"你从哪儿来的?"相当。我又在商务本《中国现代语法》第102页提及没有判断语的判断句,我举的例子是"你贵姓?"和"妹妹尊名?",恰好和杨先生所举的"这位先生贵姓?"相当。惟有杨先生所举出的"咱们四个人一桌""这张桌子三条腿""那个人红头发",这三个例子颇有问题。第一例近似叙述句,第二、第三两例近似描写句,都是和系词无关的。杨先生没有看见商务本《中国现代语法》,所以那样说了。

杨先生指出使成式在《世说新语》里就有了,这是很对的,我极乐意接受这一个修正。《古诗十九首》的第十四首有"白杨多悲风,萧萧愁煞人"的话,"愁煞"二字也可以作个佐证。但是《孟子》里的"助长"和《左传》里的"掊杀"却不一定就是使成式。"助长"是"助之长"的省略(依后世文法就是"助其生长"),《孟子》原书里可以证明(《孟子》下文云"助之长者,揠苗者也");"掊杀"是"掊而杀之"的省略,所以《左传》又云"掊以赴外杀之"。这和"教坏、饿死"一类的结构相距颇远。严格地说,使成式的第二个成分是必须用不及物动词的。非但"掊杀"的"杀"是及物动词(《左传》里还有"拉杀"一语),连"愁杀"的"杀"也是及物的,除非像现代吴语的"吓煞、苦煞","煞"字才等于"死"字罢了。杨先生拿"掊杀"来比"打死",似乎欠妥。

杨先生拿"象鼻子长"来比"我来的不巧了",在句子结构的复杂性上,二者是相似的。但是,后者是递系式,前者却不是递系式。"象鼻子长"很像"狗儿名利心重",以句子形式为谓语,见商务本《中国现代语法》页92—93;又颇像"我肚子饿了",见《理论》页3及注4①。

杨先生承认紧缩式是中国语言的经济,但是他反对"嫁鸡随鸡,嫁狗随狗"不能译成英文的话。他举出 follow whichever bird you marry 为例,以为中国语言不见得处处经济。我的意思是认"嫁鸡随鸡"为条件式的紧缩,而西文的条件式似不这样简单。follow whichever bird you marry 不是条件式,又当别论了。至于像 first come, first served 一类的句子,也许可以说是比中国语言更经济呢!

谢谢杨先生为我指出"些"字该认为名词,"连"字该认为动词,它们都不该认为副词。依照我的整个理论,"些"字确该认为名词,"连"字确该认为动词,它们至多只算一种准副词。当时我把它归入副词,大约是取陈述的便利而已。

杨先生认为"他好了一点儿"里面的"一点儿"是"好"的宾语,"他比我高三寸"里面的"三寸"是"高"的宾语,这是很新鲜的见解。如上文所说,宾语只等于末品的用途,那么,杨先生把有副词作用的"一点儿"和"三寸"认为宾语,也不为过。

杨先生认为"来着"不能认为近过去貌,我自己也觉得不十分妥当。我却不是受了法语 venir de 的影响而下了这一个名称,只是一时找不着更适当的称呼罢了。希望将来读者们有以教我。

杨先生指出:"风姐正数着钱"和"风姐洗了手"不能成为完整的句子。这是因为我太简略了,只把复合句的一部分抄下来做例子。完整的句子该像《中国现代语法》第313页所引:"风姐正数着钱,听了这话,忙又把钱穿上了。"和第317页所引:"风姐洗了手,

———————

① 编者注:即本书第21页及注③。

换了衣裳,问他换不换。"但杨先生的见解仍是值得珍视的,因为他指出:除非宾语带着数量词,如"他数着七千块钱"和"他洗了半天手",否则至少要加上一个"呢"字或"了"字,如"他数着钱呢"和"他洗了手了",然后成为完整的句子。这是很精密的观察。

除了师友们在未付印之前,先就原稿上指教之外,第一位在杂志上赐教的就是杨先生。杨先生说话那样客气,使我更觉得亲切可感。杨先生的英文很好,《中国语法理论》译为 Principles of Chinese Grammar,递系式译为 continuative nexus form,都是很对的。紧缩式译为 constricted form,确也比我原译的 contracted form 好些。至于我所谓"记号",那是想对译柏氏的 markers,并非指的 marks,这也是因为一时找不到更好的译名的缘故。杨先生名字很熟,一时想不起了,但是,即使是陌生,依照"海内存知己,天涯若比邻"的说法,不也可以算是好朋友吗?

　　[附记]:稿件排后,看见卅六年十一月廿三日南京《中央日报》"书林评话"四十一期有孟琨君对于我的《中国语法纲要》的书评。孟琨君也是很客气地介绍我的书,只在末一段对于我专用《红楼梦》的例子表示不满,除了谢谢孟琨君之外,没有什么可说的。

原载《国立中山大学文学院研究所集刊》1 期,1948

主要术语、人名、论著索引